在游戏中获得智慧　让你越玩越聪明

每天玩一个
逻辑游戏

桑　楚/主编

中国华侨出版社
·北京·

图书在版编目（CIP）数据

每天玩一个逻辑游戏 / 桑楚主编 .—北京：中国华侨出版社，2014.10（2024.1 重印）

ISBN 978-7-5113-4930-9

Ⅰ . ①每… Ⅱ . ①桑… Ⅲ . ①智力游戏 Ⅳ . ① G898.2

中国版本图书馆 CIP 数据核字（2014）第 227924 号

每天玩一个逻辑游戏

主　　编：桑　楚
责任编辑：唐崇杰
封面设计：冬　凡
美术编辑：盛小云
经　　销：新华书店
开　　本：720mm × 1020mm　1/16开　印张：28　字数：600千字
印　　刷：三河市兴博印务有限公司
版　　次：2015年3月第1版
印　　次：2024年1月第4次印刷
书　　号：ISBN 978-7-5113-4930-9
定　　价：78.00元

中国华侨出版社　北京市朝阳区西坝河东里 77 号楼底商 5 号　邮编：100028
发 行 部：（010）88893001　　传　　真：（010）62707370
网　　址：www.oveaschin.com　　E-mail：oveaschin@sina.com

如果发现印装质量问题，影响阅读，请与印刷厂联系调换。

前言

PREFACE

逻辑思维能力是指采用科学的思维方法，对事物进行观察、比较、分析、综合、抽象、概括、判断、推理，从而准确而有条理地表达自己思维过程的能力。逻辑是所有学科的基础，是每个人都必须具备的基本能力。逻辑能力不但决定了思考能力、学习能力、管理能力、表达能力，还与我们日常生活中的行事、说话、交往等密切相关，它对我们理清思路、完善语言表达能力、统筹时间、规划人生等都有很大帮助。

黑格尔曾说过，逻辑是一切思考的基础。逻辑思维能力强的人能迅速、准确地把握住问题的实质，面对纷繁复杂的事情能更容易找到解决的办法。现今社会，逻辑思维能力越来越被人重视，不仅学生应试要具备必需的逻辑思维能力，就是考MBA、考公务员也有逻辑测试题。世界著名公司的招聘面试中，逻辑能力训练题目更是必考内容，它对考察一个人的思维方式及思维方式转变能力有极其明显的作用，而据一些研究显示，这样的能力往往也与工作中的应变与创新能力密切相关。只有通过不断的训练来活跃思维，在遇到问题时才能得心应手，游刃有余。

那么，该如何使大脑“动起来”，轻松提高逻辑能力呢？

本书介绍了排除法、递推法、作图法、计算法、类比法、分析法、推理法、判断法、综合法等9种常用的解题方法，并精选近千道世界上最顶级的逻辑思维训练题，既有简单的谜题，也有复杂的游戏，每一道训练题都是为全方位培养和训练读者的逻辑思维能力专门设计的，引导读者亲身实践这些方法的应用。

编者还按照不同的难易程度将题目分为初级、中级和高级3个等级，读者可以根据自己的实际情况逐步训练，也可以有选择地学习和训练，从而激发推理潜能、扩展想象空间、活跃思维，掌握正确的逻辑思维方法，提升逻辑思维能力。

无论是孩子、大人，或者学生、上班族、求职者、管理层，甚至是高智商的天才，都能从中找到适合自己的题目。通过完成这些训练题，你会发现自己的逻辑思维潜能得到了全面的开发，无论在学习、生活、求职、工作中遭遇什么样的问题，你都不会再感到无从下手，而是能够运用从本书中学到的各种逻辑思维方法，通过思维的灵活转换，顺利迈向成功。

目录

CONTENTS

第 1 章 **排除法**

第 2 章 递推法

第3章 作图法

第 4 章 计算法

第 5 章 类比法

第 6 章 分析法

第 7 章 推理法

第 8 章 判断法

第 9 章 综合法

第①章

排除法

所谓排除法，是指在综合考虑题目内容、所设题干和所给答案的各种信息的基础上，运用一定的逻辑推理，排除不符合题干要求或与题目内容不符的干扰项，从而选出正确答案的一种解题方法。

排除法看似笨拙，但在解题的过程中却特别重要。正确运用排除法，往往能收到事半功倍的效果。这种方法在工作和生活的过程中会被经常用到，对于提高大家的逻辑思维能力、推理能力等有很大的作用。

1. 困惑【初级】

哪一项不是箱子相同3个面的视图？

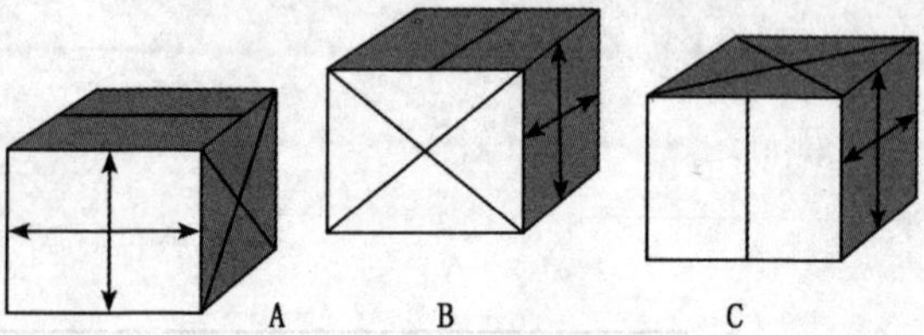

A　B　C

2. 找出异己【初级】

在右边4个字母中，哪个与其余3个差别最大呢？

AZFN

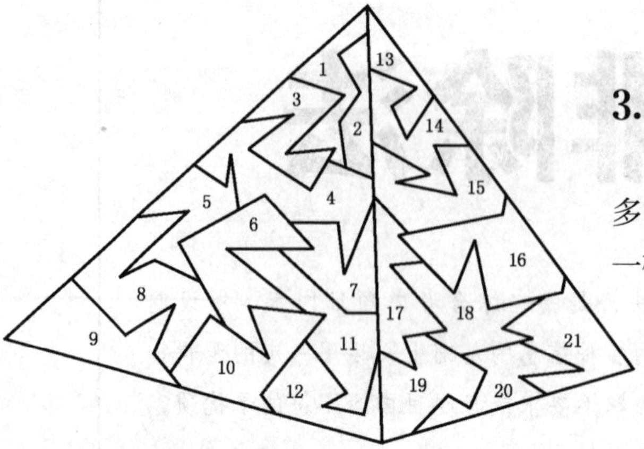

3. 破损的宝塔【初级】

年久失修的宝塔，裂缝多多，其中有2块碎片形状是一模一样的，是哪2块碎片？

4. 找袜子【初级】

图中7只袜子随便地摆放着，请你仔细地观察一下，放在最下面的是几号袜子呢？

5. 找不同【初级】

在右边 12 张脸谱中，你能看出哪幅与众不同呢？

6. 残缺的迷宫【初级】

左图是一张残缺了的迷宫图。为使迷宫图能走得通，请你在 A，B，C 中选出合适的迷宫残缺图补上，并试着走出这个迷宫。

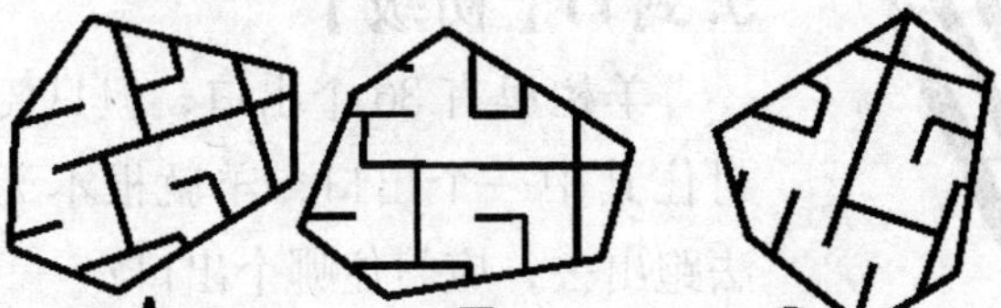

A　　B　　C

7. 巧穿数字【初级】

右边是由数字组成的迷宫图，如何从进口处走到出口处？

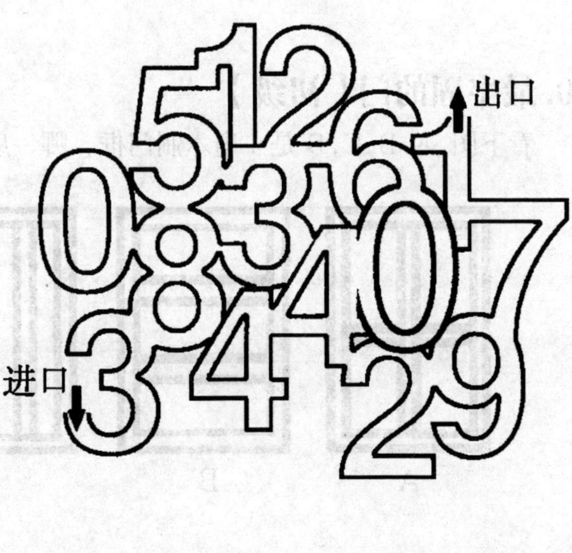

8. 捉老鼠【初级】

猫逮住白鼠还是黑鼠？

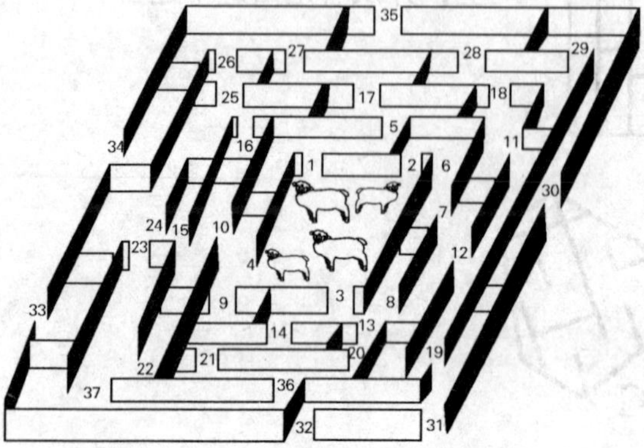

9. 封口【初级】

羊栏里有 36 个出口，但只要封住其中一个出口，羊就根本无法跑出去，应封住哪个出口？

10. 最牢固的门【初级】

看下图，A，B，C，D 是 4 扇木制门框，哪一扇门框的结构最牢呢？为什么？

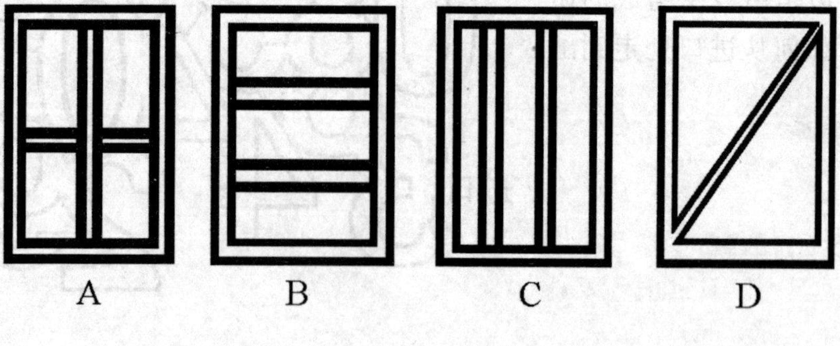

A　　B　　C　　D

11. 波娣娅的宝盒【初级】

在莎士比亚的《威尼斯商人》一剧中，波娣娅有 3 个珠宝盒，一个是金的，一个是银的，一个是铜的。在这 3 个盒子的某一个中，藏有波娣娅的画像。波娣娅的追求者要在这 3 个盒子中选择一个。如果他有足够的运气，或者足够的智慧，挑出的那个盒子藏有波娣娅的画像，他就能宣布娶波娣娅为妻子。如下图所示，在每个盒子的外面，写有一段话，内容都是有关本盒子是否装有画像。

波娣娅告诉追求者，上述 3 句话中，最多只有一句是真的。这个追求者有可能成为幸运者吗？如果有的话，应该选择哪个盒子呢？

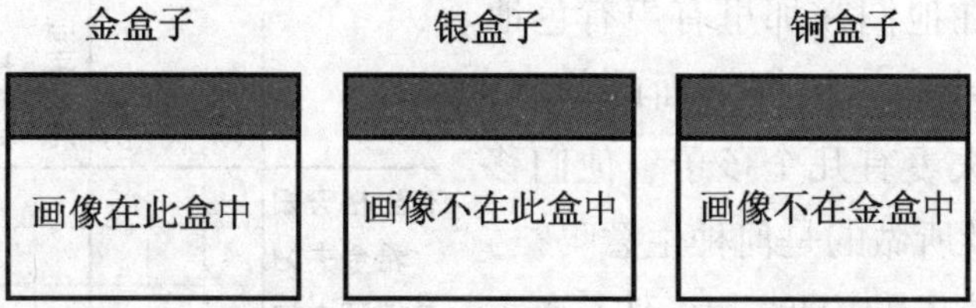

12. 哪一个不一样【初级】

下面几个图片中，哪一个与其他的不一样？

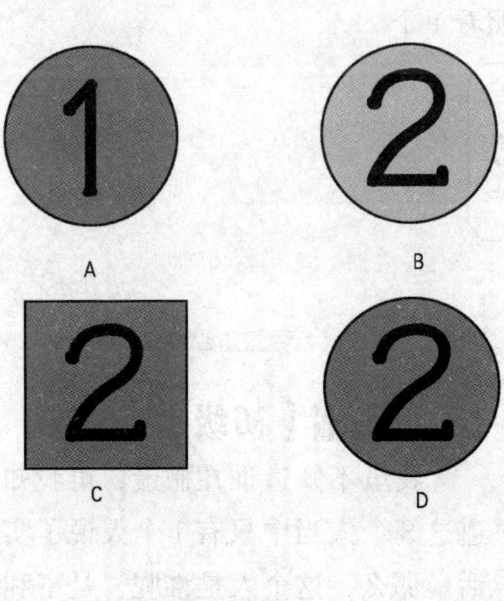

13. 三棱柱【初级】

4 个选项中哪一个是原图的展开图？

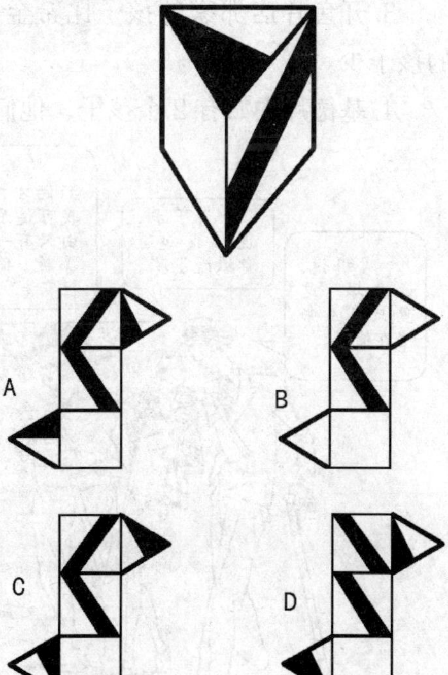

14. 形单影只【初级】

右边图形中哪一个是与众不同的？

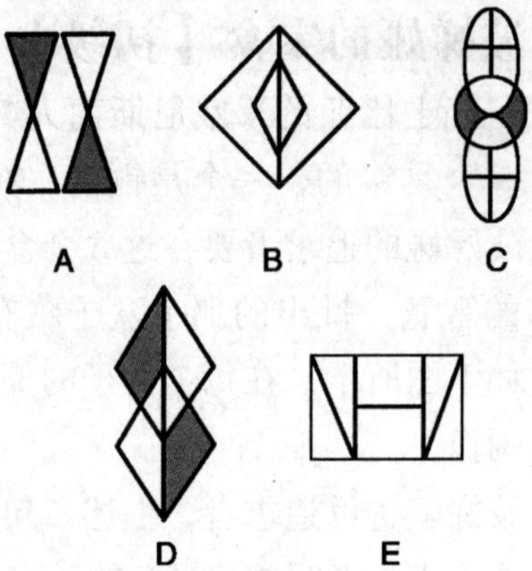

15. 移民【初级】

去年3个家庭从思托贝瑞远迁到了其他国家，现在他们在那里有声有色地经营着自己的小店。根据下面的信息，你能说出每对夫妻有几个孩子、他们移民到了哪里以及所做的是何种生意吗？

1. 有3个孩子的家庭移民到了澳大利亚，他们没有在那里开旅馆。

2. 移民到新西兰的布里格一家开的不是传统英国风味鱼片店。

3. 开鱼片店那家的孩子比希金夫妇的孩子少。

4. 基德拜夫妇有2个孩子，他们每人照看1个。

	1个	2个	3个	澳大利亚	加拿大	新西兰	鱼片店	农场	旅馆
布里格夫妇									
希金夫妇									
基德拜夫妇									
鱼片店									
农场									
旅馆									
澳大利亚									
加拿大									
新西兰									

16. 说谎者【初级】

我虽不知道谁在撒谎，可我知道这3个人当中只有1个人说了实话。那么，这个人是谁呢，是亨利还是西尔玛？

17. 南瓜脸【初级】

右边哪两个图形完全相同?

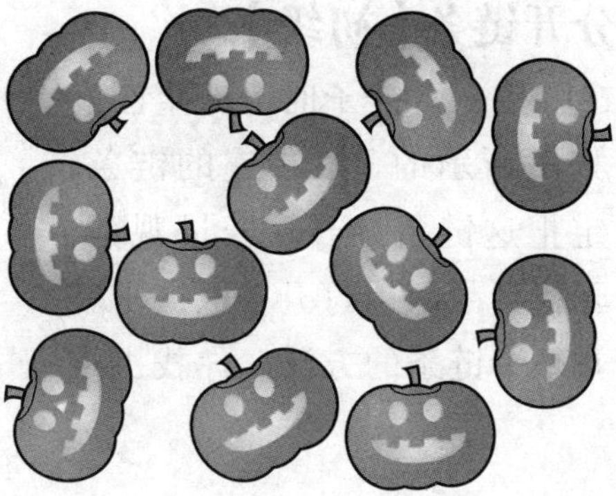

18. 影像契合【初级】

左边6个选项中哪一个与所给剪影的轮廓完全契合?

19. 镜像【初级】

5个选项中哪一个是所给图的镜像图?

20. 分开链条【初级】

在收拾一盒链子时，珠宝匠发现了如图所示的3根相连的链条，并决定把这链条分开。经过观察，珠宝匠找到了只需打开1根链子就能分开整个链条的方法。你找出来了吗？

21. 规律【初级】

左图中哪一项不符合排列规律？

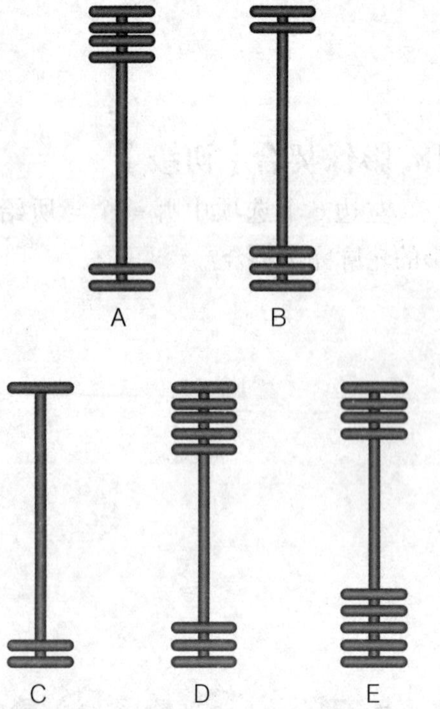

22. 翻身【中级】

请你把右边的火柴图按箭头所指的方向翻一个身，它会变成选项中哪一个？

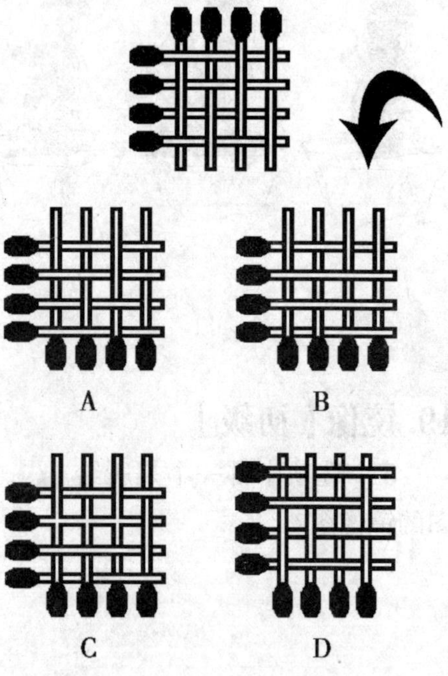

23. 帽子的颜色【中级】

有 3 顶白帽子和 2 顶黑帽子。让甲、乙、丙 3 人同向列成一队，然后分别给他们各戴上一顶白帽子。即丙可以看到乙、甲，乙可以看到甲，甲则看不到乙、丙。如下图。他们 3 人中，谁可以正确推导出自己头上所戴帽子的颜色？

24. 美丽的正方体【中级】

有一个正方体的每一个面都有美丽的图案装饰着，右图是这个正方体拆开后的各面的图案构成，那么在下面的几个选项中，哪一个不是这个正方体的立体面？

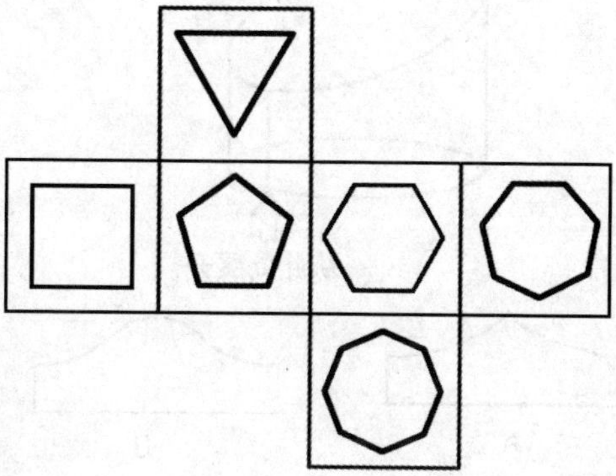

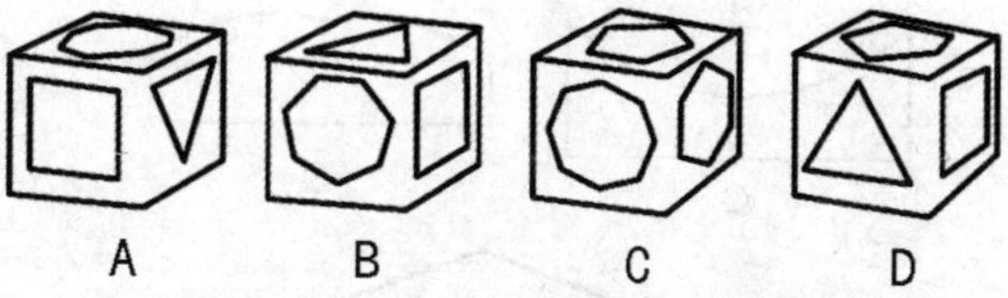

25. 看一看【中级】

一个正四面体是由 4 个等边三角形组成的立体图形，有点像金字塔。每一个面都可以被涂上与其他面不同的颜色，在 5 个选项中，有 4 项是同一四面体从不同顶点的俯视图，一项不是。你能找出是哪一项吗？

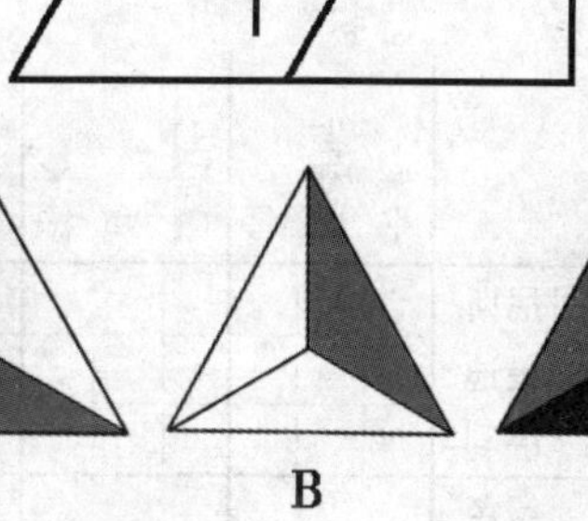

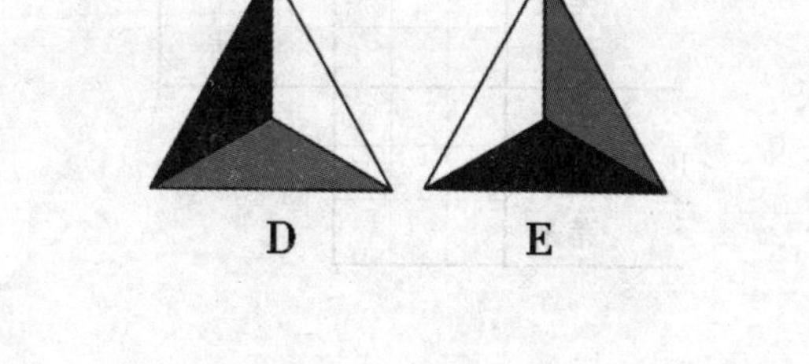

26. 一刀两断【中级】

右图的图中有4个圈，把其中的1个圈剪开，其他的3个圈就会全部分开，想一下，看看剪哪个圈，才会使其余的3个圈全部分开。

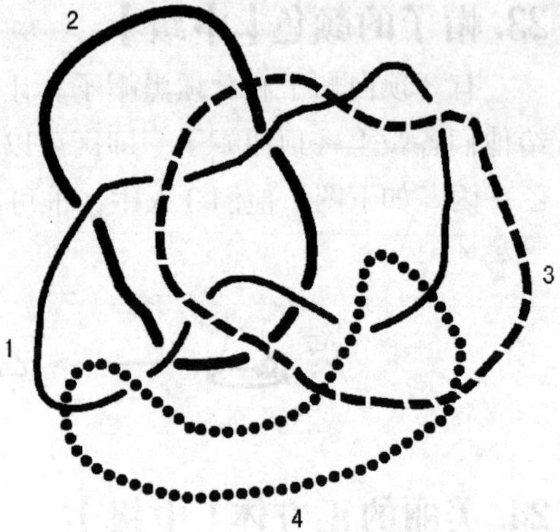

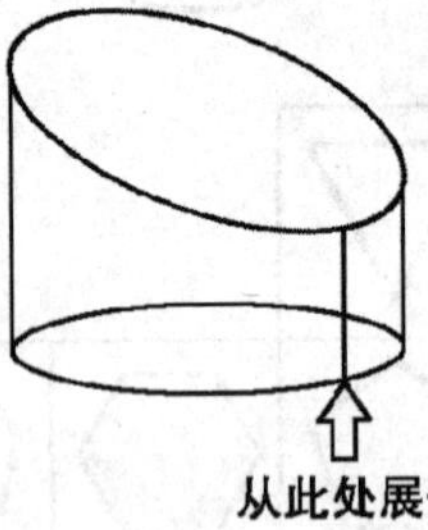

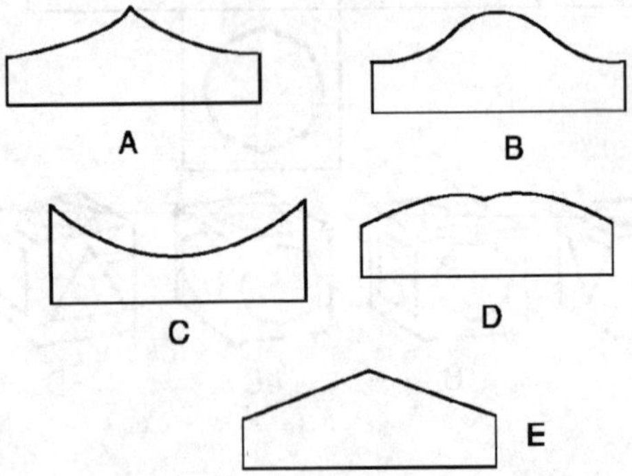

27. 残缺的纸杯【中级】

一个斜切的纸杯，其侧面展开图是什么样的呢？

28. 在海滩上【中级】

3位母亲带着各自年幼的儿子在海滩上玩，从以下所给的线索中，你能准确地推断出这3位母亲的姓名、她们儿子的名字以及孩子所穿泳衣的颜色吗？

1. 丹尼斯不是蒂米的妈妈，蒂米穿红色泳衣。

2. 莎·卡索在海滩上玩得相当愉快。

3. 曼迪的儿子穿绿色泳衣。

4. 那个叫响的小男孩穿着橙色泳衣。

		姓：卡索	桑德斯	响	詹姆士	莎	蒂米	绿色	橙色	红色
妈妈	丹尼斯									
	曼迪									
	萨利									
	绿色									
	橙色									
	红色									
儿子	詹姆士									
	莎									
	蒂米									

29. 工作服【中级】

3位在高街区不同商店工作的女店员都需要穿工作服上班。从以下所给的线索中，你能推断出每个店员所在的商店名称、商店的类型以及她们工作服的颜色吗？

1. 艾米·贝尔在半岛商店工作，它不是一家面包店。

2. 埃德娜·福克斯每天都穿黄色的工作服上班。

3. 斯蒂德商店的女店员都穿蓝色的工作服。

4. 科拉·迪在一家药店工作。

	半岛商店	梅森商店	斯蒂德商店	面包店	药店	零售店	蓝色	粉红色	黄色
艾米·贝尔									
科拉·迪									
埃德娜·福克斯									
蓝色									
粉红色									
黄色									
面包店									
药店									
零售店									

30. 夏日嘉年华【中级】

3个自豪的母亲带着各自的小孩去参加夏日嘉年华服装比赛，并且赢得了前3名的好成绩。从以下所给的线索中，你能将这3位母亲和她们各自的孩子配对，并描述出各小孩的服装以及他们的名次吗？

1. 穿成垃圾桶装束的小孩排名紧跟在丹妮尔的孩子的后面。

2. 杰克的服装获得了第三名。

3. 埃莉诺的服装像一个蘑菇。

4. 梅勒妮是尼古拉的母亲，尼古拉不是第二名。

	埃莉诺	杰克	尼古拉	机器人	垃圾桶	蘑菇	第一名	第二名	第三名
丹妮尔									
梅勒妮									
谢莉									
第一名									
第二名									
第三名									
机器人									
垃圾桶									
蘑菇									

31. 吹笛手游行【中级】

图中展示了吹笛手带领着哈密林镇的小孩游行，原因是他用他的笛声赶走了镇里的所有老鼠，但镇里却拒绝付钱给他。从以下所给的线索中，你能说出4个小孩的名字、他们的年龄以及他们父亲的职业吗？

1. 牧羊者的小孩紧跟在6岁的格雷琴的后面。

2. 汉斯要比约翰纳年纪小。

3. 最前面的小孩后面紧跟的不是屠夫的孩子。

4. 队列中3号位置的小孩今年7岁。

5. 玛丽亚的父亲是药剂师，她要比2号位置的孩子年纪小。

姓名：格雷琴，汉斯，约翰纳，玛丽亚
年龄：5，6，7，8
父亲：药剂师，屠夫，牧羊者，伐木工

32. 顶峰地区【中级】

在安第斯山脉的某个人迹罕至之地，那里的4座高峰都被当地居民当做神来崇拜。从以下所给的线索中，你能说出4座山峰的名字以及它们之前被当做哪个神来崇拜吗？最后将4座山峰按高度排序。

1. 最高那座山峰是座火山，曾经被当做火神崇拜。

2. 格美特被当做庄稼之神崇拜，是4座山峰中最矮那座的顺时针方向上的下一座。

3. 山峰1被当做森林之神崇拜。

4. 最西面的山峰叫飞弗特尔，而普立特佩尔不是第二高的山峰。

5. 最东面那座是第三高的山峰。

6. 辛格凯特比被崇拜为河神的山峰更靠北一些。

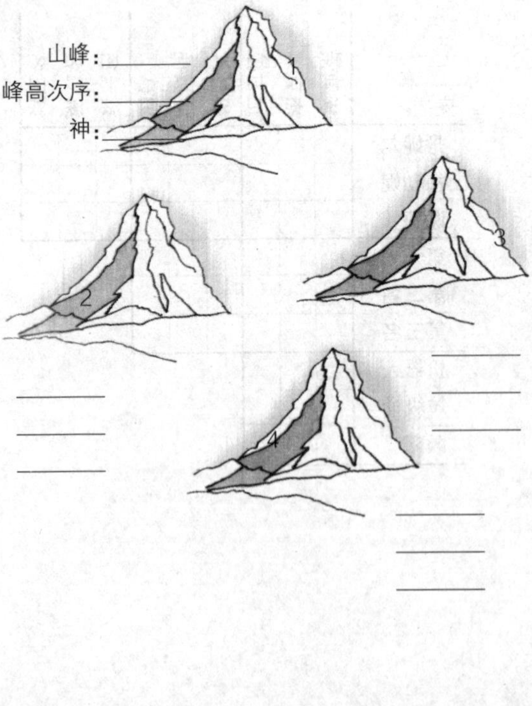

山峰：飞弗特尔，格美特，普立特佩尔，辛格凯特
峰高次序：最高，第二，第三，第四
神：庄稼之神，火神，森林之神，河神

33. 出师不利【中级】

在最近的乡村板球比赛中，头3号种子选手都发挥得不甚理想，都因某个问题出局，从以下所给的线索中，你能找出得分记录簿中各人的排名、他们出局的原因以及总共得分的场数吗?

1. 犯规的板球手得分的场数比克里斯少。

2. 史蒂夫得分的场数不是2，他得分要比被判LBW（板球的一种违规方式）的选手要低。

3. 哈里不是1号，因滚球出场，他的得分不是7。

4. 3号的得分不是4。

		克里斯	哈里	史蒂夫	滚球	犯规	lbw	得分 2	得分 4	得分 7
位置	1									
	2									
	3									
得分	2									
	4									
	7									
	滚球									
	犯规									
	lbw									

34. 汤姆的舅舅【中级】

汤姆是思道布市的市长，他在镇上有3个舅舅，3人在退休之前从事着不同的职业，退休之后都把时间花在各自的爱好上，从以下所给的线索中，你能说出每个舅舅出生的时间、他们曾经的职业以及各自的爱好吗？

1. 伯纳德要比他有不寻常爱好——制作挂毯——的兄弟年纪大。

2. 退休之前从事教师职业的舅舅不是出生于1913年，也不爱好诗歌。

3. 以前是工程师的舅舅把大部分的时间花在钓鱼、阅读和书写钓鱼书籍上，他年纪要比安布罗斯小。

	1910年	1913年	1916年	工程师	士兵	教师	诗歌	钓鱼	制作挂毯
安布罗斯									
伯纳德									
克莱门特									
诗歌									
钓鱼									
制作挂毯									
工程师									
士兵									
教师									

35. 小屋的盒子【中级】

每次乔做家务要用到东西的时候，他就会去盒子里找。图中架子上立着4个不同颜色的盒子，每个盒子里都是一些有用的东西。从以下所给的线索中，你能弄清有关盒子的所有详细细节吗？

1. 不同种类的43个钉子不在灰色的盒子里。

2. 蓝色的盒子里有58样东西。

3. 螺丝钉在绿色的盒子里，绿色盒子一边的盒子里有洗涤器，另一边的盒子里放着数目最多的东西。

4. 地毯缝针在C盒子里。

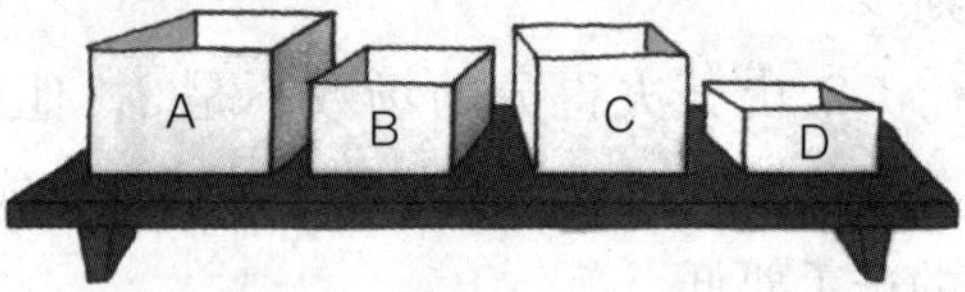

盒子颜色：蓝，灰，绿，红
东西数目：39，43，58，65
东西条目：地毯缝针，钉子，螺丝钉，洗涤器

盒子颜色：_____ _____ _____ _____
东西数目：_____ _____ _____ _____
东西条目：_____ _____ _____ _____

36. 换装【中级】

在大不列颠的鼎盛时期，有素养的女士不像现在这样能在海边游泳，她们只能穿着及膝的浴袍坐在沐浴用的机器上，让机器把她们缓缓降入水中。下图展示的是4个机器，从所给的线索中，你能说出使用机器的4位女士的名字以及她们所穿浴袍的颜色吗？

1. 贝莎的机器紧挨马歇班克斯小姐的机器。

2. C机器是兰顿斯罗朴小姐的。

3. 卡斯太尔小姐穿着绿白相间的浴袍。

4. 拉福尼亚的机器位于尤菲米娅·坡斯拜尔的机器和穿黄白相间浴袍小姐的机器之间。

5. 使用B机器的女士穿了红白相间的浴袍。

名：贝莎，尤菲米娅，拉福尼亚，维多利亚
姓：卡斯太尔，兰顿斯罗朴，马歇班克斯，坡斯拜尔
浴袍：蓝白相间，绿白相间，黄白相间，红白相间

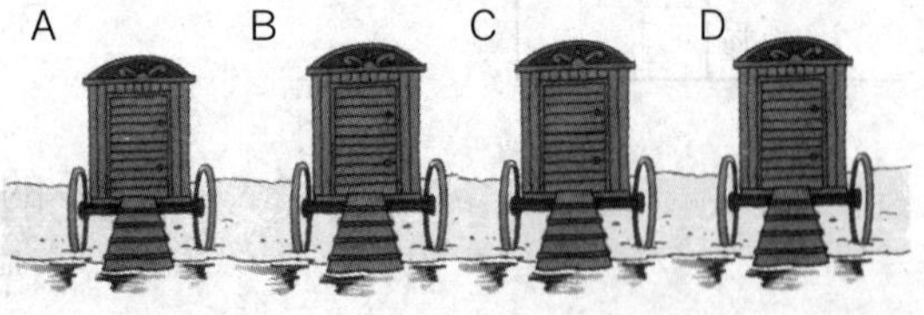

37. 瓦尼斯城堡【中级】

18 世纪末的斯顾博格公爵被公认为是一个疯狂的帽商，因为他花了大把的钱造了一个童话般的城堡，尤其是那 4 扇富丽堂皇的大门给人极大的震撼。从以下所给的线索中，你能说出这 4 扇门的名字、负责的长官以及守卫它们的护卫队吗？

1. 第四护卫队负责守卫入口，这个入口在剑门的顺时针方向，剑门不是弗尔长官负责的。

2.A 门为第二护卫队守卫。

3. 钻石门的护卫队号要比 D 门护卫队大 1。

4. 铁门在城堡的南方。

5. 哈尔茨长官负责第一护卫队，第一护卫队不看守鹰门。

6. 克恩长官的护卫队号要比苏尔长官的护卫队小 1。

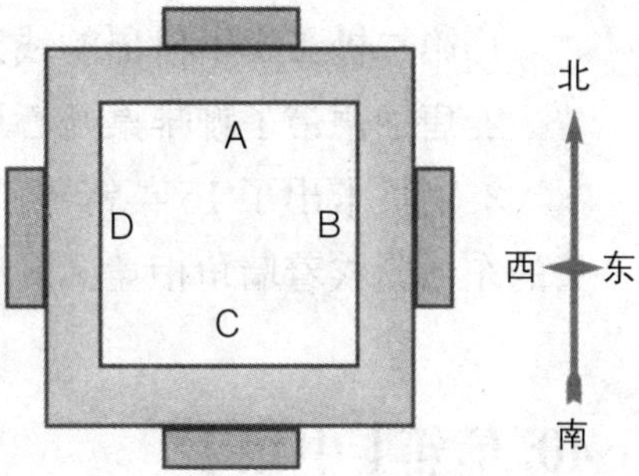

门：钻石门，鹰门，铁门，剑门
长官：弗尔，哈尔茨，克恩，苏尔
护卫队：第一，第二，第三，第四

38. 莫斯科“摩尔”【中级】

现在的莫斯科摩尔是一种鸡尾酒的名字。图中所示是 4 位年轻女性（均为高级密探）于 1960 年在苏联首都莫斯科 KGB 俱乐部聚会的情形，她们被称为“摩尔”，是英国 Z 特务部门在苏联的卧底。从以下所给的线索中，你能找出她们在莫斯科用的名字、她们的真名以及她们的编号吗？

1. 在莫斯科被称为伊丽娜 · 雷茨克沃的人在克斯汀 · 麦克莫斯的左边某个位置，她俩都不是 Z12 密探。

2. 密探 Z4 在图中位于她的两个同伴之间。

3. 帕姬 · 罗宾逊位于图中 D 位置，她的编号要比 C 位置上的数字小。

4. 圣布里奇特 · 凯丽在莫斯科的名字叫路得米勒 · 恩格罗拉，在叶丽娜 · 幼娜娃的右边某个位置。

5. 曼范伊 · 碧温的编号不是 Z7。

假名：伊丽娜 · 雷茨克沃、叶丽娜 · 幼娜娃、路得米勒 · 恩格罗拉、马里那 · 克兹拉娃
真名：曼范伊 · 碧温、克斯汀 · 麦克莫斯、圣布里奇特 · 凯丽、帕姬 · 罗宾逊
编号：Z9、Z4、Z12、Z7

39. 清仓大拍卖【中级】

一次屋内用具的清仓大拍卖中，头3样拍卖物被3个不同的竞标人所获，从以下所给的线索中，你能说出拍卖物、竞标人以及他们所给出的价码吗？

	咖啡桌	墙角柜	钟	塞德里克	唐纳德	丽贝卡	10英镑	15英镑	18英镑
1号									
2号									
3号									
10英镑									
15英镑									
18英镑									
塞德里克									
唐纳德									
丽贝卡									

1. 第二桩买卖中付出的钱比钟贵。

2. 唐纳德带了咖啡桌开心地回家了。

3. 丽贝卡出了15英镑买了东西，她买的东西紧挨着墙角柜竞标。

40. 信箱【中级】

在美国一个偏远山区，4位家庭主妇是邻居。每位主妇家门口的信箱颜色都不相同。根据下面的线索，你能说出每位主妇的姓名和她所用信箱的颜色吗？

1. 绿色信箱在加玛和杰布的信箱之间。

2. 阿琳选择了黄色信箱，她家的门牌号要比菲什贝恩夫人家的大。

3. 巴伦夫人家的信箱是红色的。

4.232号家的信箱是蓝色的，但是这不是路易丝的家。

名：阿琳，加玛，凯特，路易丝
姓：巴伦，菲什贝恩，弗林特，杰布
信箱：蓝色，绿色，红色，黄色

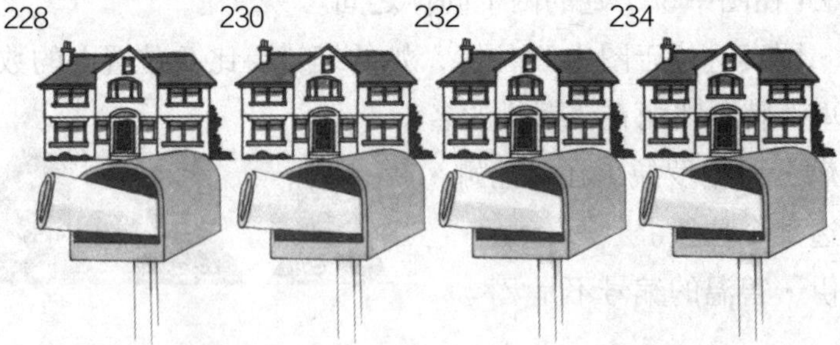

名：______ ______ ______ ______
姓：______ ______ ______ ______
信箱颜色：______ ______ ______ ______

41. 等公车【中级】

站台上 7 个职员正焦急地等待着下一趟公车。根据下面的信息，你能说出每位职员的名字及他们在哪个公司上班吗？

1. 站台上，塞布丽娜站在那位在证券公司上班的职员右边第二个位子上。

2. 格伦在第四个位子，他不在法律顾问公司上班，但他右边那个人在那里上班。

3. 其中一位男性乘客站在第六个位子上。

4. 在纳尔逊的一边是一位女乘客。

5. 雷切尔左边的那位乘客在银行工作。

6. 第三位乘客在一家保险公司工作。

7. 站在吉莉安旁边的一个人在一家律师事务所工作。

8. 托奎是一家投资公司的雇员，从图上看马德琳在他的右边。

名字：吉莉安（女），格伦（男），马德琳（女），纳尔逊（男），雷切尔（女），塞布丽娜（女），托奎（男）

公司：银行，律师事务所，建筑公司，保险公司，投资公司，法律顾问公司，证券公司

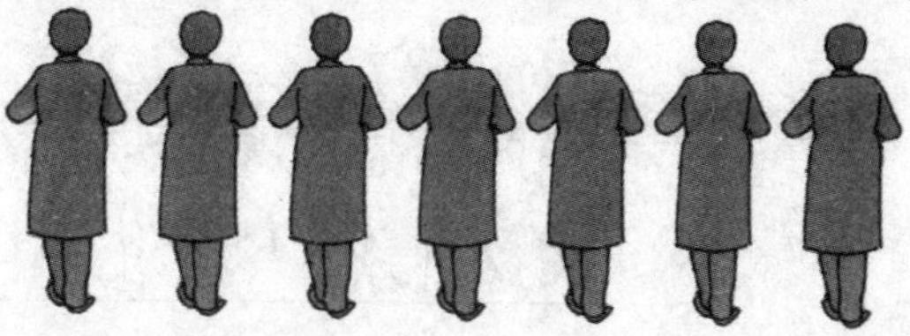

42. 生日礼物（1）【中级】

当 14 岁生日那天，拉姆收到了 4 个信封，每个信封内都有一张购物优惠券。根据下面的线索，你能猜出每封信的寄信人姓名、优惠券发行方及每张优惠券的面值吗？

1.Ten-X 所发行优惠券的面值比旁边 C 信封里优惠券的面值小，而且不仅仅只是小 5。

2. 理查德叔叔寄来的优惠券在 B 信封内，其面值比 HBS 发行的优惠券小 5。

3. 马丁叔叔寄来的 Benedam 的优惠券不在 D 信封内。

4. 最有价值的优惠券是卡罗尔阿姨寄来的，但不是 W S Henry 发行的优惠券。

5. 丹尼斯叔叔寄来的礼物不是最便宜的。

寄信人：卡罗尔阿姨，丹尼斯叔叔，马丁叔叔，理查德叔叔

代币发行方：Benedam，HBS，Ten-X，W S Henry

代币价值：5，10，15，20

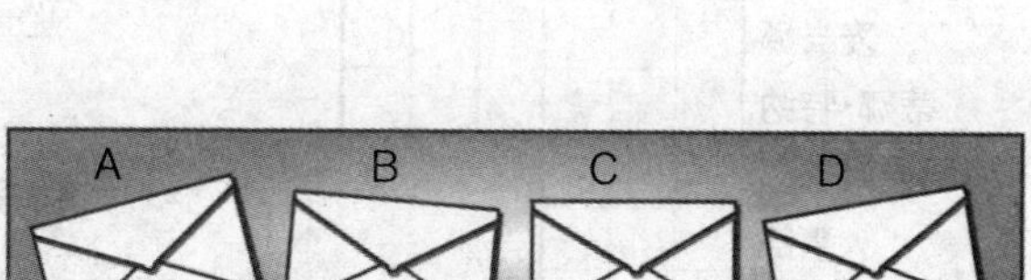

43. 职业女性【中级】

图片展示了“有成就和魄力的杰出职业女性”颁奖典礼上的4位获奖者。根据下面的线索，你能确定每位女性的姓名和获奖时她们的职业吗？

1. 马里恩·帕日斯女士的头发是红色的，对不起，图上没有显示。

2. 图片3是迪安夫人，她来自伯明翰，但这对你可能也没有帮助。

3. 图片4的救助队军官不是卡罗尔。

4. 消防员埃利斯夫人不是图片2中的人物，她喜欢古典音乐，但你也不需要知道这个吧。

5. 萨利站在交警和托马斯夫人中间。

名：卡罗尔，盖尔，马里恩，萨利

姓：迪安，埃利斯，帕日斯，托马斯

职业：消防员，护理人员，救助队军官，交警

44. 模仿秀【中级】

潘尼卡普公司雇佣了3位女性，让她们按自己的想法来模仿3个著名歌星。根据下面的信息，你能说出每位女性的姓名、在潘尼卡普公司的工作部门以及她们将要扮演的角色吗？

1. 帕慈将扮演麦当娜，她不在财务部工作。

2. 海伦·凡尔敦自从离开学校后就一直在潘尼卡普工作。

3. 销售部门的领导将扮演蒂娜·特纳，但她不是坦娜夫人。

4. 将扮演伊迪丝·普杰夫的不是卡罗琳。

		姓								
		凡尔敦	玛丽尔	坦娜	财务部	人事部	销售部	伊迪丝·普杰夫	麦当娜	蒂娜·特纳
名	海伦									
	帕慈									
	卡罗琳									
	伊迪丝·普杰夫									
	麦当娜									
	蒂娜·特纳									
	财务部									
	人事部									
	销售部									

45. 新生命【中级】

4 个刚出生的婴儿躺在产科病房内相邻的几张帆布床上。根据下面的信息，你能辨认出每个新生命的姓名以及他们各自的年龄吗？

1.2 号床上的丹尼尔比基德早一天出生。

2. 阿曼达·纽康姆博比 1 号床的婴儿晚出生一天。

3. 托比不是 2 天前出生的，他也不在 3 号床上。

4. 博尼夫人的小孩刚刚出生 3 天。

名：阿曼达，丹尼尔，吉娜，托比
姓：博尼，基德，纽康姆博，沙克林
年龄：1 天，2 天，3 天，4 天

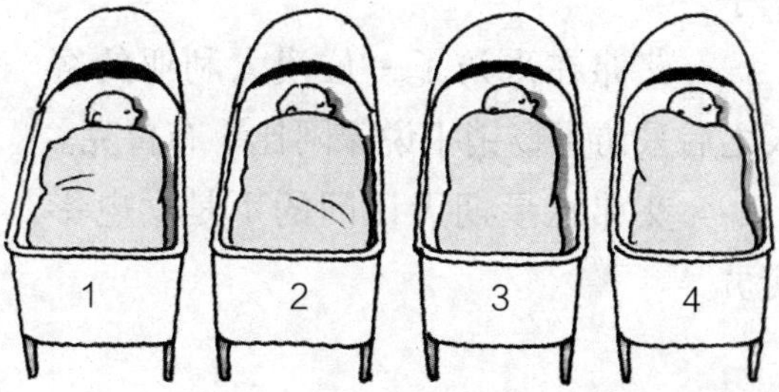

名: ________ ________ ________ ________
姓: ________ ________ ________ ________
年龄: ________ ________ ________ ________

46. 捷径【中级】

有 3 个职员对到达某个小餐馆的最快路程起了争议，他们决定通过实验的方法解决这个问题。根据下面的信息，你能找出每个职员所走的两段路以及他们各自所用的时间吗？

1. 选择走斯拜丝巷和哥夫街的那个英国职员比尼克少花了 2 分钟。

2. 帕特先是沿着佩恩街去小餐馆的。

3. 从维恩广场（第二段路）抄近路过去只需要 10 分钟。

		第一段			第二段					
		丘奇巷	佩恩街	斯拜丝巷	多吉丝·希尔	哥夫街	维恩广场	8分钟	10分钟	12分钟
	尼克									
	帕特									
	桑迪									
	8分钟									
	10分钟									
	12分钟									
第二段	多吉丝·希尔									
	哥夫街									
	维恩广场									

47. 记者艾弗【中级】

上周末，记者艾弗对3位国际著名女性进行了采访（这家伙的生活多幸福啊）。根据下面的信息，你能找出每天他所采访的女性的名字、职业和家乡吗？

1. 艾弗在采访加拿大女星的第二天又采访了帕特丝·欧文。

2. 艾弗在星期五采访了一名流行歌手。

3. 艾弗在采访了一位澳大利亚的客人之后采访了畅销小说家阿比·布鲁克。

4. 艾弗在星期天访问的不是女电影演员。

	阿比·布鲁克	利亚·凯尔	帕特丝·欧文	电影演员	小说家	流行歌手	澳大利亚	加拿大	美国
星期五									
星期六									
星期日									
澳大利亚									
加拿大									
美国									
电影演员									
小说家									
流行歌手									

48. 野鸭子【中级】

在池塘的周围有4栋别墅，每栋别墅的花园都是一只母鸭子和她的一群小鸭子的领地。根据下面的线索，你能说出图中每个别墅的名字、别墅主人给母鸭子取的名字以及每只母鸭子生了多少只小鸭子吗？

1. 戴西生了7只小鸭子，她把巢筑在与洁丝敏别墅顺时针相邻的那栋别墅里。

2. 沃德拜的别墅在池塘的西面。

3. 迪力生的小鸭子比在罗斯别墅孵养的小鸭子少一只，而后者在逆时针方向上和前者所在的别墅相邻。

4. 多勒生的小鸭子数量最少。

5. 达芙妮所在的别墅和小鸭子数最少的那栋别墅沿逆时针方向是邻居。

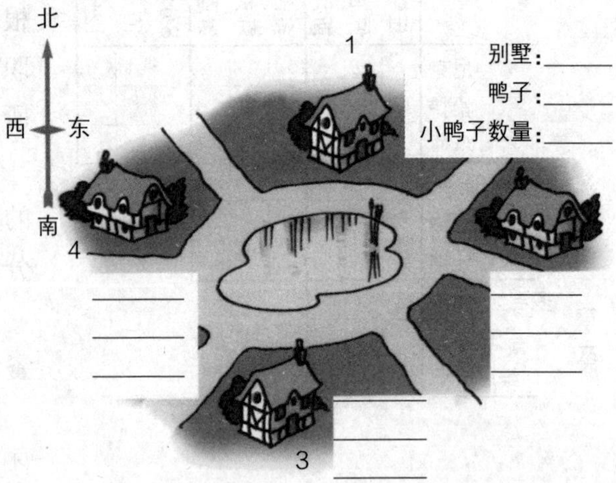

别墅：洁丝敏别墅，来乐克别墅，罗斯别墅，沃德拜别墅

鸭子：戴西，达芙妮，迪力，多勒

小鸭子数量：5，6，7，8

49. 破纪录者【中级】

新闻照片上的是4名年轻的女运动员，她们在最近的国家青年运动锦标赛中打破了各自参赛项目的纪录。根据下面的信息，你能认出图片中的4个女孩，并说出她们各自打破了什么项目的纪录吗？

1. 凯瑞旁边的两个女孩都是打破了跑步类项目的纪录。

2. 戴尔芬·赫尔站在标枪运动员旁边。

3. 洛伊斯不在2号位置。

4. 1号位置的女孩打破了跳远项目的纪录，她不姓福特。

5. 一名姓哈蒂的运动员打破了400米项目的纪录，但她不叫瓦内萨。

名：戴尔芬，凯瑞，洛伊斯，瓦内萨

姓：福特，赫尔，哈蒂，斯琼

比赛项目：100米，400米，标枪，跳远

50. 请集中注意力【中级】

乡长老斯布瑞格正在指派任务，4个老朋友看上去都很认真。根据下面的信息，你能认出1～4号位置的每个人，说出他们想做的事以及每个人穿的衣服是什么面料的吗？

1. 一个人穿着狼皮上衣，艾格挨着他并在他的右边。

2. 埃格正在想怎样面对他自己的岳母耐格，本身他的妻子就很能言善辩。

3. 穿着山羊皮上衣的人在3号位置。

4. 奥格穿着小牛皮上衣，他不打算靠粉刷他的窑洞的墙壁打发时间。

5. 穿着绵羊皮外套的那个人打算在假日里把他小圆舟上的漏洞修补一下，坐在他左边的是阿格。

集会成员：艾格，埃格，奥格，阿格

想做的事：钓鱼，修小圆舟，粉刷窑洞的墙壁，拜访岳母

上衣：小牛皮，山羊皮，绵羊皮，狼皮

51. 势单力薄的警察们【中级】

4个警察在执行一项镇压示威游行的任务，他们试图用警戒线隔离人群。在行动后期每个人的身体都受到了的伤害，那种折磨让他们难以忍受。根据下面的信息，你能分辨出1～4号警官并说出他们所受到的伤害吗？

1. 时刻紧绷的神经使2号警官的肩膀都麻木了，这个让他感觉很不舒服。

2. 内卫尔的鼻子痒得厉害，但他不能去抓，因为卡弗的左手紧紧抓着他的右手。

3. 图片上这群势单力薄的警察中，布特比亚瑟更靠左边，艾尔莫特站在格瑞的右面，中间隔了一个位置。

4. 斯图尔特·杜琼和有鸡眼的警官之间隔了一个人。

名：亚瑟，格瑞，内卫尔，斯图尔特
姓：布特，卡弗，艾尔莫特，杜琼
问题：鸡眼，肩膀麻木，发痒的鼻子，肿胀的脚

52. 抓巫将军【中级】

在17世纪中期，"抓巫将军"马太·霍普金斯主要负责杀死那些被人们认为是巫婆或者巫师的人，其中有3个巫婆来自思托贝瑞附近的乡村。根据下面的信息，你能说出每个巫婆的名字、绰号，以及各自的家乡和具有法力的时间吗？

1. 艾丽丝·诺格斯被称为"诺格斯奶奶"是很自然的事情。

2. 马太·霍普金斯在1647年在盖蒙罕姆抓到了一个女巫并把她送到了法院接受审判。

3. "蓝鼻子母亲"不是在1648年被确定为女巫，也不是来自里球格特乡村，一生居住在这个乡村的也不是克莱拉·皮奇。

4. 1649年，经抓巫将军证实，"红母鸡"是一个和魔鬼勾结在一起的女巫；从希尔塞德抓到的那名妇女被证实是女巫，随后的第二年伊迪丝·鲁乔也被确认为女巫。

	绰号			家乡					
	"诺格斯奶奶"	"蓝鼻子母亲"	"红母鸡"	盖蒙罕姆	希尔塞德	里球格特	1647年	1648年	1649年
艾丽丝·诺格斯									
克莱拉·皮奇									
伊迪丝·鲁乔									
1647年									
1648年									
1649年									
家乡 盖蒙罕姆									
希尔塞德									
里球格特									

53. 英格兰的旗舰【中级】

1805年10月21日，罗德·纳尔逊在战役中不幸受伤，他在特拉法尔战役中战胜了法国舰队。他的旗舰的名字由16个字母组成，根据下面的信息，你能在每个小方框中填出正确的字母吗？

1. 任何两个水平、垂直或对角线方向上的相邻字母都不同。

2.V在R下面的第二个方框内，并在C的左边第二个方框内。

3.L不在A2位置，也不在最后一行。

4. 其中一个A在D3位置上，但没有一个R在D4位置上。

5.A4和C2中的字母相同，紧邻在它们下面的方框内的字母都是元音字母。

6.G在I所在行的上面一行。

7.O就在T上面的那个位置，在Y下面一行的某个位置，而Y在与O不同的一列的顶端。

要填的16个字母：A, A, A, C, F, G, I, L, O, R, R, R, T, T, V, Y

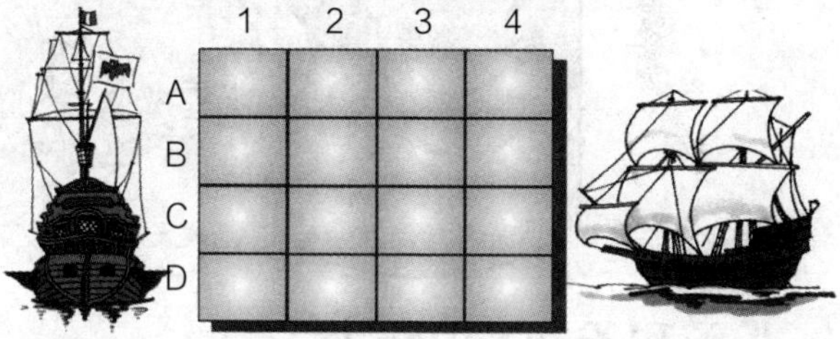

54. 在沙坑里【中级】

在操场的一个角落里有一个沙坑，4位母亲站在沙坑的四周（A, B, C, D），看着自己的孩子在沙坑里（1，2，3，4）玩耍。根据下面的信息，你能分别说出这8个人的名字，并给他们配对吗？

1. 站在C位置上的不是汉纳，她的儿子站在顺时针方向上爱德华的旁边。

2. 卡纳在4号位置上，而他的母亲不在B位置。

3. 詹妮的孩子在3号位置。

4. 丹尼尔是莎拉的儿子，他在逆时针方向上的雷切尔儿子的旁边，而雷切尔站在D位置。

5. 没有一个孩子在沙堆里的位置与各自母亲的位置相对应。

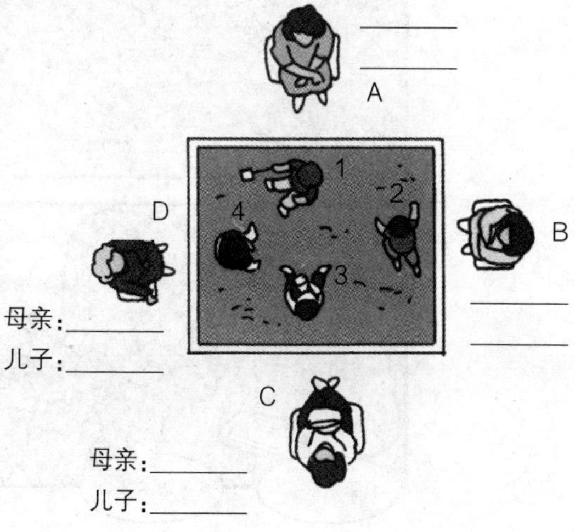

母亲：汉纳，詹妮，雷切尔，莎拉
儿子：卡纳，丹尼尔，爱德华，马库斯

55. 小宝贝找妈妈【中级】

根据题目所给条件，你能否判断出宝贝与妈妈的对应关系？

56. 儿子和爸爸【中级】

根据题目所给的条件，你能否判断出孩子与爸爸的对应关系？

57. 真正的夫妻【中级】

根据题目所给的条件，你能否把丈夫和妻子正确配对？

58. 师生关系【中级】

根据题目所给的条件，你能否说出下面的小孩与老师的对应关系？

59. 运输【中级】

5个司机将不同的货物送往不同的地点。根据下面的信息，你能否说出这5个司机的名字、运输的货物、运往的城市、用的是哪种车？

	床单	面粉	DVD	棉花	专辑	A地	B地	C地	D地	E地	有篷货车	卡车	小汽车	救护车	面包车
艾拉丁															
布切斯															
勒瑞切尔															
扎弗尔															
奥玛															
面包车															
救护车															
小汽车															
卡车															
有篷货车															
A地															
B地															
C地															
D地															
E地															

1. 床单不是用卡车运输的。

2. 面包车开往A地。

3. 大卫·海塞尔弗的专辑是用有篷货车运输的，但司机不是扎弗尔也不是勒瑞切尔。

4. 奥玛运输的是DVD，但不是运往B地。

5. 运往E地的车司机不是布切斯，也不是奥玛。

6. 用救护车运往B地的货物，不是面粉（运面粉的车是由艾拉丁开的）。

7. 扎弗尔的车开往C地，但是车里装的不是棉花。

8. 有一种货物是运往D地的。

9. 有一种货物是用小汽车运的。

60. 司机与车【中级】

根据题目所给的条件，你能否判断出下面的车分别是上面哪个司机的？

61. 祖孙两代【中级】

根据题目所给的条件，你能否判断出孙子孙女与爷爷奶奶的对应关系？

62. 医生与病人【中级】

根据题目所给的条件，你能否说出病人和医生的对应关系？

63. 摄影师【中级】

5个摄影师去国外拍摄他们最喜欢的事物。根据所给的信息，请你说出这5个摄影师的名字、他们最喜欢拍摄的对象、他们在哪个城市，以及他们到现在为止拍了多少张照片。

1. 麦古米在汉诺威。

2. 在柏林的摄影师（不是尤瑞）拍了18张照片。

3. 艾耶姆最喜欢拍花，他拍的照片比在达姆施塔特的摄影师多1张。

4. 其中有一个人拍了15张教堂的照片。

5. 喜欢拍动物的摄影师不是麦古米，他所在的城市名字不是由两个字组成的。

6. 在慕尼黑的摄影师喜欢拍房屋。

7. 尤凯克拍了17张照片，但不是关于陌生人的。

8. 其中有一个人拍了14张照片，一个人拍了16张。

9. 有一个人在纽伦堡。

10. 有一个摄影师叫阿瑞萨。

	陌生人	房屋	花	教堂	动物	纽伦堡	慕尼黑	汉诺威	达姆施塔特	柏林	18张	17张	16张	15张	14张
阿瑞萨															
艾耶姆															
麦古米															
尤凯克															
尤瑞															
14张															
15张															
16张															
17张															
18张															
柏林															
达姆施塔特															
汉诺威															
慕尼黑															
纽伦堡															

64. 管事儿的撒克逊人【中级】

传说很久以前某国的几个村子是由撒克逊人管理的。根据下面的信息，请你分别说出这几个撒克逊人的名字、他们来自哪里、他们管理哪个村子，以及他被称作什么。

1. 西温林的外号是“大胆”，他来自艾塞克斯。

2. 奥发被称作“野兽”，他不是来自麦西亚。

3. 来自怀斯的撒克逊人管

	维斯瑟克斯	苏塞克斯	麦西亚	怀斯	艾塞克斯	弗瑞弗德	查德林顿	卡斯西顿	阿斯恩沃	阿宾顿	野兽	革命	公正	伟大	大胆
艾利															
西温林															
艾伯特															
奥发															
瑞德沃德															
大胆															
伟大															
公正															
革命															
野兽															
阿宾顿															
阿斯恩沃															
卡斯西顿															
查德林顿															
弗瑞弗德															

理着弗瑞弗德村。他不是奥发，也不是艾伯特。

4. 艾利和西温林的外号都不是“伟大”。

5. 管理查德林顿的撒克逊人被人称作“公正”。

6. 来自苏塞克斯的人不管理卡斯西顿。

7. 有一个人被人称作“革命”。

8. 有一个人管理阿斯恩沃村。

65. 男女朋友【中级】

根据题目所给的条件，你能否判断出女孩与男孩的对应关系？

66. 警察与小偷【中级】

根据题目所给的条件，你能判断出小偷分别是被哪个警察抓到的吗？

67. 采访【中级】

根据所给的条件，你能否判断出记者分别要采访哪个人？

68. 补缺口【中级】

请你仔细观察积木的缺口形状（如图），在A～F的小木块中，哪一块正好能嵌入积木？

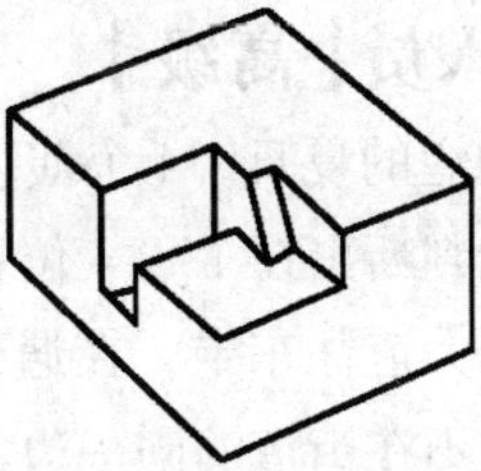

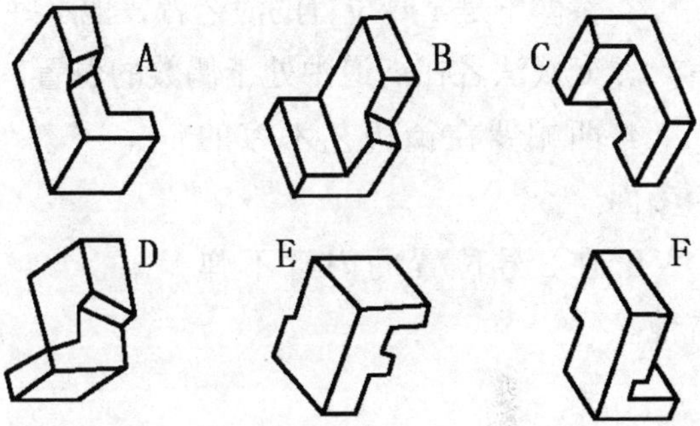

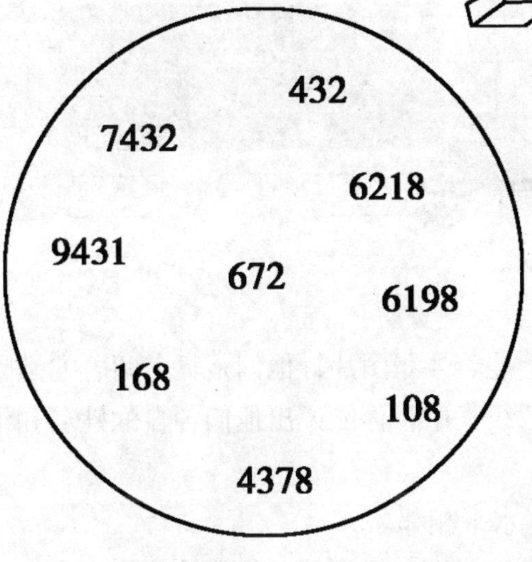

69. 特殊数字【中级】

圆中的哪个数是特殊的？

70. 六角迷宫【中级】

托米要去森林采草莓，你能帮他穿过六角森林吗？

71. 演艺人员【高级】

阳光灿烂的夏日，4 个演艺者在大街上展现他们的才艺。从以下所给的线索中，你能判断出在 1 ~ 4 位置中的演艺者的名字以及他们的职业吗？

1. 沿着大道往东走，在遇到弹着吉他唱歌的人之前你一定先遇到哈利，并且这两个人不在街道的同一边。

2. 泰萨不是 1 号位置的演艺者，他不姓克罗葳。莎拉·帕吉不是吉他手。

3. 变戏法者在街道中处于偶数的位置。

4. 西帕罗在街边艺术家的西南面。

5. 在 2 号位置的内森不弹吉他。

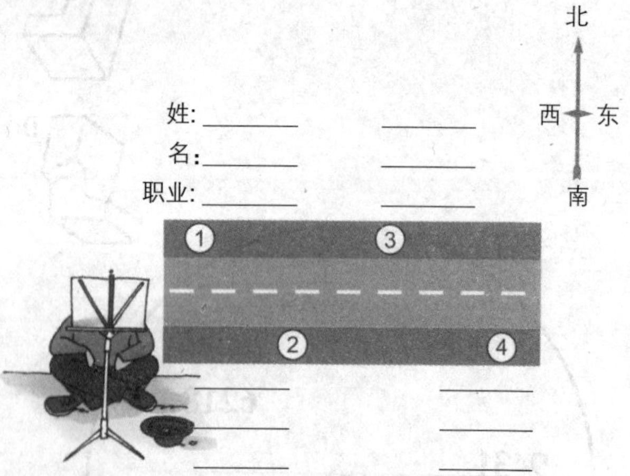

名：哈利，内森，莎拉，泰萨
姓：克罗葳，帕吉，罗宾斯，西帕罗
职业：手风琴师，吉他手，变戏法者，街边艺术家

72. 戴黑帽子的家伙【高级】

红石西野镇治安长官的办公室墙上挂着 4 张图片，他们是臭名昭著的黑帽子火车盗窃团伙的成员。从以下所给的线索中，你能说出他们各自的姓名和绰号吗？

1. 赫伯特的图片和“男人”麦克隆水平相邻。

2. 图片 A 是雅各布，而图片 C 上的不是西尔维斯特·加夹德。

3. 姓沃尔夫的男人照片和绰号“小马”的照片水平相邻。

4. 在 D 上的丘吉曼的绰号不是“强盗”。

名：赫伯特，雅各布，马修斯，西尔维斯特
姓：丘吉曼，加夹德，麦克隆，沃尔夫
绰号：“强盗”，“男人”，“小马”，“里欧”

73. 剧院座位【高级】

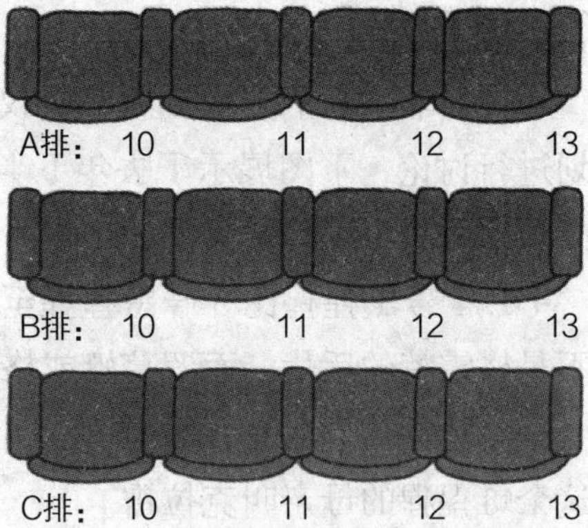

一次演出中，某剧院前3排中间的4个座位都满了，从以下所给的线索中，你能将座位和座位上的人正确对上号吗？

1. 彼特坐在安吉拉的正后面，也是在亨利的左前方。

2. 尼娜在B排的12号座。

3. 每排4个座位上均有2男2女。

4. 玛克辛和罗伯特在同一排，但要比罗伯特靠右边2个位置。

5. 坐在查尔斯后面的是朱蒂，朱蒂的丈夫文森特坐在她的隔壁右手边上。

6. 托尼、珍妮特、莉迪亚3个分别在不同的排，莉迪亚的左边（紧靠）是个男性。

姓名：安吉拉（女），查尔斯（男），亨利（男），珍妮特（女），朱蒂（女），莉迪亚（女），玛克辛（女），尼娜（女），彼特（男），罗伯特（男），托尼（男），罗伯特（男），文森特（男）

74. 狮子座的人【高级】

我们知道有8个人都是狮子座的。从以下所给的线索中，你能找出各日期出生的人的全名吗？

日期	名	姓
7月28日		
7月29日		
7月30日		
7月31日		
8月1日		
8月2日		
8月3日		
8月4日		

1. 查尔斯的生日要比菲什晚3天。

2. 某女性的生日是8月4号。

3. 安格斯的生日在布尔之后，但不是7月31号。

4. 内奥米的生日要比斯盖尔斯早一天，比阿彻晚一天，阿彻是男的，但3人都不是出生在同一年。

5. 安妮在每年的8月2号庆祝她的生日。

6. 克雷布是8月1号生的，但拉姆不是7月30号生的。

7. 斯图尔特·沃特斯的生日和波利不是同一月，波利的生日在巴兹尔之后，而巴兹尔的生日是个偶数日。

名：安格斯（男），安妮（女），巴兹尔（女），查尔斯（男），内奥米（女），波利（女），斯图尔特（男），威尔玛（女）

姓：阿彻，布尔，克雷布，菲什，基德，拉姆，斯盖尔斯，沃特斯

75. 黑猩猩【高级】

在西非举行的一次动物学会议上，专家们正在就一项饲养稀有黑猩猩的计划进行讨论，下图展示了去年下半年出生的5只小猩猩。根据下面的线索，你能填出每只小猩猩的名字、出生月份及其母亲的名字吗？

1. 1号黑猩猩比5号黑猩猩至少大1个月，它们两个都不叫罗莫娜，也都不是格雷特的后代，而罗莫娜或格雷特的后代都不是在7月出生。

2. 里欧比它右边的格洛里亚小，它们两个都比里欧左边的雌猩猩晚出生，这个雌猩猩的母亲叫克拉雷。

3. 贝拉比左边的黑猩猩晚出生1个月，这只黑猩猩的母亲叫爱瑞克。

4. 马琳比丽贝卡晚1个月生产，丽贝卡的后代紧挨着马琳的后代并在其右边。

名字：贝拉，格洛里亚，里欧，珀西，罗莫娜
出生月份：7，8，9，10，11
母亲：爱瑞克，格雷特，克拉雷，马琳，丽贝卡

76. 找出皇后【高级】

这是一场考验耐心的游戏，图中所示的9张扑克牌就是这场游戏的道具。从以下给出的线索中，你能准确地指出这9张牌各自的牌值和花色吗？

1.9张牌里，只有一种花色出现过3次，而在图中的排列，没有哪一列或行的花色是完全相同的。

2. 皇后紧靠在“7”的右边，梅花的上面。

3. “8”紧靠在黑桃的下面。

4. 杰克紧靠在一张红桃的左边。

5. 图中央那张牌是红桃10。

6. 图中有一排的第一张是梅花5。

7. 9号牌是一张方块。

8. 国王紧靠在“4”的左边，它们的花色不一样。“4”和3号牌的花色是一样的。

9. 6号牌和“8”为不同花色。而2号牌和“7”为相同的花色。

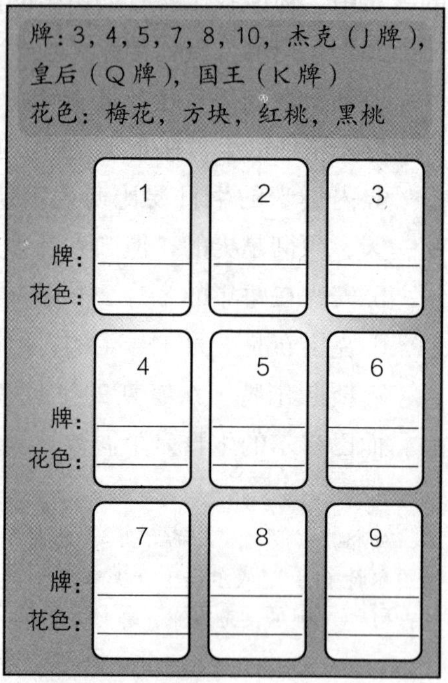

77. 国际象棋【高级】

图中的米莉·赛克斯是谦逊主教国际象棋俱乐部的女服务员。她正在思考昨晚那个把所有人都难住的思维游戏——把皇后放在正方形棋盘上的一个角（如图所示），你能否只走4步就可以使它经过棋盘左上角的全部9个方格呢？在你移动每一步棋时，你可以穿过任意多个方格，但是只能朝着一个方向移动。现在，试试看你能否在5分钟内把这个难题解答出来？

78. 摇滚乐队【高级】

5个年轻人准备组建摇滚乐队。通过下面的信息，你能否说出这5个人的名字、乐队的名字、乐队的第一首歌和乐队的音乐风格？

	倾斜	红色莱姆	内克	空旷的礼拜	贝拉松	突然	毁灭世界	朱丽叶	帆布悲剧	黑匣子	前卫摇滚	独立摇滚	歌德摇滚	情绪摇滚	另类摇滚
布鲁斯															
莱泽															
梅根															
雷尔															
史蒂夫															
另类摇滚															
情绪摇滚															
歌德摇滚															
独立摇滚															
前卫摇滚															
黑匣子															
帆布悲剧															
朱丽叶															
毁灭世界															
突然															

1. 史蒂夫的乐队叫红色莱姆，但是他们录制的不是前卫摇滚风格的《黑匣子》。

2. 内克乐队的歌——《突然》不属于歌德摇滚或另类摇滚风格。

3. 布鲁斯的乐队不叫空旷的礼拜。梅根的乐队也不叫空旷的礼拜，同时她也不是前卫摇滚风格。

4. 贝拉松是一个情绪摇滚风格的乐队名字，但是他们的歌不叫《朱丽叶》。

5. 莱泽开始组建一个独立摇滚风格的乐队。

6. 雷尔的乐队在录制一首名为《毁灭世界》的歌，这首歌的曲风不属于情绪摇滚。

7. 有一个乐队叫倾斜。有一首歌叫《帆布悲剧》。

79. 飞行训练【高级】

某年，有个学校的5个男孩被选去进行飞行训练，但是最后没有一个人成为飞行员，因为他们在训练过程中不能顽强地坚持下去。根据下面的信息，你能否说出这几个男孩的名字、他们被派往训练的学校、他们的昵称，以及他们没有完成训练任务的原因？

1. 被人叫作水塘的人去了温切斯特大学。他既不是雷奥纳多也不是贾斯汀。
2. 去西鲁斯伯里大学的总是不能瞄准。他不是亚当，亚当的昵称是海雀。
3. 去海洛的那个人不会驾驶。
4. 塞巴斯蒂安被叫作生姜，他的枪法好极了。
5. 詹姆士和塞巴斯蒂安都不会起飞发生错误。
6. 被叫作烤面包的人去的地方不是伊顿大学。
7. 雷奥纳多在演习时总是表现不好，他的绰号不叫没脑子。
8. 有一个人总是不能准确降落。
9. 有一个人去了拉格比大学。

	温切斯特大学	西鲁斯伯里大学	拉格比大学	海洛大学	伊顿大学	烤面包	海雀	水塘	没脑子	生姜	起飞	驾驶	演习	降落	瞄准
亚当															
詹姆士															
贾斯汀															
雷奥纳多															
塞巴斯蒂安															
瞄准															
降落															
演习															
驾驶															
起飞															
生姜															
没脑子															
水塘															
海雀															
烤面包															

80. 生病【高级】

5个小孩生病了。根据所给的信息，请你说出他们的名字、他们得的什么病、他们睡衣的颜色，以及他们得到了什么作为安慰。

1. 穿红色睡衣的小孩得到了一本书。

2. 得了麻疹的小孩（不是贝利叶也不是弗兰克）得到了一个玩具。

3. 艾丽斯得了腮腺炎。另外一个小孩（穿着绿色睡衣）有朋友来看望。

4. 弗兰克穿着橘色的睡衣，他得的不是扁桃体炎。

5. 里伊得了猩红热，他穿的睡衣不是绿色的。

6. 得了水痘的小孩没有得到冰激凌。

7. 穿蓝色睡衣的不是罗宾，也不是里伊。

8. 有一个小孩穿着黄色睡衣。

9. 有一个小孩得到了果冻。

	猩红热	扁桃体炎	腮腺炎	麻疹	水痘	黄色	红色	橘色	绿色	蓝色	朋友来看望	玩具	果冻	冰激凌	书
艾丽斯															
贝利叶															
弗兰克															
里伊															
罗宾															
书															
冰激凌															
果冻															
玩具															
朋友来看望															
蓝色															
绿色															
橘色															
红色															
黄色															

81. 足球评论员【高级】

作为今年欧洲青年足球锦标赛报道的一部分，阿尔比恩电视台专门从节目《两个半场比赛》的足球评论员中抽调了几位，这些评论员将分别陪同4支英国球队中的一支，现场讲解球队的首场比赛。从以下所给的线索中，请你推断出是什么资历使他们成为足球评论员的，他们所陪同的球队是哪支以及各球队分别要去哪个国家。

1. 杰克爵士将随北爱尔兰队去国外。

2. 默西塞德郡联合队曾经的经营者将去比利时。

3. 伴随英格兰队的评论员现在挪威，他不是阿里·贝尔。

4. 曾是谢母司队守门员的足球评论员现在在威尔士队；而作为前足球记者的评论员虽然从来没有踢过球，但对足球了如指掌，他伴随的不是苏格兰队。

5. 佩里·奎恩将随一支英国球队去俄罗斯，参加和俄罗斯青年队的比赛，不过他从来没进过球。

	前守门员	前经营者	前足球先锋	前足球记者	英格兰队	北爱尔兰队	苏格兰队	威尔士队	比利时	匈牙利	挪威	俄罗斯
阿里·贝尔												
多·恩蒙												
杰克爵士												
佩里·奎恩												
比利时												
匈牙利												
挪威												
俄罗斯												
英格兰队												
北爱尔兰队												
苏格兰队												
威尔士队												

姓名	资历	英国球队	会场

答 案

1...

B。

2...

A。只有A具有左右对称性，其余3个字母都不具有这种对称性。

3...

10和16。

4...

1号。

5...

脸谱4与众不同。其他脸谱都有3个是一模一样的，只有脸谱4、6、11大致一样，但脸谱4的嘴形略有不同。

6...

C。

7...

如图：

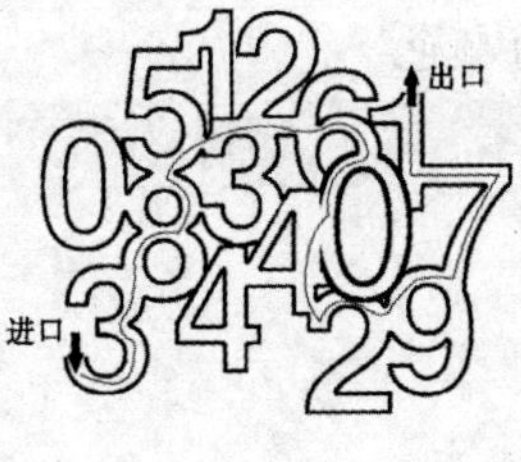

8...

黑鼠。

9...

12。

10...

D。因为三角形的3条边长确定后，它的形状不易改变，而D是由2个三角形组成的。

11...

金盒子上的话和铜盒子上的话是矛盾的，所以两句话必有一真。又三句话中至多只有一句是真话，所以银盒子上的是假话。因此，画像在银盒中。

12...

B图的符号和其他符号不一样，因为它是浅灰色的，而其他是深灰色的。A图的符号和其他的不一样，因为它是1，而其他是2。C图的符号也不一样，因为它是正方形而其他符号是圆形。因此，D图的符号才是真正不一样的，因为它没有“不一样”的地方。

13...

C。

14...

E。其他的都是中心对称图形。换句话说，如果它们旋转180°，将会出现一个完全相同的图形。

15...

基德拜夫妇有2个孩子（线索4），因此不只有1个孩子的希金夫妇（线索3）一定有3个孩子，并且他们去了澳大利亚（线索1）。通过排除法，去新西兰的布里格夫妇只有一个孩子；排除法又可以得出基德拜夫妇去了加拿大。希金夫妇不是开旅馆（线索1）或鱼片店（线索3），因此他们经营的一定是农场。鱼片店不是由布里格夫妇经营的（线索2），那么一定是基德拜夫妇经营的，布里格夫妇所做的生意是开旅馆。

答案：

布里格夫妇，1个，新西兰，旅馆。

希金夫妇，3个，澳大利亚，农场。

基德拜夫妇，2个，加拿大，鱼片店。

16...

因为亨利和西尔玛不可能同时是说谎人，这就是说杰弗里肯定在撒谎。由于亨利说他撒谎，所以亨利肯定在说实话。因为亨利说实话，所以西尔玛肯定也在撒谎。

17...

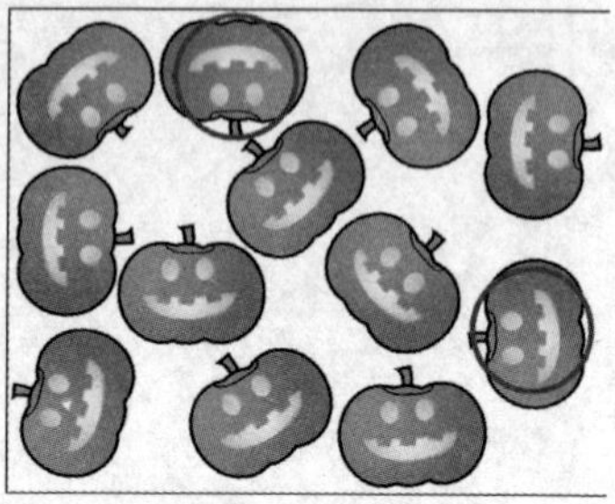

18...

E。

19...

E。

20...

只需要打开最下面的链子。上面的两根链子并没有连接在一起。

21...

D。在其他各项中，将直线两端的横木数量相乘，都得到偶数值，只有D项得到奇数值。

22...

D。

23...

甲可以正确地推导出自己头上所戴帽子的颜色。

24...

A。

25...

E 不是。

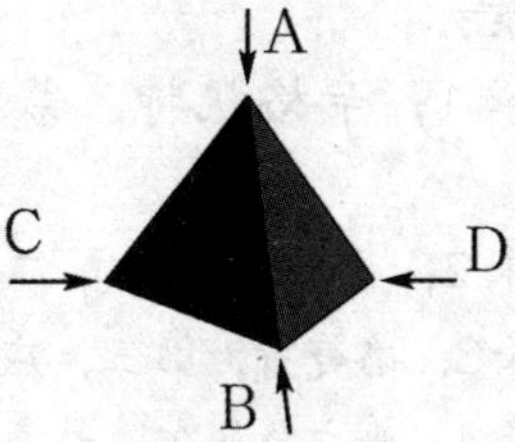

26...

第三个。

27...

B。

28...

莎的姓是卡索（线索 2），蒂米穿红色的泳衣（1），因此，穿橙色泳衣叫响的小男孩肯定是詹姆士。通过排除法，莎的泳衣一定是绿色的，他的母亲是曼迪（线索 4）。同样再次通过排除法，蒂米的姓是桑德斯，他的母亲不是丹尼斯（线索 3），那么肯定是萨利，最后剩下丹尼斯是詹姆士的母亲。

答案：

丹尼斯·响，詹姆士，橙色。

曼迪·卡索，莎，绿色。

萨利·桑德斯，蒂米，红色。

29...

科拉·迪在药店工作（线索 4），而艾米·贝尔不在面包店工作（线索 1），所以她肯定在零售店工作，而埃德娜·福克斯则在面包店工作。艾米·贝尔在半岛商店工作（线索 1），斯蒂德商店店员穿蓝色工作服（线索 2），因此，穿黄色工作服的埃德娜，肯定在梅森商店工作。通过排除法，艾米的工作服肯定是粉红色的，而在斯蒂德商店工作的一定是科拉，她穿蓝色的工作服。

答案：

艾米·贝尔，半岛商店，零售店，粉红色。

科拉·迪，斯蒂德商店，药店，蓝色。

埃德娜·福克斯，梅森商店，面包店，黄色。

30...

杰克获得了第三名（线索 2），因此他的母亲不可能是丹妮尔（线索 1），而梅勒妮是尼古拉的母亲（线索 4），那么杰克只能是谢莉的儿子，剩下埃莉诺是丹妮尔的女儿，埃莉诺的服装像个蘑菇（线索 3）。尼古拉不是第二名（线索 4），我们知道她也不是第三名，因此她肯定是第一名，剩下埃莉诺是第二名，从线索 1 中知道，排名第三的杰克穿成垃圾桶装束，剩下第一名的尼古拉则穿成机器人的样子。

答案：

丹妮尔，埃莉诺，蘑菇，第二名。

梅勒妮，尼古拉，机器人，第一名。

谢莉，杰克，垃圾桶，第三名。

31...

6岁的格雷琴不可能是4号（线索1），而3号今年7岁（线索4），1号是个男孩（线索3），因此，通过排除法，格雷琴肯定是2号。现在从线索1中知道，3号是7岁的牧羊者。玛丽亚的父亲是药剂师（线索5），不可能是1号（线索3），那么只能是4号，从线索5中知道，她今年5岁，剩下1号男孩8岁。所以1号不是汉斯（线索2），则一定是约翰纳，剩下汉斯是7岁的牧羊者。从线索3中知道，格雷琴的父亲不是屠夫，那么只能是伐木工，最后知道约翰纳是屠夫的儿子。

答案：

1号，约翰纳，8岁，屠夫。

2号，格雷琴，6岁，伐木工。

3号，汉斯，7岁，牧羊者。

4号，玛丽亚，5岁，药剂师。

32...

位置3的山是第三高峰（线索5），线索2排除了格美特是位置4的山峰，格美特被称为庄稼之神，而山峰1是森林之神（线索3）。山峰2是飞弗特尔（线索4），通过排除法，格美特是位置3的高峰。通过线索2知道，第四高峰肯定是位置1的山峰。辛格凯特不是位置4的山峰（线索6），通过排除法，它一定是山峰1，剩下山峰4是普立特佩尔。它不是第二高峰（线索4），那么它肯定是最高的。因此它就是被人们当做火神来崇拜的那座（线索1）。最后通过排除法，飞弗特尔是第二高峰，而它是人们心中的河神。

答案：

山峰1，辛格凯特，第四，森林之神。

山峰2，飞弗特尔，第二，河神。

山峰3，格美特，第三，庄稼之神。

山峰4，普立特佩尔，最高，火神。

33...

哈里滚球了（线索3），而史蒂夫不是lbw（线索2），那么他一定是犯规的，剩下克里斯是lbw。得了7分的不是哈里（线索3），也非史蒂夫（线索1），那么一定是克里斯。史蒂夫得分不是2分（线索2），那么一定是4分，而哈里是2分。史蒂夫不是3号（线索4），也非1号（线索2），那他一定是2号。哈里不是1号（线索3），则肯定是3号，剩下1号就是克里斯。

答案：

1号，克里斯，lbw，7分。

2号，史蒂夫，犯规，4分。

3号，哈里，滚球，2分。

34...

1910年出生的舅舅的爱好不是制作挂毯（线索1），他也不是工程师，因为工程师的爱好是钓鱼（线索3），那么他肯定爱好诗歌。而他退休之前不是教师（线索2），那么只能是士兵，剩下前教师的爱好是制作挂毯。从线索1中知道，1916年不是伯纳德出生的年份，而线索3也排除了安布罗斯，那么1916年出生的只能是克莱门特。前教师出生的年份不是1913年（线索2），那么他一定是1916年出生的克莱门特，剩下前工程师是1913年出生的。从线索3中知道，安布罗斯是1910年出生的，他退休前是士兵，剩下前工程师就是伯纳德。

答案：

安布罗斯，1910年，士兵，诗歌。

伯纳德，1913年，工程师，钓鱼。

克莱门特，1916年，教师，制作挂毯。

35...

蓝色的盒子里有58个东西（线索2），绿色盒子有螺丝钉（线索3），43个钉子不在灰色的盒子里（线索1），那么一定在红色的盒子。我们知道绿盒的东西不是43或58个，而线索3也排除了65个，那么在绿盒里一定是39个螺丝钉。通过排除法，灰色盒子的东西肯定是65个，它们不是洗涤器（线索3），那么一定是地毯缝针，灰色盒子就是C盒（线索4），剩下蓝色的盒子有58个洗涤器。绿盒不是D盒（线索3），因它有2个相邻的盒子，那么知道它就是B盒，而有洗涤器的盒子就是A盒（线索3），剩下红色的盒子就是D盒。

答案：

A盒，蓝色，58个洗涤器。

B盒，绿色，39个螺丝钉。

C盒，灰色，65个地毯缝针。

D盒，红色，43个钉子。

36...

B机器是穿红白相间的浴袍的女士用的（线索5），线索4排除了D是尤菲米娅·坡斯拜尔用的，因为兰顿斯罗朴小姐用了机器C（线索2），尤菲米娅的机器可能是A或者B。而拉福尼亚的是B或者C（线索4），因此她也不用机器D。我们知道兰顿斯罗朴用了机器C，那么贝莎不可能是机器D（线索1）。因此，通过排除法，维多利亚肯定用了机器D。所以她的姓不可能是马歇班克斯（线索1），我们知道她的姓也不是坡斯拜尔或者兰顿斯罗朴，那么一定是卡斯太尔，而她的浴袍肯定是绿白相间的（线索3）。因此尤菲米娅不可能用了机器B（线索4），那么一定是在A上，剩下机器B是马歇班克斯用的。因此，从线索1中可以知道，贝莎就是兰顿斯罗朴小姐，她用了机器C，装束是黄白相间的，通过排除法，尤菲米娅·兰斯拜尔是穿了蓝白相间浴袍的人。

答案：

机器A，尤菲米娅·坡斯拜尔，

蓝白相间。

机器B，拉福尼亚·马歇班克斯，红白相间。

机器C，贝莎·兰顿斯罗朴，黄白相间。

机器D，维多利亚·卡斯太尔，绿白相间。

37...

铁门在城堡的南方（线索4），A门为第二护卫队守卫（线索2），而剑门是在第四护卫队守卫的门的逆时针方向的下一扇门（线索1），它不是D门，而D门也不是钻石门（线索3），那么一定是鹰门，它不是由哈尔茨和第一护卫队负责的（线索5），也不是由第二护卫队负责的，线索3排除了第四护卫队，那么D门一定是由第三护卫队看守的。因此，从线索3中知道，第四护卫队看守钻石门。我们知道钻石门不是C和D，而护卫队号也排除了A门，因此它就是B门。从线索1中知道，A门就是剑门。通过排除法，哈尔茨长官和第一护卫队负责的一定是铁门。克恩不掌管第一护卫队，因此苏尔不掌管第二护卫队（线索6），也不是由弗尔掌管的（线索1），那么一定是克恩掌管了第二护卫队。苏尔是第三护卫队的长官，负责鹰门，即D门（线索6），剩下弗尔掌管第四护卫队，负责B门，即钻石门。

答案：

A门，剑门，克恩，第二护卫队。

B门，钻石门，弗尔，第四护卫队。

C门，铁门，哈尔茨，第一护卫队。

D门，鹰门，苏尔，第三护卫队。

38...

伊丽娜·雷茨克沃不是克斯汀·麦克莫斯（线索1），也不是D位置的帕姬·罗宾逊（线索1和3），圣布里奇特·凯丽就是路得米勒·恩格罗拉（线索4），因此，伊丽娜·雷茨克沃就是曼范伊·碧温。位置D中的帕姬·罗宾逊不是叶丽娜·幼娜娃（线索4），那么一定是马里那·克兹拉娃。剩下叶丽娜·幼娜娃就是克斯汀·麦克莫斯。路得米勒·恩格罗拉不是人物D，叶丽娜·幼娜娃不是人物C（线索4），后者也非人物A（线索1），那么一定是人物B。因此，从线索1中知道，伊丽娜·雷茨克沃就是人物A，剩下路得米勒·恩格罗拉是人物C。帕姬·罗宾逊不是Z12(线索3），而曼范伊·碧温和克斯汀·麦克莫斯也不是Z12（线索1），那么Z12就是圣布里奇特·凯丽。Z4不是A或D（线索2），则一定是人物B，即克斯汀·麦克莫斯。曼范伊·碧温即伊丽娜·雷茨克沃，她不是Z7（线索5），则一定是Z9，剩下Z7是帕姬·罗宾逊，即人物D马里那·克兹拉娃。

答案：

位置A，伊丽娜·雷茨克沃，曼范伊·碧温，Z9。

位置B，叶丽娜·幼娜娃，克斯汀·麦克莫斯，Z4。

位置C，路得米勒·恩格罗拉，圣布里奇特·凯丽，Z12。

位置D，马里那·克兹拉娃，帕姬·罗宾逊，Z7。

39...

唐纳德买了咖啡桌（线索2），而丽贝卡出了15英镑买了东西，她买的不是墙角柜（线索3），则一定是钟，剩下墙角柜是塞德里克买的。因此，从线索1中知道，2号拍卖物一定价值18英镑。丽贝卡买的不是3号拍卖物（线索3），我们知道，价值15英镑的不是2号，那么一定是1号。从线索3中知道，2号拍卖物一定价值18英镑，它就是墙角柜。通过排除法，3号则是咖啡桌，是唐纳德花了10英镑买的。

答案：

1号，钟，丽贝卡，15英镑。

2号，墙角柜，塞德里克，18英镑。

3号，咖啡桌，唐纳德，10英镑。

40...

绿色信箱不属于228号或234号（线索1），并且232号信箱是蓝色的（线索4），因此绿色信箱一定在230号。阿琳不住在228号（线索2），而且她的黄色的信箱（线索2）一定不是230号和232号，所以一定在234号。现在通过排除法，巴伦夫人的红色信箱（线索3）一定在228号。从线索1中得出，杰布夫人住在232号，而加玛就是住在228号的巴伦夫人。阿琳不是菲什贝恩夫人（线索2），而是弗林特夫人，剩下菲什贝恩夫人住在230号。根据线索4，路易丝不是杰布夫人，而是菲什贝恩夫人，剩下杰布夫人是凯特。

答案：

228号，加玛·巴伦，红色。

230号，路易丝·菲什贝恩，绿色。

232号，凯特·杰布，蓝色。

234号，阿琳·弗林特，黄色。

41...

格伦是4号（线索2），根据线索1，证券公司的雇员不是2号、6号或7号。线索2排除了5号，因为6号是男的（线索3），线索1同样排除了4号。已知3号在保险公司工作（线索6），这样根据线索1，1号在证券公司上班，而在保险经纪人公司工作的3号就是塞布丽娜。1号不是纳尔逊（线索4）、雷切尔（线索5），或在投资公司工作的托奎（线索8），也不是格伦或塞布丽娜，线索8排除了马德琳，因此只能是吉莉安。线索7告诉我们2号在一家律师所工作，这样根据线索2,5号在法律顾问公司上班。已知托奎不是7号（线索8），而他所在的公司排除了2号和5号，那他就是6号，根据线索8，马德琳是7号。雷切尔不是2号（线索5），得出他是5号，格伦在银行工作（线索5）。最后通过排除法，纳尔逊是在律师事务所工作的2号，马德琳是建筑公司的职员。

答案：

1号，吉莉安，证券公司。

2号，纳尔逊，律师事务所。

3号，塞布丽娜，保险公司

4号，格伦，银行。

5号，雷切尔，法律顾问公司。

6号，托奎，投资公司。

7号，马德琳，建筑公司。

42...

已知马丁叔叔送给拉姆的礼物是Benedam优惠券（线索3）。卡罗尔阿姨的面值为20的优惠券不是W S Henry发行的（线索4），线索1又排除了Ten-X，最后得出它属于HBS公司。从线索2可以知道，B信封内的理查德叔叔所送的礼物面值为15。由于丹尼斯叔叔给拉姆的礼物不是面值为5的优惠券（线索5），那么可以知道它的面值是10，面值为5的是马丁叔叔送的由Benedam发行的优惠券。又因为后者不在C信封内（线索1），也不在D信封内（线索3），而是在A信封内。我们现在已经知道A和B信封内的代币价值。根据线索1，面值为10的优惠券不在C信封内，因此C信封内的是卡罗尔阿姨所送的由HBS发行的面值为20的代币。根据线索1也可以知道，Ten-X的优惠券的面值一定为10，并且在D信封内。最后通过排除法，B信封里是理查德叔叔所送的面值为15的W S Henry的优惠券。

答案：

A信封，马丁叔叔，Benedam，5。

B信封，理查德叔叔，W S Henry，15。

C信封，卡罗尔阿姨，HBS，20。

D信封，丹尼斯叔叔，Ten-X，10。

43...

因为图片3中的人是迪安夫人（线索2），图片4中的那个人穿着救助队军官制服（线索3），所以消防员埃利斯夫人不是图片2中的人物（线索4），而是图片1中的妇女。又因为萨利不在图片1或图片4（线索5）中，所以她不是救助队军官或消防员，也不是交警（线索5），最后得出她是护理人员。她不姓托马斯（线索5）或埃利斯；马里恩姓帕日斯（线索1），得出萨利必定姓迪安，这样就知道她在图片3中。通过排除法，图片2中的女性是交警，这样根据线索3，图片4中穿着救助队军官制服的是托马斯夫人，现在排除法可以得出，红头发的马里恩·帕日斯在图片2中，并且是个交警。最后根据线索3，图片4中的救助队军官托马斯夫人不姓卡罗尔，而是姓盖尔，卡罗尔是图片1中的消防员埃利斯夫人的名。

答案：

图片1，卡罗尔·埃利斯，消防员。

图片2，马里恩·帕日斯，交警。

图片3，萨利·迪安，护理人员。

图片4，盖尔·托马斯，救助队军官。

44...

由于扮演麦当娜的帕慈不在财务部工作（线索1），也不在蒂娜·特纳的扮演者所在的销售部（线索3），所以她一定在人事部。通过排除法，来自财务部的女性将扮演伊迪丝·普杰夫，但她不是卡罗琳（线索4），故必定是海伦·凡尔敦（线索2）。销售部扮演蒂娜·特纳的那位不是坦娜夫人（线索3），因此她姓玛丽尔，通过排除法，可以知道她的名字是卡罗琳。同样通过排除法，得到来自人事部的帕慈就是坦娜夫人的名字。

答案：

卡罗琳·玛丽尔，销售部，蒂娜·特纳。

海伦·凡尔敦，财务部，伊迪丝·普杰夫。

帕慈·坦娜，人事部，麦当娜。

45...

由于小博尼只有3天大（线索4），并且4天前出生的婴儿不是基德（线索1），也不是阿曼达·纽康姆博（线索2），所以他一定姓沙克林。线索1告诉我们，他不是2号小床上的丹尼尔，同时也说明丹尼尔不姓基德。我们知道丹尼尔不姓纽康姆博，因此他姓博尼，年龄只有3天。根据线索1，姓基德的婴儿的年龄是2天，通过排除法，剩下阿曼达·纽康姆博是最晚出生的。根据线索2，1号小床上的婴儿只有2天大，她姓基德，但不叫托比（线索3），由此得出她叫吉娜，剩下托比姓沙克林。后者不在3号小床上（线索3），而是在4号小床上，剩下阿曼达在3号小床上。

答案：

1号，吉娜·基德，2天。

2号，丹尼尔·博尼，3天。

3号，阿曼达·纽康姆博，1天。

4号，托比·沙克林，4天。

46...

已知10分钟路程中维恩广场是其中的第二段路（线索3）。根据线索1，通过斯拜丝巷和哥夫街的路程不需要12分钟，因此这条路只需花8分钟，同一个线索得出尼克花了10分钟并经过维恩广场。通过排除法，多吉丝·希尔是12分钟路程中的第二段路，根据线索2，帕特走了12分钟的路程，并经过佩恩街。最后由排除法知道，尼克所走路程的第一段是丘奇巷，桑迪通过斯拜丝巷和哥夫街只花了8分钟到达小餐馆。

答案：

尼克，丘奇巷，维恩广场，10分钟。

帕特，佩恩街，多吉丝·希尔，12分钟。

桑迪，斯拜丝巷，哥夫街，8分钟。

47...

已知星期五拜访的妇女不是帕特丝·欧文（线索1）或小说家阿比·布鲁克（线索3），那么拜访的是利亚·凯尔，并且可以知道她是个流行歌手（线索2）；通过排除法，帕特丝·欧文是个电影演员，她被拜访的时间不是星期天（线索4），而是星期六，剩下小说家阿比·布鲁克是在星期天被采访的。根据线索1，星期五拜访的利亚·凯尔来自加拿大，根据线索3，星期六的被访者帕特丝·欧文来自澳大利亚，最后排除法得出，星期天的被访者小说家阿比·布鲁克来自美国。

答案：

星期五，利亚·凯尔，流行歌手，加拿大。

星期六，帕特丝·欧文，电影演员，澳大利亚。

星期天，阿比·布鲁克，小说家，美国。

48...

因为沃德拜别墅在4号位置（线索2），那么在1号位置筑巢的不是养了7只小鸭子的戴西（线索1），也不是迪力（线索3），线索4排除了多勒，通过排除法得出是达芙妮。然后根据线索5，5只小鸭子在2号别墅的花园里。我们知道拥有小鸭子数最多的不是戴西、多勒（线索4）或迪力（线索3），而是达芙妮，她拥有8只小鸭子。1号位置小鸭子的数量比2号位置上的多3只，线索3排除了迪力在2号花园里的可能，已知多勒有5只小鸭子，剩下迪力有6只小鸭子。这样根据线索3，罗斯别墅是戴西和她的7只小鸭子的家。我们知道它们不在1号、2号或4号位置，那么一定在3号位置，根据排除法和线索3，迪力在4号沃德拜别墅的花园里抚养她的6只小鸭子。线索1现在告诉我们洁丝敏别墅在2号位置，剩下1号是来乐克别墅。

答案：

1号，来乐克别墅，达芙妮，8只。

2号，洁丝敏别墅，多勒，5只。

3号，罗斯别墅，戴西，7只。

4号，沃德拜别墅，迪力，6只。

49...

由于凯瑞的运动项目不是100米或400米（线索1），她也不是在跳远比赛中获胜的1号女孩（线索1和4），因此通过排除法，她一定破了标枪比赛的纪录。1号位置上的不是跑步运动员，所以凯瑞不是2号女孩（线索1），同一个线索排除了她是1号或4号的可能，所以她在3号位置。400米冠军哈蒂不叫瓦内萨（线索5），我们知道她不叫凯瑞。赫尔的名字是戴尔芬（线索2），那么哈蒂就是洛伊斯。她不在2号位置（线索3），而她的运动项目排除了1号和3号位置，因此她一定在照片中的4号位置。1号女孩不是戴尔芬·赫尔（线索2），而是瓦内萨，戴尔芬是2号女孩，排除法得出戴尔芬的运动项目是100米。最后根据线索4，瓦内萨不姓福特，而姓斯琼，剩下凯瑞是福特小姐。

答案：

1号，瓦内萨·斯琼，跳远。

2号，戴尔芬·赫尔，100米。

3号，凯瑞·福特，标枪。

4号，洛伊斯·哈蒂，400米。

50...

埃格要去拜访岳母（线索2），穿着绵羊皮外套的男人打算修他的小圆舟（线索5），并且穿着小牛皮上衣的奥格不打算粉刷他的窑洞墙壁（线索4），因此他一定是去钓鱼。由于穿着绵羊皮外套的男人不是阿格（线索5），我们知道他也不是埃格或奥格，那么他是艾格。通过排除法，剩下阿格是准备粉刷窑洞墙壁的男人。穿着绵羊皮外套的艾格不在1号位置（线索1），也不在3号位置，因为3号穿着山羊皮上衣（线索3），而线索1和3排除了他在4号位置的可能，那么他一定在2号位置，1号穿着狼皮上衣（线索1），剩下穿着小牛皮上衣的奥格在4号位置。线索5说明阿格在1号位置，他穿着狼皮上衣，通过排除法，在3号位置上穿着山羊皮上衣的人是埃格，就是那个打算拜访岳母的人。

答案：

1号，阿格，粉刷窑洞墙壁，狼皮。

2号，艾格，修小圆舟，绵羊皮。

3号，埃格，拜访岳母，山羊皮。

4号，奥格，钓鱼，小牛皮。

51…

由于2号警官的肩膀麻木（线索1），线索4说明斯图尔特·杜琼不是4号警官。线索2也排除了卡弗在4号位置的可能，并且线索3排除了布特，因此通过排除法，4号警官一定是艾尔莫特。这样根据线索3，格瑞在2号位置，并且遭受肩膀麻木的痛苦。1号警官不是鼻子发痒的内卫尔（线索2），也不是亚瑟（线索3），而是斯图尔特·杜琼。这样根据线索4，3号警官受鸡眼折磨。我们知道他不是格瑞、内卫尔或斯图尔特，那么必定是亚瑟，剩下4号警官是鼻子发痒的内卫尔·艾尔莫特。通过排除法，斯图尔特·杜琼一定受肿胀的脚的折磨。亚瑟就是卡弗（线索2），剩下格瑞就是布特。

答案：

1号，斯图尔特·杜琼，肿胀的脚。

2号，格瑞·布特，肩膀麻木。

3号，亚瑟·卡弗，鸡眼。

4号，内卫尔·艾尔莫特，发痒的鼻子。

52…

“红母鸡”在1649年被宣判（线索4），在1648年被认为是女巫的不是“蓝鼻子母亲”（线索3），因此她一定是“诺格斯奶奶”，并且真名是艾丽丝·诺格斯（线索1）。通过排除法，“蓝鼻子母亲”在1647年被宣判为女巫，而她来自盖蒙罕姆（线索2）。那么伊迪丝·鲁乔不是在1648年被宣判（线索4），而是在1649年，她的绰号是“红母鸡”。可以得出艾丽丝·诺格斯住在希尔塞德（线索4）。克莱拉·皮奇不是来自里球格特乡村（线索3），所以必定来自盖蒙罕姆，并且她是在1647年被宣判的“蓝鼻子母亲”；排除法得出伊迪丝·鲁乔住在里球格特。

答案：

克莱拉·皮奇，“蓝鼻子母亲”，盖蒙罕姆，1647年。

艾丽丝·诺格斯，“诺格斯奶奶”，希尔塞德，1648年。

伊迪丝·鲁乔，“红母鸡”，里球格特，1649年。

53...

根据线索2，V一定在C1，C2，D1或D2中的一个格子内。因为它不是重复的，所以不可能在C2（线索5），而那个线索也排除了包含有一个元音的D2。D3内是个A（线索4），那么线索2排除了V在D1内，排除法得出它在C1内。这样根据线索2，A1内有个R，而C3内是C。线索1和4排除了在D2内的元音（线索5）是A，也不是O（线索7），因此只能是I。根据线索6，G在C排，但G只有一个，不在C2内（线索5），只能在C4内。这样B4内的元音（线索5）不是O（线索7），而是另一个A。线索7排除了O在A或D排的可能，而已经找到位置的字母除掉了B1，B3或C2，以及B4，C1，C3和C4，只剩下B2包含O，而一个T在C2内（线索7）。这样根据线索5，第二个T在A4内。根据线索7，Y在A3内。我们还需找到两个R的位置，但都不在D4内（线索4），线索1也排除了B1和A2，只剩下B3和D1。L不是在D4内，也不是在A2内（线索3），因此在B1内。线索1排除了剩下的A在D4的可能，得出F在D4，而A在A2。

R	A	Y	T
L	O	R	A
V	T	C	G
R	I	A	F

54...

詹妮的孩子在3号位置上（线索3）。4号位置上的卡纳（线索2）不是D位置上的雷切尔的儿子（线索4和5），丹尼尔是莎拉的儿子（线索4），这样通过排除法，卡纳的母亲是汉纳。然后根据线索1，爱德华是詹妮的孩子，他在3号位置，雷切尔的儿子是马库斯。我们知道汉纳不在D位置上，也不在C位置（线索1）或B位置（线索2），因此她一定在A位置。詹妮不在C位置（线索5），而是在B位置，剩下C位置上的是莎拉。丹尼尔不在2号位置（线索4），那他一定在1号，剩下马库斯在2号位置，这由线索4证实。

答案：

A位置，汉纳；4位置，卡纳。

B位置，詹妮；3位置，爱德华。

C位置，莎拉；1位置，丹尼尔。

D位置，雷切尔；2位置，马库斯。

55...

宝贝1，海蒂，是乔治亚的孩子。

宝贝2，伊莎贝尔，是詹妮的孩子。

宝贝3，戴西，是爱瑞的孩子。

宝贝4，达娜，是艾莉森的孩子。

56...

小孩1，罗宾，是詹姆士的女儿。

小孩 2，吉米，是戈登的女儿。

小孩 3，阿什利，是马克的儿子。

小孩 4，布莱尔，是史蒂夫的儿子。

57...

女士 1，洛蕾特，是兰斯的妻子。

女士 2，玛琳，是库尔特的妻子。

女士 3，莫林，是纳尔逊的妻子。

女士 4，梅贝尔，是莫里斯的妻子。

58...

学生 1，约翰，是格林老师的学生。

学生 2，劳埃德，是布罗德老师的学生。

学生 3，马特，是肯特老师的学生。

学生 4，韦斯，是威廉老师的学生。

59...

艾拉丁开着卡车将面粉运往 E 地。

布切斯开着有篷货车将大卫·海塞尔弗的专辑运往 D 地。

勒瑞切尔开着救护车将棉花运往 B 地。

扎弗尔开着小汽车将床单运往 C 地。

奥玛开着面包车将 DVD 运往 A 地。

60...

车 1 是阿曼达的。

车 2 是奥里弗的。

车 3 是诺埃尔的。

车 4 是吉尼的。

61...

小孩 1，R.D.，是艾达的孙子。

小孩 2，J.J.，是维拉的孙女。

小孩 3，T.J.，是朱利的孙子。

小孩 4，O.P.，是弗农的孙子。

62...

病人 1，特雷弗，是米尔顿医生的病人。

病人 2，罗恩，是卢卡斯医生的病人。

病人 3，布伦顿，是杰罗姆医生的病人。

病人 4，威廉，是莱斯特医生的病人。

63...

阿瑞萨最喜欢拍动物，他在柏林，拍了 18 张照片。

艾耶姆喜欢拍花，他在纽伦堡，拍了 16 张照片。

麦古米喜欢拍陌生人，他在汉诺威，拍了 14 张照片。

尤凯克喜欢拍房屋，他在慕尼黑，拍了 17 张照片。

尤瑞喜欢拍教堂，他在达姆施塔特，拍了 15 张照片。

64...

艾利被称作“革命”，他来自怀斯，管理弗瑞弗德村。

西温林被称作“公正”，他来自艾塞克斯，管理查德林顿村。

艾伯特被称作“大胆”，他来自麦西亚，管理阿宾顿村。

奥发被称作“野兽”，他来自苏塞克斯，管理阿斯恩沃村。

瑞德沃德被称作“伟大”，他来自维斯瑟克斯，管理卡斯西顿村。

65...

女孩1，艾米，是内特的女朋友。

女孩2，妮娅，是埃里克的女朋友。

女孩3，蕾娜，是罗兹的女朋友。

女孩4，凯莉，是特德的女朋友。

66...

小偷1是安吉洛，他是被鲍勃抓住的。

小偷2是米克，他是被特德抓住的。

小偷3是巴蒂，他是被大卫抓住的。

小偷4是托尼，他是被安迪抓住的。

67...

采访对象1，布拉德，将被杰克采访。

采访对象2，弗兰克，将被迪克采访。

采访对象3，艾迪，将被罗杰采访。

采访对象4，罗基，将被凯特采访。

68...

E。

69...

6218，圆中其他数字都有与其对应的数字，例：7432与168（7×4×3×2=168）；6198与432；4378与672；9431与108。

70...

如图：

71...

弹吉他的不是1号（线索1），1号也不是变戏法者（线索3），也非马路艺术家（线索4），因此1号肯定是手风琴师，他不是泰萨，也不是莎拉·帕吉（线索2），而内森是2号（线索5），因此1号只能是哈利。因内森不玩吉他（线索5），线索1可以提示吉他手就是4号。4号不是莎拉·帕吉（线索2），而莎拉·帕吉不是1号和2号，因此只能是3号。因此，她不是变戏法者（线索3），通过排除法，她肯定是街边艺术家，剩下变戏法者就是2号内森。从线索4中知道，他的姓一定是西帕罗，而4号位置肯定是泰萨。从线索2中知道，克罗葳不是泰萨的姓，则一定是哈利的姓，而泰萨的姓只能是罗宾斯。

答案：

1号，哈利·克罗葳，手风琴师。

2号，内森·西帕罗，变戏法者。

3号，莎拉·帕吉，街边艺术家。

4号，泰萨·罗宾斯，吉他手。

72…

图片A指的是雅各布（线索2），图片D指的是丘吉曼（线索4）。赫伯特的图片与“男人”麦克隆水平相邻，前者不可能是图片C上的人，而图片C上的也不是西尔维斯特（线索1），那么图片C上的一定是马修斯。我们知道西尔维斯特不是图片A、C和D上的人，那么肯定就是图片B上的人。通过排除法，赫伯特一定是图片D上的人。从线索1中知道，图片C上的一定是马修斯，他就是“男人”麦克隆。通过排除法知道，雅各布的姓就是沃尔夫。因此，从线索3中可以知道，“小马”就是西尔维斯特·加夹德，他是图片B上的人。D上的赫伯特·丘吉曼不是“强盗”，那么他的绰号一定是“里欧”，而“强盗”就是图片A上雅各布·沃尔夫的绰号。

答案：

图片A，雅各布·沃尔夫，“强盗”。

图片B，西尔维斯特·加夹德，“小马”。

图片C，马修斯·麦克隆，“男人”。

图片D，赫伯特·丘吉曼，“里欧”。

73…

坐在A排13号位置的（线索6）不可能是彼特和亨利（线索1），也不是罗伯特（线索4）。朱蒂不可能是13号（线索5），那么这条线索也排除了A排13号是查尔斯和文森特的可能。通过排除法，在A排13号的只能是托尼，安吉拉也在A排（线索1），除此之外，A排另外还有一位女性（线索3），她不是尼娜，因尼娜坐在B排的12号座（线索2），也不是珍妮特和莉迪亚（线索7），线索5排除了朱蒂，通过排除法只能是玛克辛在前排座位。她不可能是10或11号（线索4），我们已经知道她不是13号，那么肯定是12号。因此罗伯特是A排10号（线索4），剩下安吉拉是11号。现在从线索1中知道，彼特是B排11号。B排还有一位男性（线索3）。他不是亨利，亨利在C排（线索1），而线索5排除了文森特在B排10号和13号的可能，10号和13号还未知。我们知道托尼和罗伯特在A排，那么通过排除法，在B排的只能是查尔斯，但他不是13号（线索5），因此他肯定是10号。从线索5中知道，朱蒂一定在C排10号，而她丈夫文森特是11号。从线索1和7中知道，亨利是C排的12号，而莉迪亚是那一排的13号，最后剩下B排13号上的是珍妮特。

答案：

A排：10，罗伯特；11，安吉拉；12，玛克辛；13，托尼。

B排：10，查尔斯；11，彼特；

12，尼娜；13，珍妮特。

C排：10，朱蒂；11，文森特；12，亨利；13，莉迪亚。

74...

某位女性的生日是8月4号（线索2），她不是内奥米（线索4）或者波利。巴兹尔的生日是个偶数日（线索7），安妮的生日是8月2日（线索5），因此，通过排除法，8月4日一定是威尔玛的生日。我们知道巴兹尔的生日不是2号或者4号，通过线索7知道，她的生日一定是7月28日或者7月30日，因此波利的生日是7月29日或者31日。斯图尔特·沃特斯的生日在8月份（线索7），但是克雷布的生日是8月1日（线索6），我们知道斯图尔特不是2号或者4号，那么一定是3号。出生在7月28号的不是查尔斯（线索1）、安格斯（线索3）、内奥米（线索4）或者波利（线索7），也不是安妮、斯图尔特和威尔玛，那么一定是巴兹尔。这样，从线索7中知道，波利的生日是7月29日。安格斯不是7月31日出生的（线索3），内奥米也不是，因为她的生日是在斯盖尔斯之前的（线索4），通过排除法，7月31日一定是查尔斯的生日。这样，从线索1中知道，巴兹尔姓菲什。因为阿彻是男的（线索4），那么线索4也排除了内奥米的生日是7月30日的可能，那么一定是8月1日，剩下7月30日是安格斯的生日。线索4现在可以告诉我们，安妮姓斯盖尔斯，查尔斯姓阿彻。从线索3中知道，布尔的名字是波利，出生在7月29日。安格斯不是拉姆（线索6），那么一定姓基德，剩下拉姆是威尔玛的姓。

答案：

7月28日，巴兹尔·菲什。

7月29日，波利·布尔。

7月30日，安格斯·基德。

7月31日，查尔斯·阿彻。

8月1日，内奥米·克雷布。

8月2日，安妮·斯盖尔斯。

8月3日，斯图尔特·沃特斯。

8月4日，威尔玛·拉姆。

75...

1号黑猩猩不是罗莫娜（线索1）、里欧或格洛里亚（线索2），也不是贝拉（线索3），那它一定是珀西。5号黑猩猩的母亲不是格雷特（线索1）、克拉雷（线索2）、爱瑞克（线索3）或马琳（线索4），而是丽贝卡。由此得出4号黑猩猩的母亲是马琳（线索4）。1号黑猩猩珀西的母亲不是格雷特（线索1）或克拉雷（线索2），那一定是爱瑞克。珀西和格雷特的后代都不是在11月出生（线索1），克拉雷（线索2）或丽贝卡（线索4）的后代也不是，因此在11月生产的是马琳。现在可以知道在10月生产的丽贝卡（线索4）是5号黑猩猩的母亲。

根据线索3，贝拉是2号黑猩猩。5号黑猩猩不是罗莫娜（线索1）或里欧（线索2），而是格洛里亚。里欧是4号黑猩猩（线索2），排除法得出罗莫娜是3号。根据线索2，3号罗莫娜是克拉雷的后代，排除法可以知道格雷特是贝拉的母亲。在7月出生的黑猩猩不是罗莫娜（线索1）或贝拉（线索3），那一定是珀西。贝拉在8月出生（线索3），最后通过排除法得出罗莫娜在9月出生。

答案：

1号，珀西，7月，爱瑞克。

2号，贝拉，8月，格雷特。

3号，罗莫娜，9月，克拉雷。

4号，里欧，11月，马琳。

5号，格洛里亚，10月，丽贝卡。

76...

皇后不可能是1、4、7或9号牌（线索2）。因为中央的牌是红桃10（线索5），这又排除了皇后是2、5和6号牌的可能性，所以皇后是3号牌。因此，2号牌是“7”，6号牌是梅花（线索2）。再根据线索6，梅花5一定是1号牌。“8”紧靠在黑桃的下面（线索3），这排除了“8”是4或9号牌的可能性，因为已知3和5号牌是红桃，这又排除了“8”是6或8号牌的可能性。又已知“8”不可能是5号牌，所以“8”是7号牌；4号牌是张黑桃。9号牌是张方块（线索7），所以杰克不可能是8号牌，也不可能是6和9号牌（线索4），杰克是4号牌的黑桃，因此5号牌是红桃10（线索4），线索8揭示9号牌是的方块4，因此8号牌是国王。根据线索9，国王不可能是梅花，所以是黑桃（线索8）。同样根据线索8，3号牌是方块皇后。现在我们知道，线索1中，出现3次的牌的花色不可能是方块和黑桃，因为所有的牌是已知的。2号牌和7号牌有相同的花色（线索9），但是我们已知1号牌和6号牌是梅花，而这里不可能有相同花色的4张牌（线索1），所以2号牌和7号牌是红桃，红桃就是有相同花色的3张牌的花色。最后得出6号牌是梅花3。

答案：

1号牌，梅花5。

2号牌，红桃7。

3号牌，方块皇后。

4号牌，黑桃杰克。

5号牌，红桃10。

6号牌，梅花3。

7号牌，红桃8。

8号牌，黑桃国王。

9号牌，方块4。

77...

要解决这个问题，你必须经过除了左上角的9个方格之外的方格，但是仍然不易解决。你要通过四步使

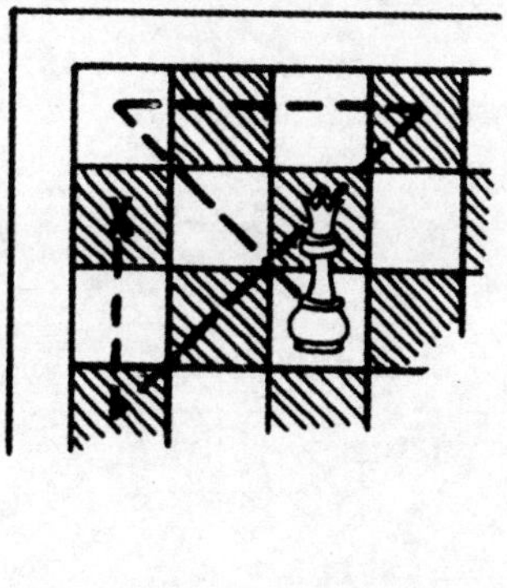

“皇后”经过左上角的全部9个方格。在下次俱乐部会战时，你可以按照下图所示的步骤一展身手。

78...

布鲁斯的乐队叫倾斜，他们正在录《黑匣子》，这是一首前卫摇滚风格的歌。

雷尔的乐队叫空旷的礼拜，在录制《毁灭世界》，这是一首歌德摇滚风格的歌。

莱泽的乐队叫内克，在录制《突然》，歌曲的曲风是独立摇滚。

梅根的乐队叫贝拉松，正在录制《帆布悲剧》，这是一首情绪摇滚风格的歌。

史蒂夫的乐队叫红色莱姆，在录制《朱丽叶》，这是一首另类摇滚的歌。

79...

亚当去了伊顿大学，他被叫作海雀，他不能正确起飞。

詹姆士去了温切斯特大学，他被叫作水塘，他不能正确降落。

贾斯汀去了西鲁斯伯里，他被叫作没脑子，他总是瞄不准。

雷奥纳多去了拉格比大学，他被叫作烤面包，他不能通过演习。

塞巴斯蒂安去了海洛大学，他被叫作生姜，他不会驾驶。

80...

艾丽斯得了腮腺炎，她拿到了一个冰激凌作为安慰，她穿着蓝色睡衣。

贝利叶得了扁桃体炎，有一个朋友来看望他，他穿着绿色睡衣。

弗兰克得了水痘，他得到了一个果冻，他穿着橘色睡衣。

里伊得了猩红热，她得到了一本书，她穿着红色睡衣。

罗宾得了麻疹，他得到了一个玩具，他穿着黄色睡衣。

81...

阿里·贝尔，前守门员，威尔士队，匈牙利。

多·恩蒙，前足球记者，英格兰队，挪威。

杰克爵士，前经营者，北爱尔兰队，比利时。

佩里·奎恩，前足球先锋，苏格兰队，俄罗斯。

第②章

递推法

由已知条件层层分析得出结论的过程，要确保每一步都能准确无误。在这个过程中，可能会有几个分支，应该本着先易后难的原则，先从简单的入手，逐个分析，直到考虑到所有的情况，找到符合题目要求的答案。这时候就要用到递推法。

递推法是利用问题本身具有的一种递推关系来求解的方法，也就是从上到下，一步步的推理。这种方法，不但有益于解决学习和工作的问题，对于提高逻辑思维能力也大有裨益。

1. 图形组合【初级】

仔细观察右边4幅图形，依据图形规律，从A-D中选出适合的第五幅图形。

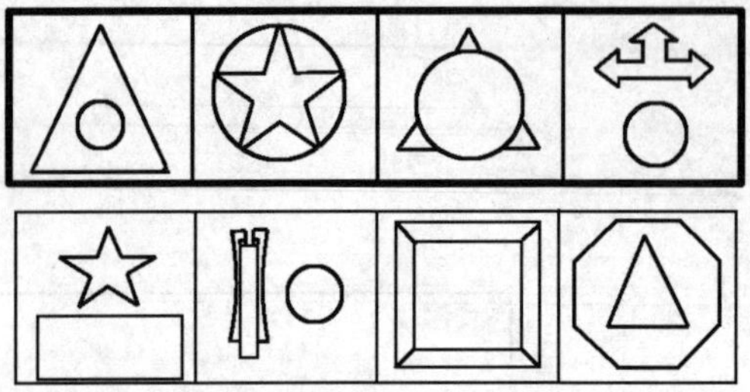

A　　B　　C　　D

2. 图形四等分【初级】

将左图分为大小和形状均相同的四等份。

3. 哪个不相关【初级】

下面哪个图与其他的图不相关？

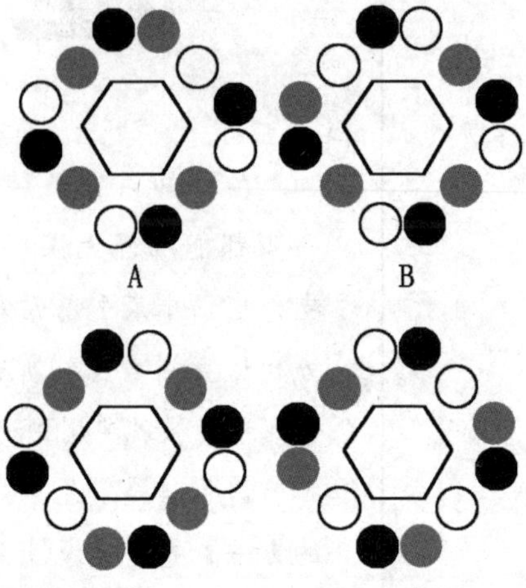

4. 图形识别【初级】

依据图形变化规律找出第四幅图。

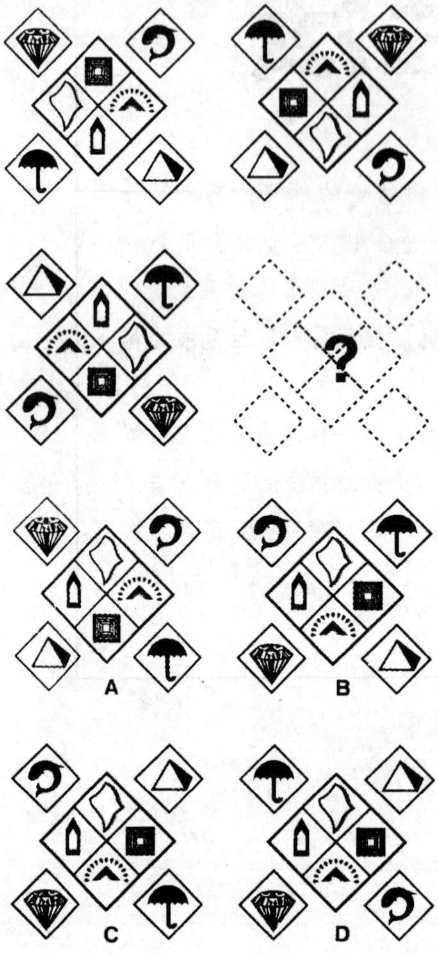

5. 填数字【初级】

根据规律，填数字完成右侧谜题。

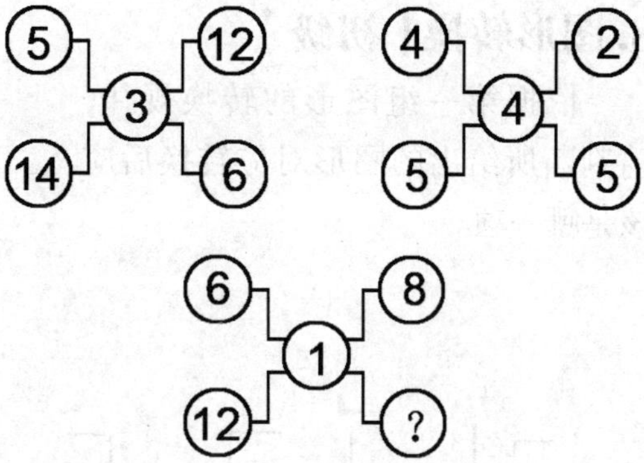

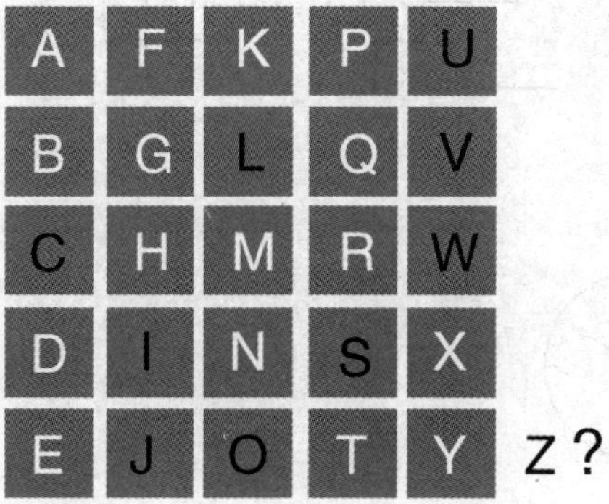

6. 黑色还是白色【初级】

依照左图的逻辑，说说 Z 应该是黑色还是白色？

7. 黑点方格【初级】

空缺处应该放入 A ~ F 项中的哪一个？

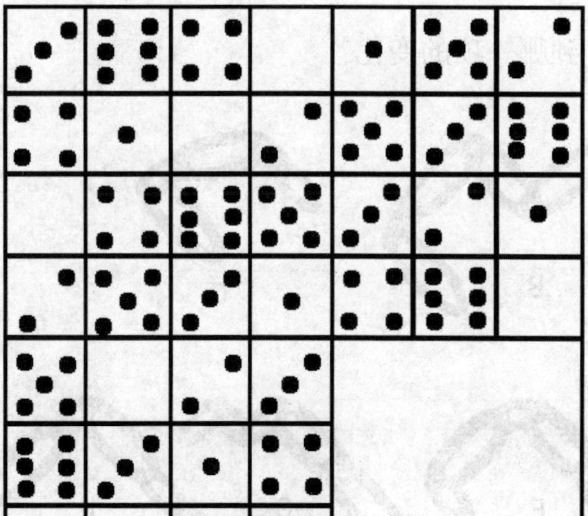

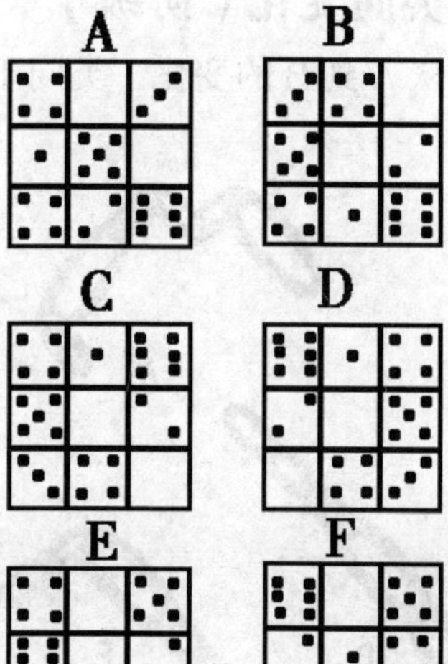

8. 图形转换【初级】

依据第一组图形的转换规律，请判断所给出的图形对应转换后应该是哪一项。

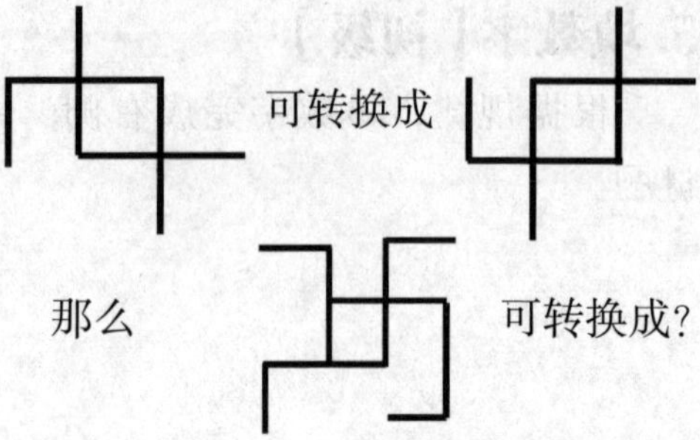

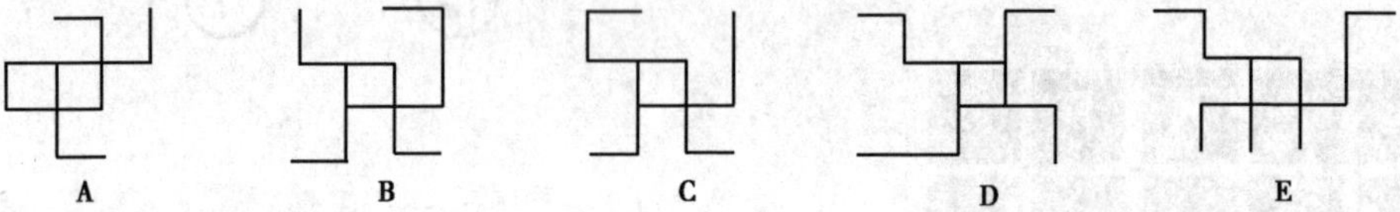

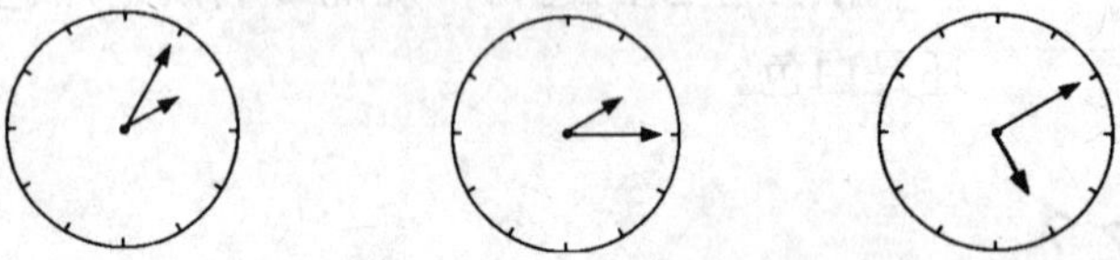

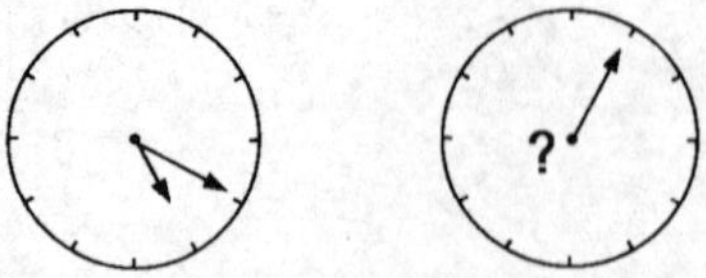

9. 缺少的时针【初级】

表盘中缺少的时针应指向哪儿？

10. 类同变化【初级】

从 A 到 B 的变化，类同于从 C 到哪一项的变化？

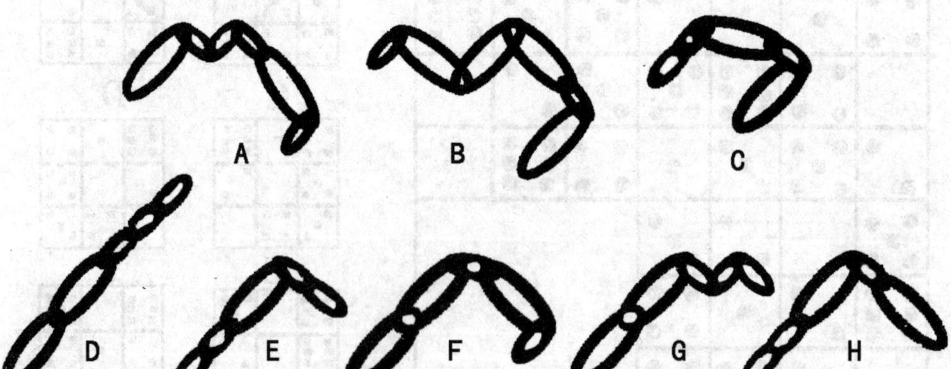

11. 回忆填图【初级】

仔细观察第一组图，然后将图遮住，从ABCD中选出第二组图中缺失的图形。

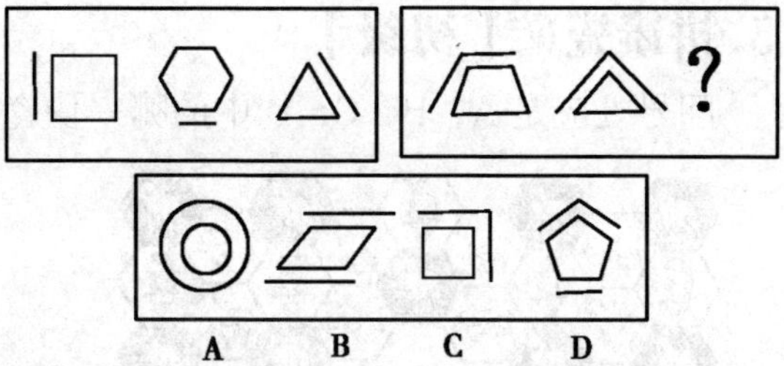

12. 补充图案【初级】

仔细观察左面的图形，选择合适的答案将空白补上。

13. 规律推图【初级】

仔细观察右面4幅图形，从A，B，C，D选项中选出规律相同的第五幅图形。

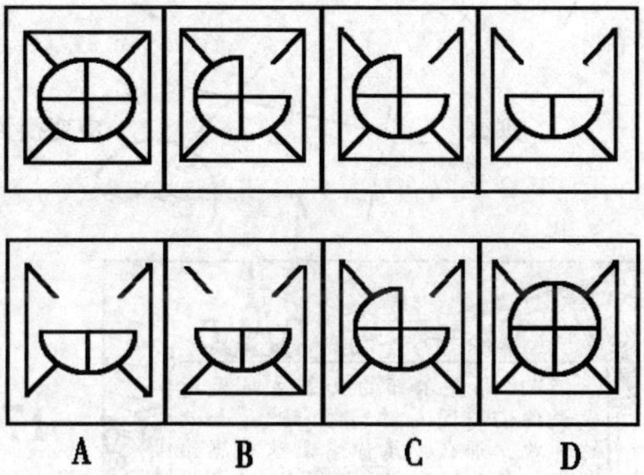

14. 图形选择【初级】

观察第一组图形，依据规律选出第二组图形中缺少的图形。

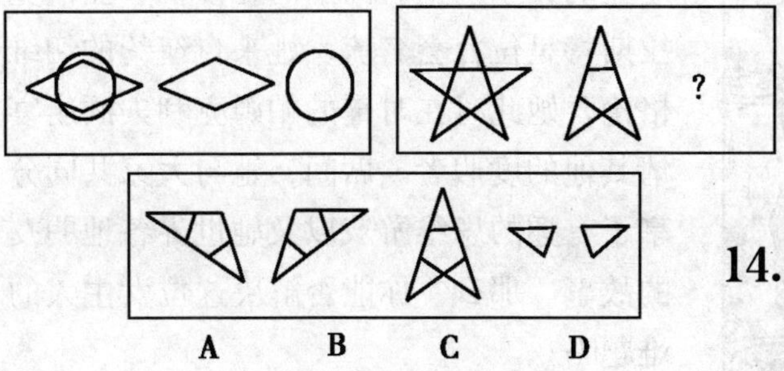

15. 拼凑瓷砖【初级】

问号处应是 A，B，C，D 中的哪一块瓷砖？

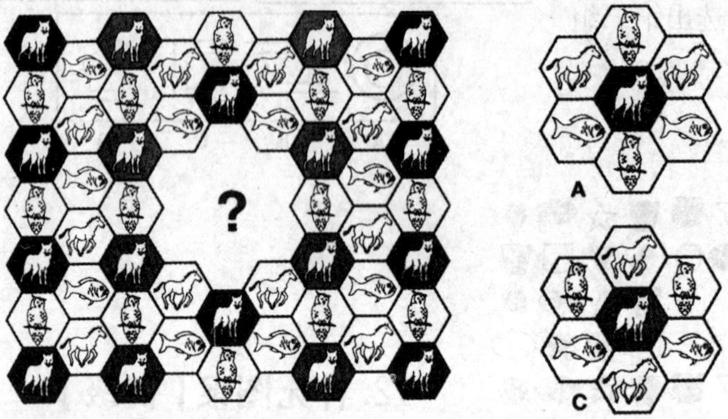

16. 组合转换【初级】

观察图形，找出变化规律，选出转换后的图形。

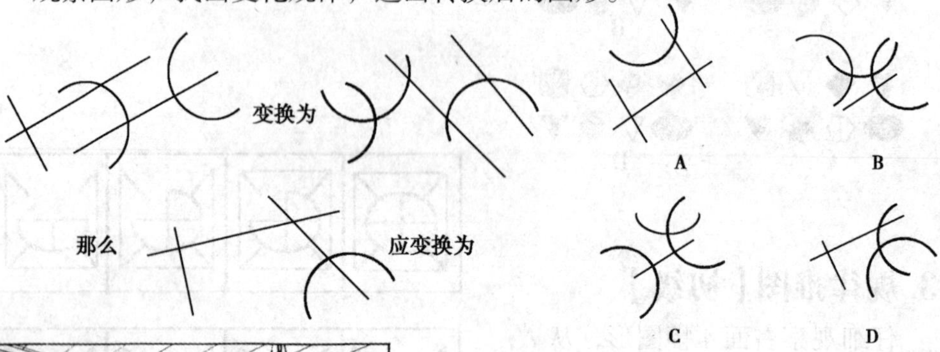

17. 度假（1）【初级】

故事发生在 1902 年 7 月 10 日加利福尼亚的帕尔玛斯。图中的尤沙拉·亚伯克拉斯特是位社会名流，她来自纽约的切维格伦，她此时在时髦的帕姆克利夫酒店宴请其他的度假者。席间，她与大家共同分享了有趣的思维游戏以及她世界各地朋友的故事。那么，你能否解决这位女主人的难题吗？

18. 序列中的数字【初级】

西德尼很迷恋思维游戏，因为会学到许多东西。请你试试，看能否在他从当地的糖果商店回来之前把这个题解答出来。

19. 猜数字【初级】

很久以前，有个先生叫霍华德·迪斯丁，他是一个乐器制作商。图中的他正在击鼓召唤大家来参加一个数字竞赛。在今年的乐器集会上，为了增加大家的兴趣，他把题印在了鼓膜上。那么，你知道数字串里的下一个数字是什么吗？

20. 搬运雪块【初级】

这 2 个人以同样的速度搬运同样大小的雪块，逻辑上来说，谁会第一个完成呢？

21. 填数字【初级】

猜猜看，问号处应该填上什么数字？

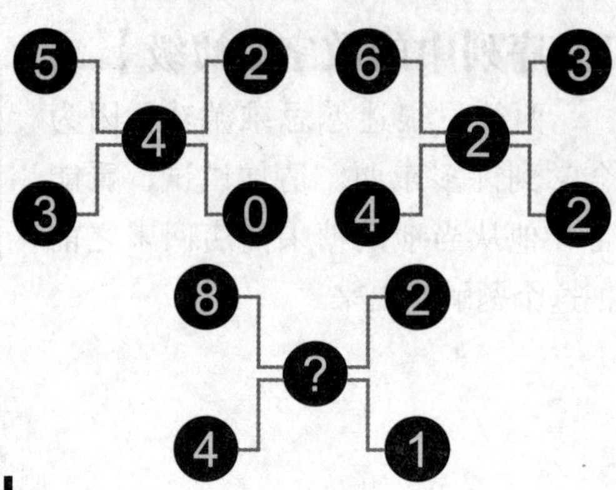

22. 对应【初级】

哪个选项和图中 D1 相对应？

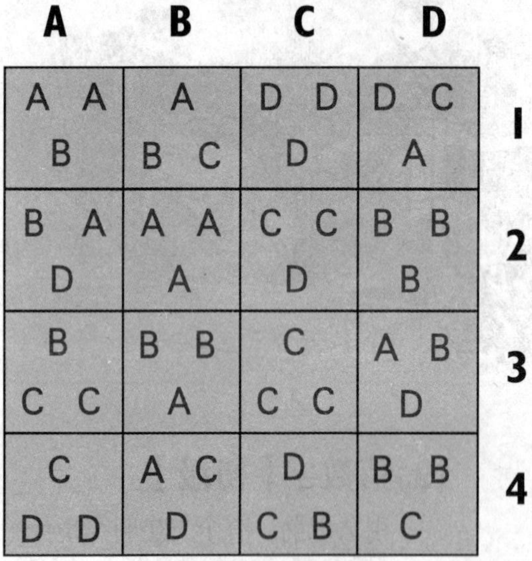

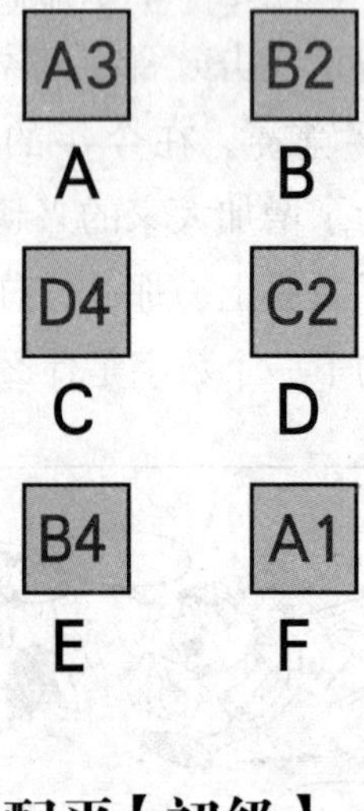

23. 天平配平【初级】

前两组天平是平衡的。为了使第三个天平也平衡，应当再加上什么图案呢？

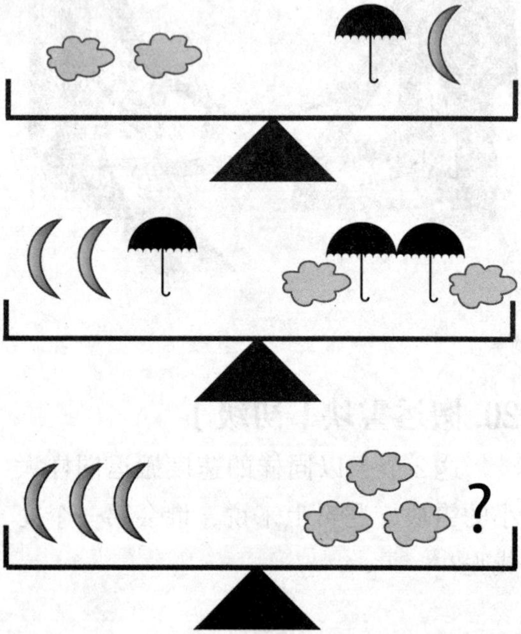

24. 有趣的脸谱【中级】

A，B，C3 个选项中，哪个可以接续右图序列？

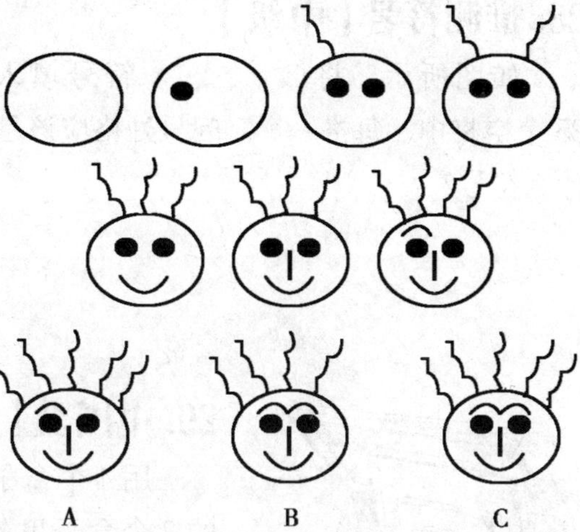

25. 查缺补漏【中级】

你能找出图中的规律，并把缺掉的部分补上吗？

26. 数字代码【中级】

题目中的问号可以用什么数字代替？

7628	5126	3020
9387	6243	1088
8553	2254	?

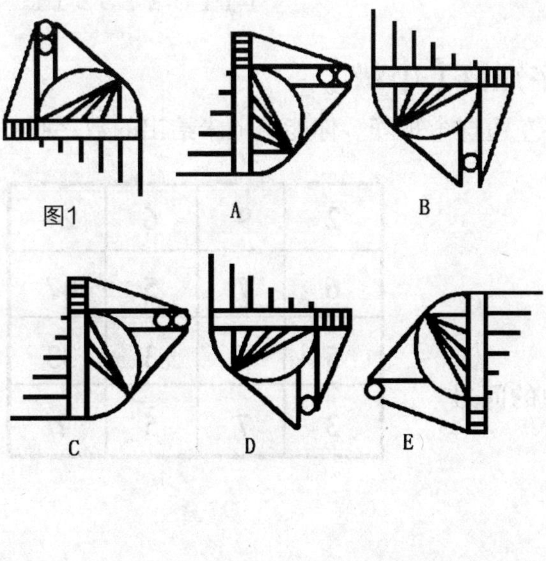

27. 添上一条线【中级】

如果在 A，B，C，D，E 各图中某处添上一条线（任何形状的线皆可，但线条不能重叠），哪幅图案能够变成图 1 所示的形态？

28. 推测符号【中级】

如图所示，将○、△、× 符号填入25个空格中，每格一个。问号处格应该是什么符号?

○	×	△	○	○
△	×	△	×	×
×	○	○	△	△
○	△	×	○	○
?	×	○	△	×

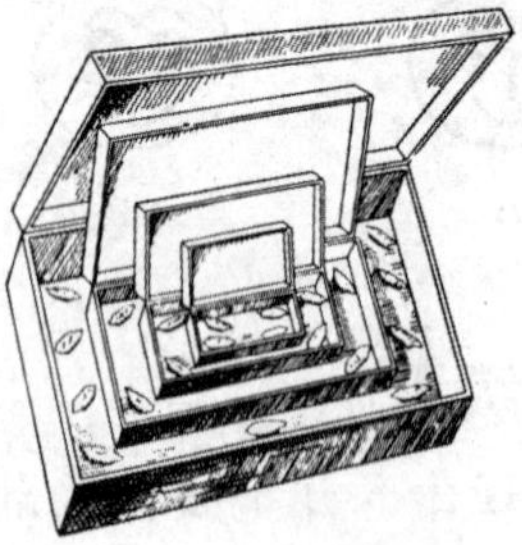

29. 中国盒【中级】

用4个盒子一盒套一盒做成1个中国盒。里面的3个盒子里各放4块糖，外面的大盒子里放9块糖。把这个盒子作为生日礼物送给你的朋友，并且告诉他（她）必须使每个盒子里的糖果变成偶数对再加1颗之后才可以吃糖。你知道答案吗?

30. 数字巧妙推【中级】

充分发挥你的想象力，推算出下一行的数字是什么?

1
11
21
121
111221
312211
13112221
1113213211

31. 数字矩阵【中级】

观察左边这个矩阵。你能填上未给出的数字吗?

1	1	1	1
1	3	5	7
1	5	13	25
1	7	25	?

32. 补充表格【中级】

仔细看表格，然后说出表格中的问号该填什么数。

2	9	6	24
6	7	5	47
5	6	3	33
3	7	5	?

33. 跳棋【中级】

跳棋协会这个星期举办了一场激动人心的跳棋比赛。从给出的线索中，你能说出3个让人有所期待的选手名字、俱乐部及他们最后的排名吗？

1. 跳棋选手泰勒代表红狮队。

2. 在史蒂夫胜出比赛后，紧接着是沃尔顿胜出。

3. 在第三场比赛中胜出的选手姓汉克。

4. 比尔比来自五铃队的选手早胜出比赛。

名 \ 姓	汉克	泰勒	沃尔顿	五铃队	红狮队	船星队	第一名	第二名	第三名
比尔									
玛丽									
史蒂夫									
第一名									
第二名									
第三名									
五铃队									
红狮队									
船星队									

34. ABC（1）【中级】

按要求填表格。要求每行每列均包含字母A，B，C和两个空格。表格外的字母表示箭头所指方向的第一或者第二个出现的字母，如B1代表箭头所指方向出现的第一个字母为B，你能按要求完成吗？

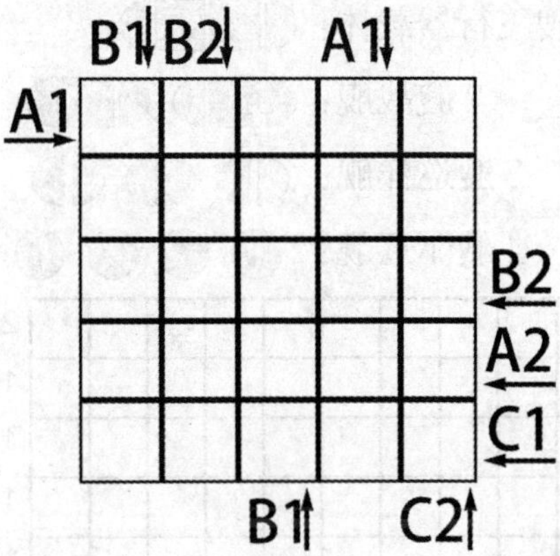

35. 战舰（1）【中级】

这道题是按照一个古老的战舰游戏设计的，你的任务是找出表格中的船。方格中已填入了几个代表海或某种船的局部的图案，而紧靠行和列边上的数字表示这行或这列被占的方格总数。船和船之间可以水平或垂直停靠，但是任何两艘船或船的某个部分都不可以在水平、垂直和对角方向上相邻或重叠。

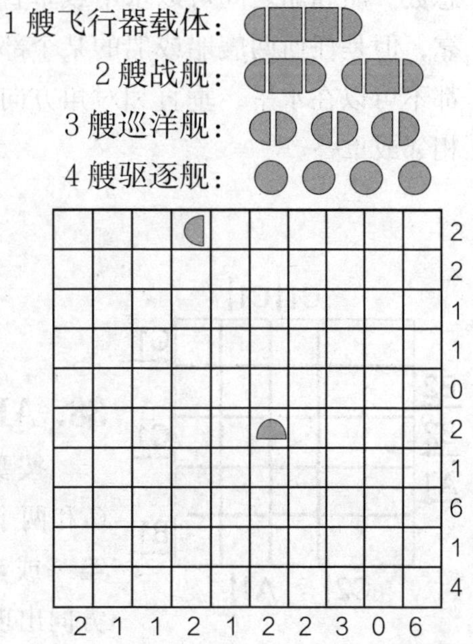

36. 寻找骨牌（1）【中级】

一副标准形式的骨牌已经展开，为了清楚起见，它使用数字而非点数来表示。你能用你尖锐的笔尖和灵活的脑瓜，把每个骨牌都画出来吗？右边的格子将对你非常有帮助。

0	3	0	3	6	4	6	2
5	5	0	5	4	5	5	0
6	2	0	4	2	3	4	1
1	2	2	4	4	3	1	3
1	1	0	6	5	3	3	1
1	3	6	6	6	2	2	5
2	1	4	0	4	0	6	5

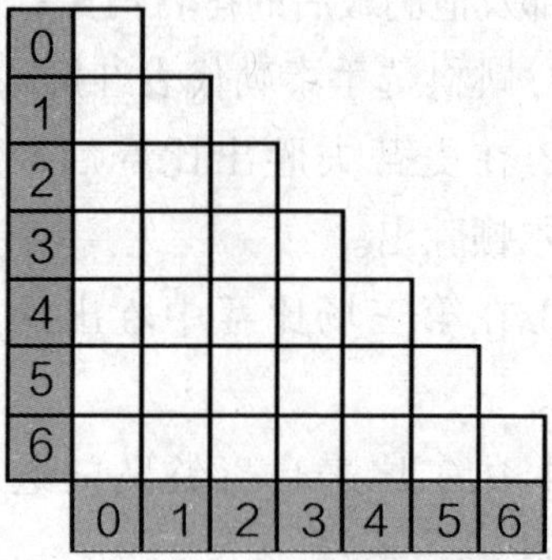

37. 战舰（2）【中级】

这道题是按照一个古老的战舰游戏设计的，你的任务是找出表格中的船。方格中已填入了几个代表海或某种船的局部的图案，而紧靠行和列边上的数字表示这行或这列被占的方格总数。船和船之间可以水平或垂直停靠，但是任何两艘船或船的某个部分都不可以在水平、垂直和对角方向上相邻或重叠。

1 艘飞行器载体：

2 艘战舰：

3 艘巡洋舰：

4 艘驱逐舰：

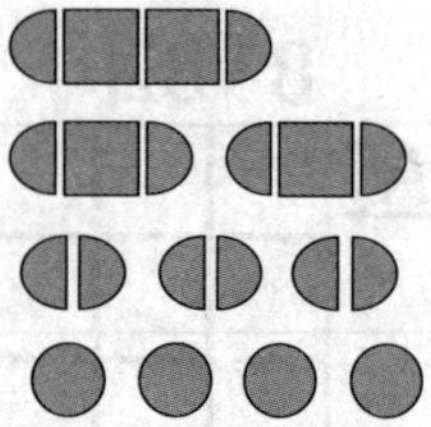

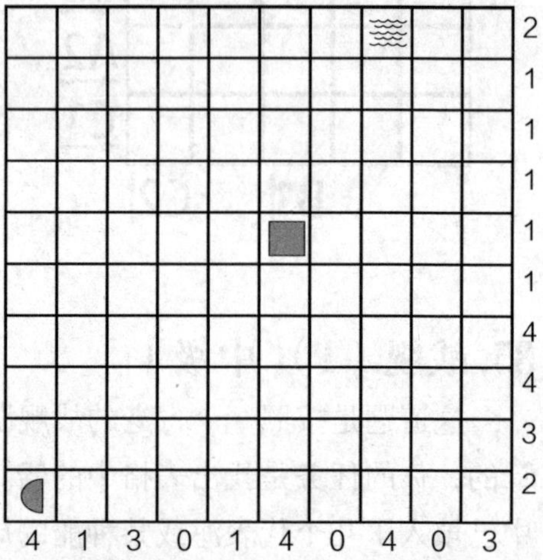

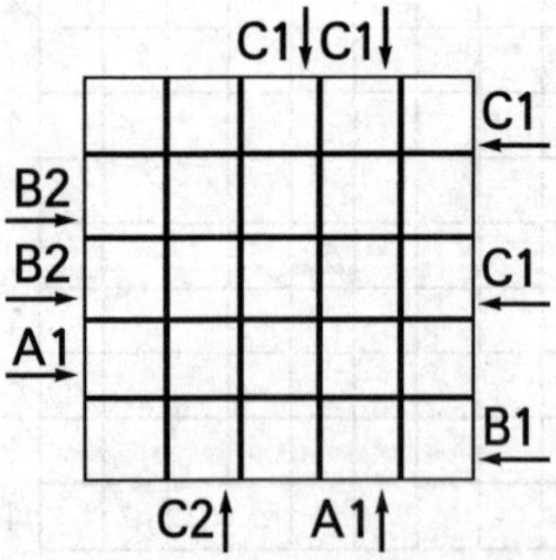

38. ABC（2）【中级】

按要求填表格，使得每行每列均包含字母 A，B，C 和两个空格。表格外的字母表示箭头所指方向的第一或者第二个出现的字母，如 B1 代表箭头所指方向出现的第一个字母为 B，你能按要求完成吗？

39. ABC（3）【中级】

按要求填表格，使得每行每列均包含字母 A，B，C 和两个空格。表格外的字母表示箭头所指方向的第一或者第二个出现的字母，如 B1 代表箭头所指方向出现的第一个字母为 B，你能按要求完成吗？

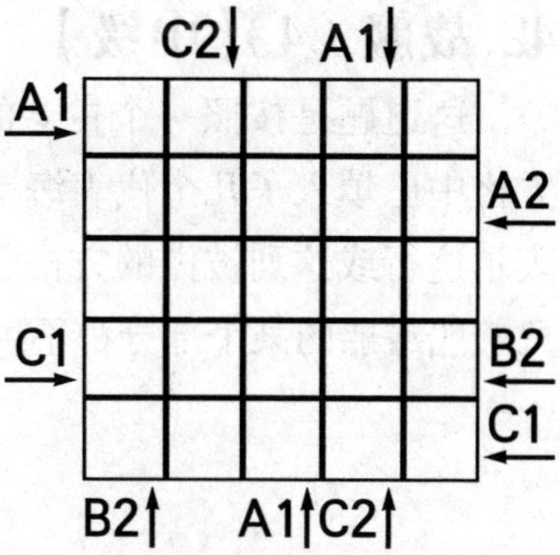

40. 战舰（3）【中级】

这道题是按照一个古老的战舰游戏设计的，你的任务是找出表格中的船。方格中已填入了几个代表海或某种船的局部的图案，而紧靠行和列边上的数字表示这行或这列被占的方格总数。船和船之间可以水平或垂直停靠，但是任何两艘船或船的某个部分都不可以在水平、垂直和对角方向上相邻或重叠。

1 艘飞行器载体：
2 艘战舰：
3 艘巡洋舰：
4 艘驱逐舰：

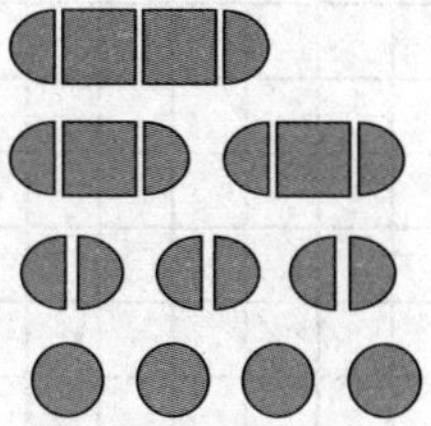

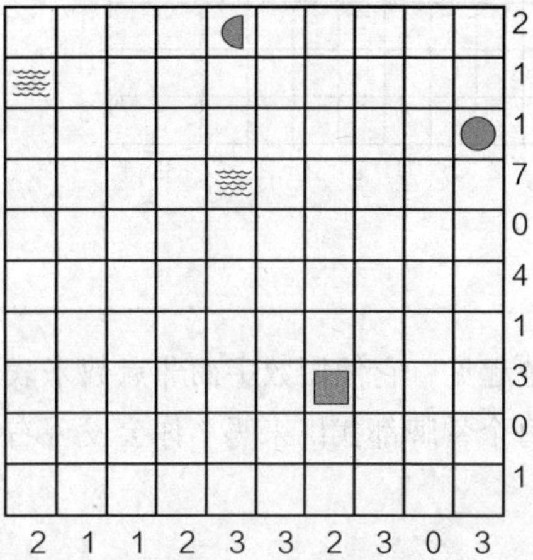

41. 寻找骨牌（2）【中级】

一副标准的骨牌已经摆出，为了表达清楚，我们使用数字替代圆点。你能运用锋利的笔尖和敏锐的头脑，标出每张骨牌的位置吗？每找到一张牌就把它去掉，你会发现右边的表格对你很有帮助。

1	3	4	0	2	3	0	0
6	5	5	1	2	3	4	6
4	4	4	2	2	5	5	6
3	1	0	0	3	0	5	6
6	1	1	2	2	5	3	3
1	5	6	0	2	5	6	1
4	0	4	6	2	4	1	3

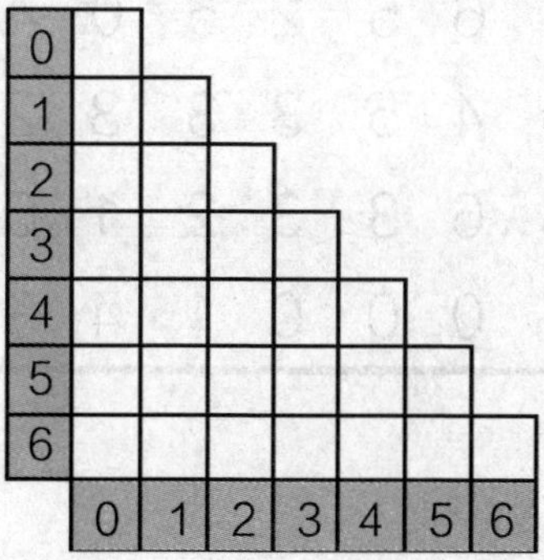

42. 战舰（4）【中级】

这道题是按照一个古老的战舰游戏设计的，你的任务是找出表格中的船。方格中已填入了几个代表海或某种船的局部的图案，而紧靠行和列边上的数字表示这行或这列被占的方格总数。船和船之间可以水平或垂直停靠，但是任何两艘船或船的某个部分都不可以在水平、垂直和对角方向上相邻或重叠。

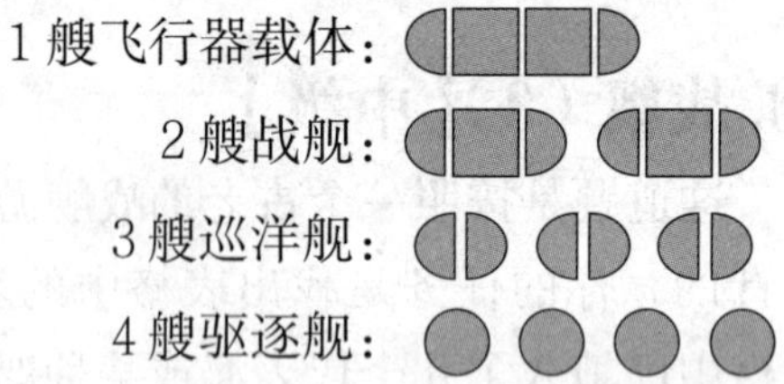

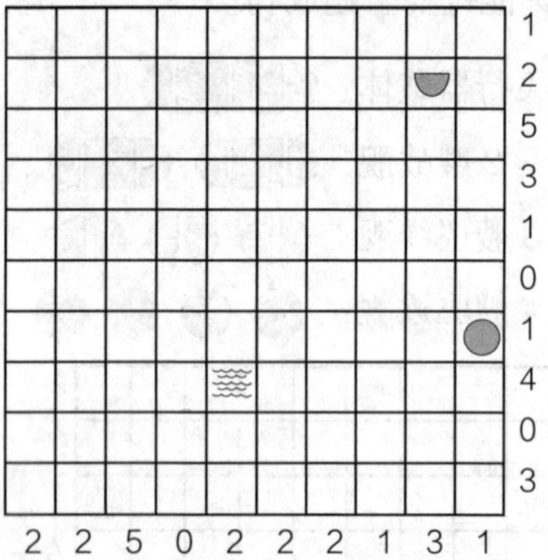

43. 寻找骨牌（3）【中级】

一副标准形式的骨牌已经展开，为了清楚起见，它使用数字而非点数来表示。你能用你尖锐的笔尖和灵活的脑瓜，把每个骨牌都找出来吗？你会发现右边的格子对你非常有帮助。

2	5	1	1	1	2	0	6
5	0	6	6	5	3	4	4
2	3	4	5	2	5	4	2
1	1	6	5	2	5	0	4
0	0	4	5	3	3	3	2
6	6	6	3	3	2	1	6
4	1	0	0	0	1	4	3

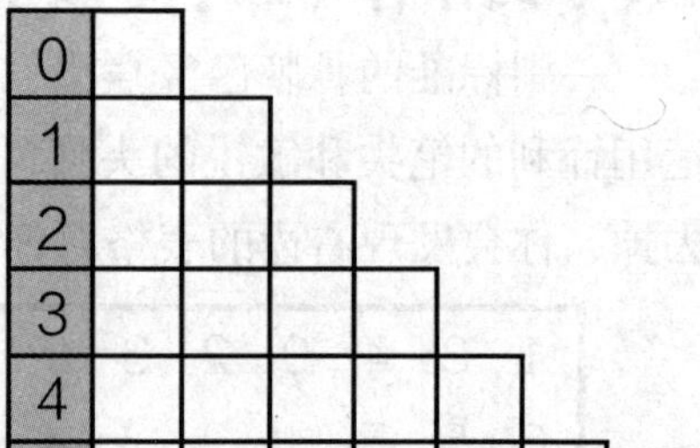

44. 战舰（5）【中级】

这道题是按照一个古老的战舰游戏设计的，你的任务是找出表格中的船。方格中已填入了几个代表海或某种船的局部的图案，而紧靠行和列边上的数字表示这行或这列被占的方格总数。船和船之间可以水平或垂直停靠，但是任何两艘船或船的某个部分都不可以在水平、垂直和对角方向上相邻或重叠。

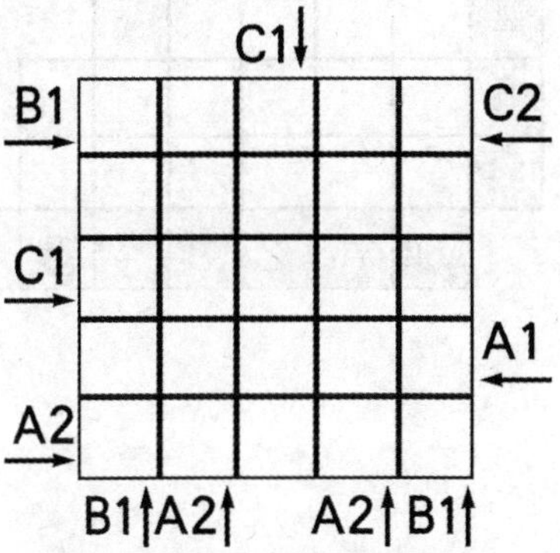

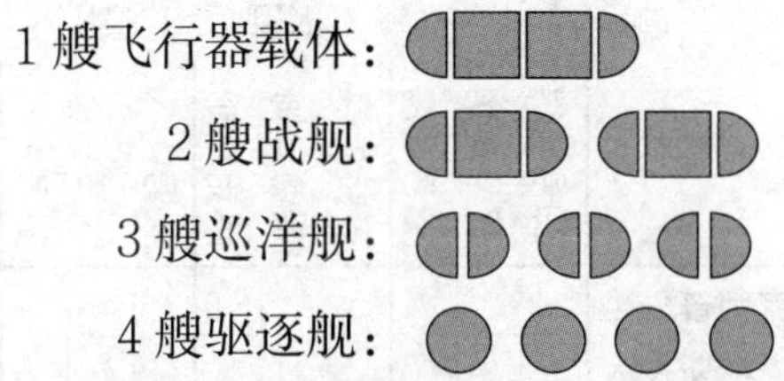

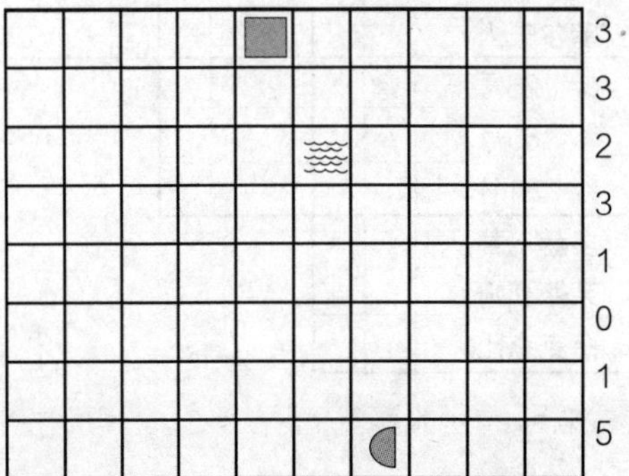

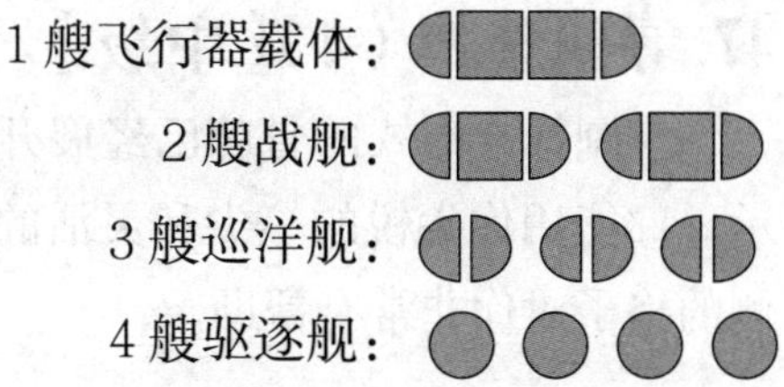

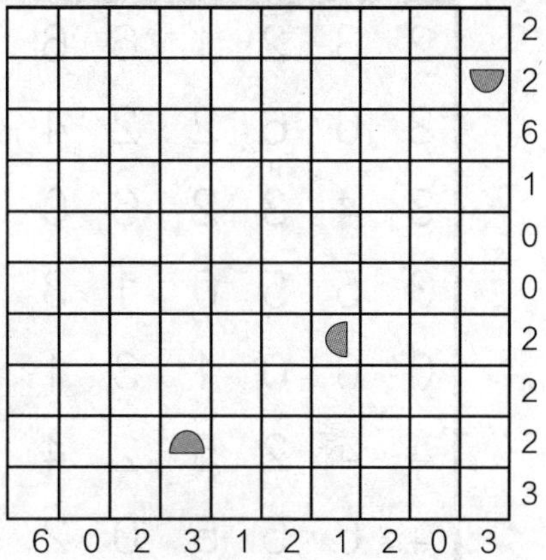

45. ABC（4）【中级】

按要求填表格，使得每行每列均包含字母 A，B，C 和两个空格。表格外的字母表示箭头所指方向的第一或者第二个出现的字母，如 B1 代表箭头所指方向出现的第一个字母为 B，你能按要求完成吗？

46. 战舰（6）【中级】

这道题是按照一个古老的战舰游戏设计的，你的任务是找出表格中的船。方格中已填入了几个代表海或某种船的局部的图案，而紧靠行和列边上的数字表示这行或这列被占的方格总数。船和船之间可以水平或垂直停靠，但是任何两艘船或船的某个部分都不可以在水平、垂直和对角方向上相邻或重叠。

47. 寻找骨牌（4）【中级】

一副标准形式的骨牌已经展开，为了清楚起见，它使用数字而非点数来表示。你能用你尖锐的笔尖和灵活的脑瓜，把每个骨牌都找出来吗？你会发现右侧的格子对你非常有帮助。

2	3	2	1	6	6	0	5
3	6	6	2	2	4	5	1
3	4	3	2	6	0	1	1
3	5	5	0	1	3	4	5
0	0	0	1	3	1	4	6
4	4	2	5	2	4	0	6
4	6	5	5	0	2	1	3

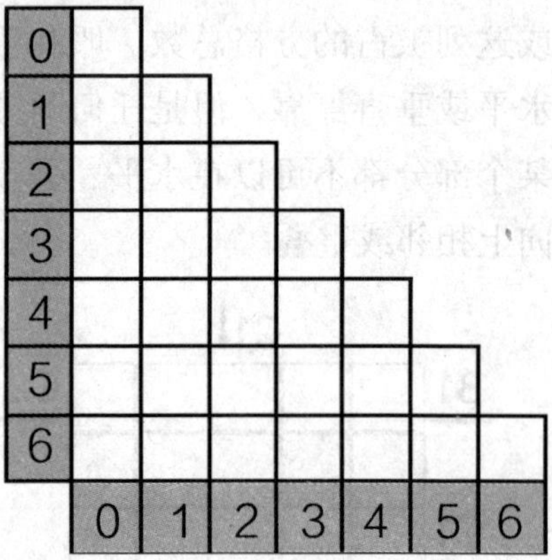

48. “多产的果树林”【中级】

很多英国的居民都很享受英国国民健康保险制度，他们甚至开始叫它“多产的果树林”。此时就有 3 位居民住院，昨晚他们的邻居刚来拜访过。从以下给出的线索中，你能推断出住院者是谁、住在几号病房、来探望的是哪对与之相邻的夫妇及每对夫妇住的房子编号吗？

1. 住在 26 号房子的那对夫妇探望了克劳普先生。

2. 菲尔夫人是 39 号病房的病人。

3. 多赫尔蒂家房子的编号数目比去 53 号病房探望的夫妇家的大。53 号病房住的不是唐纳斯夫人。

4. 萨克森比夫妇探望的是住在 47 号病房的女士。

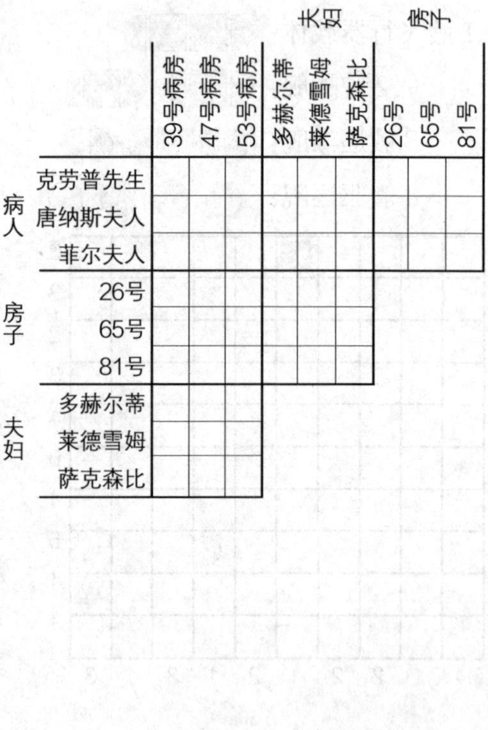

49. 战舰（7）【中级】

这道题是按照一个古老的战舰游戏设计的，你的任务是找出表格中的船。方格中已填入了几个代表海或某种船的局部的图案，而紧靠行和列边上的数字表示这行或这列被占的方格总数。船和船之间可以水平或垂直停靠，但是任何两艘船或船的某个部分都不可以在水平、垂直和对角方向上相邻或重叠。

1艘飞行器载体：
2艘战舰：
3艘巡洋舰：
4艘驱逐舰：

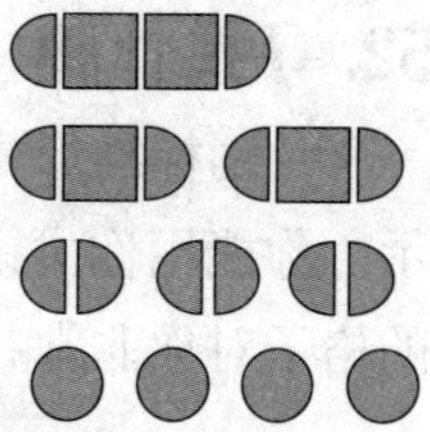

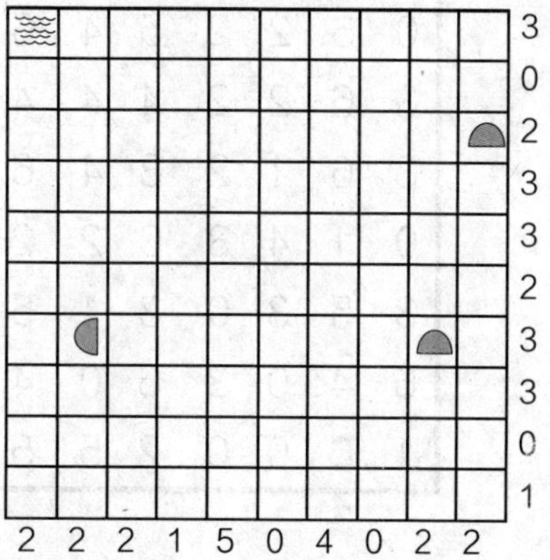

50. ABC（5）【中级】

按要求填表格，使得每行每列均包含字母 A,B,C 和两个空格。空格外的字母表示箭头所指方向的第一或者第二个出现的字母，如 B1 代表箭头所指方向出现的第一个字母为 B，你能按要求完成吗？

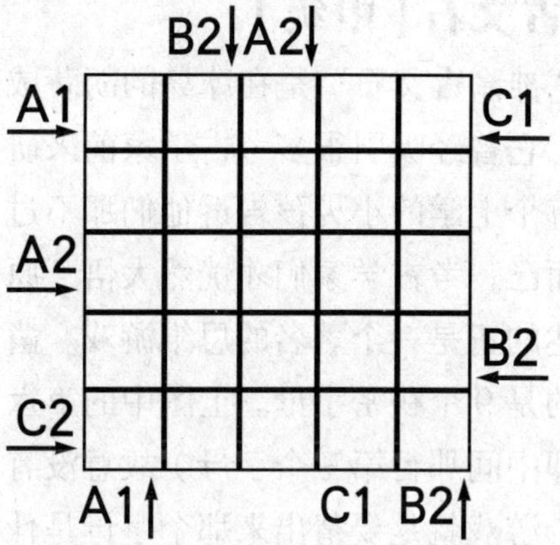

51. ABC（6）【中级】

填表格，使得每行每列均包含字母 A，B，C 和两个空格。表格外的字母表示箭头所指方向的第一或者第二个出现的字母，如 B1 代表箭头所指方向出现的第一个字母为 B，你能按要求完成吗？

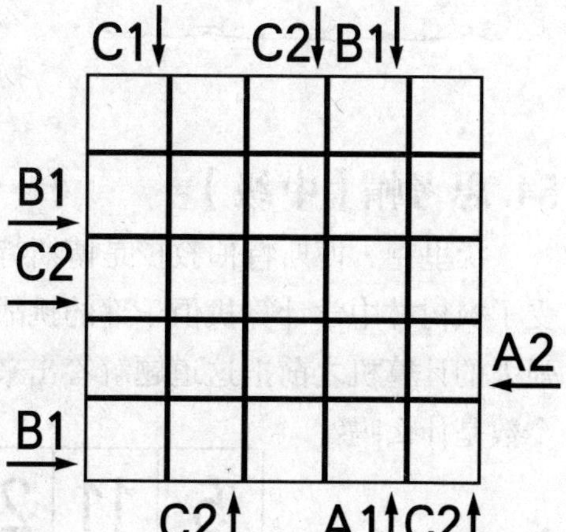

52. 寻找骨牌（5）【中级】

一副标准形式的骨牌已经展开，为了清楚起见，它使用数字而非点数来表示。你能用你尖锐的笔尖和灵活的脑瓜把每个骨牌都找出来吗？你会发现右边的格子对你非常有帮助。

0	5	2	2	5	4	6	5
3	6	2	2	4	4	4	1
3	6	1	2	3	4	6	1
0	1	4	3	0	2	2	1
3	5	3	0	3	1	5	6
6	4	0	3	6	0	4	1
1	6	0	0	2	5	5	5

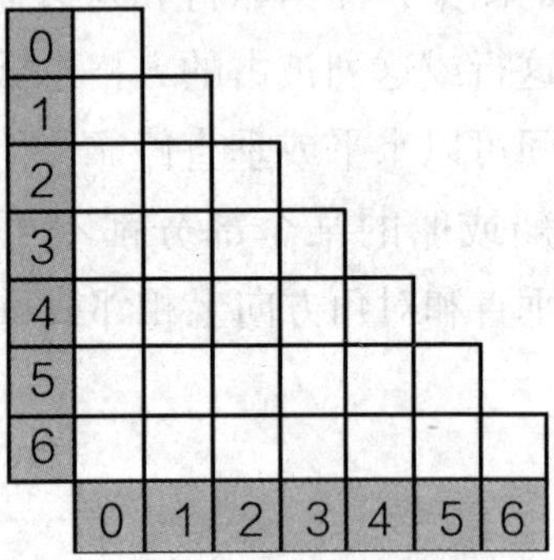

53. 神谕古文石【中级】

这块“神谕古文石”是在冰岛的胡萨威克发现的，它曾经吸引很多考古学家前来研究，直到有个上学的小男孩告诉他们那不过是个赝品而已，考古学家们才恍然大悟，原来上面描述的正是一个著名的思维游戏。凿在石头上的是9个秘密字母。上图中的第六个字母（即中间那行第三个字母）故意没有完成。这个游戏就是要猜出来那个字母是什么，而你只有先确定其他字母所代表的事物，才能把那个字母猜出来。

提示：所有字母都有一个共性。

54. 思考帽【中级】

沃里克·博斯特伯教授是博斯特伯电子思考帽的发明者，现在退休的他接受了枫树林中学计算机俱乐部的挑战。他带上自己这顶著名的思考帽，试图在强大的计算机之前把这道题解答出来。那么，你能计算出下面的数字串中第四个数是什么吗？

5	11	23	?	95	191

55. 逻辑【中级】

解决这个思维游戏，完全依靠的是你在金字塔方面的能力。图中三角形内的数字遵循某种模式排列，如果你能够发现这种模式，那么，你就可以找出三角形中5个问号所代表的数字。你要在沙漏中的沙子全部落在下面之前找出答案。

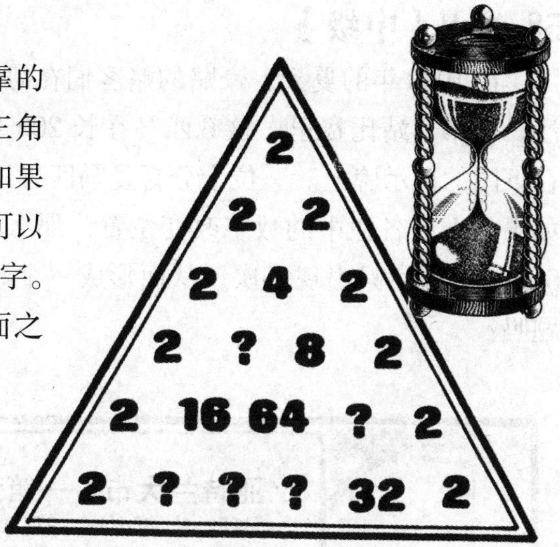

4	5	6	7	8	9
61	52	63	94	46	?

56. 葛鲁丘【中级】

葛鲁丘看上去没心情加入我们的俱乐部，问题是他是否可以解决下面那个入口的题。他所要做的就是计算出最后那个数字是什么。

57. 面积【中级】

这是一个很巧妙的几何题。右图中有2个正方形，小正方形的边长为3厘米，大正方形的边长为4厘米，大正方形的左上角正好位于小正方形的中心点X，大正方形绕X点旋转直到它的顶边与线段ac相交于b点。那么，你能否根据以上的提示信息计算出阴影部分的面积呢？

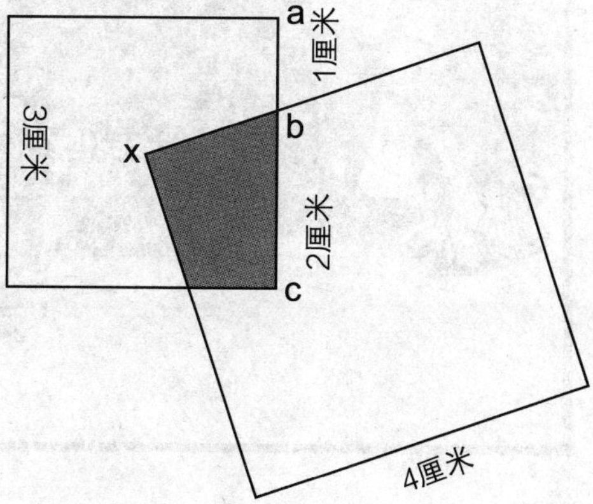

58. 赛马【中级】

在1903年的夏天，豪赌的赌客们在海洋酒店正忙着为下轮比赛的马匹下注。在第6站比赛里，这6匹马在长200米的赛道上赛跑，最后的结果显示在下图的揭示牌上。一位十分喜爱马匹思维游戏的改良者发现一个有趣的题：如果将上面各栏中的数字改变位置，那么就可以使每一行、每一列中从1～6这6个数字只出现一次，从而形成一个数字幻方。你能在10分钟内解决问题吗？

亚特兰大市——第六站比赛

马匹	第一站	第二站	第三站	第四站	第五站	第六站
八号	6	2	3	5	4	1
干草燃烧炉	3	6	1	4	5	2
慢速启动	5	1	6	2	4	3
不走运	5	6	1	2	3	4
凹背	4	1	3	6	2	5
倒数第一	2	5	3	1	4	6

59. 千禧年【中级】

第二个千禧年时人们用一个特殊的"千禧年幻方"思维游戏庆祝了一下。建立的这个幻方里的数字无论在水平方向、垂直方向还是对角线上相加的结果都是2000。现在，我们已经为你填出了其中的 4 个数字，而剩下的 12 个范围在 492 到 503 之间的三位数要由你来填。你能解答这道题吗？

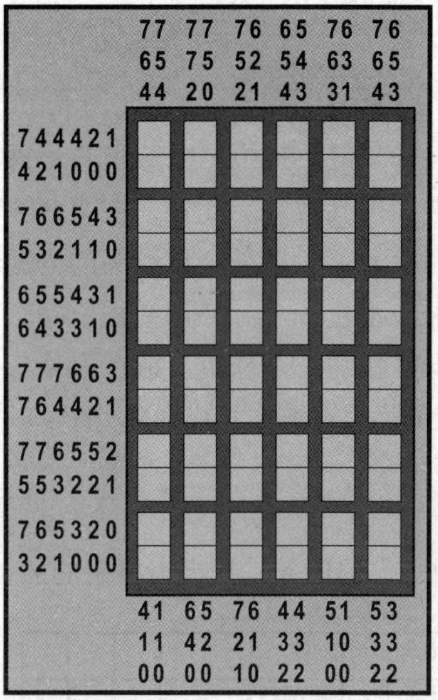

60. 还原多米诺【中级】

一套包括（0，0）到（7，7）所有数字组合的多米诺骨牌竖放在下边的格子中，每张骨牌上的上部分的数要大于下部分的数。格子上面的数是这一列的所有骨牌上部分的数，格子下面的数是这一列的所有骨牌下部分的数。格子左边的数是与之相对应横行的骨牌上的数。所有给出的数都是打乱了顺序，按照数字从大到小的顺序重新排列的。原来多米诺骨牌的顺序是怎样的？

61. 最佳数字【中级】

问号处的逻辑数值是多少？

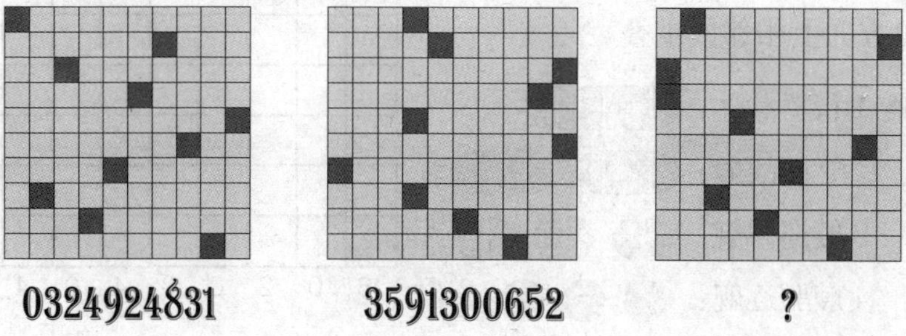

62. 格拉斯哥谜题【高级】

如图所示：有8个圆圈，其中7个圆圈上面依次标着字母G，L，A，S，G，O，W，连起来读作“格拉斯哥”，这是苏格兰西南部一个城市的名字。

按照现在的排列，这个地名是按逆时针方向拼读的。解题的要求是，每次移动一个字母，使GLASGOW这个地名最后可以按照正确的方向（顺时针方向）拼读。移动字母的规则是：如果旁边有一个圆圈空着，可以走一步；可以跳过一个字母走到它旁边的空圆圈里去。这样，按照L，S，O，G，A，G，W，A，G，S，O，S，W，A，G，S，O的顺序移动字母，就可以达到目的。但一共要走17步。你能少走几步来实现上述目标吗？

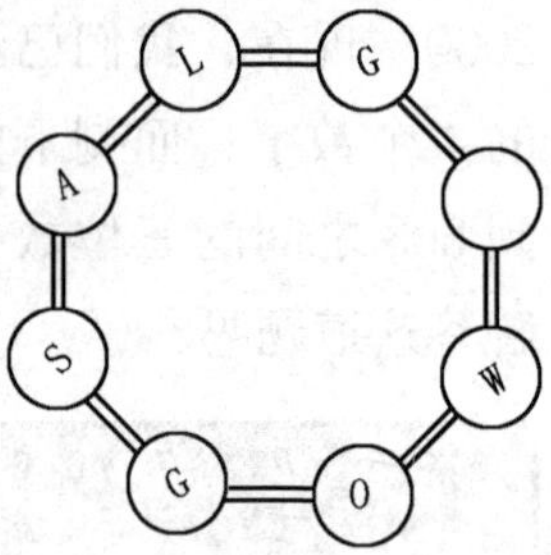

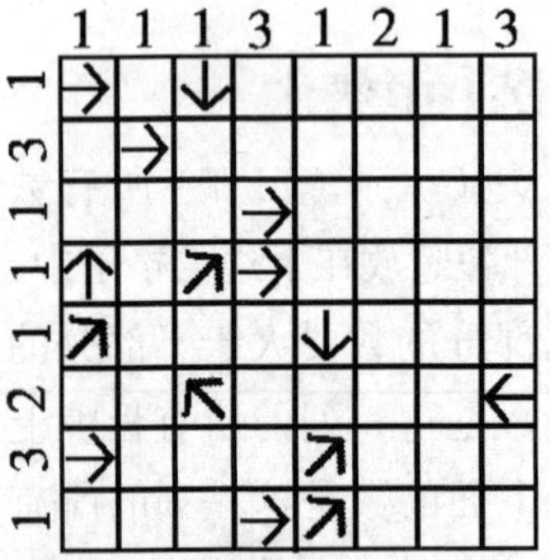

63. 方格寻宝【高级】

在表格的每一行、每一列中，隐藏了若干珠宝，表格边的数字揭示其数量。此外，在某些方格中标记了箭头的符号，意思是：在箭头的方向藏有珠宝，数量可能不止一个。换句话说：每个箭头所指处，至少能找到一个珠宝。请在表格中标出你认为有珠宝的表格，看你能找到多少个？

64. 战舰（8）【高级】

这道题是按照一个古老的战舰游戏设计的，你的任务是找出表格中的船。方格中已填入了几个代表海或某种船的局部的图案，而紧靠行和列边上的数字表示这行或这列被占的方格总数。船和船之间可以水平或垂直停靠，但是任何两艘船或船的某个部分都不可以在水平、垂直和对角方向上相邻或重叠。

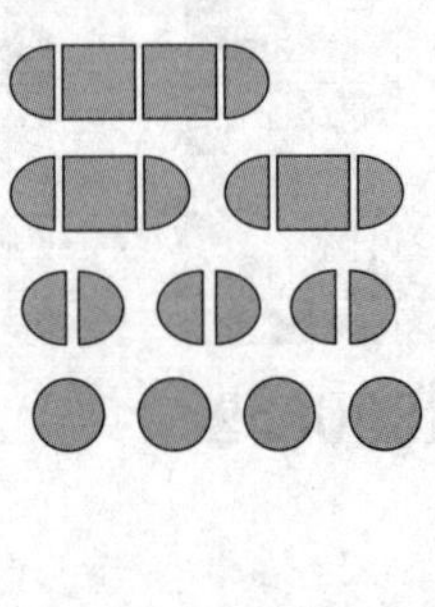

1艘飞行器载体：

2艘战舰：

3艘巡洋舰：

4艘驱逐舰：

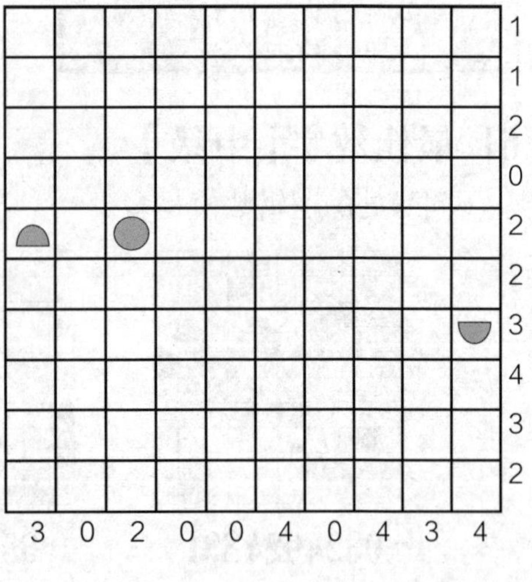

65. 战舰（9）【高级】

这道题是按照一个古老的战舰游戏设计的，你的任务是找出表格中的船。方格中已填入了几个代表海或某种船的局部的图案，而紧靠行和列边上的数字表示这行或这列被占的方格总数。船和船之间可以水平或垂直停靠，但是任何两艘船或船的某个部分都不可以在水平、垂直和对角方向上相邻或重叠。

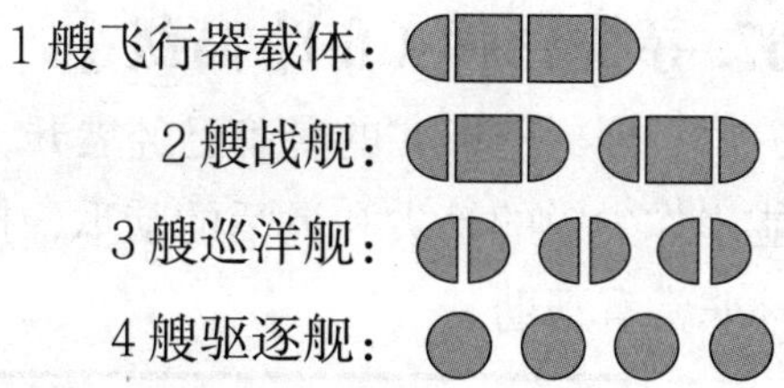

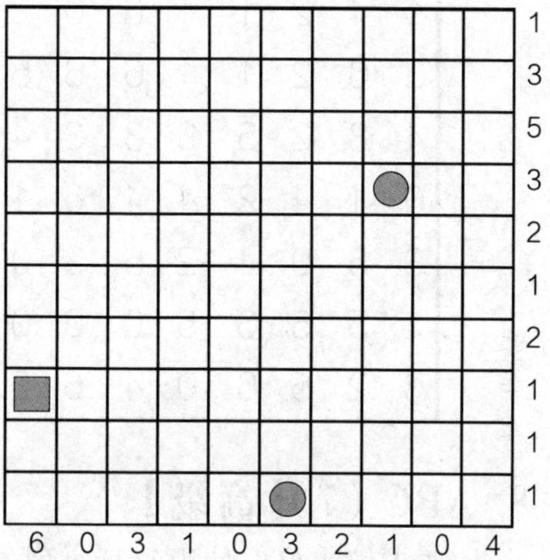

66. 战舰（10）【高级】

这道题是按照一个古老的战舰游戏设计的，你的任务是找出表格中的船。方格中已填入了几个代表海或某种船的局部的图案，而紧靠行和列边上的数字表示这行或这列被占的方格总数。船和船之间可以水平或垂直停靠，但是任何两艘船或船的某个部分都不可以在水平、垂直和对角方向上相邻或重叠。

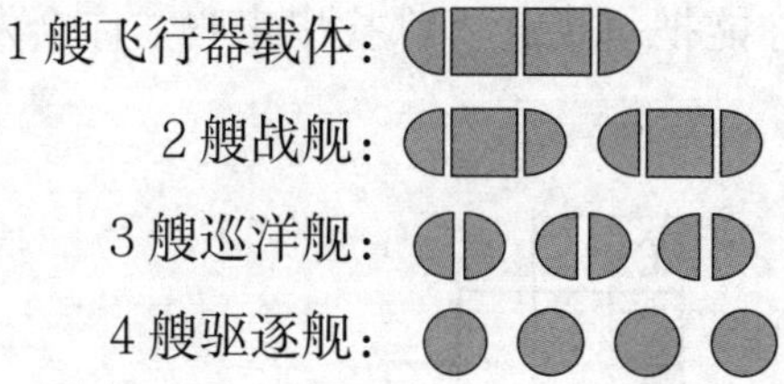

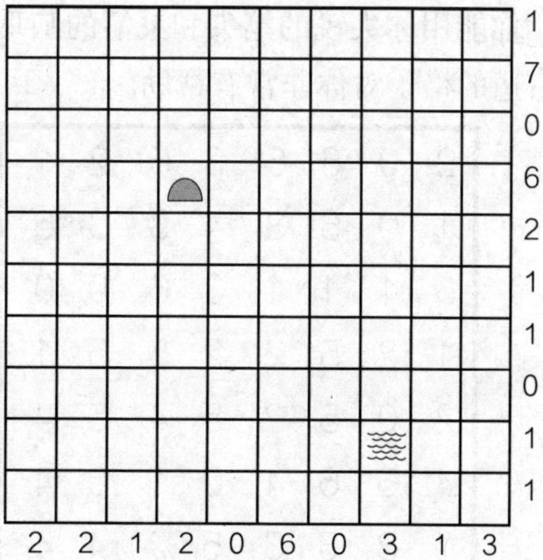

67. 寻找骨牌（6）【高级】

一副标准形式的骨牌已经展开，为了清楚起见，它使用数字而非点数。你能用你尖锐的笔尖和灵活的脑瓜，把每个骨牌都画出来吗？下边这些格子将对你非常有帮助。

1	4	2	1	1	6	0	2
3	6	2	1	1	6	6	5
4	3	2	5	3	3	3	4
0	1	4	2	4	4	6	1
3	5	0	4	2	5	3	0
1	5	5	6	5	0	0	0
3	2	5	6	0	4	6	2

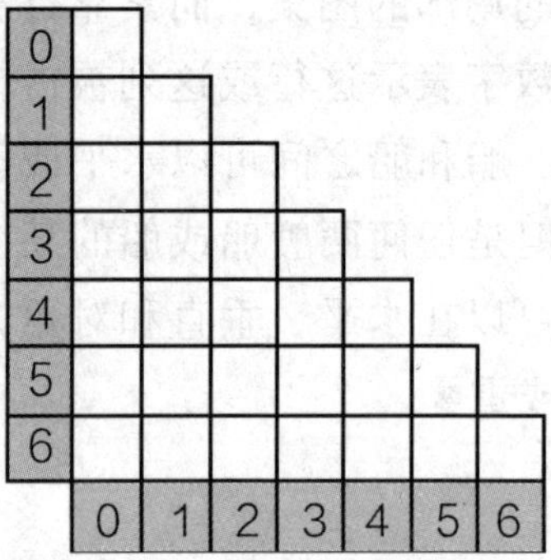

68. ABC（7）【高级】

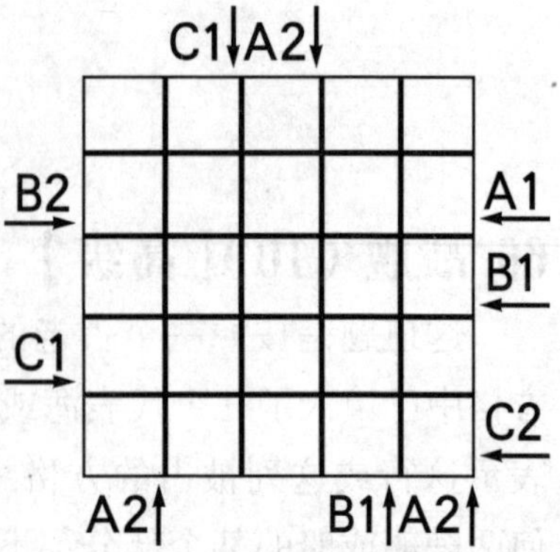

按要求填表格，使得每行每列均包含字母 A，B，C 和两个空格。表格外的字母表示箭头所指方向的第一或者第二个出现的字母，如 B1 代表箭头所指方向出现的第一个字母为 B，你能按要求完成吗？

69. 寻找骨牌（7）【高级】

一副标准形式的骨牌已经展开，为了清楚起见，它使用数字而非点数来表示。你能用你尖锐的笔尖和灵活的脑瓜，你能把每个骨牌都找出来吗？你会发现右边的格子对你非常有帮助。

2	0	6	6	3	6	2	1
1	0	6	3	4	3	3	6
5	1	1	1	3	6	0	0
1	2	5	2	2	5	5	1
2	0	5	2	5	4	5	4
4	6	6	4	0	1	0	4
0	3	3	3	5	2	4	4

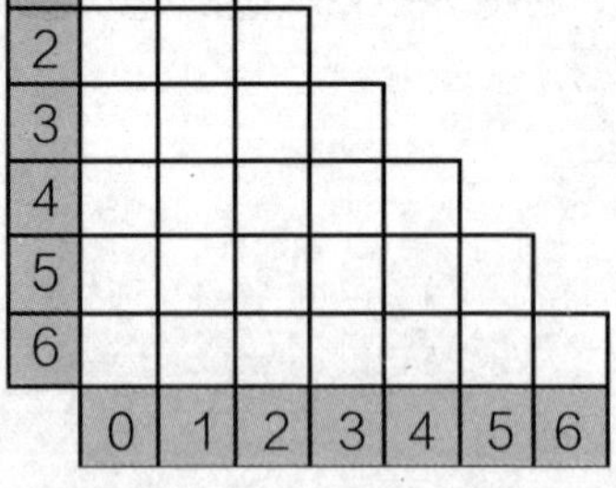

70. 战舰（11）【高级】

这道题是按照一个古老的战舰游戏设计的，你的任务是找出表格中的船。方格中已填入了几个代表海或某种船的局部的图案，而紧靠行和列边上的数字表示这行或这列被占的方格总数。船和船之间可以水平或垂直停靠，但是任何两艘船或船的某个部分都不可以在水平、垂直和对角方向上相邻或重叠。

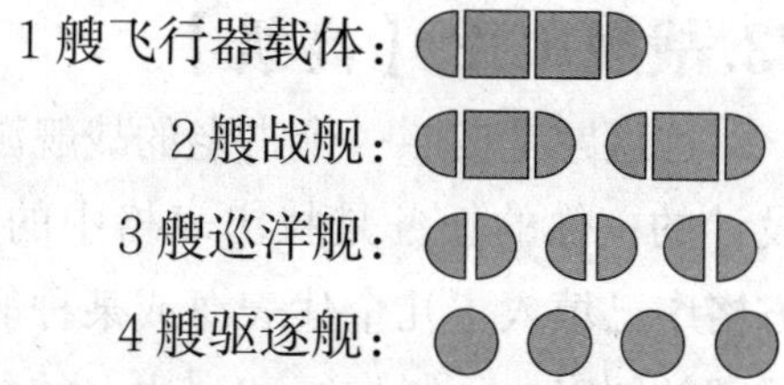

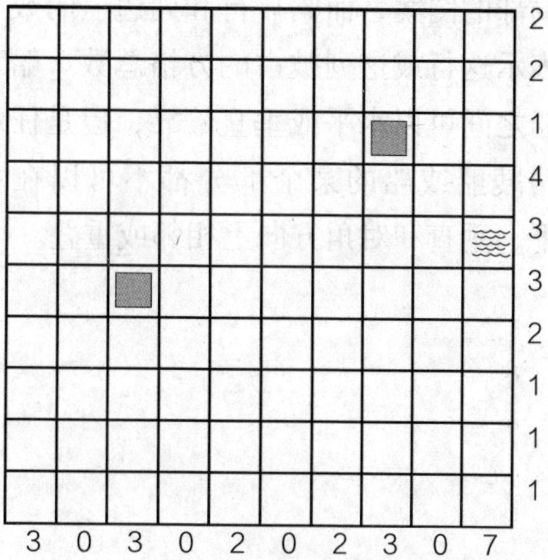

71. 寻找骨牌（8）【高级】

一副标准形式的骨牌已经展开，为了清楚起见，它使用数字而非点数来表示。你能用你尖锐的笔尖和灵活的脑瓜，把每个骨牌都找出来吗？你会发现右面的格子对你非常有帮助。

0	2	2	4	4	4	4	4
2	5	2	3	1	1	6	6
6	3	6	3	3	5	3	5
3	0	6	3	5	2	5	6
2	1	6	4	0	5	5	4
2	0	0	0	6	5	1	4
1	0	3	1	1	2	1	0

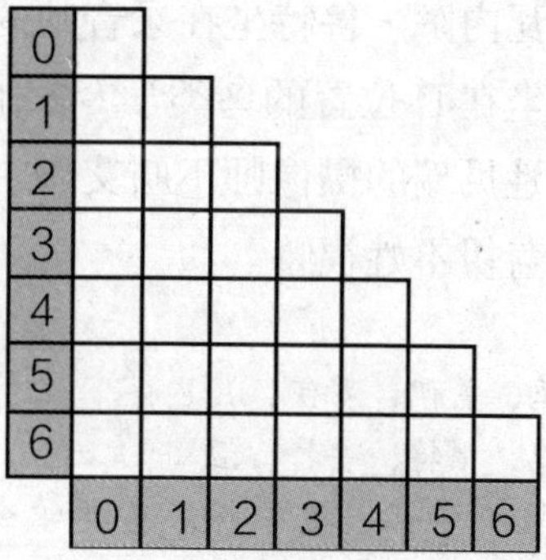

72. ABC（8）【高级】

按要求填表格，使得每行每列均包含字母A，B，C和两个空格。表格外的字母表示箭头所指方向的第一或者第二个出现的字母，如B1代表箭头所指方向出现的第一个字母为B，你能按要求完成吗？

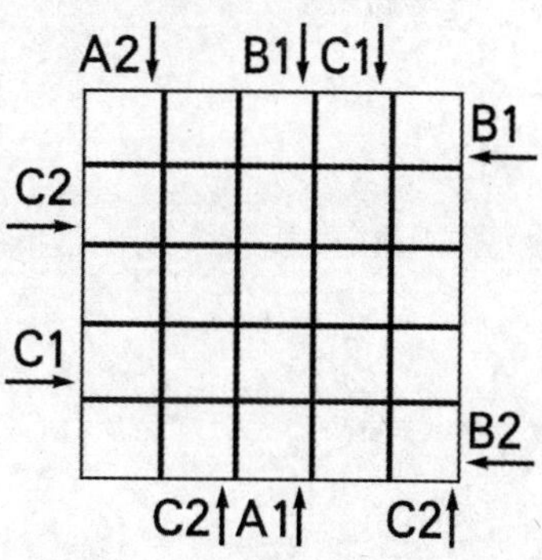

73. 战舰（12）【高级】

这道题是按照一个古老的战舰游戏设计的，你的任务是找出表格中的船。方格中已填入了几个代表海或某种船的局部的图案，而紧靠行和列边上的数字表示这行或这列被占的方格总数。船和船之间可以水平或垂直停靠，但是任何两艘船或船的某个部分都不可以在水平、垂直和对角方向上相邻或重叠。

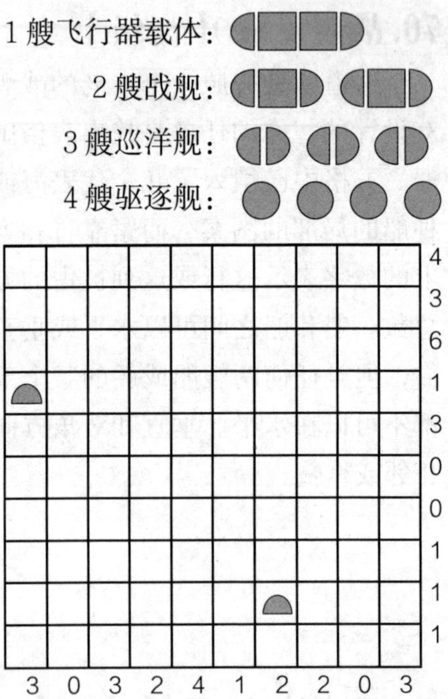

74. 四人车组【高级】

英国电视台正在录制一部反映鸟类生活的纪录片。根据下面的线索，你能说出车中每个人的全名和他们的身份吗？

1. 瓦内萨·鲁特坐在录音师的斜对面。
2. 坐在 D 位置的鸟类学专家不姓温。
3. 姓贝瑞的摄像师不叫艾玛，而植物学家不在 C 位置上。
4. 盖伊不姓福特。

名：艾玛，盖伊，罗伊，瓦内萨
姓：贝瑞，福特，鲁特，温
身份：植物学家，摄像师，鸟类学专家，录音师

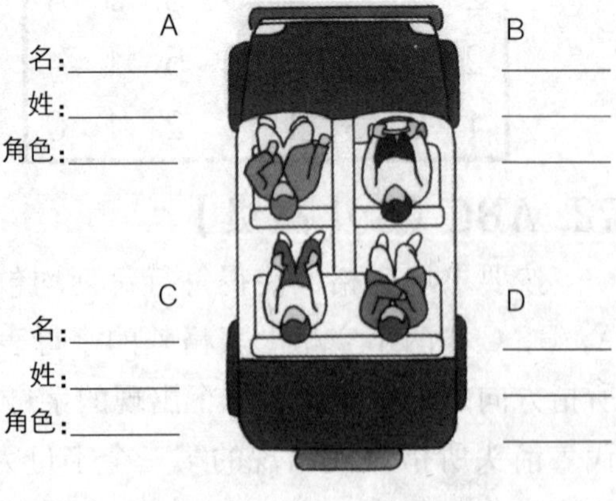

75. 勋章【高级】

乔内斯特的宫廷博物馆有一个陈列橱，里面排放着 14 ~ 19 世纪中期的前乔内斯特的国王们保留的 4 个骑士团大勋章。从以下给出的线索中，你能填出下图的 4 个勋章分别代表的 4 个勋爵士团的名字、制造大勋章用的金属材料和它上面的绶带的颜色吗？

1. 勋章 C 上悬挂着绿色的绶带。

2. 大勋章 A 是用纯银制作的。

3. 为 14 世纪乔内斯特王位的继承人命名的赖班恩王子勋爵士团的勋章有一个紫色的绶带。

4. 铁拳勋爵士团的勋章，顾名思义是铁质的大勋章，上面烙印着代表性图案：握紧的拳头。展示在有蓝色绶带的勋章旁边。

5. 青铜质的勋章紧靠在由纯金制造的勋章的右边，金质勋章不是伊斯特埃尔勋爵士团的代表。

勋爵士团：赖班恩王子，圣爱克赞讷，伊斯特埃尔，铁拳
勋章的材料：青铜，金，铁，银
绶带的颜色：蓝色，绿色，紫色，白色

76. 腼腆的获奖者【高级】

在农业展览会上，4 位养羊的农场主被分配到编号为 1 ~ 4 的圈栏，来让他们展示各自的羊群。从以下给出的线索中，你能推断出各农场主分配到的圈栏的编号、农场的名称和得到的名次吗？

1. 来自格兰其牧场的人获得的名次比克罗普获得的名次高 1 名。克罗普位于 1 号围栏。

2. 第 2 名农场主被分到了 4 号圈栏。它们不是来自布鲁克菲尔得牧场。

3. 2 号圈栏的羊来自高原牧场，它们得到的名次比普劳曼得的要高。

4. 此次比赛，提艾泽尔是第 3 名的农场主。

农场主：克罗普，普劳曼，提艾泽尔，海吉斯
农场：高原牧场，格兰其牧场，曼普格鲁牧场，布鲁克菲尔得牧场

农场主：______ ______ ______ ______
农场：______ ______ ______ ______
名次：______ ______ ______ ______

77. 没人在家【高级】

这周没有牛奶或报纸送到彭姆布雷庭院来，而且每家每户都关着灯，因为6个公寓的居住者都因不同的原因离开了家。从以下给出的线索中，你能确定图中是谁住在哪个公寓里、因什么原因而不在家的吗？

1. 同一楼层相邻的两户户主的性别没有一个是相同的。

2. 在女儿手术后陪着女儿的那个人住在近期要住院的人的左边。

3. 两个楼层之间有很好的隔音效果，但是隔壁房间则不尽如人意。当戴克斯先生的超强音乐打扰到他邻居格蕾小姐时，她还是非常和善的，而她现在去了新西兰。里弗斯夫人右手边的邻居去度假了。

4. 6号楼里住着一位女士。

5. 沃特斯小姐右边的隔壁邻居去商业旅行了，而她跟布洛克先生则隔了个楼层。

6. 伯恩斯先生不在家的理由跟工作没有关联，他也没有跟女儿在一起。格蕾小姐没有参加商业会谈。

居住者：布洛克先生，伯恩斯先生，戴克斯先生，格蕾小姐，里弗斯夫人，沃特斯小姐
原因：住院，在新西兰，谈生意，商业旅行，度假，陪女儿

78. 发错的邮件【高级】

克拉伦斯是一家邮递公司的派送员，有一天，他把订单的顺序给弄乱了，订单被送到错误的城市。从以下给出的线索中，你能推断出他把订单送到了哪个错误的城市吗？说出所列书目的作者名字，以及它原来要送到的城市和克拉伦斯派送的错误地址。

1. 每本书相关的名字，包括作者和相关的两个城市名字的首字母都是不同的。

2.《布达佩斯的秋天》和道森写的书，它们的目的地都不是卡莱尔。被送到切姆斯弗德的那本书，它的作者不是格雷尼，它原来的目的地也不是布莱顿。

3.《斯多葛学派》一书，既不是克罗瞿的著作，也不是被送到格拉斯哥的那本书。

4.《伊特鲁亚人》的作者名字的首字母在字母表上接在最后被送到威根的那本书作者名字的后面。

作者：艾伦·比格汉姆，伊利斯特·克罗瞿，格兰特·道森，马丁·格雷尼
正确的城市：布莱顿，卡莱尔，马特洛克，索尔兹伯里
错误的城市：切姆斯弗德，格拉斯哥，斯旺西，威根

79. 递进【高级】

桑迪·班克尔是闲时乡村俱乐部的高尔夫专家，那天他在高尔夫球场的表现不稳定，前6洞的成绩看起来就像在过山车，起伏很大。有趣的是，他的相邻两洞的成绩呈现出一定的规律性。那么，你能否计算出桑迪第七洞的成绩吗？

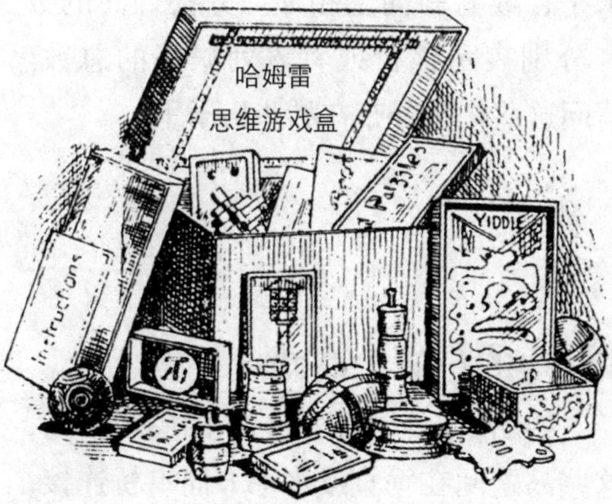

80. 测量【高级】

世纪之交时，哈姆雷在伦敦的商店销售各种各样的思维游戏盒子。下图中的盒子里有白、绿、红 3 种不同颜色的罐子。绿色罐子的容量比红色罐子多 3 升，而白色罐子的容量则比绿色罐子多 4 升。现在的问题是用这 3 个罐子来准确量出 2 升的水。那么，你如何只倒 9 次就可以把水量出来呢？

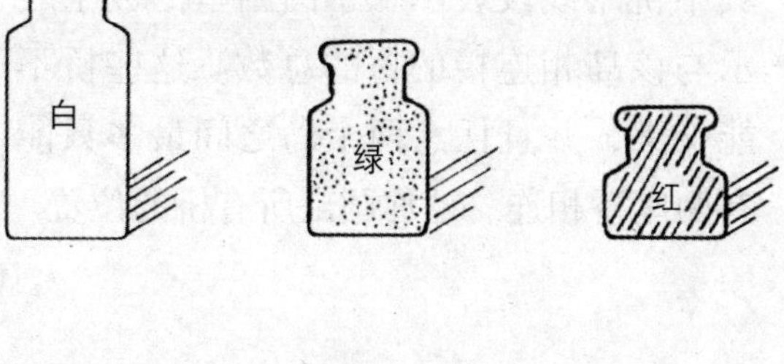

81. 数字区【高级】

在右边的每个格子里填上数字 1 ~ 9，使得每一横行、每一竖行，以及每个 3×3 的小方框中这 9 个数字分别出现一次，并且使每个虚线隔出的区域里的数字之和等于该区域右上角给出的数。

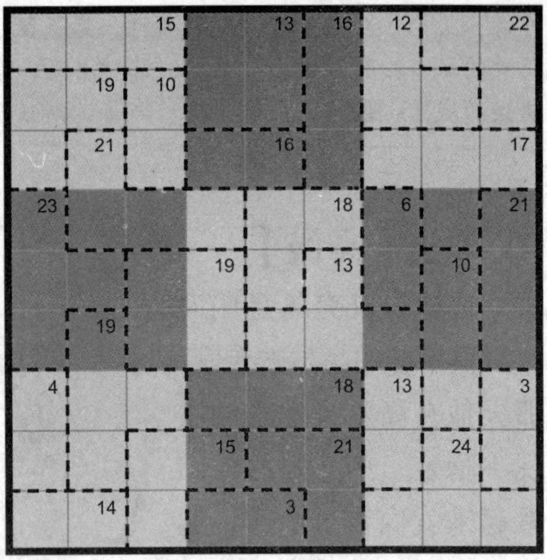

82. 帐篷【高级】

左边的方格代表一片林地，其中一些格子里面是草，其他的里面是树（已标出）。在长草的一些格子里放上帐篷，使得每一棵树在垂直或水平方向有一个帐篷与它相邻，而一个帐篷可以与多棵树相邻。所有的帐篷之间不能在垂直、水平，或者斜向上相邻。方格外面的数字分别表示该行或者该列帐篷的总数。请问这些帐篷分布在哪些格子里？

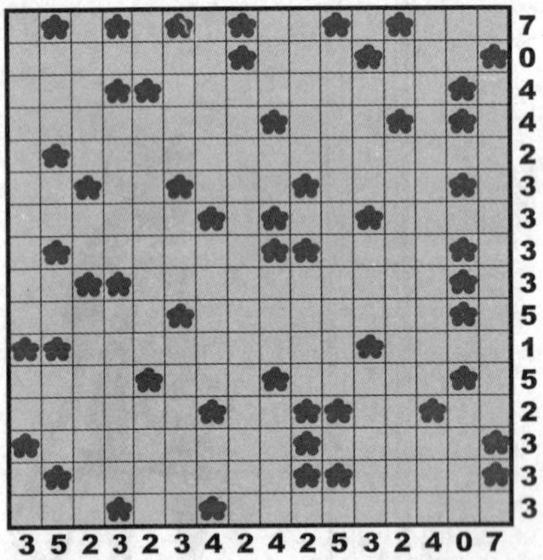

83. 桥的位置【高级】

如图所示，方框中的小圆圈表示岛，这些岛之间在垂直或水平方向有桥连接，其中桥用线段表示。小圆圈里的数字表示与该岛相连接的桥的总数。这些桥不能交叉，并且任意两个岛之间最多只能有两座桥相连。请你画出所有桥的位置。

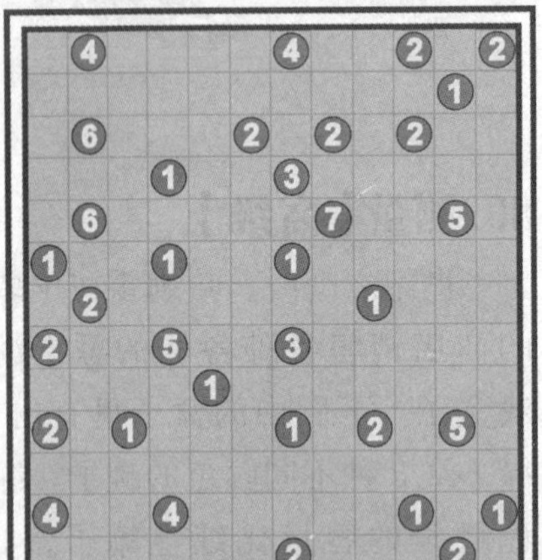

84. 阴影【高级】

将右表中的一些圆圈涂成阴影，使得任一横行或者任一竖行中，同一个数字只能出现一次。所有涂成阴影的圆圈之间不能在垂直或水平方向上相邻，并且不能将没有涂成阴影的圆圈分成几组——也就是说，没有涂成阴影的圆圈必须横向或纵向相连成一个分支状。应该将哪些圆圈涂成阴影？

5	15	3	8	7	12	11	14	12	4	6	3	9	2	11
9	8	13	6	14	8	7	11	5	15	10	3	4	2	1
11	4	6	9	3	3	12	13	5	8	5	1	15	14	5
2	2	5	11	2	14	5	10	15	2	8	13	12	10	4
15	9	1	7	13	6	10	6	2	12	15	14	5	4	3
10	3	2	10	12	4	1	15	14	7	14	7	8	11	3
15	5	4	14	9	15	8	9	6	7	11	13	10	10	12
3	10	15	13	2	11	5	12	1	14	7	5	15	6	9
13	6	3	10	5	9	2	6	7	5	5	15	13	12	8
4	8	5	3	9	13	12	7	14	2	1	12	9	15	6
14	3	9	13	15	2	1	5	9	11	12	4	7	10	8
6	8	7	4	8	7	14	10	11	11	9	10	2	8	5
11	1	10	5	3	6	3	9	15	13	15	7	10	8	1
2	8	7	9	7	12	4	1	12	10	15	11	6	5	14
13	11	14	15	5	1	15	1	9	10	13	2	5	7	5

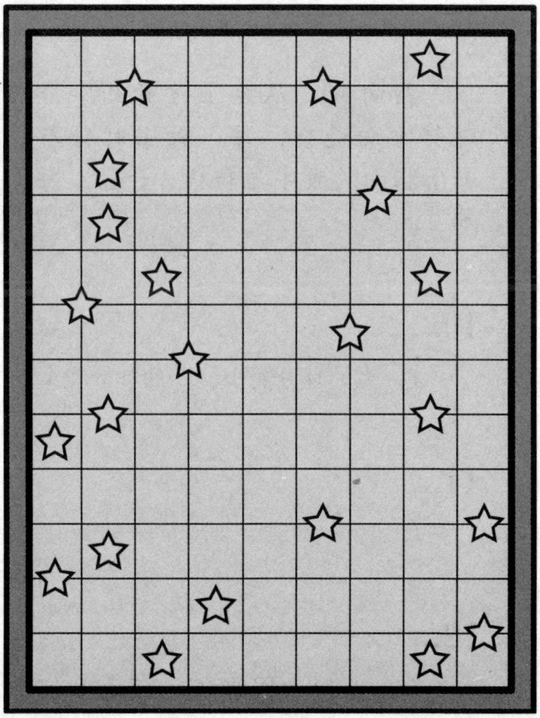

85. 隐藏的图形【高级】

左边的表格被分成了多个不同的图形，每个图形的中心都有一颗星星，而且所有这些图形都是中心对称的—旋转 180° 图形保持不变。这些图形分别是什么样的？

答 案

1...

B。

2...

如图：

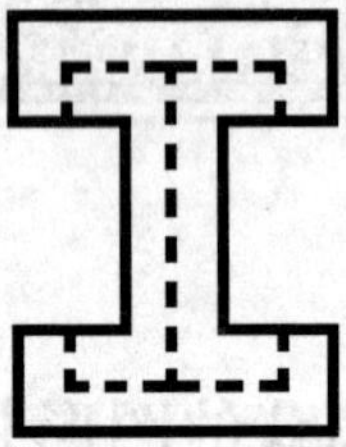

3...

D。B、C图形为图形A每次逆时针旋转90° 所得。

4...

C，其他各个图形的中心部分是逆时针方向旋转，而周围部分是顺时针方向旋转。

5...

3。每个图形上面3个数字之和与下面两个数字之和相等。

6...

Z应该是黑色。因为所有的黑色字母都能一笔写完，白色的字母就不能。

7...

D。每一行或列小方格中的黑点数目都不同。

8...

B。

9...

指向10。从左上方开始，沿顺时针方向进行，每个钟上时针与分针所指向的数字之和从3开始，每次加2。

10...

F。大的部分变小，小的部分变大。

11...

C。

12...

C，每行的图形不论颜色如何都是顺序重复着的。

13...

B。

14...

D。

15...

B。

16...

B。图中的直线在同一位置变成了曲线，曲线变成直线。

17...

S、H、O、N、I、X 是字母表中颠倒后照样可以读出来的字母。因此，可以加在它们后面的就只剩下“Z”了。

18...

第一个到第六个数字已列出，用序列数乘以它前一个序列数的数值便可得出该序列数的数值。这样，第二个数值为 2×1 = 2；第三个数值为 3×2 = 6；第四个数值为 4×6 = 24。那么，第七个数值就是 5040。

19...

8。前一个数各位上的乘积是第二个数。7×7=49，4×9=36。3×6=18，1×8=8。

20...

通过观察两个人放置的雪块，我们发现每个雪屋都还需要 6 块。比赛者保持同样的频率的话，A 会首先完成，因为，每次他拿回 1 块雪块的时候，B 都是空着手去搬，所以 B 会落后搬 1 块的时间。

21...

4。在每个图形中，左边 2 个数字的和除以右边 2 个数字的和，就得到中间的数字。

22...

E。

23...

1 朵云。数值分别为：云 =3，伞 =2，月亮 =4。

24...

A。先在脸上添画一种元素，再加画一根头发、脸上添画一种元素，接着加画一根头发，然后加画一根头发、脸上添画一种元素。此后，按照这个顺序添加。

25...

每一行中的黑楔形都可以构成一个完整的正方形。

26...

0108。前一个数字中的外面两位数相乘，乘积就是下一个数字中的外面两位数。前一个数字中里面的两位数相乘，乘积就是下一个数字中的中间两位数。

27...

B。只要再加一个小圆就可以和左图相同。A 完全与图相同，其他几个相差太大。

28...

填△。其排列规则是从中心向外，按照○、△、× 的次序旋转着填充。

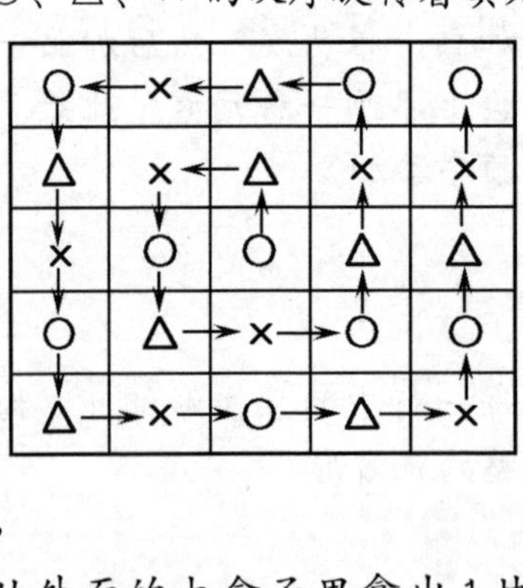

29...

从外面的大盒子里拿出 1 块糖，放到里面最小的盒子里就可以了。这样，最小的盒子里就有了 5 块糖（两对加 1 块），将这 5 块糖算进第二个小盒子的糖果数目中，第二个小盒子中的糖果数现在是 5+4=9 块（4 对加 1 块）。第三个小盒子中现在有了 9+4=13 块糖果（6 对加 1 块）。最外面的大盒子中有 13+8=21 块（10 对加 1 块）。

30...

每一行数字就是对其上面一行数字的描述。最下一行应该是 31131211131221

31...

每个数字是它所在小正方形其他个数字之和，根据这条规则，未给出的数字是 63。

32...

26。第一列数乘以第二列数，再加上第三列的数，等于第四列的数。

33...

史蒂夫的姓不是沃尔顿（线索 2），他也不可能姓汉克，汉克是第 3 名（线索 2 和 3），因此他只可能姓泰勒，所以他代表红狮队（线索 1）。他不是第 2 名（线索 2），那么他只能是第 1 名，而沃尔顿是第 2 名。比尔不代表五铃队（线索 4），因此他只可能代表船星队，而玛丽代表五铃队。从线索 4 中知道她肯定是汉克，最后取得第 3 名，得出比尔肯定姓沃尔顿，取得第 2 名。

答案：

比尔·沃尔顿，船星队，第 2 名。

玛丽·汉克，五铃队，第 3 名。

史蒂夫·泰勒，红狮队，第 1 名。

34...

	A		C	B
B			A	C
C	B			A
	C	A	B	
A		B	C	

35...

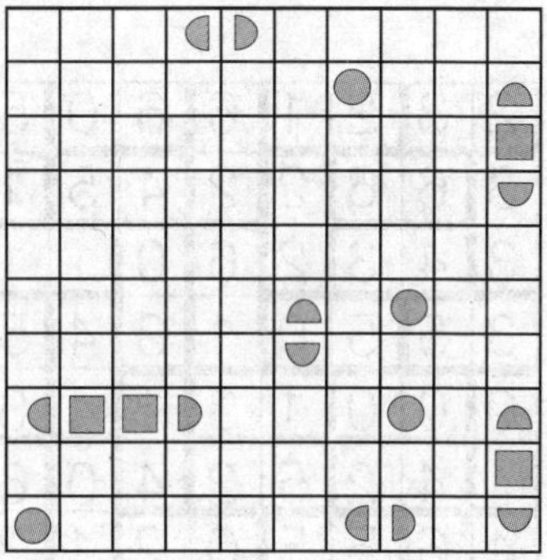

36...

0	3	0	3	6	4	6	2
5	5	0	5	4	5	5	0
6	2	0	4	2	3	4	1
1	2	2	4	4	3	1	3
1	1	0	6	5	3	3	1
1	3	6	6	6	2	2	5
2	1	4	0	4	0	6	5

37...

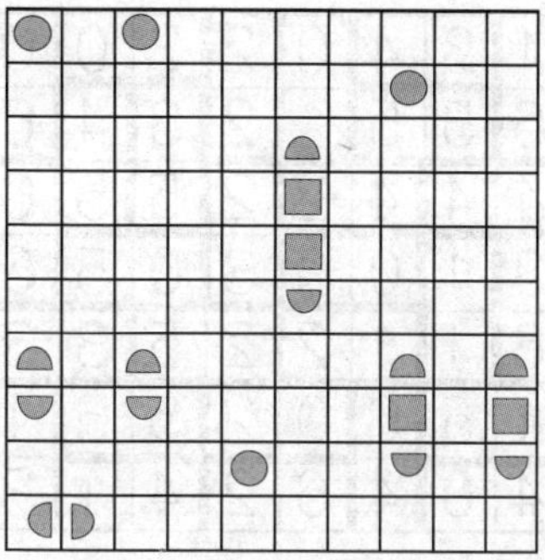

38...

B	A	C		
	C	B		A
A	B		C	
		A	B	C
C			A	B

39...

A	B	C		
	C		A	B
B	A		C	
C		B		A
		A	B	C

40...

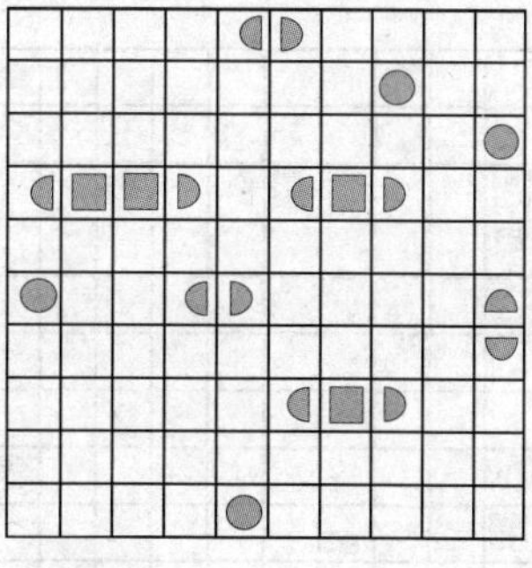

41...

1	3	4	0	2	3	0	0
6	5	5	1	2	3	4	6
4	4	4	2	2	5	5	6
3	1	0	0	3	0	5	6
6	1	1	2	2	5	3	3
1	5	6	0	2	5	6	1
4	0	4	6	2	4	1	3

42...

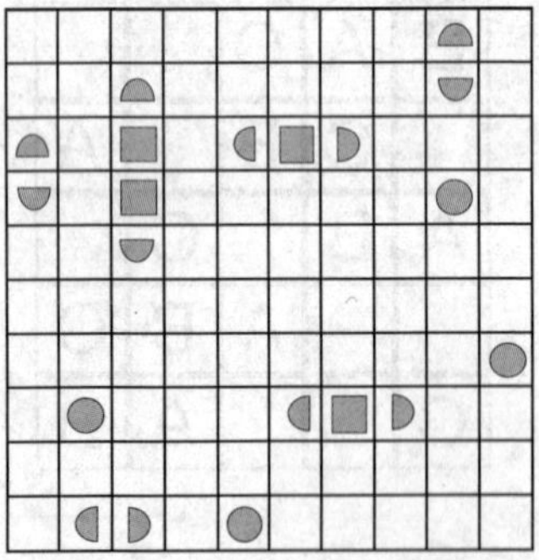

43...

2	5	1	1	1	2	0	6
5	0	6	6	5	3	4	4
2	3	4	5	2	5	4	2
1	1	6	5	2	5	0	4
0	0	4	5	3	3	3	2
6	6	6	3	3	2	1	6
4	1	0	0	0	1	4	3

44...

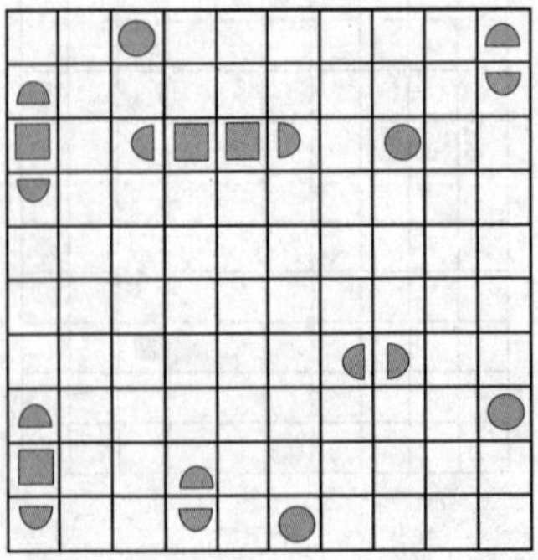

45...

	B	C		A
A			B	C
C	A			B
	C	B	A	
B		A	C	

46...

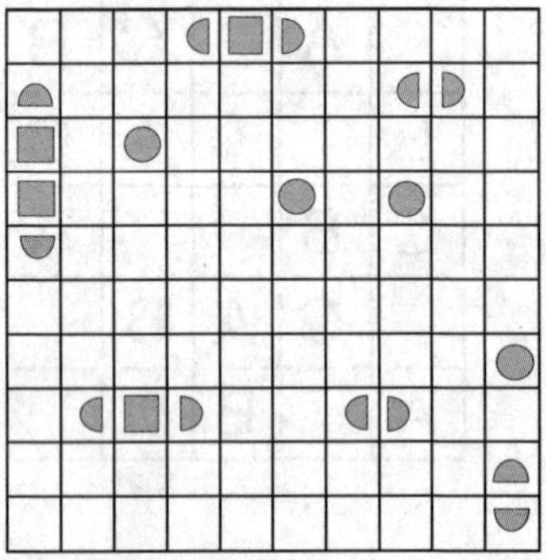

47...

2	3	2	1	6	6	0	5
3	6	6	2	2	4	5	1
3	4	3	2	6	0	1	1
3	5	5	0	1	3	4	5
0	0	0	1	3	1	4	6
4	4	2	5	2	4	0	6
4	6	5	5	0	2	1	3

48...

菲尔夫人的是39号病房（线索2）。唐纳斯夫人不是住在53号病房（线索3），所以她是住在47号病房，而克劳普先生因此住在53号病房。唐纳斯夫人有一个来自萨克森比家的人拜访（线索4），所以克劳普先生的拜访者来自26号（线索1），那位拜访者不可能是多赫尔蒂（线索3），所以是莱德雪姆。房子是65号的多赫尔蒂（线索3）拜访的是菲尔夫人。最后，81号的萨克森比拜访的是唐纳斯夫人。

答案：

克劳普先生，53号病房，莱德雪姆，26号。

唐纳斯夫人，47号病房，萨克森比，81号。

菲尔夫人，39号病房，多赫尔蒂，65号。

49...

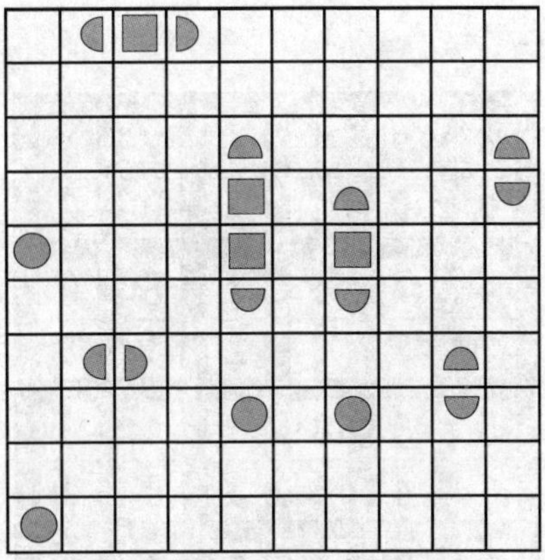

50...

	A		B	C
		C	A	B
B		A	C	
C	B			A
A	C	B		

51...

C		A		B
	B	C		A
A	C		B	
B	A		C	
		B	A	C

52...

0	5	2	2	5	4	6	5
3	6	2	2	4	4	4	1
3	6	1	2	3	4	6	1
0	1	4	3	0	2	2	1
3	5	3	0	3	1	5	6
6	4	0	3	6	0	4	1
1	6	0	0	2	5	5	5

53...

这些字母的共性在于它们都是数字。每个数字，即从1到9，都与各自的镜像刻在一起。如果你把每个字母的左半部分遮住，你就会看到真的是这样。所以，所缺的数字是6。

54...

这个题的关键在于了解每个数字都是前一个数字的两倍再加1。5的两倍再加1等于11，11的两倍再加1等于23，23的两倍再加1等于47，这样，就得出答案了。

55...

三角形中每个处在内部的数字都是它上面与之紧密相连的两个数字的乘

积。比如，数字 8 是 2×4 所得的结果，32 是 2×16 所得出的结果，依此类推。

56...

答案是 18。下面那行上的每一个数在调换其各位数字的位置后正好是这个数上面那个数的平方。比如，上面那行的第一个数字是 4，它的平方是 16，16 调换位置后是 61，即下面那行的第一个数。我们取最后数字 9 的平方，即 81，这样，调换位置后就是 18。

57...

阴影部分的面积是边长为 3 厘米的正方形的$\frac{1}{4}$。这个正方形的面积是 9 平方厘米，那么阴影部分的面积就是$2\frac{1}{4}$平方厘米。将边长为 4 厘米的正方形围绕小正方形旋转到任何位置，遮盖部分的面积总是相等。在旋转过程中，当大正方形将线段 ac 平分时，遮盖部分的这个更小的正方形面积就是$1\frac{1}{2}$厘米乘以$1\frac{1}{2}$厘米，即$2\frac{1}{4}$平方厘米。

58...

下图中的答案只是众多方案中的一个：

6	5	4	3	2	1
5	3	1	6	4	2
4	1	2	5	6	3
3	6	5	2	1	4
2	4	6	1	3	5
1	2	3	4	5	6

59...

因为，正方形正中央的 4 个数字以及四个角的数字相加的结果也是 2000。同时，每个象限的 4 个数字相加的结果都是 2000。另外，还有两组数字的相加结果等于 2000，那么，就看你能不能找到了。

499	502	507	492
506	493	498	503
494	509	500	497
501	496	495	508

60...

4	2	1	4	7	4
0	0	1	4	0	2
4	7	5	3	6	6
1	5	0	2	1	3
5	5	6	4	1	3
1	4	6	3	0	3
7	7	7	6	3	6
4	6	7	4	1	2
7	7	2	5	6	5
1	2	2	3	5	5
6	0	2	5	3	7
0	0	1	2	0	3

61...

1009315742。表格第一行黑色方

格前面的灰色方格个数对应数列的第一个数，第二行黑色方格后面的灰色方格个数对应数列的第二个数；第三行要计算黑色方格前面灰色方格的数量；第四行则要计算黑色方格后面灰色方格的数量，往后依此类推。

62...

只需要走 8 步。两个 G 哪个做字头都可以。如用下面的 G 作字头，按下列顺序移动字母就可以达到目的：G，A，S，L，S，A，G，O。

63...

如图：

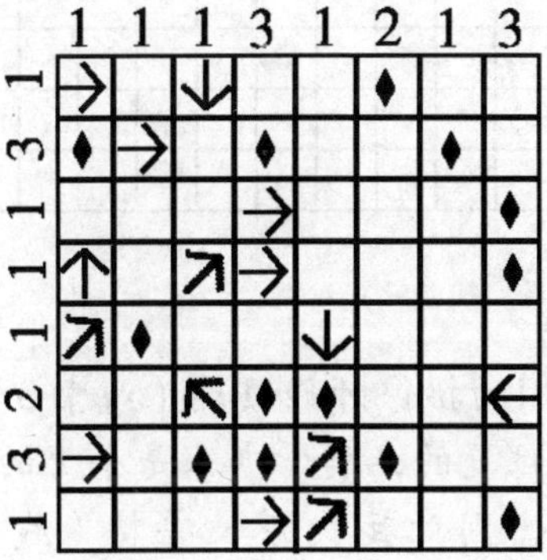

64...

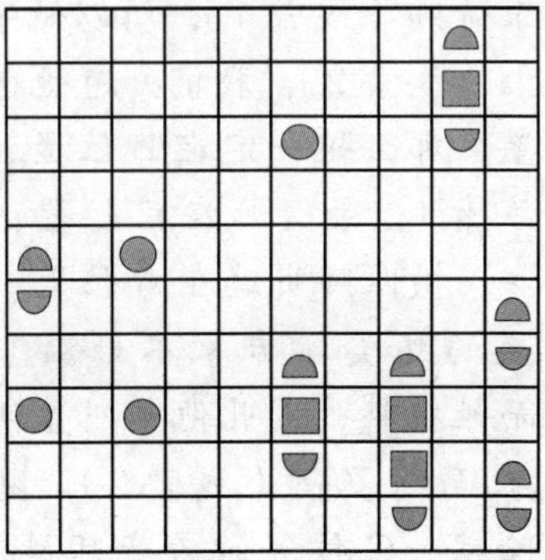

65...

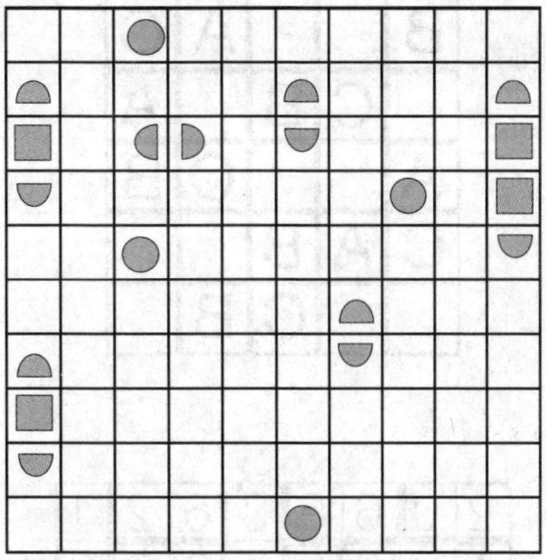

66...

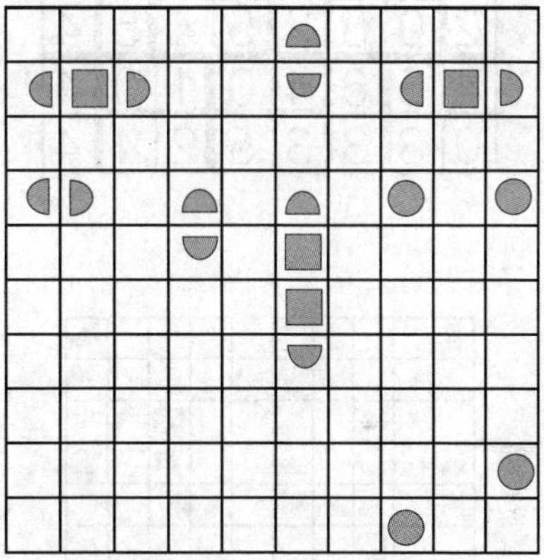

67...

1	4	2	1	1	6	0	2
3	6	2	1	1	6	6	5
4	3	2	5	3	3	3	4
0	1	4	2	4	4	6	1
3	5	0	4	2	5	3	0
1	5	5	6	5	0	0	0
3	2	5	6	0	4	6	2

68...

B			A	C
	C	B		A
A			C	B
C	A	B		
		C	B	

69...

2	0	6	6	3	6	2	1
1	0	6	3	4	3	3	6
5	1	1	1	3	6	0	0
1	2	5	2	2	5	5	1
2	0	5	2	5	4	5	4
4	6	6	4	0	1	0	4
0	3	3	3	5	2	4	4

70...

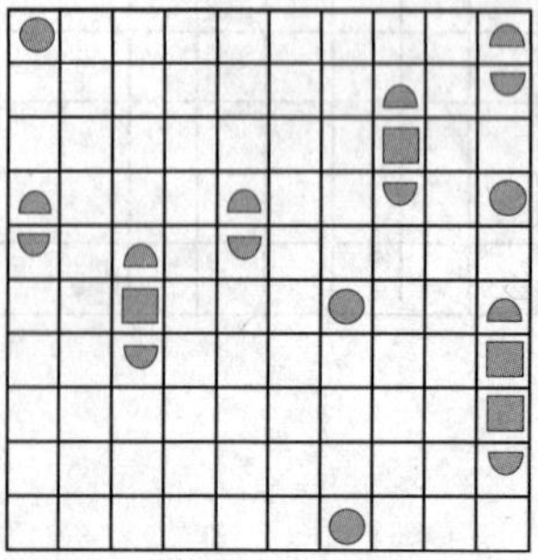

71...

0	2	2	4	4	4	4	4
2	5	2	3	1	1	6	6
6	3	6	3	3	5	3	5
3	0	6	3	5	2	5	6
2	1	6	4	0	5	5	4
2	0	0	0	6	5	1	4
1	0	3	1	1	2	1	0

72...

	A		C	B
B	C		A	
A		B		C
		C	B	A
C	B	A		

73...

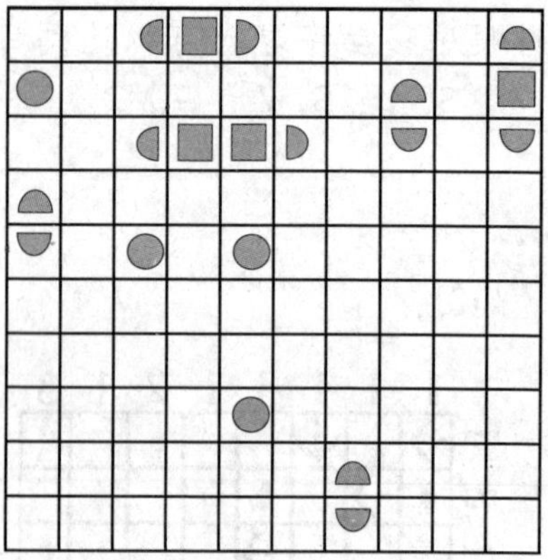

74...

因为摄像师姓贝瑞（线索3），坐在D位置的鸟类学专家是个男的（线索2），因此瓦内萨·鲁特（线索1）不是录音师，而是植物学家。她不在C位置上（线索3），又因为她的斜对面是录音师（线索1），所以她不在A位置上（线索2），我们知道她也不在D位置，那么她一定在B位置。这样根据线索1，录音师在C位置，通过排除法，摄像师贝瑞在A位置。坐在D位置的鸟类学专家不姓温（线索2），而姓福特，因此他不叫盖伊（线索4），而叫罗伊（线索2）。现在通过排除法，C位置的录音师姓温。A

位置的贝瑞不叫艾玛（线索3），而叫盖伊，剩下C位置的录音师是艾玛·温。

答案：

位置A，盖伊·贝瑞，摄像师。

位置B，瓦内萨·鲁特，植物学家。

位置C，艾玛·温，录音师。

位置D，罗伊·福特，鸟类学专家。

75...

因为勋章C有一个绿色的绶带（线索1），根据线索4，所以铁拳团的铁质勋章不可能是勋章D。勋章A用的是银作材料（线索2），勋章D不是金质的（线索5），所以勋章D应该是青铜制的。根据线索5，勋章C是金质的。综上可得，铁拳团的铁质勋章应该是勋章B。因此，由线索4得出，悬挂蓝色绶带的勋章是勋章A。现在已知3个勋章的团名或绶带颜色，所以赖班恩王子勋爵士团的有着紫色绶带的是青铜质勋章D，因此，白色绶带的勋章是铁拳团的勋章B。最后，由线索5，不是伊斯特埃尔勋爵士团的、带绿色绶带的金质勋章C是圣爱克赞讷勋爵士团的，而伊斯特埃尔勋爵士团的是银质的蓝色绶带的勋章A。

答案：

勋章A，伊斯特埃尔勋爵士团，银，蓝色。

勋章B，铁拳勋爵士团，铁，白色。

勋章C，圣爱克赞讷勋爵士团，金，绿色。

勋章D，赖班恩王子勋爵士团，青铜，紫色。

76...

提艾泽尔得第三名（线索4），分到1号羊圈的克罗普（线索1）和普劳曼（线索3）都没有得到第一名，所以是海吉斯得第一名。现已知第一名的得主及另外两位农场主的编号，所以那个分到4号圈、得第二名的人（线索2），一定是普劳曼。综上，克罗普一定是第四名，根据线索3，在2号圈的是来自高原牧场的羊，而农场主是海吉斯这个比赛获胜者。所以不是布鲁克菲尔得牧场的农场主的普劳曼（线索2），他的农场是曼普格鲁牧场，而布鲁克菲尔的牧场是克罗普的。

答案：

圈栏1，克罗普，布鲁克菲尔得牧场，第四名。

圈栏2，海吉斯，高原牧场，第一名。

圈栏3，提艾泽尔，格兰其牧场，第三名。

圈栏4，普劳曼，曼普格鲁牧场，第二名。

77...

因为6号楼是一位女士的（线索4），根据线索1，5号楼一定是一位男士，4号一定是位女士，所以剩下的两位男士一定是在1号和3号，最后那位女士则是住在2号。住在6号的女士不可能是里弗斯夫人（线索3)或沃特斯小姐（线索5)，所以是格蕾小姐。现在在新西兰的那个人一定是位女士（线索3)。伯恩斯先生没有陪在女儿身边，也没去谈生意或进行商业旅行（线索6)，所以他是在住院或度假，他不可能是住在1号的男士（线索2和线索3)，他住在3号或5号。住在伯恩斯先生左边的女士（线索1）不可能是沃特斯小姐，因为她在去商业旅行的人的左边（线索5)，去商业旅行的人不是伯恩斯先生（线索6)，显然也不是格蕾小姐，所以是戴克斯，而这意味着伯恩斯先生是去度假了（线索3)。如果这两个人和格蕾小姐都住在楼上，那么沃特斯小姐和布洛克先生都只能住在楼下了，而这是不可能的（线索5)，所以，伯恩斯先生住在3号，里弗斯夫人住在2号；那个陪着女儿的男士（线索1）则是布洛克先生。因此，里弗斯夫人是在住院（线索2)。楼上的格局是：沃特斯小姐住在4号；戴克斯去商业旅行了，他住在5号；格蕾小姐住在6号，因为她不是去谈生意（线索6)，所以她是去新西兰了。谈生意的是沃特斯小姐。

答案：

1号楼，布洛克先生，陪女儿。

2号楼，里弗斯夫人，住院。

3号楼，伯恩斯先生，度假。

4号楼，沃特斯小姐，谈生意。

5号楼，戴克斯先生，商业旅行。

6号楼，格蕾小姐，在新西兰。

78...

格雷尼的书不是被送到格拉斯哥（线索1)、切姆斯弗德（线索2）或威根（线索4)，所以是斯旺西；克罗瞿的书不是被送到切姆斯弗德（线索1）或格拉斯哥（线索3)，所以是威根；因此，道森的书一定是《伊特鲁亚人》(线索4)。《斯多葛学派》的作者不是克罗瞿（线索3)，没有被送到威根或格拉斯哥（3)，根据线索1，也不是被送到斯旺西，所以它是被送到了切姆斯弗德。它原来的目的地不是卡莱尔或索尔兹伯里（线索1)，它的作者也不是格雷尼。又因为已知格雷尼的书被送到了斯旺西（线索1)，所以《斯多葛学派》一书的作者是比格汉姆，因此它的正确的目的地不是布莱顿（线索1)，而是马特洛克。《布达佩斯的秋天》的正确的目的地不是布莱顿（线索1)，也不是卡莱尔（线索3)，而是索尔兹伯里。克拉伦斯没有把它送到斯旺西（线索1)，所以它的作者不是格雷尼，而是克罗瞿。综上所述，克拉伦斯错误地把《伊特鲁亚人》一书送到了格拉斯哥。没有打算送到卡莱尔的道森的书原本应该送到布莱顿。《迈阿密上空的月亮》原来是要送到卡莱尔的。

答案：

《布达佩斯的秋天》，克罗瞿，索尔兹伯里，威根。

《迈阿密上空的月亮》，格雷尼，卡莱尔，斯旺西。

《伊特鲁亚人》，道森，布莱顿，格拉斯哥。

《斯多葛学派》，比格汉姆，马特洛克，切姆斯弗德。

79...

数字3是这组递进数字的关键。你必须按照减去3，除以3，加上3，减去3，除以3，加上3的顺序计算。我们先从第一洞的分数12中减去3，得出9，即第二洞的分数；然后让9除以3，得出3，即第三洞的分数；接着，再加上3，得出6，即第四洞的分数；再从6中减去3，得出3，即第五洞的分数；然后，再除以3，得出1，即第六洞的分数；最后，第七洞的分数就是1加上3，得出4，即这个题的答案。

80...

以下是解决这个题的9个步骤：(1)将绿色罐子注满水；(2)将绿色罐子内的水倒入红色罐子；(3)把红色罐子内的水倒回水池；(4)将绿色罐子内剩下的水倒入白色罐子内；(5)将绿色罐子注满水；(6)将绿色罐子内的水倒入红色罐子；(7)将绿色罐子内剩下的水倒入白色罐子内；(8)将绿色罐子注满水；(9)将绿色罐子内的水倒入白色罐子内。这时，绿色罐子内就剩下2升的水。

81...

4	5	6	1	3	2	8	9	7
9	2	7	5	4	8	3	1	6
8	1	3	7	9	6	2	4	5
2	3	9	8	7	5	1	6	4
7	8	1	4	6	3	5	2	9
6	4	5	9	2	1	7	3	8
3	7	2	6	8	4	9	5	1
1	6	8	3	5	9	4	7	2
5	9	4	2	1	7	6	8	3

82...

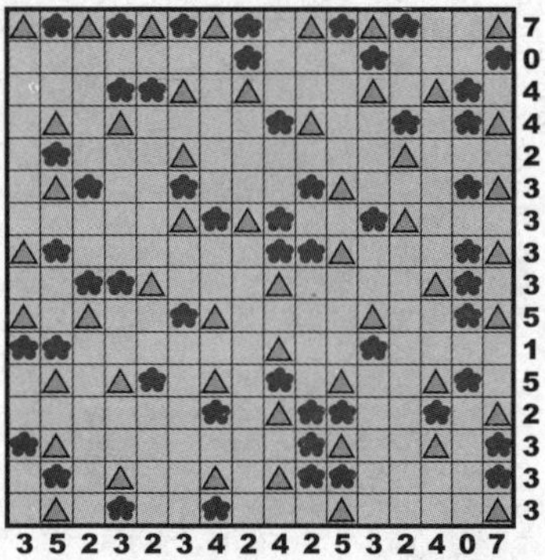

83...

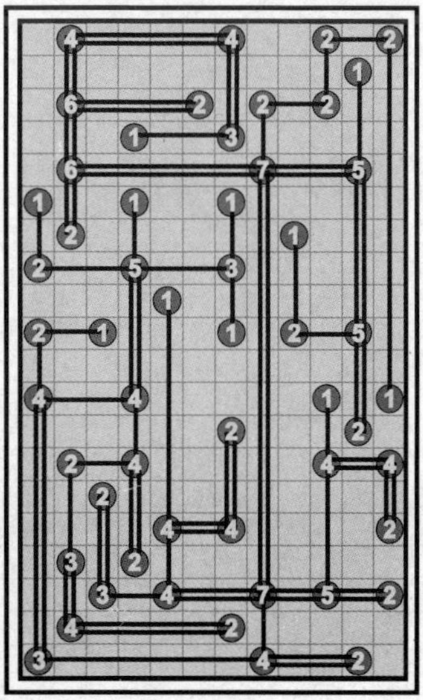

84...

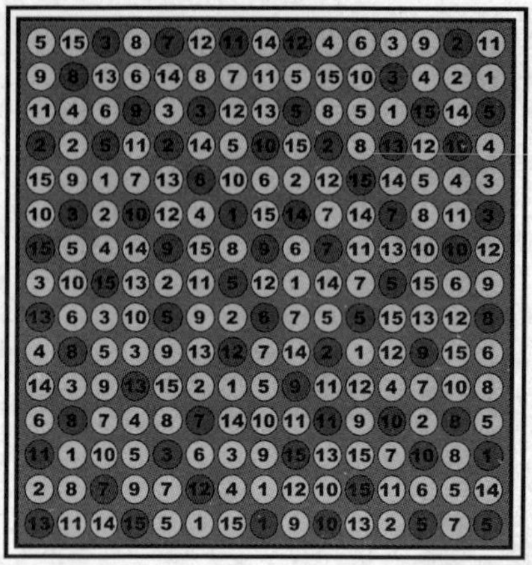
5 15 3 8 7 12 11 14 12 4 6 3 9 2 11
9 8 13 6 14 8 7 11 5 15 10 3 4 2 1
11 4 6 9 3 3 12 13 5 8 5 1 15 14 5
2 2 5 11 2 14 5 10 15 2 8 13 12 10 4
15 9 1 7 13 6 10 6 2 12 15 14 5 4 3
10 3 2 10 12 4 1 15 14 7 14 7 8 11 3
15 5 4 14 9 15 8 9 6 7 11 13 10 10 12
3 10 15 13 2 11 5 12 1 14 7 5 15 6 9
13 6 3 10 5 9 2 6 7 5 5 15 13 12 8
4 8 5 3 9 13 12 7 14 2 1 12 9 15 6
14 3 9 13 15 2 1 5 9 11 12 4 7 10 8
6 8 7 4 8 7 14 10 11 11 9 10 2 8 5
11 1 10 5 3 6 3 9 15 13 15 7 10 8 1
2 8 7 9 7 12 4 1 12 10 15 11 6 5 14
13 11 14 15 5 1 15 1 9 10 13 2 5 7 5

85...

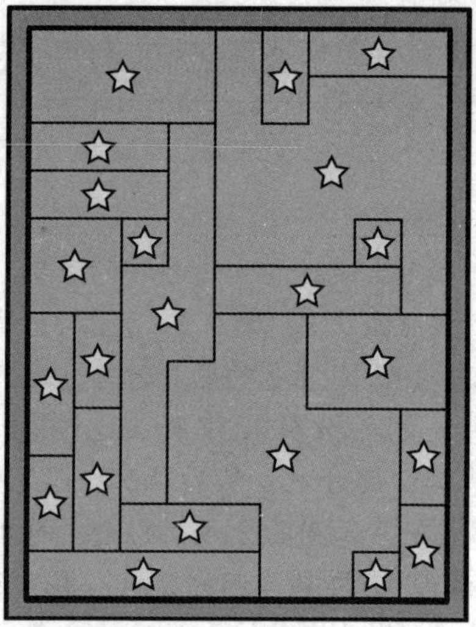

第3章

作图法

作图法是根据题目内容，把抽象复杂的条件有针对性地用图表的形式表示出来的方法。通过图表，条件之间的关系就清楚地表现出来，从而降低了分析和解决问题的难度。有些题目在没有作图之前会觉得无处下手，但是在作图以后就变得一目了然了。

作图法不仅具有形象思维直观鲜明的特点，同时还具有抽象思维的严密推理过程，是逻辑推理的重要方法之一，对解决问题、提高逻辑思维能力有很大的帮助。

1. 老鼠迪克【初级】

老鼠迪克要怎样才能吃到奶酪呢？

2. 谁先到达【初级】

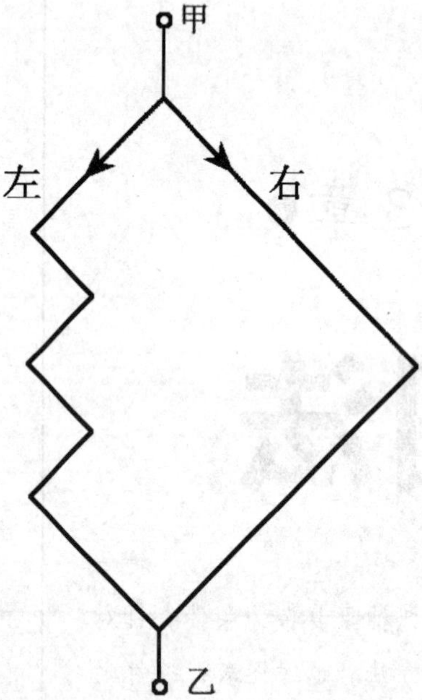

如图所示，从甲点到乙点中间隔着一个小草坪，草坪的两边有两条小路。小明和小军同时从甲点出发，小明从左侧小路走，小军从右侧小路走，相同的速度下，谁先到达乙点？

3. 男生还是女生【初级】

一个班有 90 个人排成一队去植物园。他们的排列顺序是这样的：男、女、男、男、男、女、男、男、男、女、男、男、男、女、男、男、男、女……那么，最后一个学生是男还是女呢？

4. 几个正方形【初级】

如图所示的 16 点能围成几个正方形？

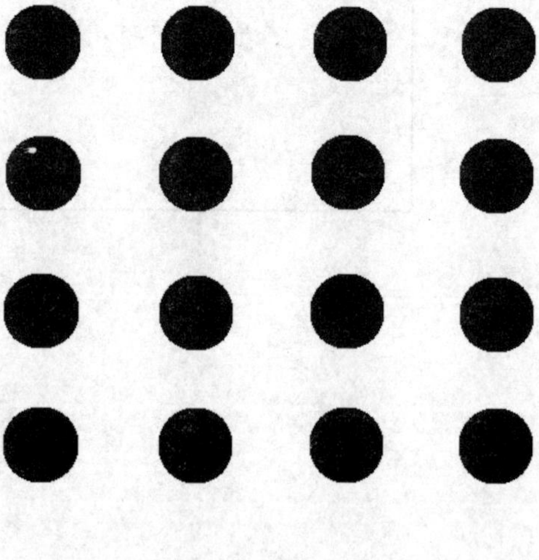

5. 双胞离体【初级】

将右面5种图形分别分成形状、大小都相同的双胞图形。

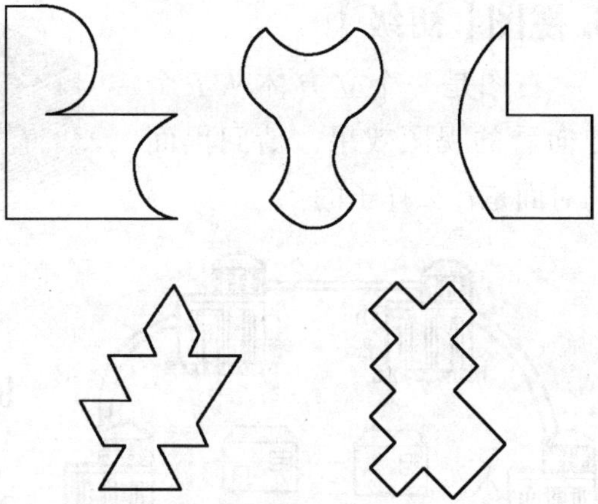

6. 不向左转【初级】

吉姆和汤米在一条马路上走着，眼见前面的马路就要向左拐弯了，汤米便考吉姆说：“你能不往左转，就把这条马路走完吗？”吉姆笑道：“这还不容易？”说罢，便快步向转弯处走去。没多一会，他果然没有向左转弯，就走完了这条向左转弯的路。你知道他是怎么做到的呢？

7. 只剩一点【初级】

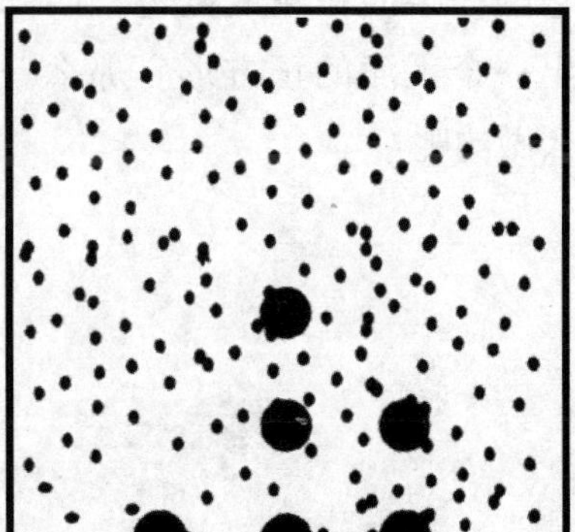

有17个如图中所画的点。从任何一点画一条比点粗的直线连接其他的点，最后应可让每一个点至少都能与另一点连接起来。但是，某人做这项工作，虽然连接了所有的点，最后却还是剩下一点。有这种可能吗？

8. 视图【初级】

右图是一个立方体从三个方向看的视图效果，请问黑面的对面是什么样子的？

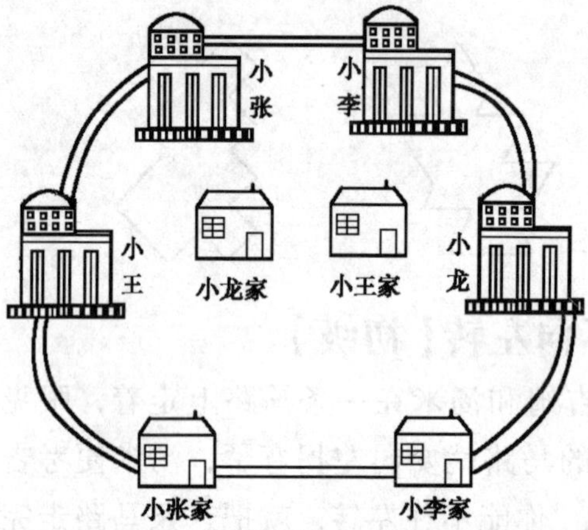

9. 条条大道通罗马【初级】

小张、小李、小龙、小王的家在不同的地方，同时他们在不同的地方上班，请大家为他们分别设计一条能回到家又不相互交错的路线。

10. 油漆窗户【初级】

右图是一个商店的窗户，它的高和宽都是 2 米。这个商店的油漆工想把它的一半面积漆成蓝色，而同时要留出一个无漆的正方形。那么，他是怎么做的呢？

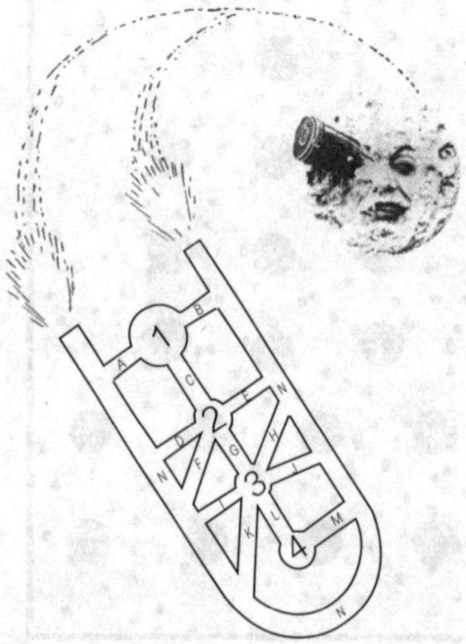

11. 飞船【初级】

这艘飞船正从月球飞回地球。左图所示的就是前进舱指挥舰板的平面图。伯肯舰长每个小时都会巡视飞船，他将检查从 A 到 M 的每一个走廊，而且只检查一次。但是，通过外走廊 N 的次数不限；同时，进入 4 个指挥中心（1 号、2 号、3 号和 4 号）的次数也不受限制。最后，他总是在 1 号指挥中心结束他的检查。请你把舰长的检查路线展示出来（起点可以从任一指挥中心开始）。

12. 太妃糖【初级】

莫尔博斯太太代售各种好吃的东西，也包括糖果。近来，她的生意肯定不错。下面她为你准备的是一个有关糖果的题——如果你想免费品尝太妃糖，你需要把21块儿糖排成9条直线，每条直线上有5块儿。当然，每块儿糖不止在一条直线上。

13. 应聘【初级】

珀西瓦尔·彭布罗克丢掉了自己的高薪工作，他想再找一个也不过是小菜一碟。但是，他应聘的金融投资公司却给了他一个措手不及。公司给他出了一个能力测试题，而他没有通过！他们给了他4个正方形和8个三角形，他的任务是在5分钟之内把它们拼成1个正方形。那么，你能否通过金融公司的这个测试呢？

14. 雪橇【初级】

下次当你外出滑雪时，如果你想在温暖的临时营地赢得一块儿热巧克力的话，这里有一个万全之策。跟你的朋友打赌，说他们不可能把6个滑雪橇组成8个完整的三角形。如果你没有外出滑雪，你也可以用汽水吸管来完成。

15. 电池【初级】

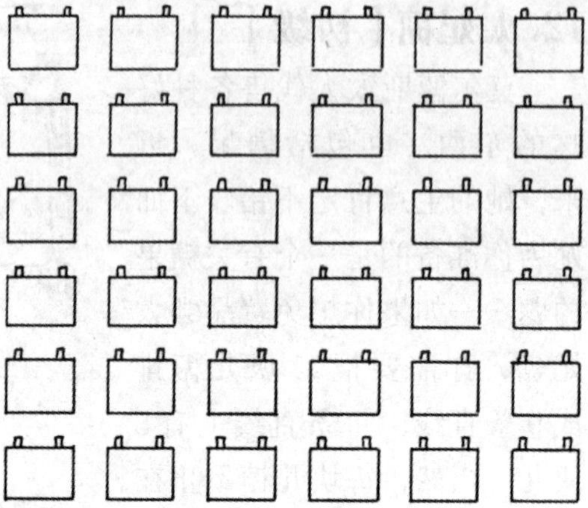

埃尔默·拉泽罗是电池城的主人，这个电池城位于威斯康星州的拉辛市。他举办了一场比赛，也就是图中的两个人所提到的比赛。他在陈列室的地上将36块儿电池摆成了一个正方形，并答应提供给任何一个答对的人一次为期两周的费用全免的新泽西州海洋树林之旅。但是要求如下：参加比赛的人必须从上面拿走6块儿电池，使剩下的每行电池不论在水平方向还是垂直方向都保持偶数。从下面我们可以看出威拉德好像找到了解决办法。

16. 十字架(1)【初级】

斯皮尔牧师又一次在教堂遇到麻烦。昨天晚上，狂风暴雨袭来，狂风将教堂尖塔上的十字架刮倒在地，并将它摔成了5块儿。教堂司事温斯洛宣称他知道如何将它们重新拼在一起使十字架重现天日。各部分已经全部展现在下图之中。那么，你能帮助牧师和教堂司事了解其中的神秘之处吗？

17. 馅饼【初级】

火鸡节（即感恩节）过后便没有比馅饼思维游戏更好的游戏了。这个题实在是太古老了，许多年前，在第一个感恩节上，布拉德福总督可能在享用甜点的时候玩过这个游戏。你要判断的是：如果在馅饼上切4下，那么，最多可以切成多少大小不同的块呢？

18. 面包店【初级】

这是一个有关螺旋状的思维游戏。奥拉夫刚刚从烤箱里取出热腾腾的“深红色种子面包”，他的这种管状面包非常有名。当他的顾客走过来时，他就问他们：“如果我拿刀子从任意地方将面包切开，那么，我最多可以把它分成多少份呢？”你知道答案吗？

19. 画像【初级】

回顾历史，我们会找到世界上第一个伟大的思维游戏大师—斯塔姆尤莫斯特二世。他创作了全新的题，名叫“斯芬克司第二个思维游戏”，并用它来为难他的朝臣。答题人必须将左图中抽象的斯芬克司画像分成形状相同的 4 部分。同时，这 4 部分必须与原图形状相同。你知道怎么分吗？

20. 砖墙【初级】

有一天，矮胖人邓布迪先生叫来一个泥瓦匠，让他在自己的花园里盖两面砖墙。两面墙的高度以及长度都相等（右图中，ab 墙的长度和 cd 墙相等）。泥瓦匠说对 cd 墙的花费要大一些，因为它位于一座山上，所以需要的建筑材料会多一些。

“胡说八道，”邓布迪先生说，“它才用不了那么多呢，盖这面墙你绝对不会用太多的砖和灰泥！”

那么，你认为他们谁对谁错呢？

21. 连线的风筝【初级】

欢迎读者朋友来解答比夫的这个获奖思维游戏。

22. 书法【初级】

行走满天下，羽翼丰满时！这是上个世纪的一位自由速记员——内尔·库克的座右铭。库克女士随时做好记录任何听写任务的准备，为了磨炼自己的书写技巧，她每天都会进行她自己十分熟练的练习。其中就包括用一笔连续画出图中所示的 4 个完整的圆圈，而且它们不会在任何地方交叉。手法稳健、思维敏锐是解决这个书法思维游戏所必需的条件。

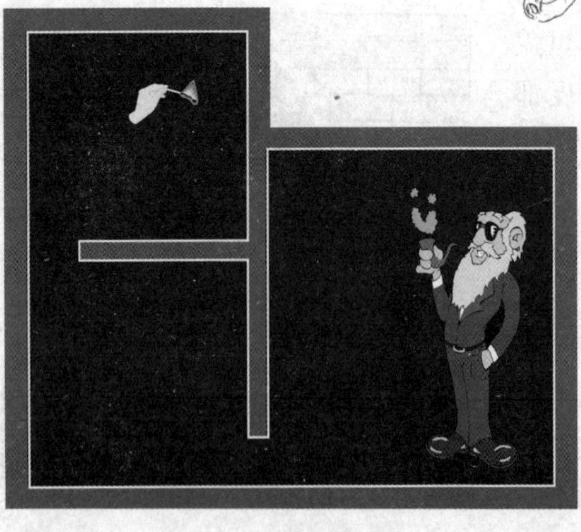

23. 镜子（1）【初级】

想象这 3 个房间的墙上（包括地板和房顶）都铺满了镜子。房间里一片漆黑。

某个人在最上面的房间里划了一根火柴。那么，右边房间里抽烟斗的人能看到火柴燃烧的映像吗？

24. 曲线连数【初级】

你能够把右边 1 ~ 18 用曲线从头到尾连接起来吗？曲线之间不能相交。

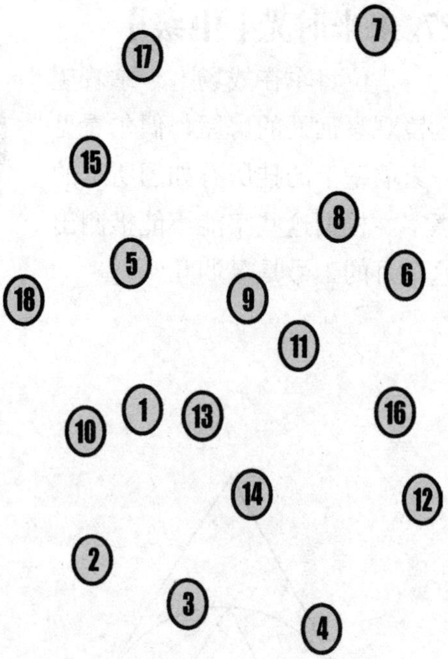

25. 拉直的绳子【初级】

如果这两只狗向着相反的方向拉这根绳子，绳子将会被拉直。

问拉直后的绳子上面有没有结，如果有的话，有几个？

26. 重叠的长方形【中级】

将 3 个相同的长方形（长宽比例为 2:1）叠加在一起，边线最多将会出现多少个交叉？（提示：根据 1 个交叉必须由 2 条线组成，长方形的角不算在内。下图是示例，并不是最大交叉数。）

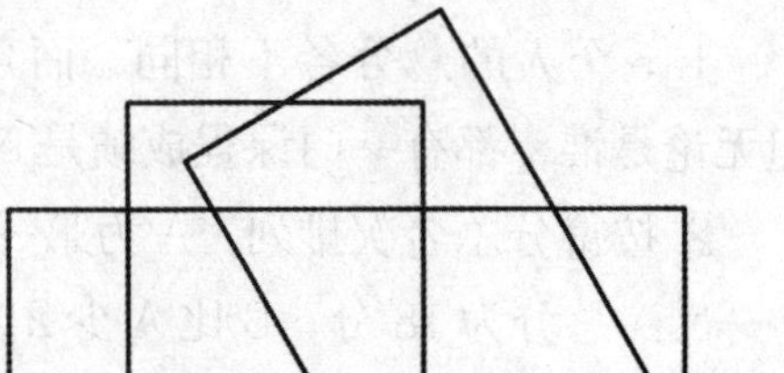

27. 未来时光【中级】

一位将军在战场上，拿着望远镜观察远处的房屋，偶尔看见一家墙壁上的挂历有如图所示的黑字。根据这些字能不能推测出这个月的1号是星期几？

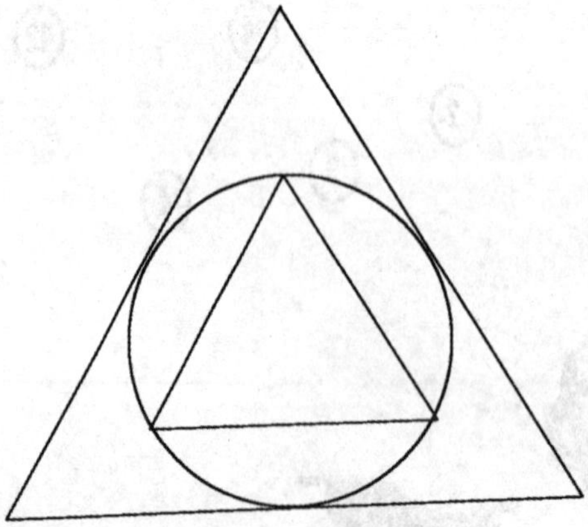

28. 面积有多大【中级】

在一个正三角形中内接一个圆，圆内又内接一个正三角形。

请问：外面的大三角形和里面的小三角形的面积比是多少？

29. 考试的结果【中级】

有A，B，C，D，E5个人参加考试，都考了相同的五门课。老师评完考卷后，有如下结果（成绩按1，2，3，4，5分评）：

1.5个人的总分各不相同，而且在同一门考试中，也没有相同分数的人。但无论是谁，都有一门课程成绩是5人中最好的。

2.按得分总名次排列，A为第一名，其余依次为B，C，E，D。

3.A总分为18分，B比A少2分。

4.A历史最好，B语文最好，但B的地理和英语均为第三名。

5.C的地理为第一，数学为第二，历史为第三。

6.D的数学为第一，英语为第二。关于E的得分情况，老师什么也没有说。

这5个人的各科成绩各是多少？总分又各是多少？

30. 人鬼同渡【中级】

3个人和3个鬼同在一个小河渡口，渡口上只有一条可容2人的小船。如何用这条小船把他们全部渡到对岸去？

条件是在渡河的过程中，河两岸随时都保持人数不少于鬼数，否则鬼会把处于少数的人吃掉。

31. 拼汉字【中级】

想象一下，5根横排的火柴和3根竖排的火柴能拼几个汉字？

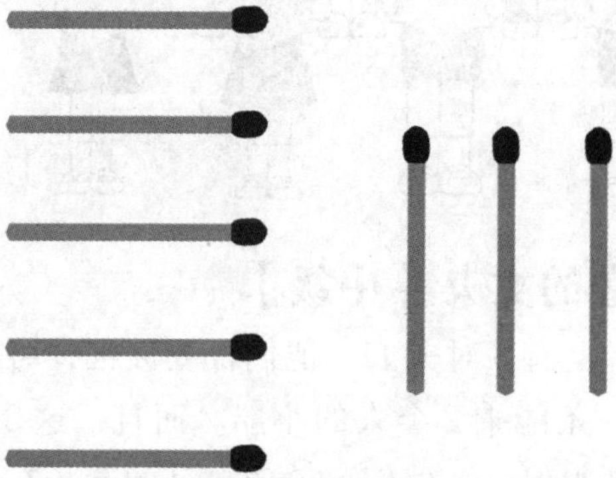

32. 各走各门【中级】

一个院子里住了3户人家。这3户人家的关系简直坏透了，不只是互不说话，而且谁也不想看到谁。他们想各走各的门，也就是像图上所画的那样，A走A门、B走B门、C走C门。为了避免相遇，他们走的道也不能交叉，那么，他们该怎样走法才好呢？

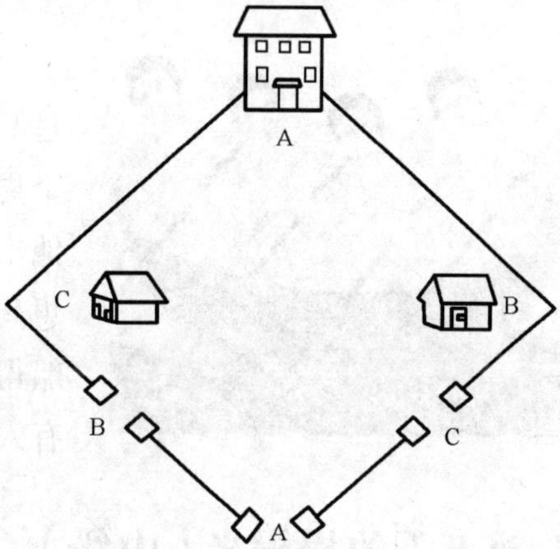

33. 兔子难题【中级】

直线AA上有3只兔子，直线CC上也有3只兔子，直线BB上有2只兔子。有多少条直线上有3只兔子？有多少条直线上有2只兔子？如果拿走3只兔子，将余下的6只兔子排成3排，且每排有3只兔子，该怎么排列？

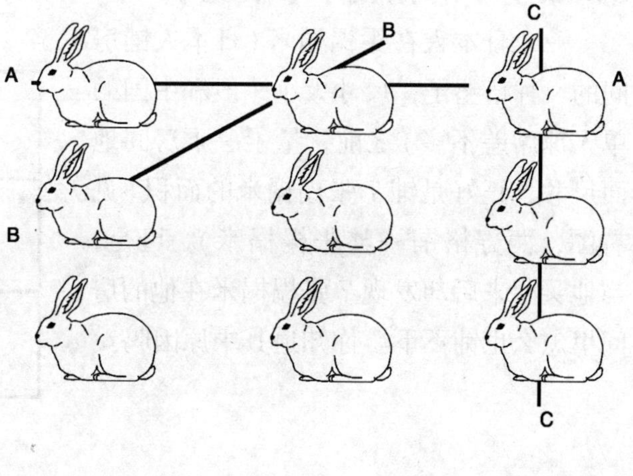

34. 学生会委员【中级】

在某校新当选的校学生会的7名委员中，有1个是大连人，2个北方人，1个福州人，2个特长生，3个贫困生。假设上述介绍涉及了该学生会中的所有委员，则以下各项关于该学生会的断定与题干相矛盾的是：

A. 两个特长生都是贫困生。

B. 贫困生不都是南方人。

C. 特长生都是南方人。

D. 大连人都是特长生。

E. 福州人不是贫困生。

35. 保守的丈夫【中级】

河岸上有3对夫妇，他们都要渡河，可是只有一条能乘2个人的小船。而且，这3个男人都很保守，他们不希望自己的妻子在他本人不在的情况下和别的男人在一起。请想想，用什么办法把他们都渡过去。当然，船得他（她）们自己划。因此每次渡过河都要有人划回原处，直至全渡过去为止。

36. 放不下的榻榻米【中级】

一个日本人在买榻榻米（日本人铺房间的一种草垫子，尺寸大小一般和中国的单人凉席差不多）之前，量了一下房间地面尺寸，正好是铺7张榻榻米的面积（见右图，两方格铺一整张榻榻米）。可是，当他买回来后却发现7张榻榻米在他的房间里怎么也铺不下。你知道其中原因吗？

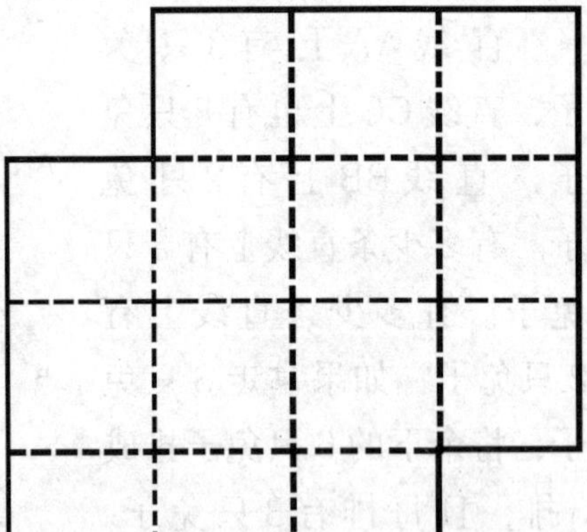

37.移动汽车【中级】

如图，这是一座汽车库，实线表示墙，虚线表示车位的划分，车可以自由移动。如果要将车对调一下，即1和5对调，2和6对调……每格只能进一辆车，但如果是空的，车移动几格都行。该怎样移动呢？

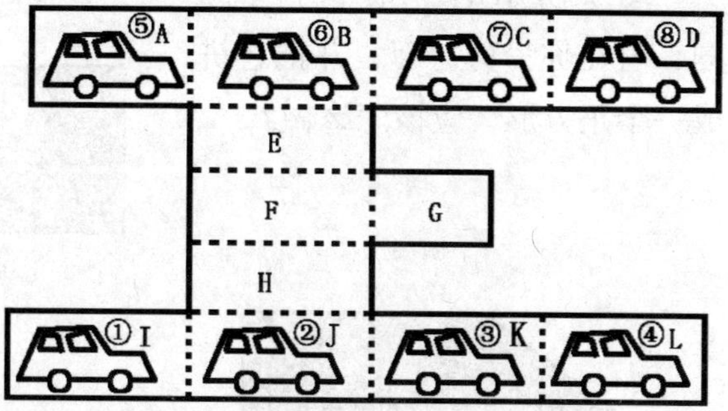

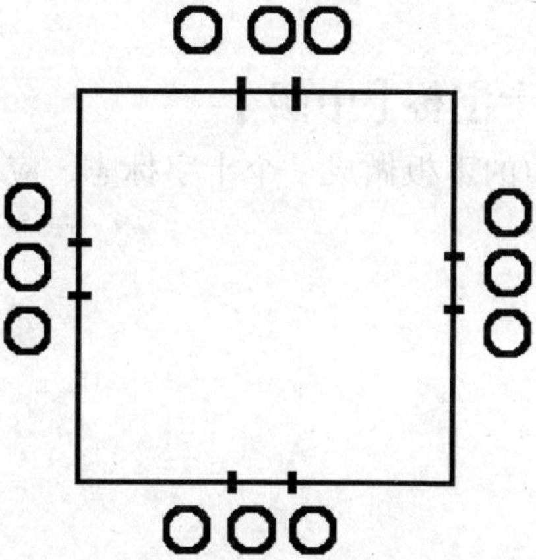

38.聪明的家丁【中级】

如图所示，这是一座从正上方俯视时呈正方形的城堡，堡主在每面都派了3个家丁日夜巡逻，自己在堡内每天都通过四面的窗口视察一下，看他们是否忠于职守。这差使如此辛苦，12个家丁叫苦不迭。他们想了一个办法，既节省了人力，又让堡主视察时看到的仍是每面3人。他们是怎样做的？

39.戒指放盒里【中级】

一只盒子上面放着一枚钻石戒指，你能否在一分钟内把它放到盒内去？

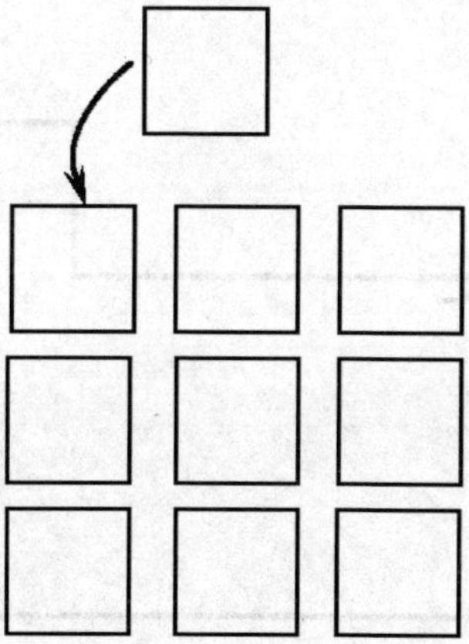

40.变大的正方形【中级】

在图中，有相同大小的正方形纸9枚，全部排列成一个大正方形。现在想再加一枚小正方形纸片，以便和原先的9张一同做出一个更大的正方形。纸张可视需要自由裁剪，只是不能有多出来或重叠的部分。你准备怎样做呢？

41. 十字变方【中级】

图中所示的一张十字标志图，若让你另剪一刀，并把它拼成一个正方形，应该怎么做？

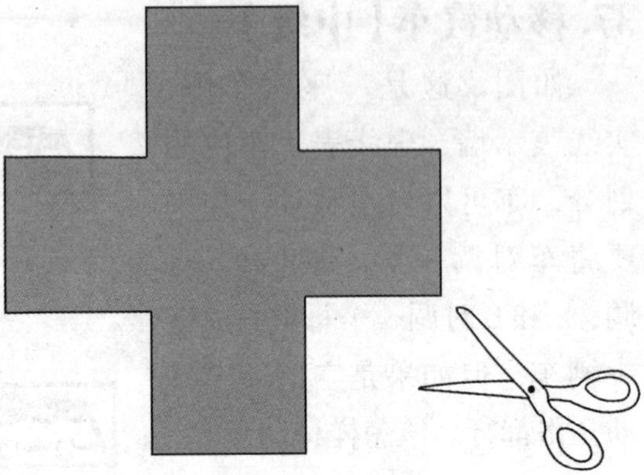

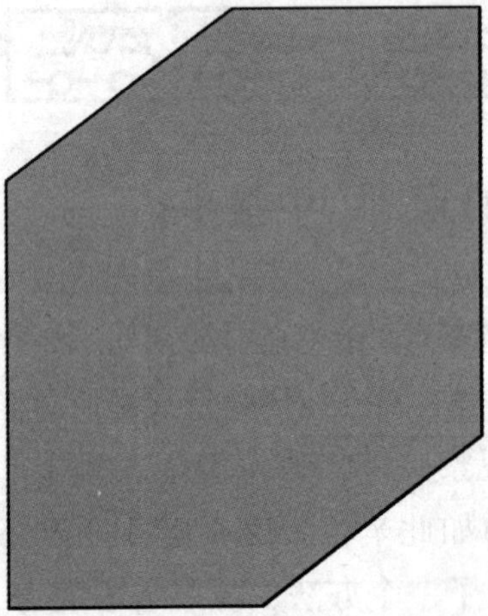

42. 巧做十字标【中级】

将左边的木板做成一个十字标志，应该怎样做呢？

43. 设计桌面【中级】

下图是一块边角料，小花想把它做成一张方形桌面，请你帮她设计一下，怎样剪拼，才能完成呢？

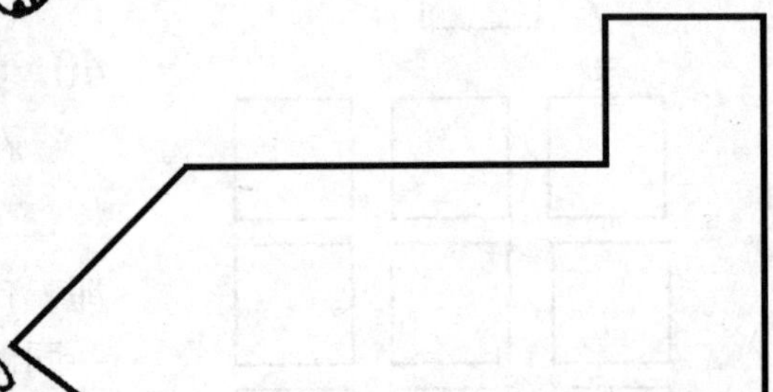

44. 神奇的风筝【中级】

右图就是著名的“风筝思维游戏”。要做这个游戏，你得先画一个风筝。然后画一条线把风筝连接起来，但是必须一步完成（即用一条线连续画出）。线与线之间不能交叉，也不能重复出现。你必须从线团开始画，然后到风筝的正中央结束。

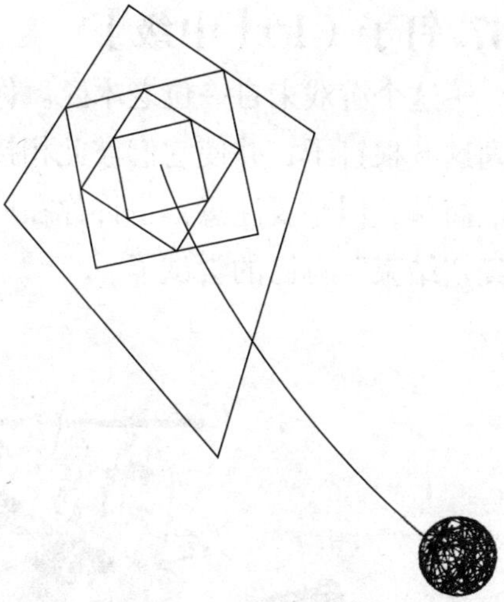

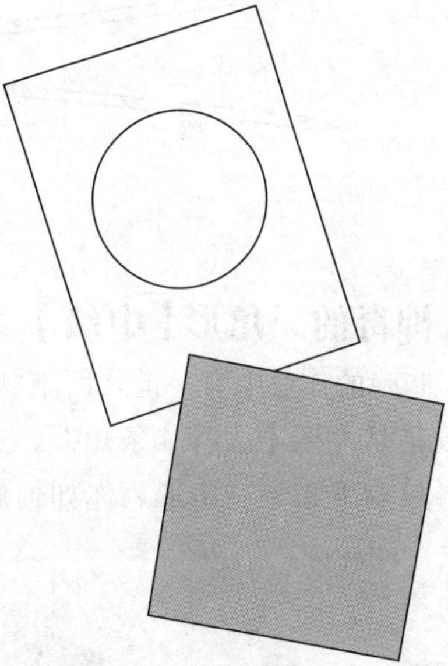

45. 圆圈（1）【中级】

如果你想找出一个圆圈的中心点，那么你只需要一支铅笔以及一张比这个圆圈大的正方形纸板。如何操作呢？这个做起来要比看起来简单！你有5分钟的时间寻找解决方法。

46. 警察【中级】

在世纪之交，奥拉夫·安德森成为一名小城市的警察。他的任务是巡逻这个城市的6个正方形街区。作为一个尽职尽责的警察，他希望在巡逻时找出一条可以一次把所有街区都巡视完的路线。答案中已经给出了他所制定的路线，我们认为那可能是最好的路线。但是，或许也有一条更便捷的路线，所以在查看答案之前请你来试一试。

47. 钉子（1）【中级】

这个游戏来自一位老木匠。你必须重新排列这 6 根钉子，并使它们彼此相接触。这个看似简单，但是要注意：也许你在放弃之前就已经“结束”自己的尝试了。

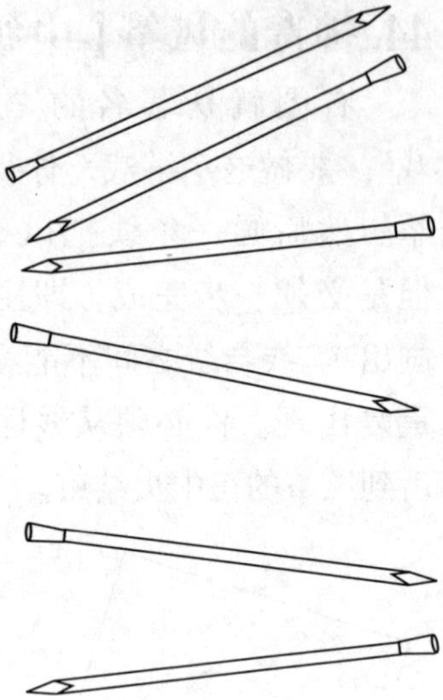

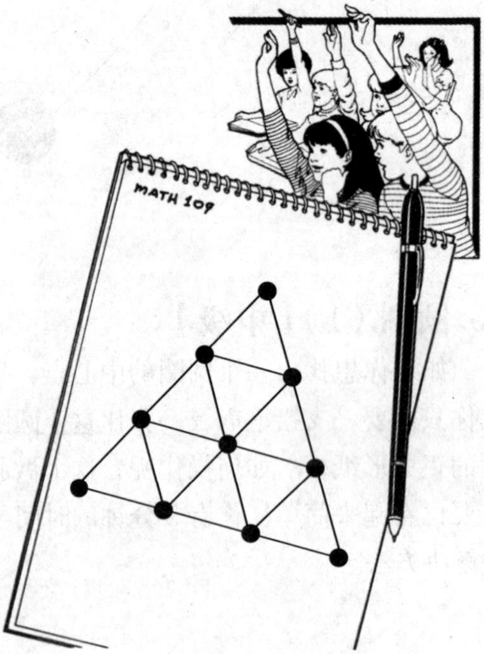

48. 神奇的三角形【中级】

昨晚的作业中有一道几何难题。要求是从左图中去掉 4 条短线，这样，只剩下 5 个三角形。你如何解决这个问题呢？

49. 古董商【中级】

亚历克斯·莫卡托是无新古董市场的所有者。上个月他出乎意料地在思维游戏大会上获胜，而他现在正在兴致勃勃地浏览这一新闻。他向比赛的裁判员提出挑战，看谁能把他带来的 17 件古董分 4 行放在地上，而且每行都有 5 件古董。那么，你能否完成那些著名裁判员专家都无法完成的任务吗？

50. 圆点【中级】

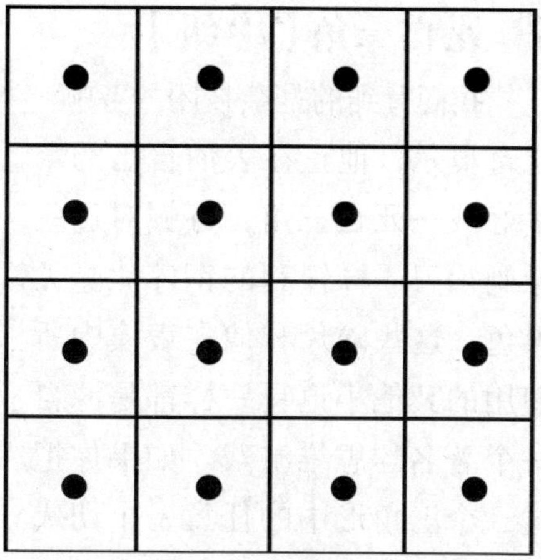

按右图的样子，在纸上画一个方格，分成 16 个正方形，然后在每一个正方形的中间点一个圆点。现在解答题：请设法画出 6 条直线，要求经过每一个正方形中的圆点，但是在画的过程中铅笔不可以从纸上抬起。下面有个小提示：其中有 2 个圆点要经过 2 次；而且，第一笔要从这个方格外面开始。

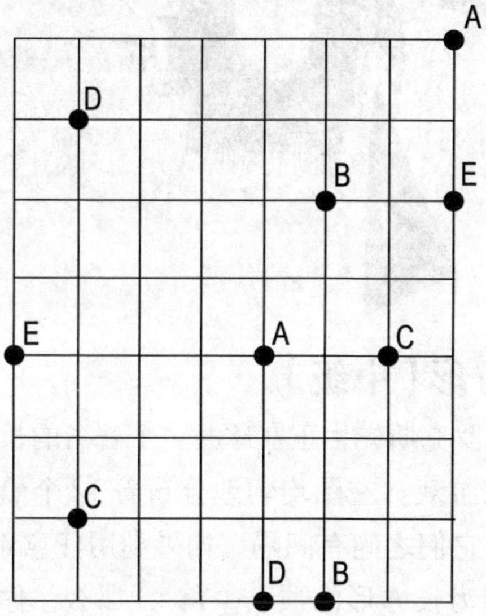

51. 字母连线【中级】

这个题虽然很古老，但是很有趣。在左边的格子上有 5 对圆点，分别标着 A 至 E 这几个字母。请将各对字母相连：A 与 A，B 与 B，C 与 C，D 与 D，E 与 E。你必须沿着格子上的直线连线，彼此路线不能相交或者重叠。现在，这道难题就交给你负责了。

52. 跳房子【中级】

右图是 19 世纪年轻人在消磨时间时所玩的跳房子游戏。在跳房子游戏中其中有一种是“难题型”的跳房子游戏。这个题要求你用一笔把这个跳房子的轮廓画出来，但前提是笔不离纸、线不重叠。同时，任何部分也不可以重复。在你还没有尝试之前，请不要跳到答案部分查看结果。

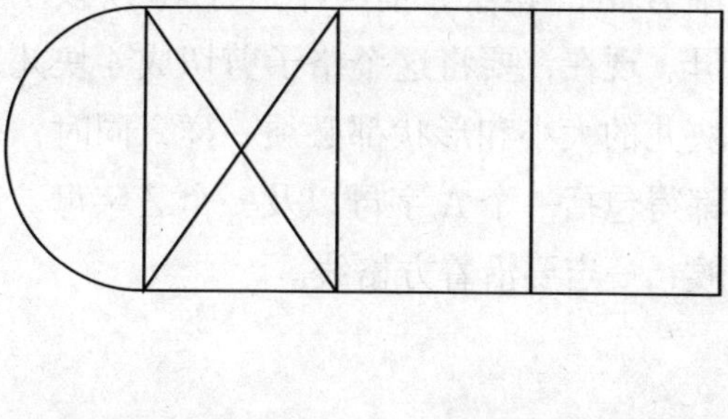

53. 死亡三角【中级】

我们看到的是杂技团的芬顿·凯奇奥尔，他正在表演自己的拿手好戏—死亡三角，芬顿对这些像剃须刀一样锋利的钢碎片毫无惧色。这些碎片和他在表演中所使用的其他小道具一样都是源自一个著名的思维游戏。如果你把这 5 个三角形中的任意一个切成两半，那么，就可以把这 6 个三角形拼成一个完整的正方形。你愿不愿意试一试这个游戏呢？

54. 长方形【中级】

古特罗克斯先生正在琢磨一个著名的长方形思维游戏。左图均匀地分布着 12 个黑色圆点，它们之间有间隔。如果利用任意 4 个圆点作为长方形的顶点（角），那么，你能否计算出有多少个长方形呢？记住，正方形也看作是长方形。

55. 从 A 到 Z【中级】

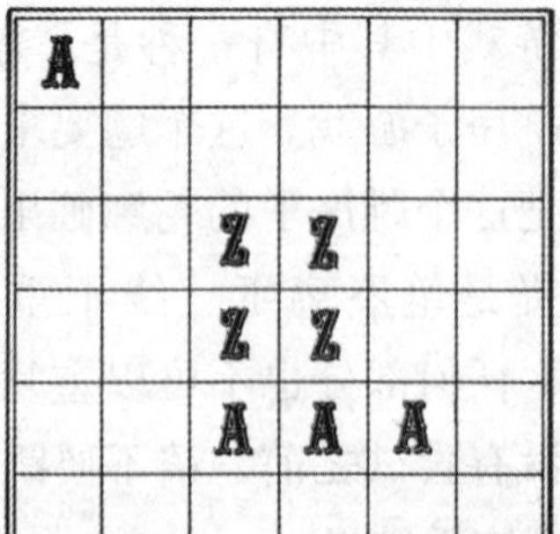

各位思维游戏爱好者们，现在我们来处理一个很难的题。这个正方形格子每边都有 6 个小方格，其中，有 4 个 A 字母以及 4 个 Z 字母。现在，要将这个格子剪切成 4 块儿，每一块儿的大小和形状都必须一样，同时，每一块都得包括一个 A 字母以及一个 Z 字母。剪的时候，一定要沿着方格线。

56. 潜水艇拦截网【中级】

在世纪之交，为了抵御新式潜水艇，这个潜水艇拦截网便孕育而生。但是，相应的破解办法也随之出现，法国人甘默尼特先生发明了著名的潜水服。现在，你要穿上这个潜水服把下图的这个网由上而下剪成两部分，但是要用最少的次数。在你剪的过程中，不可以把网的节点剪断。请你找出最佳位置并开始剪。

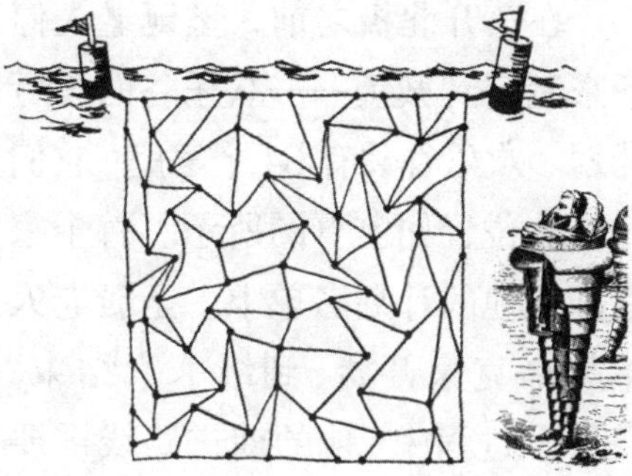

57. 神庙【中级】

公元前1480年，埃及斯塔姆尤莫斯特神庙刚刚建成。在神庙入口旁边的雕刻是最早有记载的思维游戏。问题是要将这个有20条边的图形切成4块儿，而且每一块儿的大小形状都相同，同时，这4部分可以拼成一个完整的正方形。

58. 铜锣【中级】

这名罗马士兵不幸落入敌人手中。如果他无法解开这个铜锣的秘密，那么，他将成为太阳神的祭品。你能在铜锣上直切两下，把它分成至少5块儿吗？但是，在切第二下时，不可以把一块儿放在另一块儿上。

59. 欢乐谷【中级】

在离开北极之前，圣诞老人停下来制定到城镇——欢乐谷的飞行计划。欢乐谷共有64个家庭，它们的分布位置如上页图所示。每个家庭都在他的计划名单上。圣诞老人想从塔克家开始，到维卡家结束。在这个过程中，他的前进路线需要保持直线，按照水平或者垂直方向在家与家之间飞行；但是，不能原路返回或者重复走过的路线。那么，你能否只用21条直线就可以帮圣诞老人把飞行计划画出来呢？

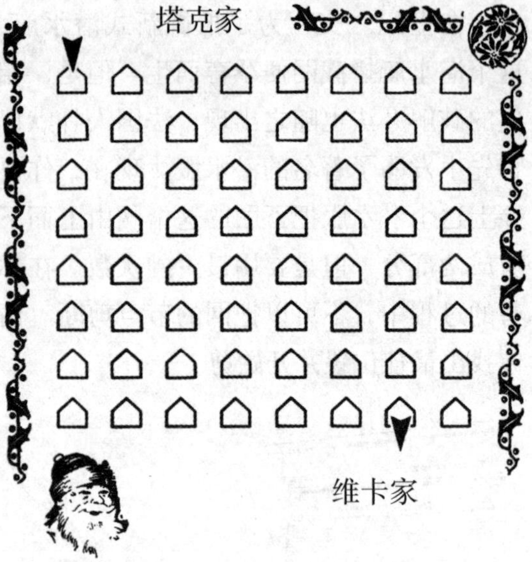

60. 直线【中级】

巴罗·威盖特退休后便搬到了山区，他确信他的电视天线大得足够可以接收到他喜欢看的节目。那么，你能否用一笔将这个天线画出来？前提是直线不能在任意点交叉或者与已画直线重复。

61. 十字架（2）【中级】

古代巫师梅林为你准备了一个有趣的问题。布置5行圆点，每行各有5个。现在，设法用一笔将圆点连成一个希腊十字架。完成的时候，十字架的外面应该有8个圆点，而里面则有5个圆点（十字架的架臂长度都相等）。

62. 蛇【中级】

63. 胶合板（1）【中级】

海勒姆·鲍尔皮尼不仅是当地最好的杂务工人，而且也是一个思维游戏业余爱好者，他的作品都是自己通过切割创作的。梅尔是他忠实的助手，他买了一块儿胶合板，下面有 3 个正方形的洞。梅尔向海勒姆提出挑战：把它切成两块儿，并使它们正好可以拼成一个没有洞的矩形。那么，你认为海勒姆会从哪里下手呢？

64. 喂狗的硬饼干【中级】

我们的小狗杰姬约了它的几个朋友参加狗食饼干思维游戏派对。像往常一样，它的朋友仍在问题解答出来之前把组成思维游戏的饼干全部吃掉。派对中的问题如图所示，要求你在铅笔不离开纸的前提下用 4 条直线将这 9 块儿饼干连起来，你能做到吗？

65. 电车【中级】

古老的阿斯伯里·帕克电车路线共有 12 站，由 17 条 1 千米的铁轨相连接。巴顿·科鲁尔是铁轨的巡视员，他每天都要检查这 17 条铁轨。检查的时候，他总是不止一次路过某些铁轨。那么，你能否为巴顿设计出最佳的检查路线，使他每天在巡视时走最少的路程呢？

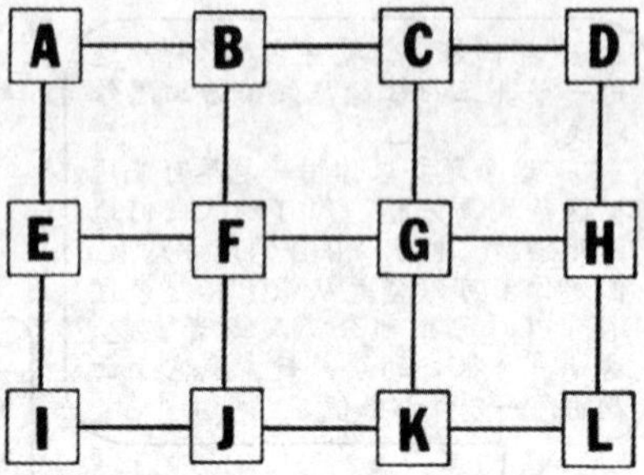

66. 雕刻品【中级】

“米利森特，你说你的花园里的那个雕刻品其实是一个很不错的思维游戏。那么，它所隐藏的题是什么呢？”

“珀西，那个题最早是由奥利弗·维尔德莱特设计的。这个题要求你找出奥利弗应该在哪里焊接 3 根铁条才能使它们经过雕刻品上的所有方格。希望你在下午茶之前把答案想出来！”

67. 动物园【中级】

沃尔特·斯奈尔特拉普是当地动物园里的公园管理员，他在为一群动物划分界线时遇到了麻烦，可以说都怪狮子不安分守己。斯奈尔特拉普把 9 只动物混合圈在一个正方形围栏里。可是，没过多久，狮子开始咬骆驼，而大象却把狮子踩了，这让大家很是不悦。于是，斯奈尔特拉普决定把每只动物分别圈在各自的围栏里。他只在大围栏里建了两个围栏就把所有的动物各自分开了。你知道他是如何修建围栏的吗？

68. 时钟（1）【中级】

那天虽然没有下雨，但是雨却浇在善良的斯皮尔牧师的心里。他不但失去了教堂尖塔上的十字架，而且时钟的表面也被飞来的树枝撞成4块儿。当他检查损坏的钟表时，他发现了一件不同寻常的事情。每块儿碎片上的罗马数字相加的结果都是20。那么，你知道时钟表面是如何断裂以致发生了这样的事情吗？

69. 皇冠【中级】

这里我们看到的是一位城堡的护卫，他的任务是保护英王的皇冠。这个坚强的小伙子注视这些世界瑰宝已经好几个小时了。当哈罗德注视这个装有12个镶嵌了宝石的箱子时，他突然想出来一道题，即能否用5条直线将这12个皇冠全部连起来呢？每条直线都是从前一条直线的末端开始。10分钟之后，哈罗德就找出了答案。如果你也能找出答案，我们将授予你“思维游戏王子”的称号！

70. 房产规划【中级】

西德尼是当地的一个建筑商，他把一块长方形的土地分成了8块儿建筑用地，并打算在每块儿地上建造一间房子。按他的计划，每一块儿土地的大小、形状都要一样。西德尼遇到的问题是有人把每块儿地上的边界碑偷走了，而且房产规划图也丢失了。他在猜测是谁做了如此卑鄙的事情。那么，你能帮助西德尼重新划定各块儿土地的边界线吗（下图中的H表示每间房子所在的位置）？

71. 搅拌棍【中级】

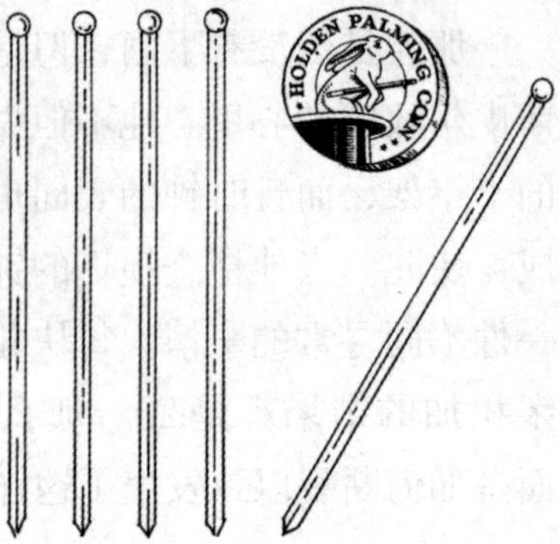

如果你下次买饮料时，你就可以打这个赌，这很划算。在桌子上放4根搅拌棍和1枚硬币。然后，与在场的人打赌，说他们不可能只凭借第五根搅拌棍就可以把这4根搅拌棍和这枚硬币拿起来。在把它们从桌子上拿起来后，尝试者必须保证在扭转那根搅拌棍时，其他的搅拌棍或者硬币不落地，同时，也要使它们在空中逗留片刻。

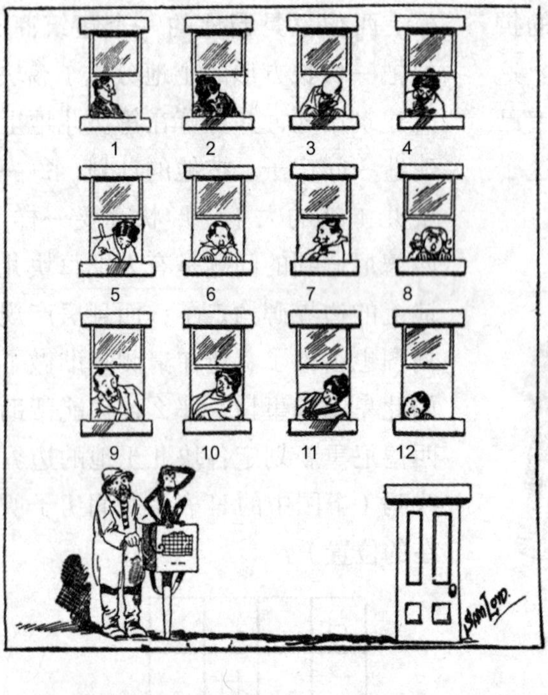

72. 猴子【中级】

托尼很不幸，他的身体不听使唤了，但是他却还能长时间的站立。左图中的人们绞尽脑汁都无法使他停止唠叨，也无法使他离开去另寻他处。

现在他的“观众”已经屈服了，那么，你能否为那只拿着小罐的猴子找出最短的路线，使它从每个窗户处收到钱呢？这只猴子必须从左图的位置出发，并且最后停在主人的肩膀上。

73. 铅笔【中级】

这是我们所喜欢的“一笔连线”题当中的一个。手里拿着一支铅笔，然后按照下图再重新画一个。画的时候必须用一笔画完，线条不能彼此交叉、也不能重复，从图中那位年轻的艺术家手中铅笔的笔尖所指的位置开始。

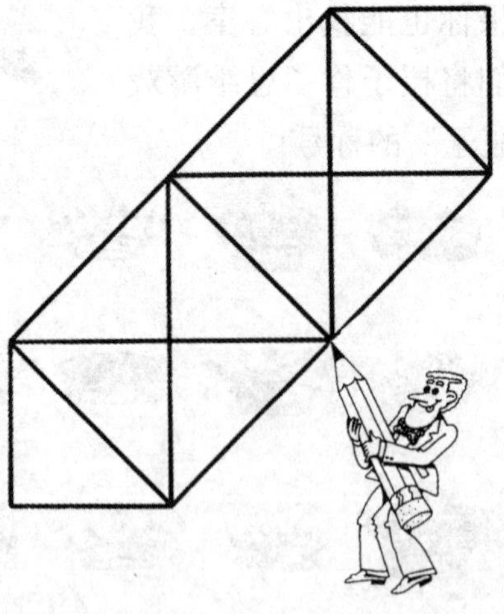

74. 鱼【中级】

在世界机械思维游戏当中，流行时间最长的莫过于七巧板。它已经流行了大约100年。

右图是一个长方形的七巧板，在它的上面是一条东方好斗鱼的轮廓。这个游戏就是要把这7块儿七巧板重新排列成鱼的形状。你能否展示这个过程呢？你不能大意，因为它看似简单实则很难。

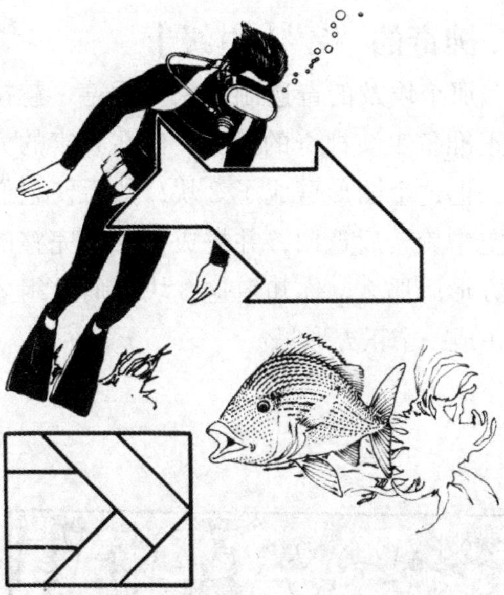

75. 巴兹·索【中级】

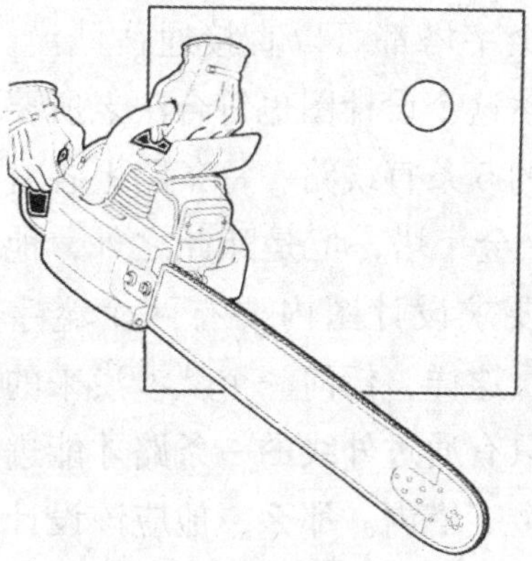

巴兹·索·贝利路过马嚼子和玉米咖啡店，在那里，他把刚从木材推销员那儿听到的一个思维游戏告诉了大家。那个推销员拿出一块儿钻着小洞的木板让贝利看，小洞位于偏离中心的位置。“问题是，”他对贝利说，“如果将木板锯开，那么最少锯成多少块儿可以在重新拼组之后使这个洞位于中间位置。”你能否找出答案呢？

76. 木匠活儿【中级】

有一天，老木匠海勒姆·鲍尔皮尼在木场把所有人都给难住了。他拿出来一块儿不规则的胶合板，然后向工厂工人提出了挑战，看谁能把它切成3块并把它们拼成一个边长为1米的正方形。

77. 神奇的“Z”【中级】

那个埃及的奇迹制造家—乔德·赫拉比正准备表演神奇的“Z”。他在大家的面前，把这个图形劈成了3块，然后使它们在空中旋转后返回，并拼成了一个完整的正方形。那么，你知道这3块如何重组才能拼成一个正方形吗？

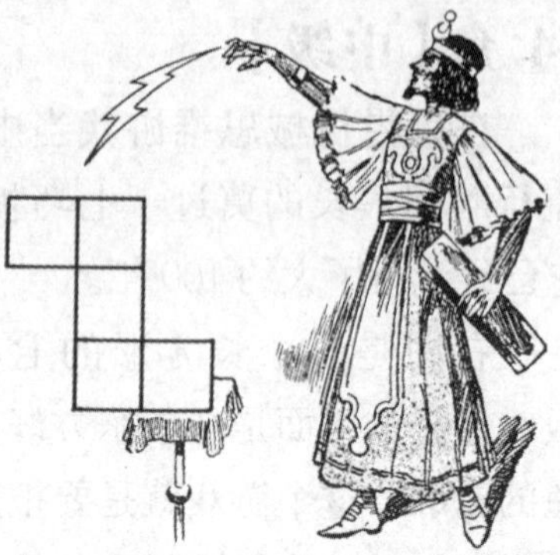

78. 设计图【中级】

左图的那个艺术家遇到了一大堆麻烦。他画的那个五角星上有5条直线路和10个金字塔，每条路上各有4个金字塔，每一个金字塔都可以直接通往沙漠。虽然这个设计图也符合法老所要求的5条直线路、每条路上各有4个金字塔，但是除此之外，他还要求设计图内要有两个金字塔，这样，任何一个从沙漠来的人只有通过外线的一条路才能进入金字塔内。那么，他应该设计什么样的图呢？

79. 巧克力【中级】

萨尔兹堡方块思维游戏是要把由20个边长为2厘米的正方形组成的大巧克力板分成9份，而这9份巧克力在重新排列之后可以拼成4个大小相同的完整正方形。

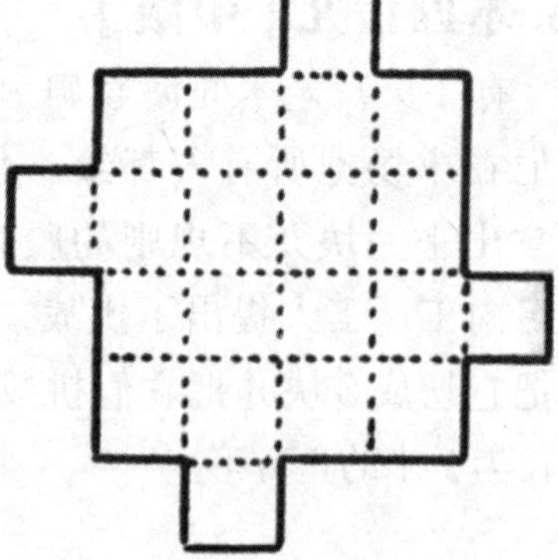

80. 火柴【中级】

爱德在海运湾工作，每天他都与老板玩赌火柴棍的游戏，一旦他赢了，就会从老板那里得到报酬。上周，他按右图中的样子摆出了24根火柴棍，与老板赌上了。火柴围成了9个正方形，所要做的就是移走其中的8根火柴，使其成为3个正方形。

81. 竞赛【中级】

道廷奇教授去年参加了国际思维游戏竞赛，左图中的他正在寻找解答问题的良策。教授断定答案中的直线不会在任何地方相交。为了验证，教授在这里用一笔将图形画了出来。请你试试，但是你既不能使直线相交也不能在画的过程当中把铅笔从纸上抬起。同时，你不可以把纸任意折叠。

82. 果园（1）【中级】

已过世的著名农学家法莫尔·布朗曾留下话，他要把他的财产平分给自己的4个儿子。他特别指明：他那个种有12颗珍贵果树的果园应分成大小、形状相同的4份，每份包括3颗树。那么，4个儿子应该如何按照父亲的遗愿用栅栏将果园隔开呢？

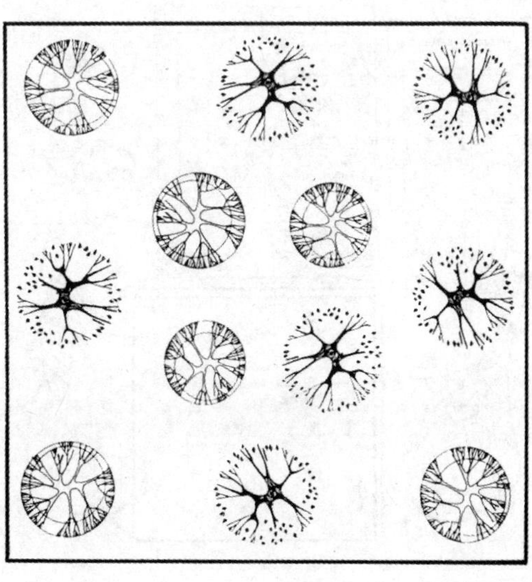

83. 高尔夫球座【中级】

纳尔达·尼伯里克是闲暇时刻乡村俱乐部业余组女子冠军，为人十分傲慢。在酒馆时，她被安德鲁·麦克戴维特的一个著名的第19洞赌注给难住了，使她在比赛当中受到了影响。当时，麦克戴维特跟纳尔达赌一套新的铁头球杆，他说她不可能将24个高尔夫球座拼成4个完整的正方形。那么，你能在开球之前帮她击败麦克戴维特吗？

84. 果园（2）【中级】

欢迎读者朋友按照我们分隔果园的要求找出插放各个栅栏的方法。

85. 花园【中级】

时间：20世纪20年代；事件：国际思维游戏大赛；地点：后湾区波士顿名流花园内威尼斯风格的宫殿。下图中有3名思维游戏鉴赏家，他们在思考大厅中央地板上的题：如何用6条直线将16个黑圆圈连接起来，而且，每个圆圈不能同时出现在2条直线上。

86. 奇怪的电梯【中级】

一栋19层的大厦，只安装了一部奇怪的电梯，上面只有“上楼”和“下楼”两个按钮。“上楼”按钮可以把乘梯者带上8个楼层（如果上面不够8个楼层则原地不动），“下楼”的按钮可以把乘梯者带下11个楼层（如果下面不够11个楼层则原地不动）。用这样的电梯能够走遍所有的楼层吗？

从1楼开始，你需要按多少次按钮才能走完所有的楼层呢？你走完这些楼层的顺序又是什么呢？

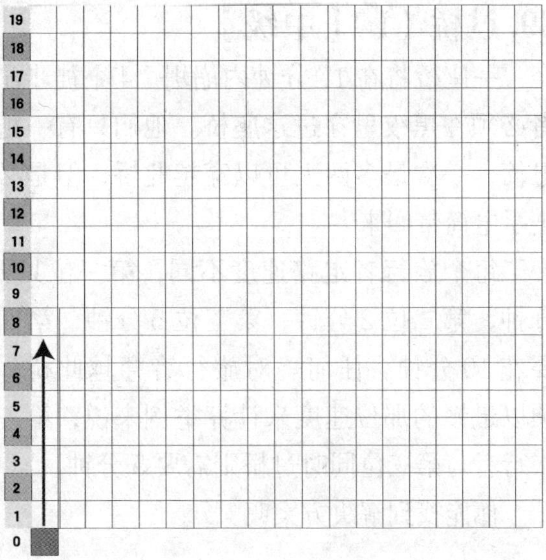

87. 最近的点【中级】

我有10个朋友住在同一条街上，如图所示。现在我想在这条街上找出某个地点，使这一点到10个朋友家的距离最近。请问这个点应该在哪里呢？

88. 企鹅回家【中级】

不横过这些道路，你能让企鹅都回到它们自己的家吗？

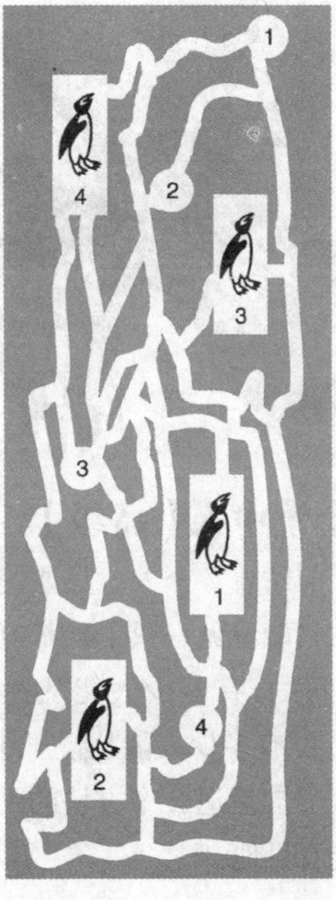

89. 过桥（1）【中级】

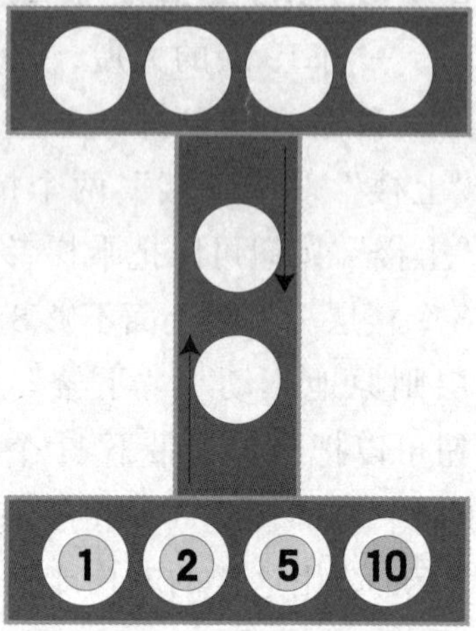

一座桥将在17分钟内崩坍。4个徒步旅行者必须在黑夜里穿过这座桥。他们只有一把手电筒，一次最多两人可以穿越此桥，但是必须把手电筒带回来。

每个旅行者走路速度不同，第一位只要1分钟，第二位2分钟，第三位5分钟，第四位要花10分钟。任何一对旅行者穿越此桥，必须以最慢的那位速度来计算举例来说，第一位旅行者与第三位同时过桥则需要5分钟。

你能找到解决方案吗？

90. 琴弦上的纸片【中级】

如图所示，一根吉他弦两端分别固定在1和7两处，从1～7每两点之间的距离相等。

在4，5，6处分别放上3个折叠的小纸片。

用手捏住琴弦的3处，然后拨动2处。

纸片会有什么反应？

91. 几个镜中人【高级】

镜子前站着7个人。只要镜子里有影，哪怕只能看见一只手，都算“能看见”。请问：1. 有多少人能从镜子中看见1号？ 2. 有多少人能从镜子中看见4号？ 3. 4号向后退2个方块的距离，有多少人能看见他？

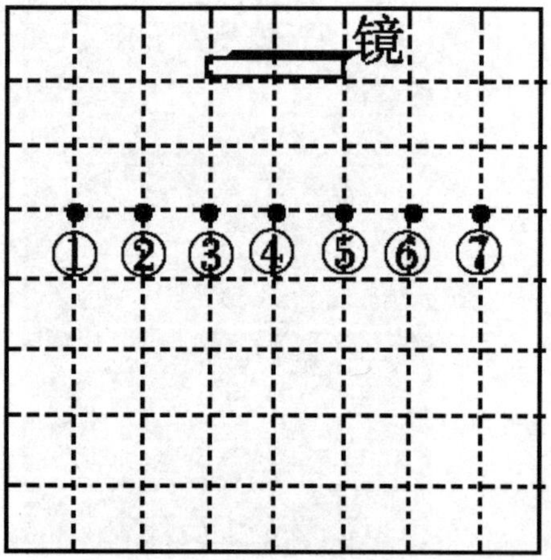

92. 谁点了牛排【高级】

4个好朋友前往一家西餐厅用餐，他们选了个圆桌，依A，B，C，D的顺序坐下，并在看过菜单之后，彼此接续点了主菜、汤及饮料。

在主菜方面，李先生点了一份鸡排，连先生点了一份羊排，而坐在B的人则点了一份猪排。

点汤方面，萧先生及坐在B处的人都点了玉米浓汤，李先生点了洋葱汤，另一人则点了罗宋汤。至于饮料方面，萧先生点了热红茶，李先生和连先生点了冰咖啡，而另一个人则点了果汁。

当大伙儿点完之后，这才发现：邻座的人都点了不一样的东西。如果李先生是坐在A的位置，试问，坐在哪里的先生点了牛排？

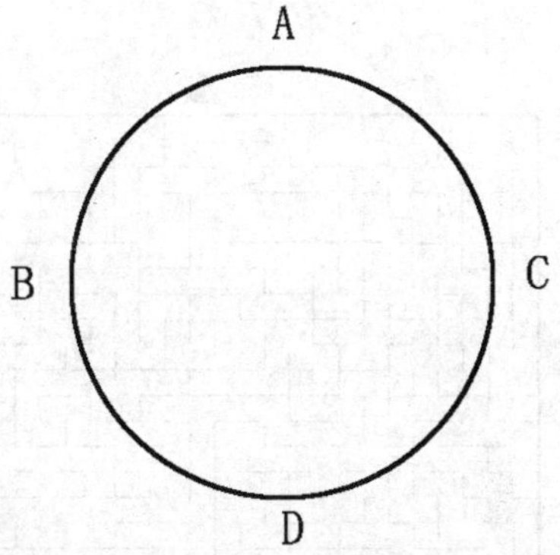

93. 货车卸运【高级】

一辆货车将货物A运到B处，将货物B运到A处，但不能让它们穿越公路，最后将货车返回到原先的位置。

怎样解决这个问题呢？

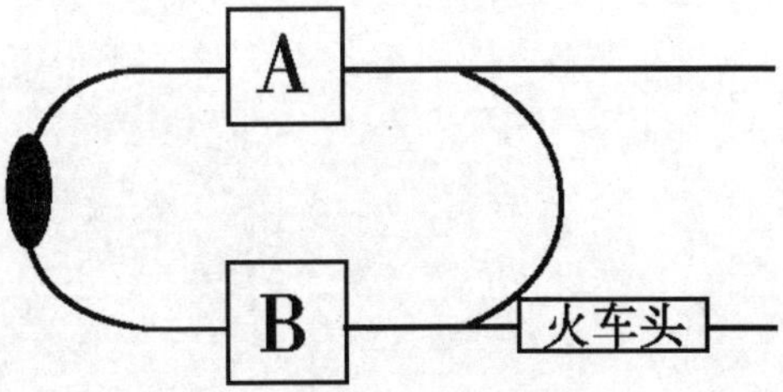

94. 周游世界【高级】

一个正十二面体，有20个顶点，每个顶点有3处棱相聚，如下图。从其中某个点出发，沿着正十二面体的棱，寻找一条路径，恰好经过每个点一次，最后返回出发地。

这样的路径能找到吗？

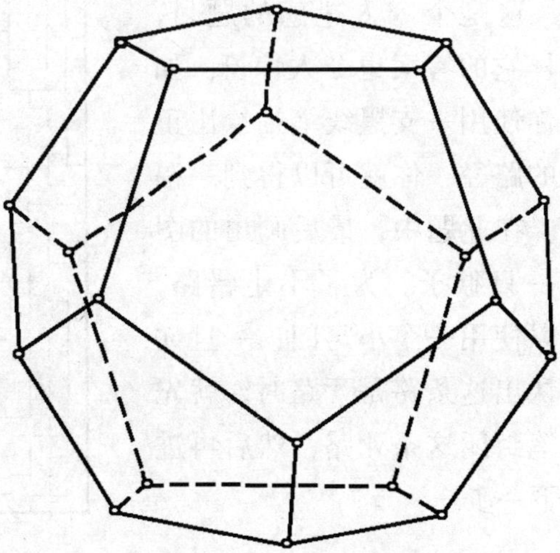

95. 贪玩的蜗牛【高级】

一只蜗牛掉进了棋盒，它想走完所有的格子回到原点，但它每次只能“上下”或“左右”移动一格，不能跳动。它要怎样走呢？

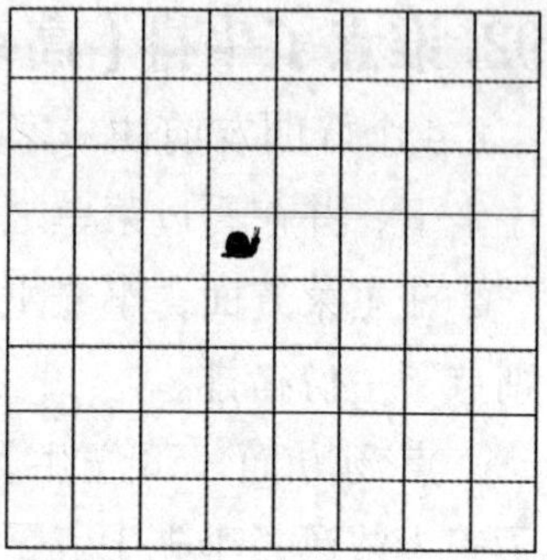

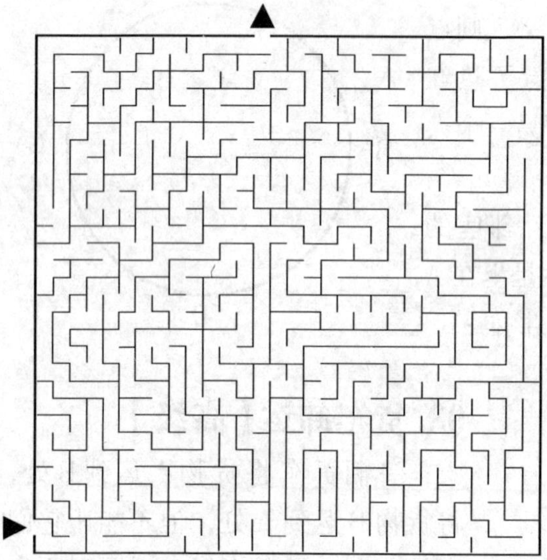

96. 迷宫（1）【高级】

左边是一个路径奇特的迷宫，其中迷宫的直道构成了一幅图，当你用粗线条作标记的时候就会特别明显，这个图案看起来像一个小伙子。试试看吧！

97. 迷宫（2）【高级】

这是个令人迷惑的题目，同样它的答案也令人惊讶：如果你使用一支黑线笔描绘出正确的路径，你就可以得到一幅画。在此题中，最后画出的图是一只猴子。为了不走错路，可以使用一个小窍门：一旦你辨认出这条路是死路时，就先用笔封闭这条死路，然后再进行下一步。

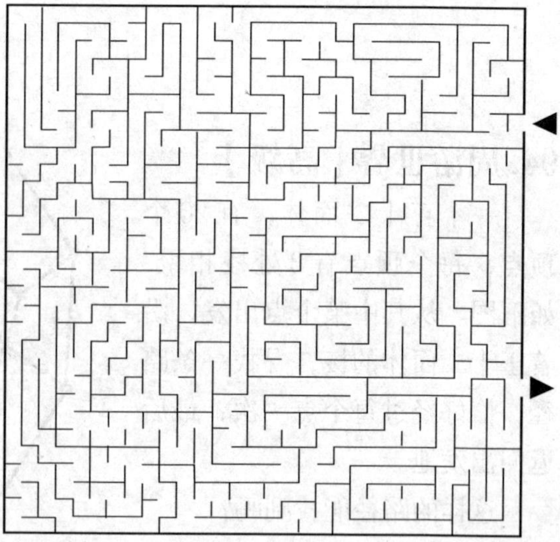

98. 弹孔【高级】

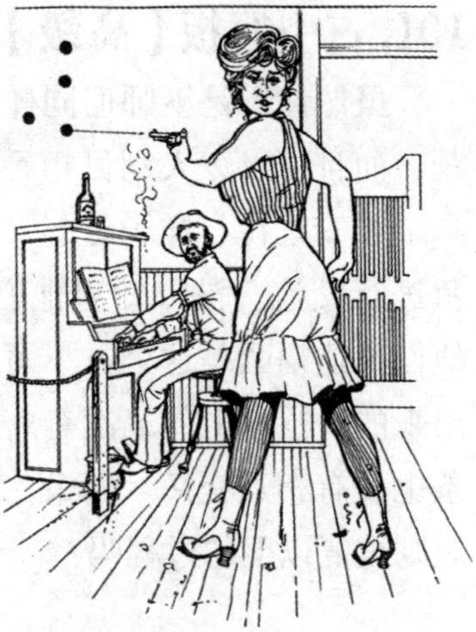

按照过去的西部观念，卡特尔·凯特称得上是位高人。她使用6发装左轮手枪的本领堪称传奇，这里我们看到的是她如何打赌取胜的。她说她可以在扭转头的同时往墙上射12颗子弹，这12个弹孔排列成7行，每行4个弹孔，当然，某些弹孔将同时存在于多个行列。钢琴师萨姆一点儿也不担心。那么，你认为弹孔在墙上是如何排列的呢？

99. 画线【高级】

阿莫斯·埃德哈根正在自己的吊床上睡午觉，而他这时本应该在沙滩上享受自己的假期。为了解决一个画线题，他在沙子上画了一个上午。他想要一笔画出右侧的图案，每一部分的线条彼此不能交叉。该怎么画？

100. 地毯【高级】

阿布杜是个地毯商，现在他遇到了一个大麻烦。他必须得在太阳落山之前把一个边长为10米的正方形地毯交给一位十分富裕的客户。他在仓库里找出一个长12米宽9米的地毯，他打算用这个地毯来做客户所要的地毯。可是，当他展开这个地毯时，发现有人在中间剪掉了一块，被剪掉的部分长8米宽1米。然而，老练的阿布杜却很快想出一个办法，他把剩下的地毯剪成了两块，然后再缝在一起，这样便做出一整块边长为10米的正方形地毯。那么，他是怎么做的呢？

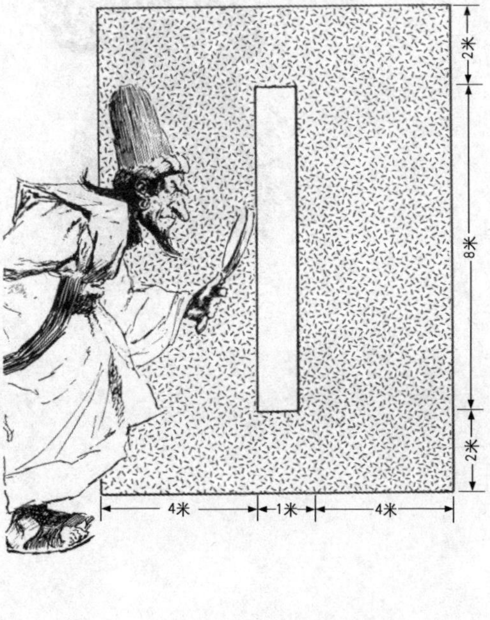

101. 占卜写板【高级】

虽然你不是巫师但同样可以解决这个题，而且可以令人刮目相看！图中的保罗和维维安正在与样子看起来像暹罗的好斗鱼进行交流。没人知道他们是怎么做的，他们说这幅画是这个占卜写板用一条线画出来的，写板上的笔没有离开纸，而且线条也没有相互交叉。那么，你能按照这些规则重复以上的过程吗？

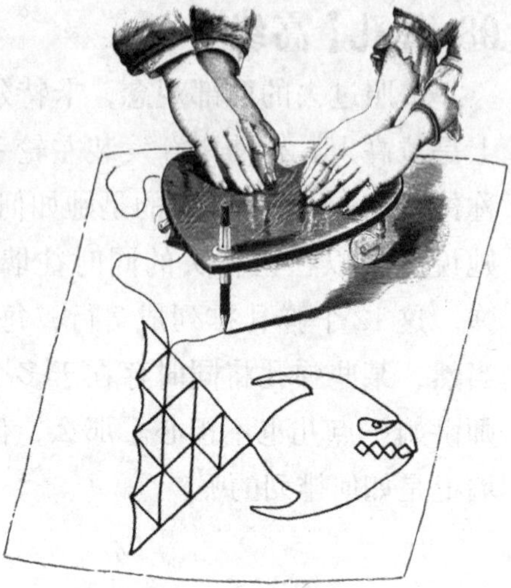

102. 婚礼【高级】

这两个人很显然是一对情侣。这位年轻的女士问她的未婚夫星期几结婚。他的话不多，又说得含糊不清。那么，你能确定他想在星期几结婚吗？

答 案

1...

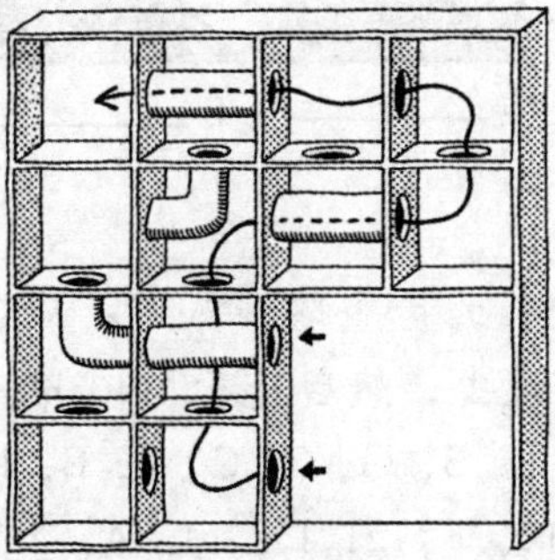

2...

两条小路的路程相同。如图，线路一的各分段距离之和，正好等于线路二的距离。

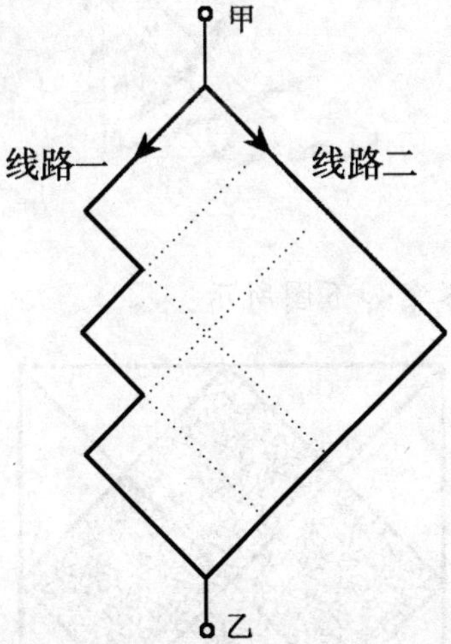

3...

最后一个学生是女生。

4...

20 个。如图。

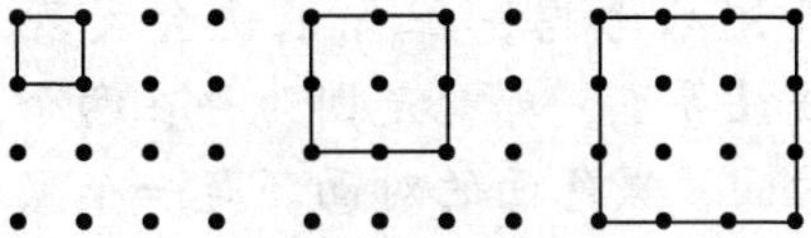

9个　　4个　　1个

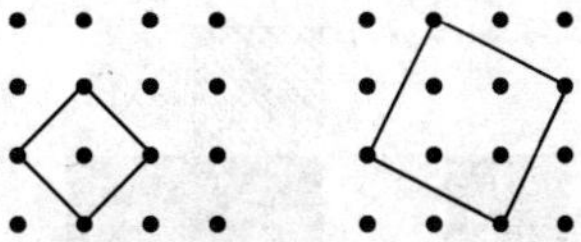

4个　　2个

5...

沿虚线剪开。

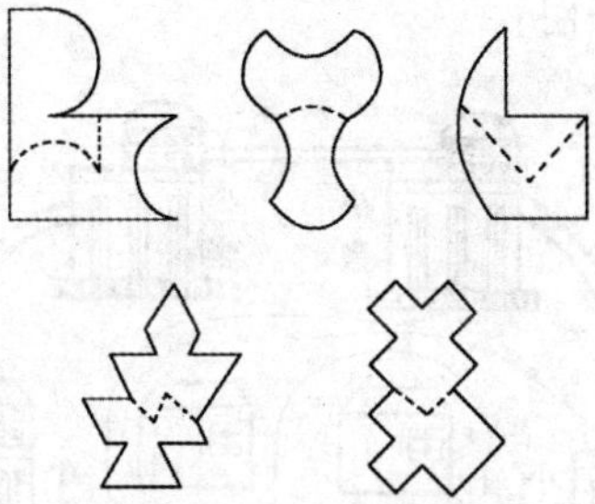

6...

他走的路线如下图中虚线所示：

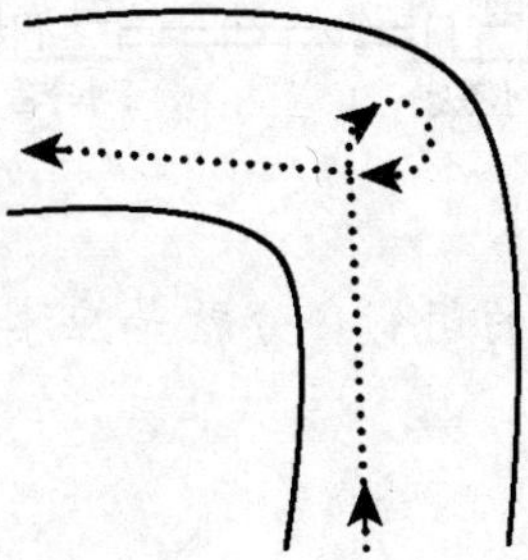

7...

有可能。那个人像图中所显示的一样画直线，所以留下一个“点”的简体字。

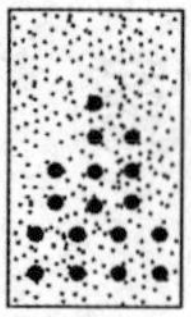

8...

另一个黑面。这道题也要画一个展开图来考虑，但你很快会发现自己被捉弄了，那就是因为存在两个黑色的面，黑色面的对面还是一个黑色的面。

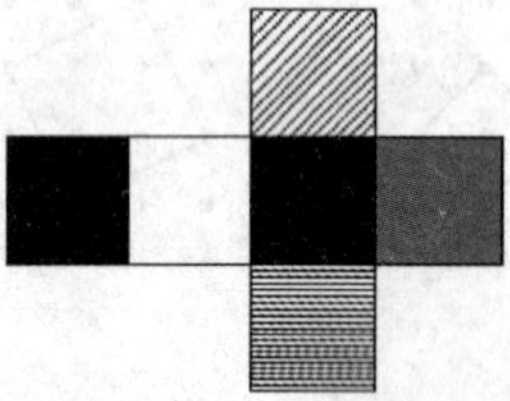

9...

如图：

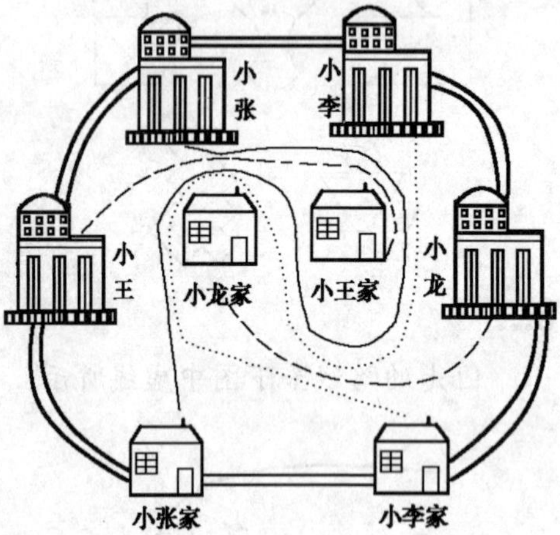

10...

图中的阴影部分就是应漆成蓝色的地方。

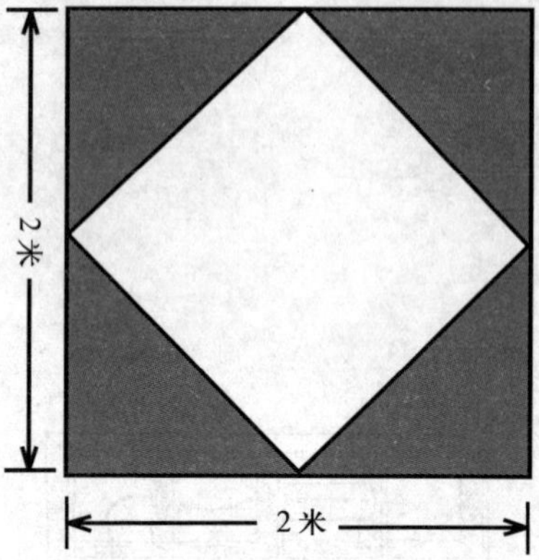

11...

舰长的检查路线如下：从2号指挥中心进去，然后是E，N，H，3，J，M，4，L，3，G，2，C，1，B，N，K，3，I，N，F，2，D，N，A，1。

12...

答案如图所示：

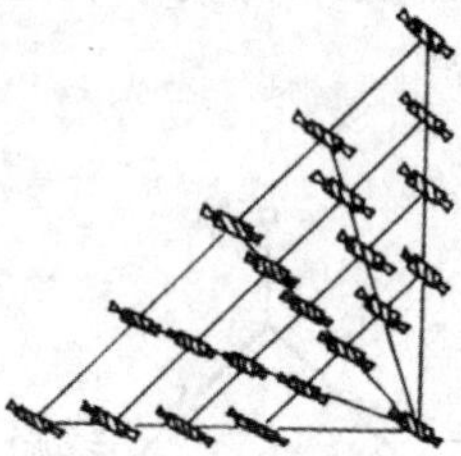

13...

答案如下图所示：

14...

答案如图所示（下图有 6 个小三角形和 2 个大三角形）。

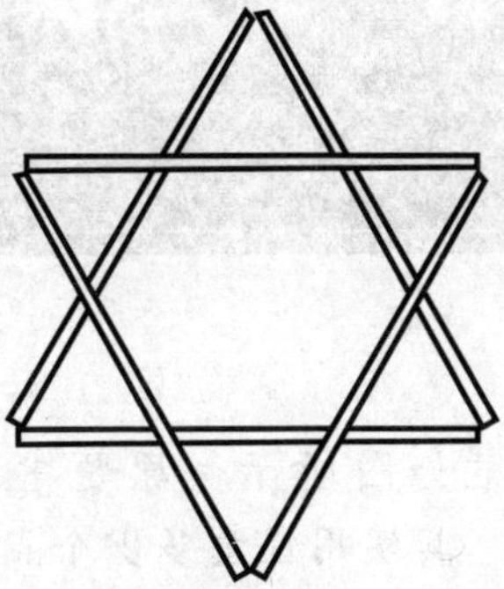

15...

下面是解决这个题的一种方法：

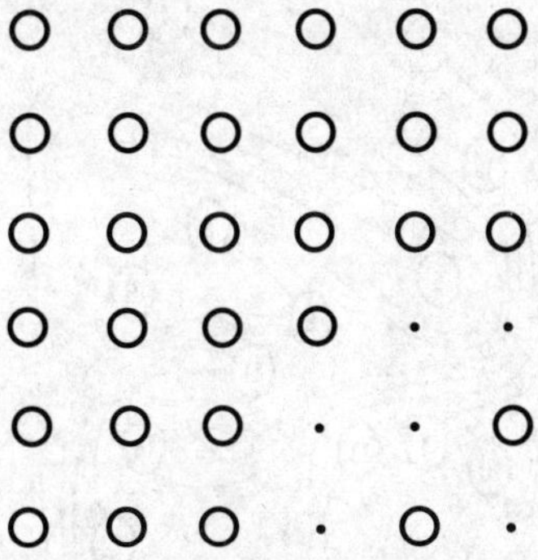

16...

答案如下图所示：

17...

这个馅饼可以切成 11 个大小不同的碎块（如图所示）。

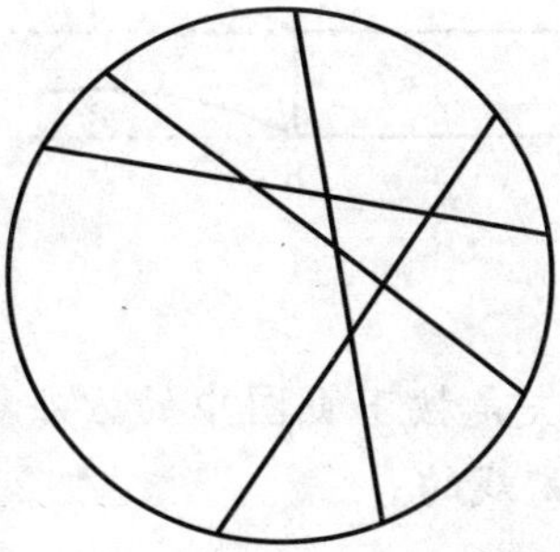

18...

从下图的水平方向可以将这个面包切成 10 份。

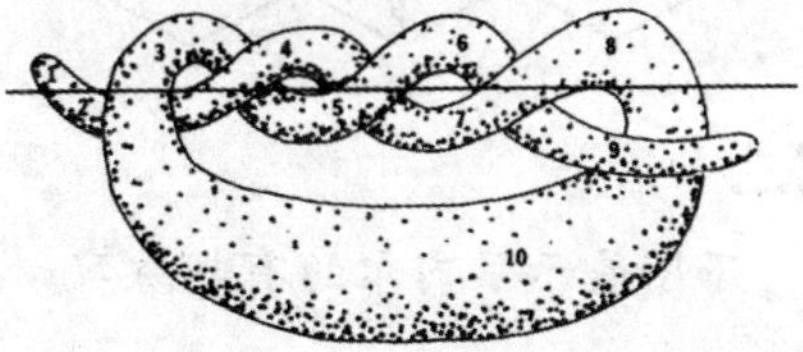

19...

答案如下图所示：

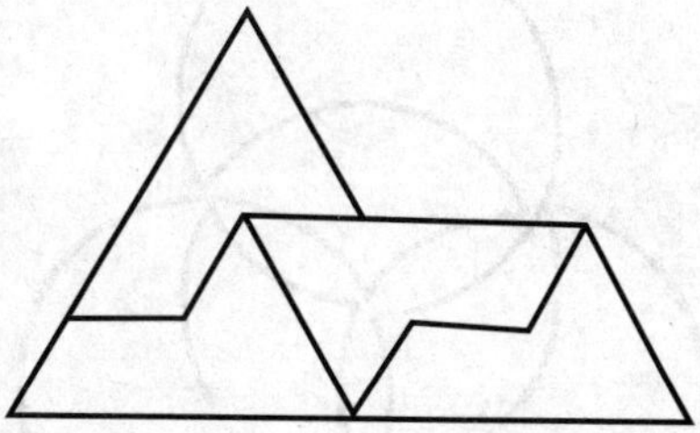

20...

ab 墙和 cd 墙的长度相等。如果沿着虚线 1 将 cd 墙切开并将上面那部分向下移动到虚线 2，那么我们会得到与 ab 墙尺寸、形状相同的砖墙。很明显，两面墙的用料都相等，因此花费也相等。这样，邓布迪先生和泥瓦匠都错了。

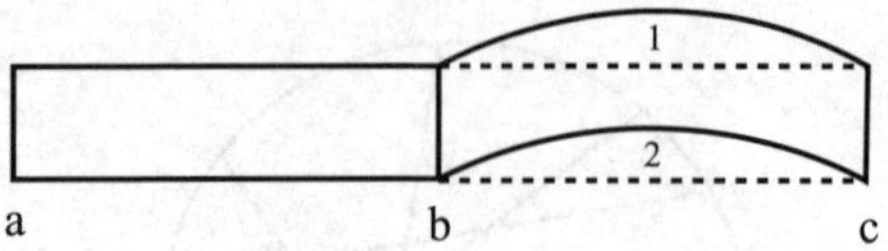

21...

比夫是按下页图中的方法解答风筝思维游戏的。

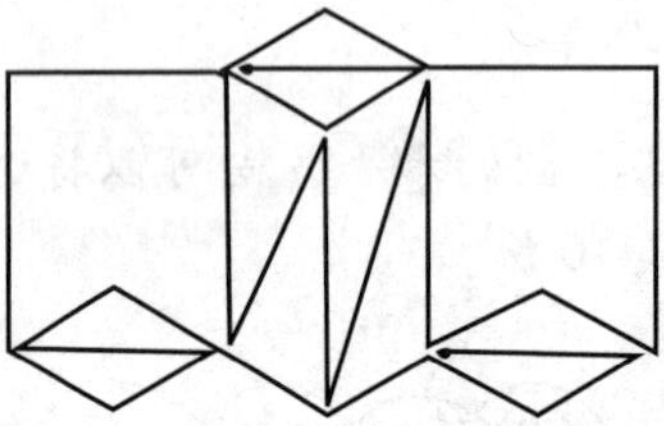

22...

下图展示了内尔的有趣练习。

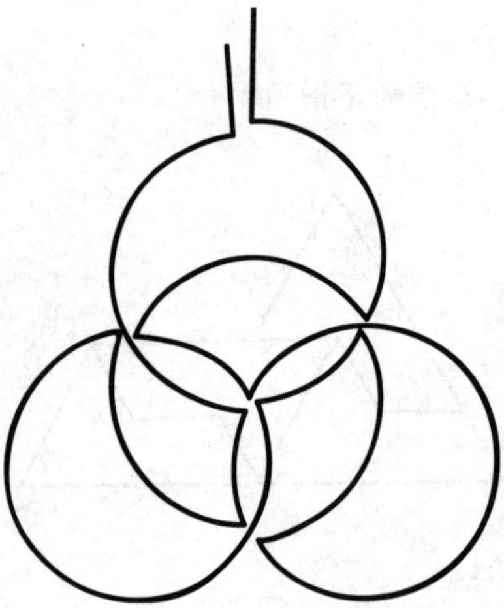

23...

可以，抽烟斗的人能看到经过镜墙反射出来的火柴光。

24...

答案如图所示。原题中选的是18个点，其实用任意多少个点都可以做到把它们从头到尾相连，且连线不相交。

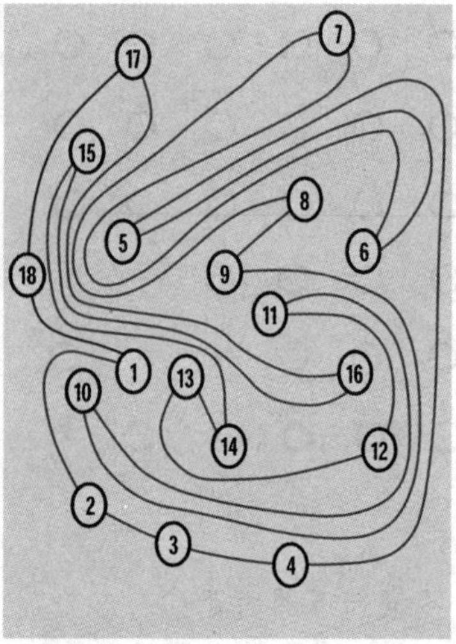

25...

如图所示，绳子拉开之后有两个结。

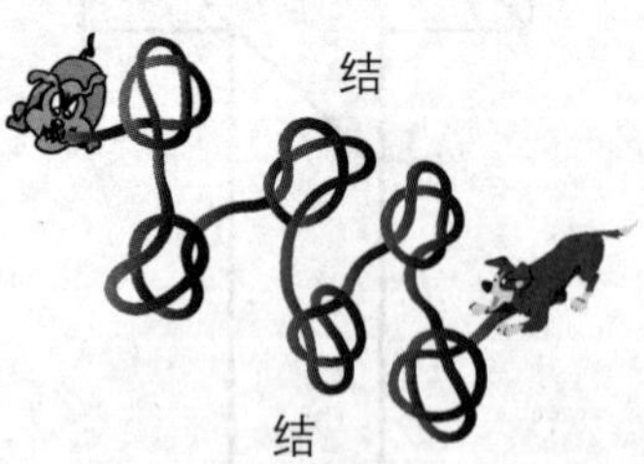

26...

如图所示：

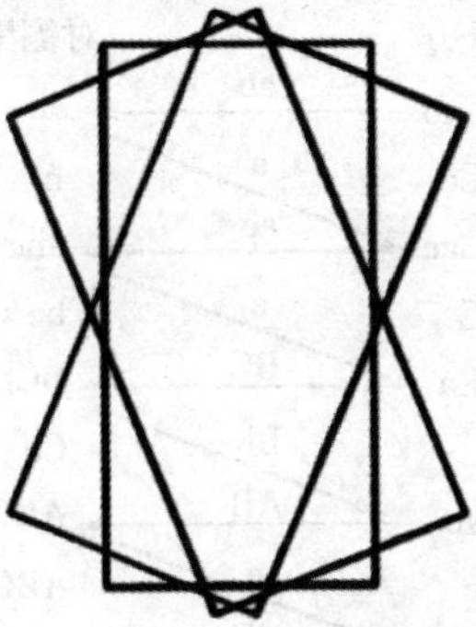

27...

要回答这个问题，对日历的形式必然熟悉，日历通常把每月的日期写成5行，看24/31添加栏的月份，1号将是星期五或星期六。已经知道24号是黑体字，说明这天不是休息日。因此，1号排除了星期五的可能，必然是星期六。

28...

4∶1。把小三角形颠倒过来，就能立刻看出大三角形是小三角形的4倍。

29...

如表所示：

	历史	语文	地理	英语	数学	总分
A	5	4	4	2	3	18
B	4	5	3	3	1	16
C	3	2	5	1	4	15
D	1	1	1	4	5	12
E	2	3	2	5	3	14

30...

（1）一个人和一个鬼过河；（2）留下鬼，人返回；（3）两个鬼过河；（4）一个鬼返回；（5）两人过河；（6）一人和一鬼返回；（7）两人过河；（8）一个鬼返回；（9）两个鬼过河；（10）一个人返回；（11）一人一鬼过河。

31...

4个。如图：

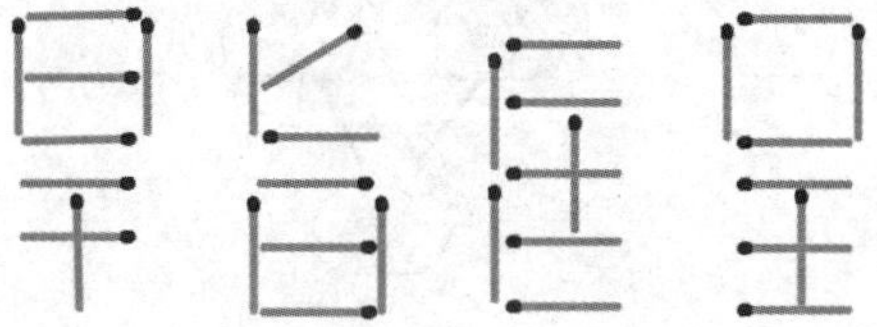

32...

走道的设计如图。既然关系不好，不想见面，走路就别怕绕路。

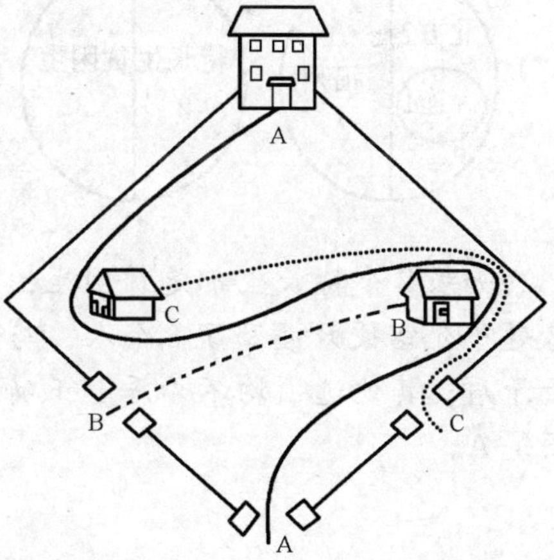

33...

有8条直线上有3只兔子；有28条直线上有2只兔子；6只兔子排成3

排且每排 3 只，可以如下图排列：

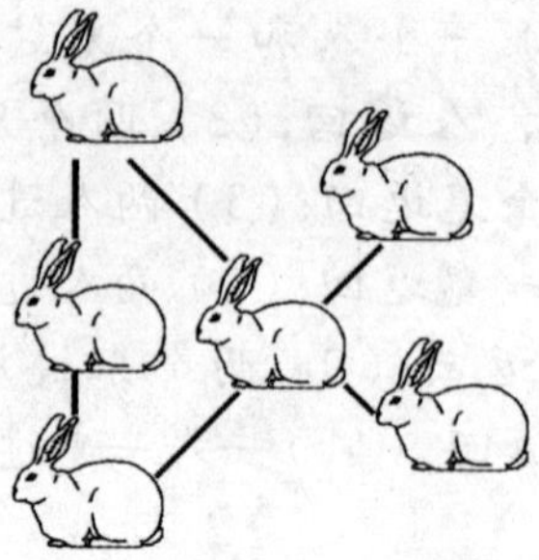

34...

按不同的划分标准画两个图：

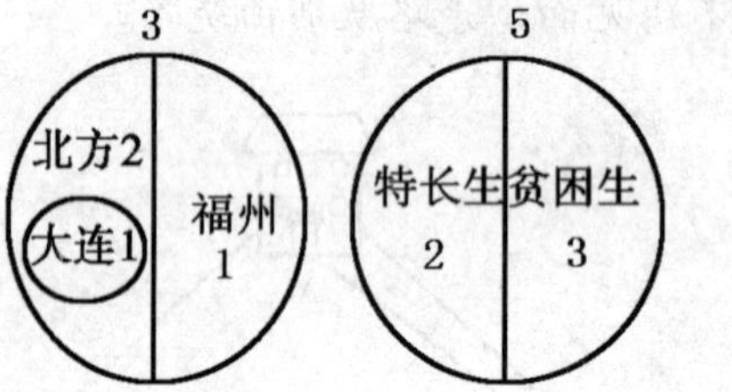

如果 2 个特长生都是贫困生，那么题中介绍便只涉及了 6 个人，与题干矛盾；其他选项均不矛盾。正确选项是 A。

35...

渡法如下：船来去的情况用箭头表示。人用字母代表，大写的英文字母代表丈夫，小写的英文字母代表妻子。这道题的关键是在第 6 至第 7 次之间，又把 Bb 夫妇渡回来了。想到这一点，问题基本解决了。

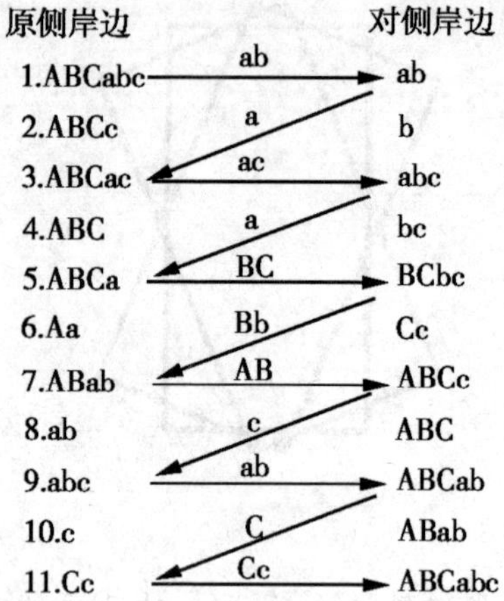

36...

老头的房间确实是 7 张榻榻米面积，但该房的形状是不能整铺 7 张榻榻米的，而是铺 6 张整的和两个半张的。

37...

照如下顺序移动即可。

1.6 → G　2.2 → B　3.1 → E
4.3 → H　5.4 → I　6.3 → L
7.6 → K　8.4 → G　9.1 → I
10.2 → J　11.5 → H
12.4 → A　13.7 → F
14.8 → E　15.4 → D
16.8 → C　17.7 → A
18.8 → G　19.5 → C
20.2 → B　21.1 → E
22.8 → I　23.1 → G
24.2 → J　25.7 → H
26.1 → A　27.7 → G

28.2 → B　　29.6 → E
30.3 → H　　31.8 → L
32.3 → I　　33.7 → K
34.3 → G　　35.6 → I
36.2 → J　　37.5 → H
38.3 → C　　39.5 → G
40.2 → B　　41.6 → E
42.5 → I　　43.6 → J

38...

如图：

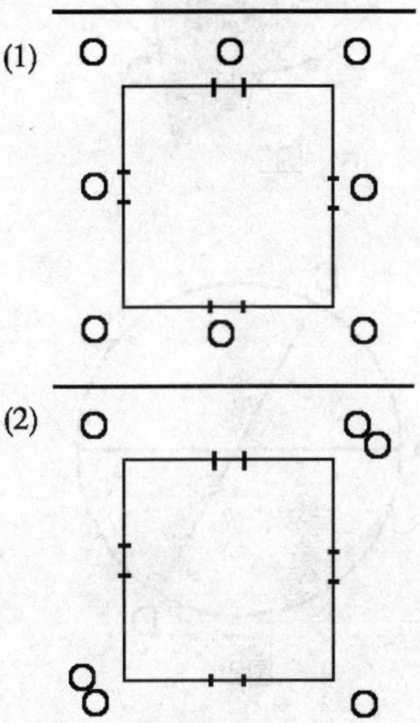

39...

添 3 根直线。

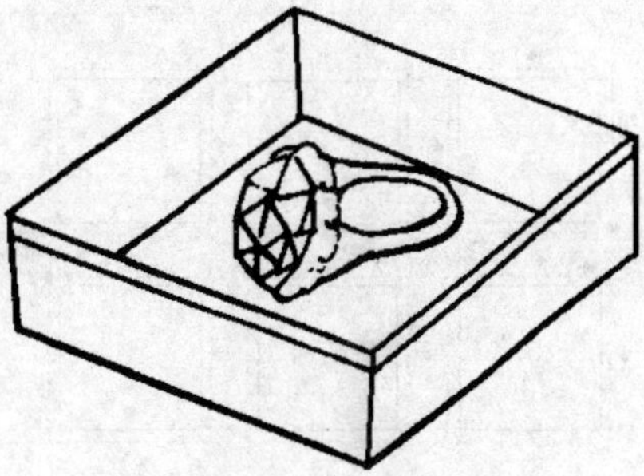

40...

如图，依照实线部分加以切割组合即可。中央 4 个小正方形维持原状，四周的 12 个片断刚好可组合成 6 个小正方形，合计 10 个小正方形。

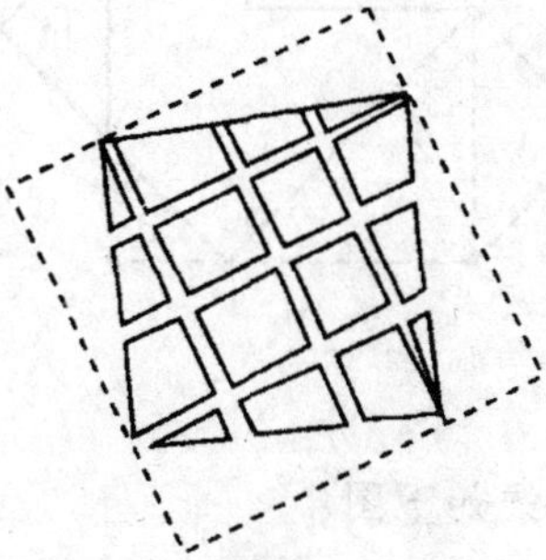

41...

先沿图 1 的虚线折叠，然后再沿图 2 的虚线折叠，最后沿图 3 的虚线折一下，并沿这条线剪一刀，就把“十”字形分成了 4 块相同的图形，把它们拼起来，就是一个正方形了。

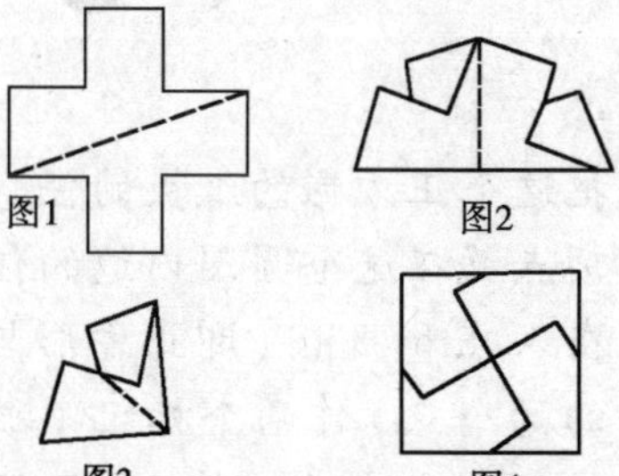

图1　图2　图3　图4

42...

沿虚线锯开。

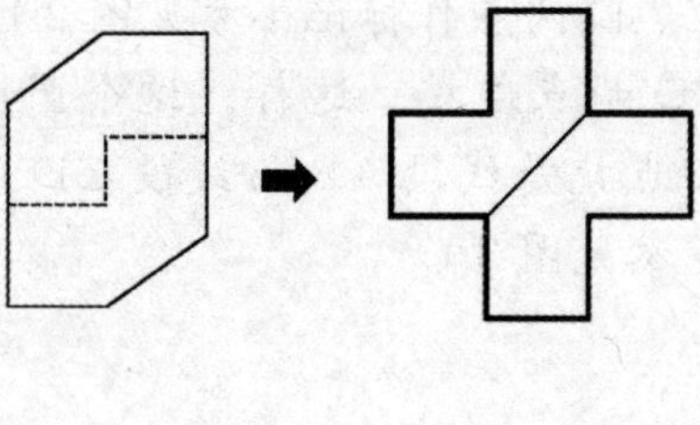

43...

如图：

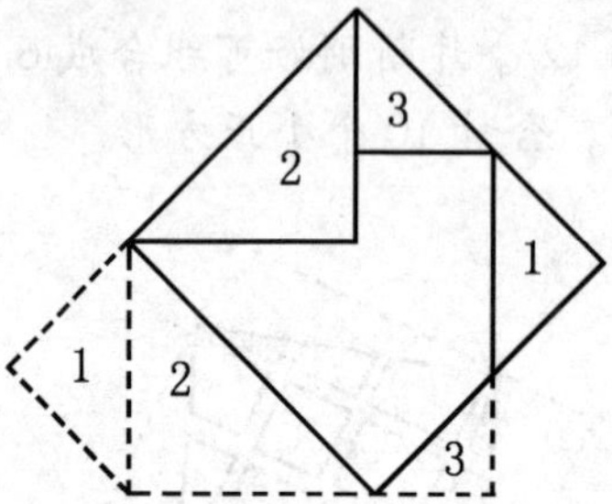

44...

答案如下图：

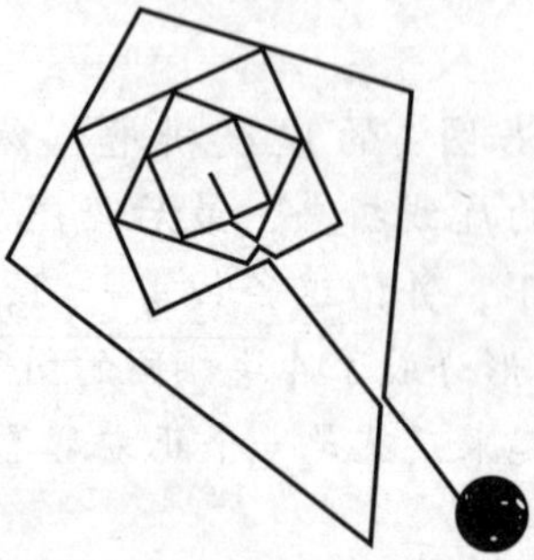

45...

把这个正方形的纸板的任意一个角的顶点放在这个圆圈内边的任意一点。在A点和B点（即正方形与圆圈相交的两个点）作两个标记（参见图1）。把纸板当直尺，将A、B两点连接。然后，用正方形的这个角的顶点放在这个圆圈内边的另外一点，并重复刚才的步骤，在另外的两个交点，即C、D两点作标记（参见图2）。将C、D两点连接。这样，这个圆圈的中心点就是线段AB与线段CD的交点（参见图3）。

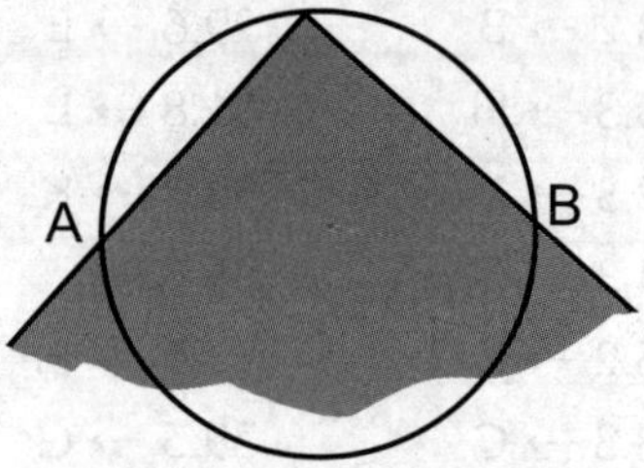

图1

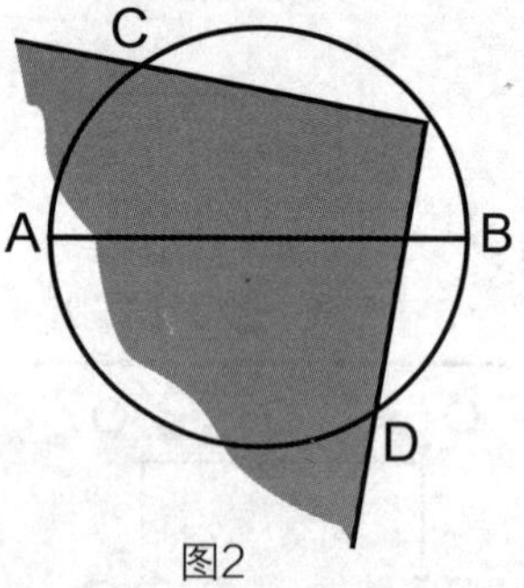

图2

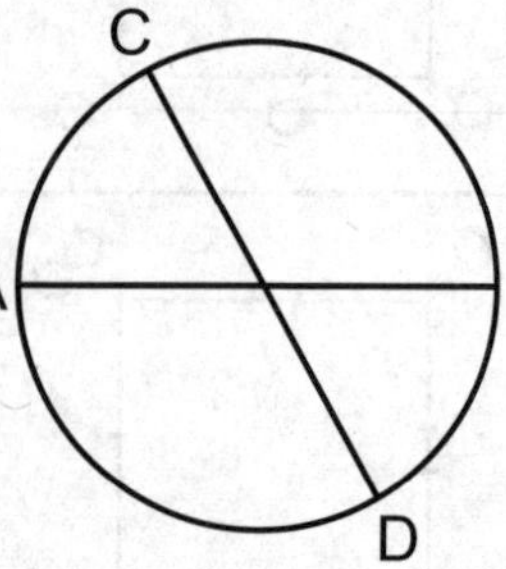

图3

46...

这名警察的巡视路线已经展示在下页的图中。

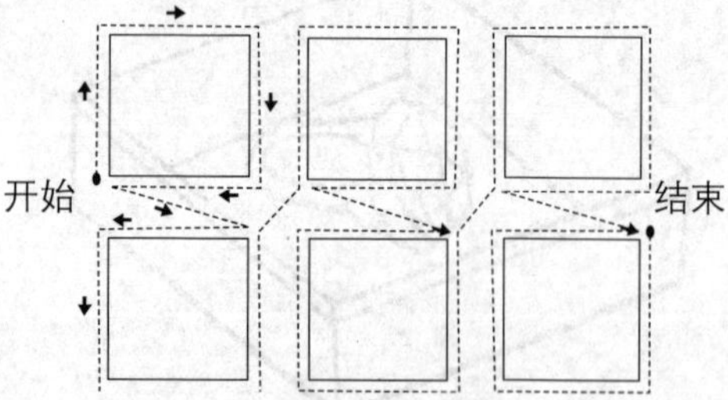

47...

按照下图中的排列方式，你会发现，所有的钉子都会彼此相接触。

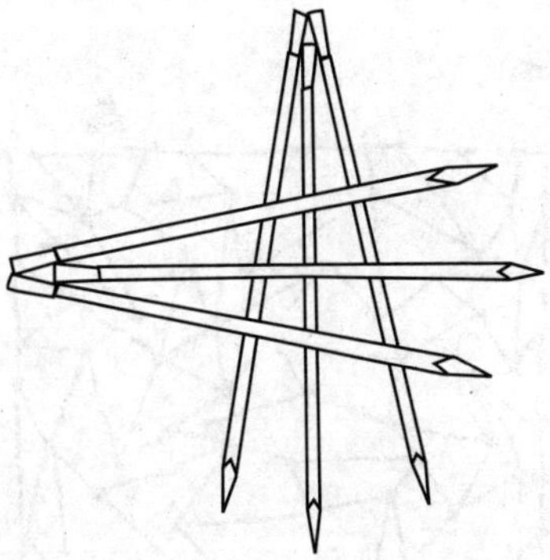

48...

将下图中虚线位置上的短线去掉就可以了。这样，就只剩下 4 个小三角形和 1 个大三角形。

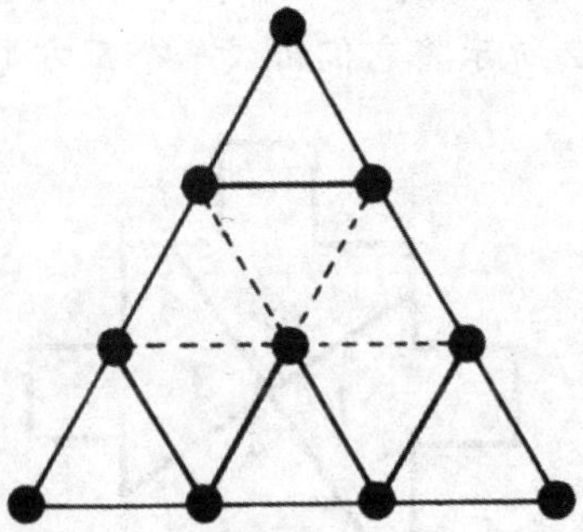

49...

答案如下图：

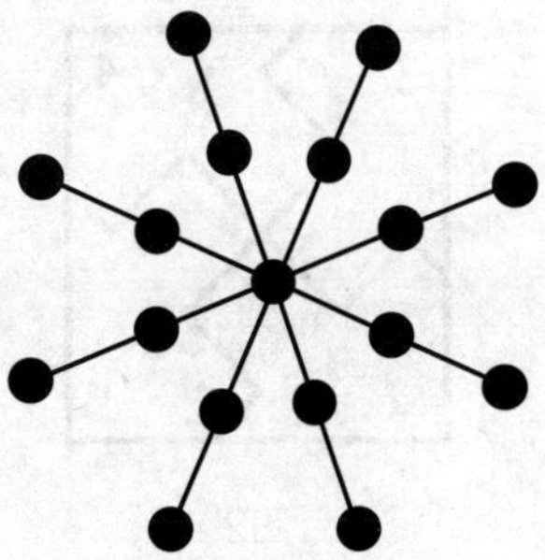

50...

答案如下图：

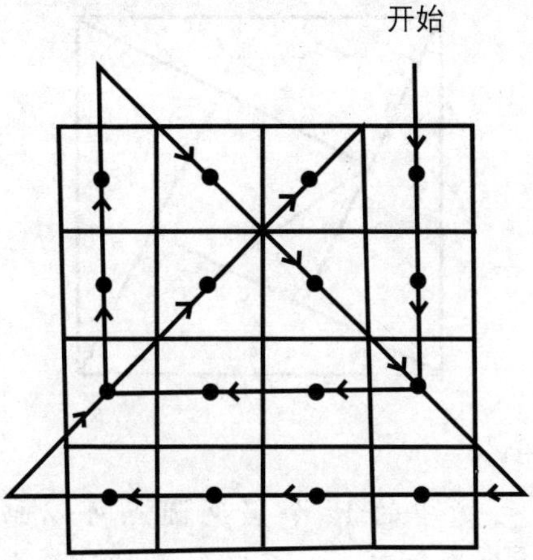

51...

答案如下：

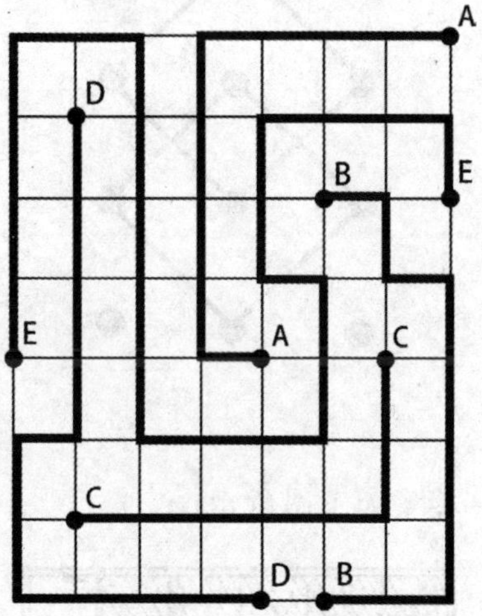

52...

答案如下：

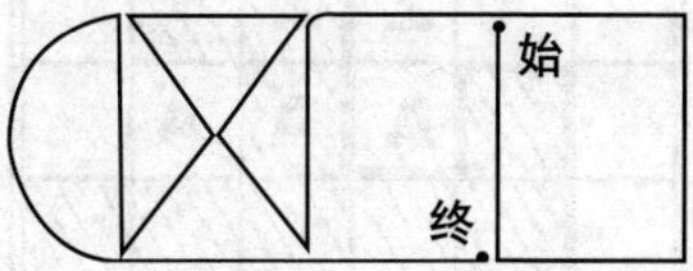

53...

答案如下图所示：

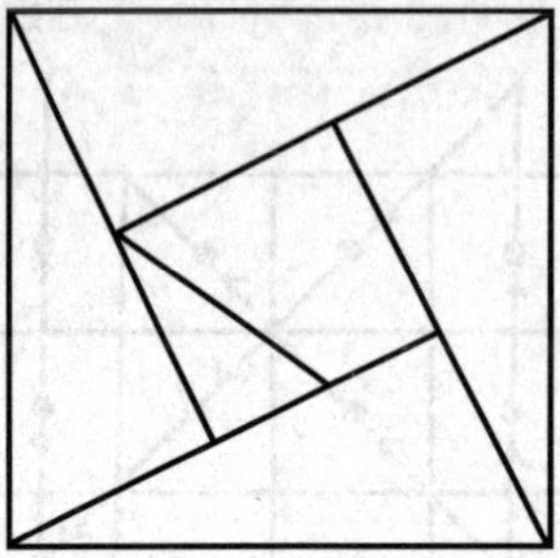

54...

题中的12个黑色圆点可以画出20个长方形。大家可能漏掉的2个长方形已经在下图中画出。

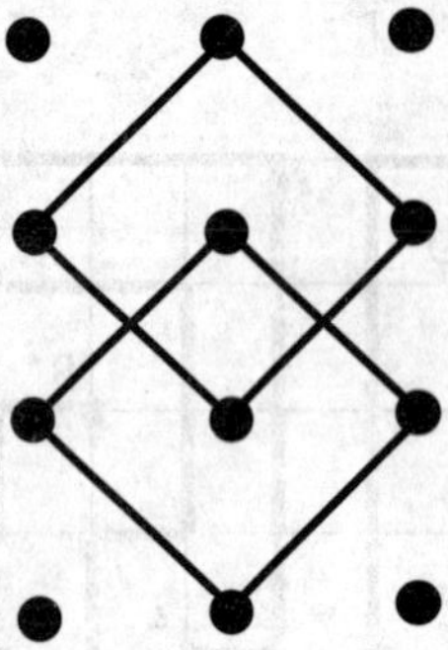

55...

答案如下图所示：

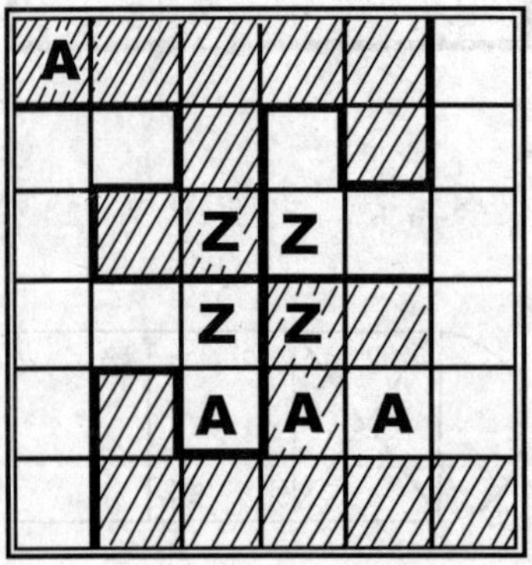

56...

如果将这个网剪成两半，最少需要8步。从A开始，由上向下剪到B。

57...

先按照图1的样子切开，然后按照图2所示将它们拼成一个正方形。

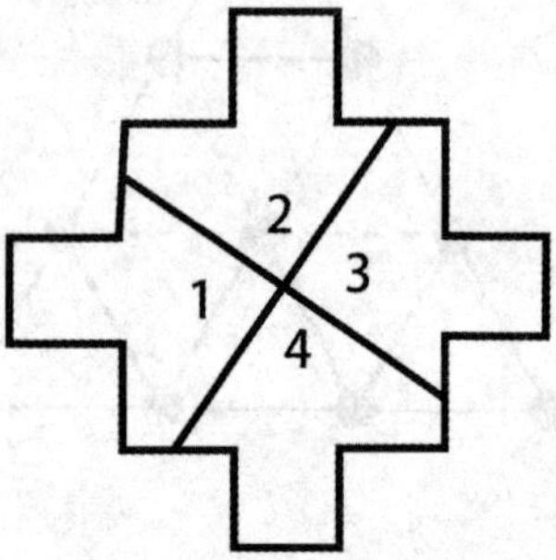

图1

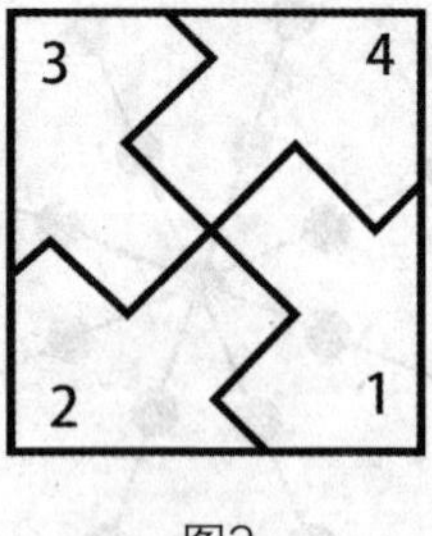

图2

58…

沿图中的切线可以将铜锣切成5部分。

59…

下图是解决方案中的一种：

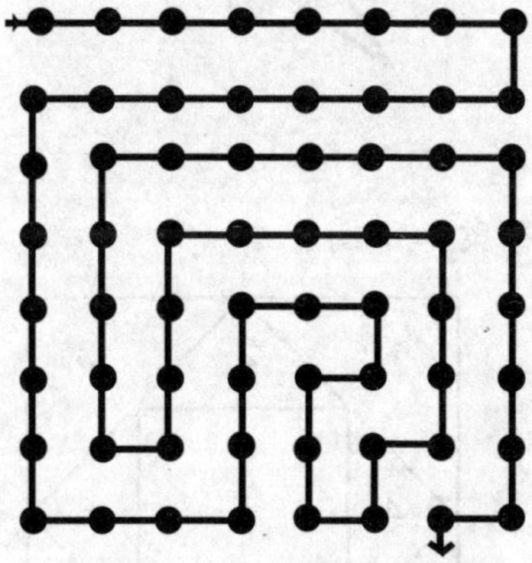

60…

答案如图所示：

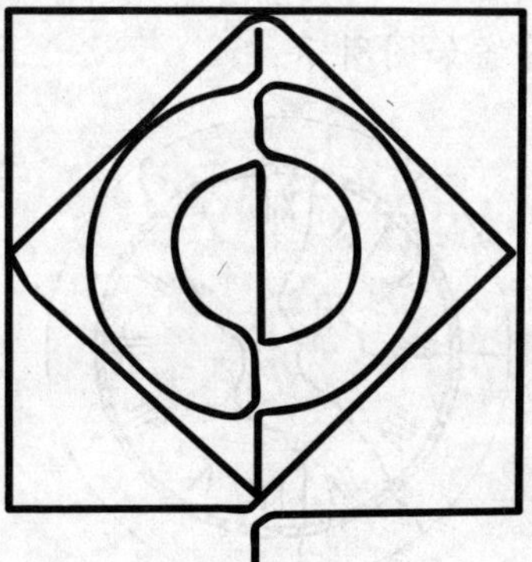

61…

答案如图所示：

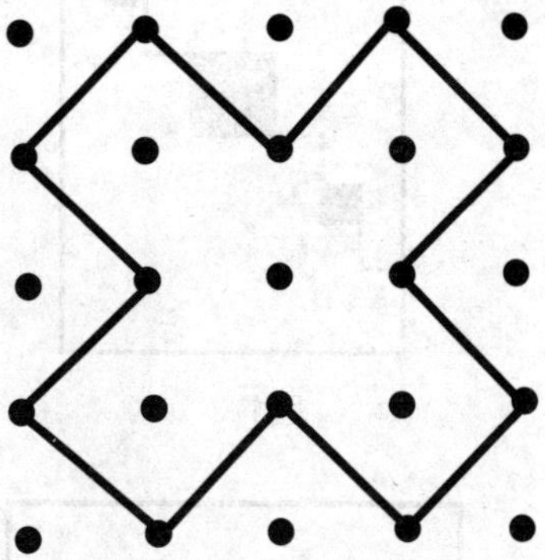

62…

和大多数线条思维游戏不同，这幅画不可能用一笔画出来。它需要画12条线才可以完成。这个思维游戏要求你找出最长的那条线。在下图中，从A点开始、在B结束的线条是本题的答案。另外的11条线已经用虚线标出。

63…

先沿着图1中的虚线切割，然后，将上面那块儿板向下滑动，使它挪到左边，这样便可得到一块儿实心板（如图2所示）。

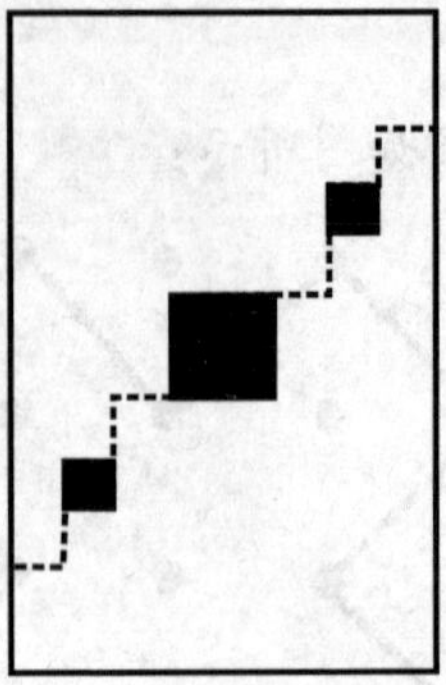

图1

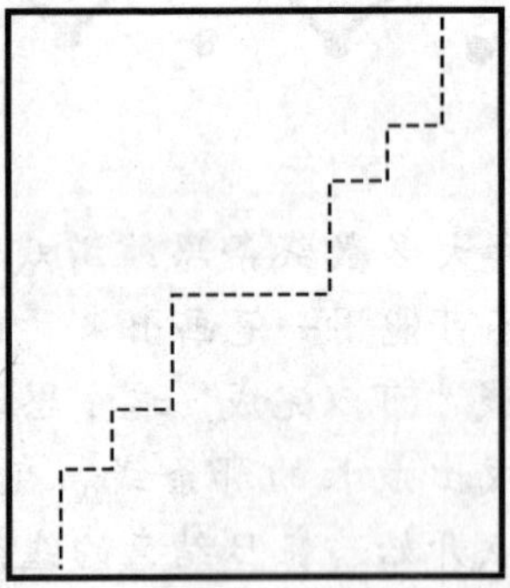

图2

64...

答案如下图所示：

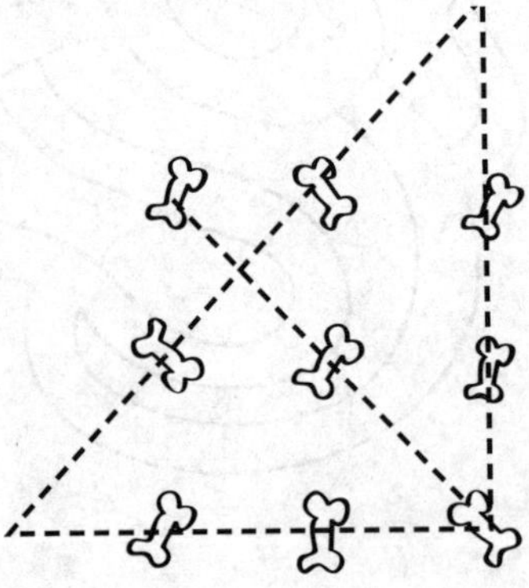

65...

巡视员的行走路程可以减少到19千米，他只需重复两次路过两条铁轨。他的巡查路线为：E–I–J–K–J–F–B–C–B–A–E–F–G–H–D–C–G–K–L–H。重复路过的两条铁轨是JK段和BC段。

66...

答案如下图：

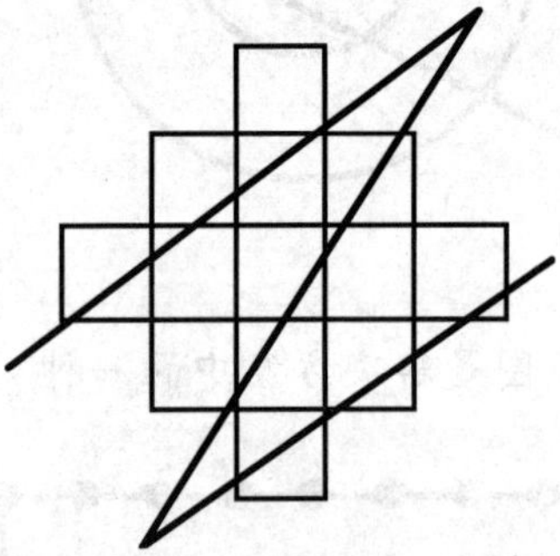

67...

答案如下图：

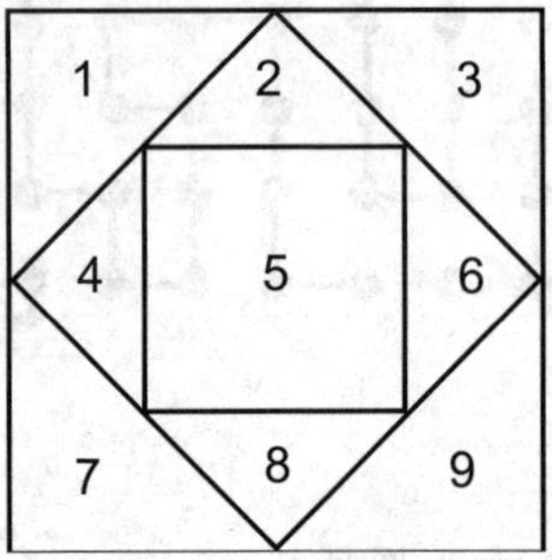

68...

答案如图所示：

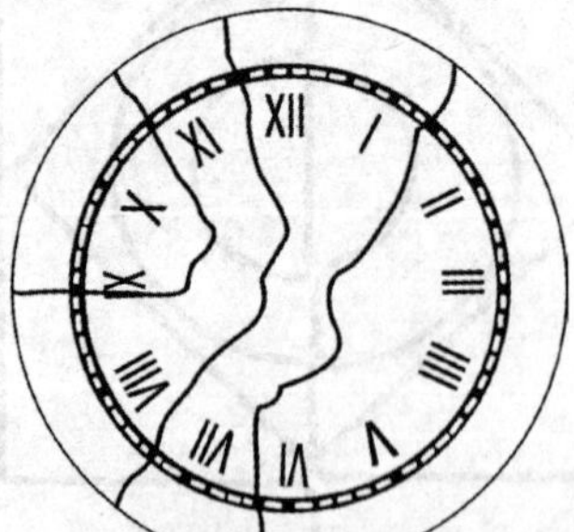

69…

答案如下图：

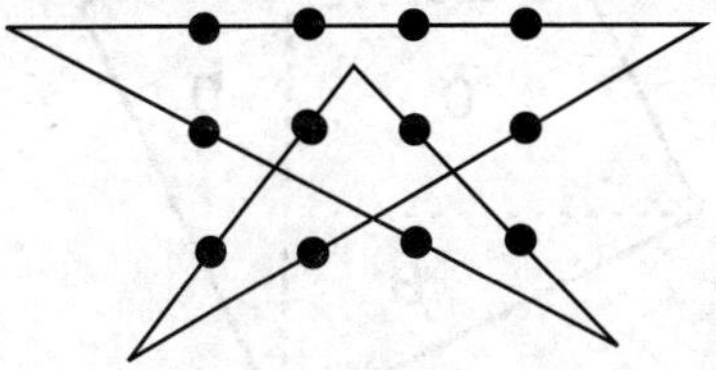

70…

答案如下图：

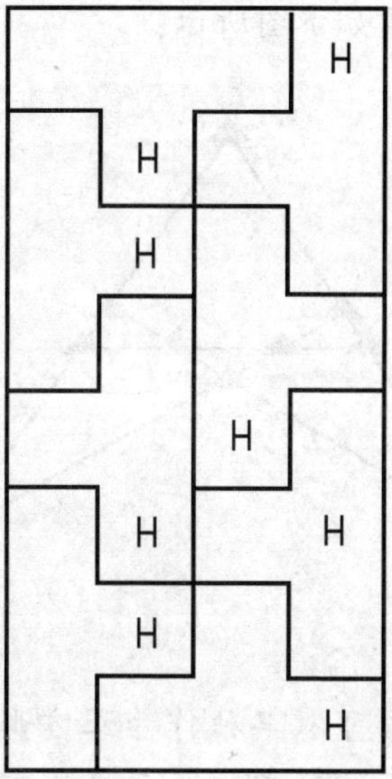

71…

答案如下图：

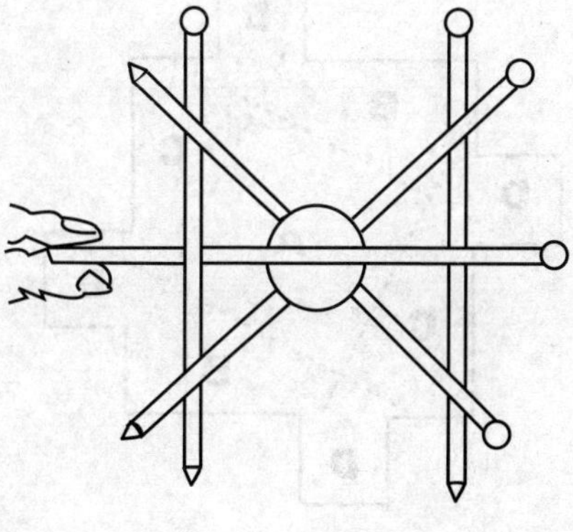

72…

猴子应该按照下面的顺序走遍所有的窗户：10，11，12，8，4，3，7，6，2，1，5，9。这个线路在底部和中部的窗户之间的空间内只经过了2次。

73…

答案如下图：

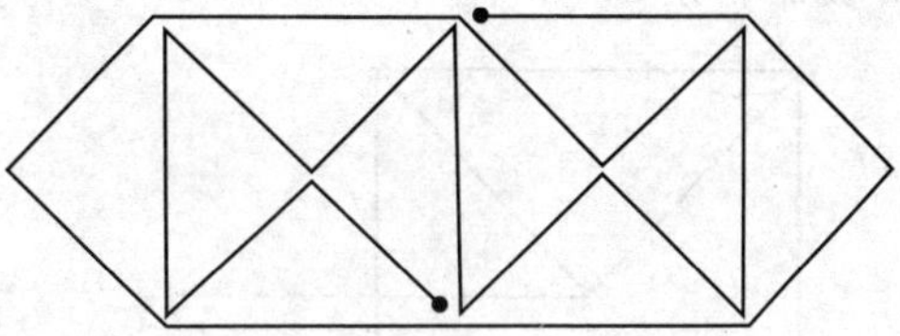

74…

答案如下图：

75…

最少可以锯成2块儿，沿着图中虚线将木板锯成2块儿，然后把锯下来的那块儿木板两端的位置颠倒，并重新放在木板上。这样，那个洞就位于木板的中间。

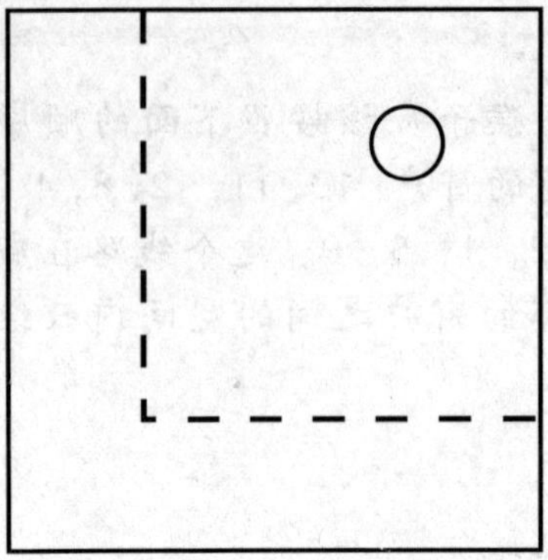

76...

下图展示了胶合板的切法以及3块板的拼法。

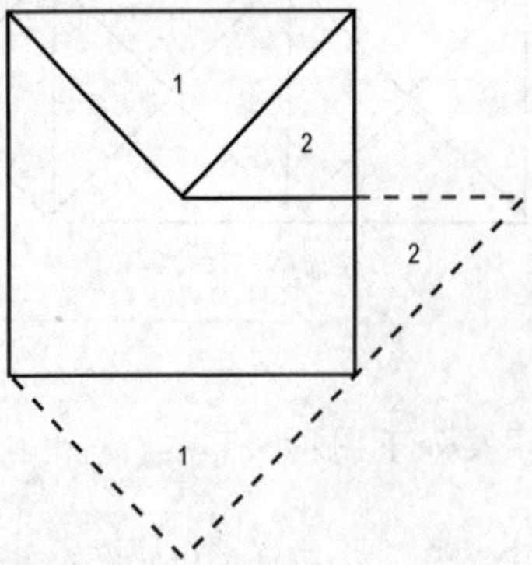

77...

图1中展示了切割线，图2展示了这3块儿是如何在重组后形成一个正方形的。

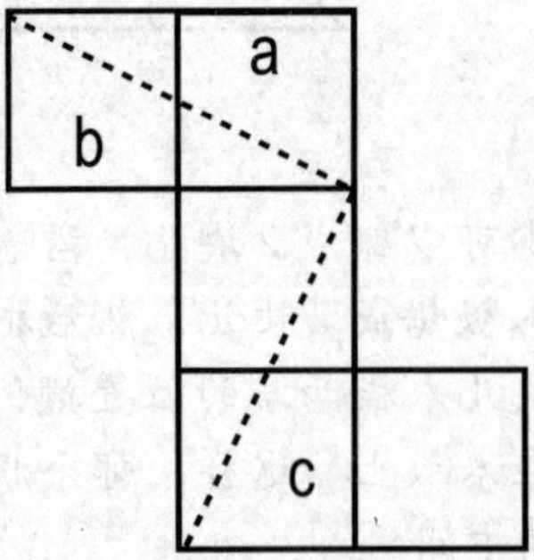

图1

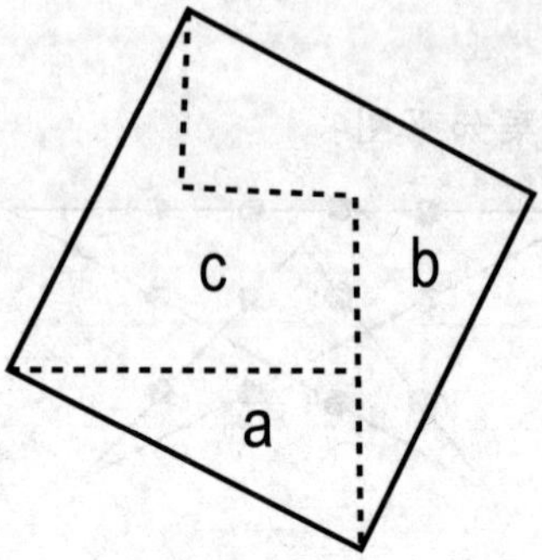

图2

78...

答案如下图所示：

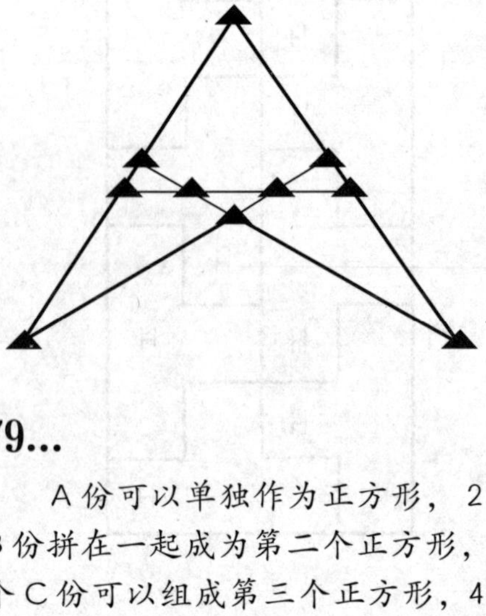

79...

A份可以单独作为正方形，2个B份拼在一起成为第二个正方形，2个C份可以组成第三个正方形，4个D份可以构成第四个正方形。

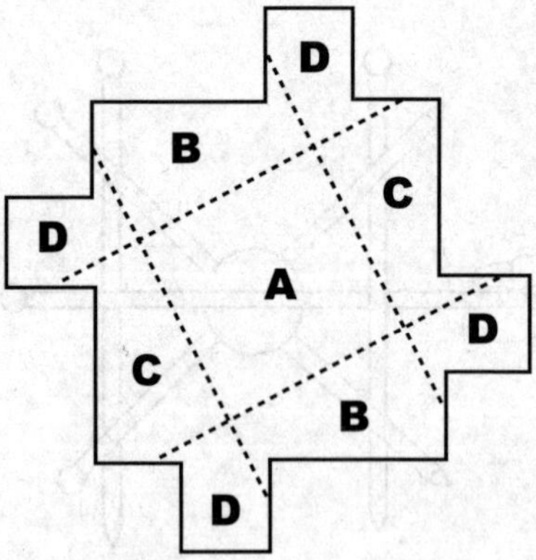

80...

从右上角和左下角分别拿走2根火柴，然后再从表格里面拿走4根火柴。那么，现在图中就有2个大正方形和1个小正方形，一共有3个正方形。

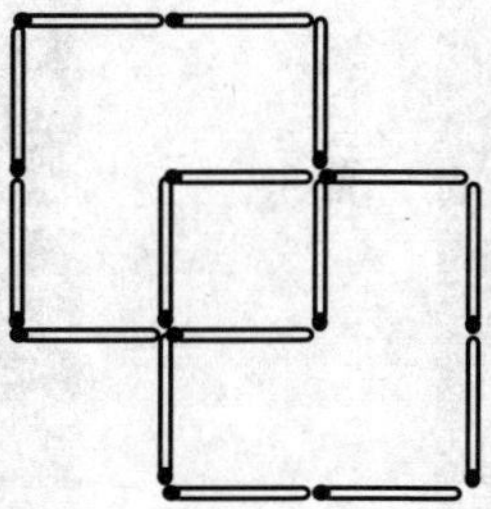

81...

答案如下图所示：

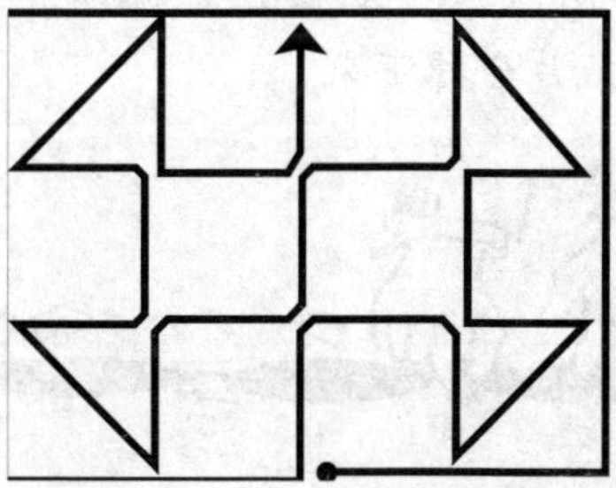

82...

答案如下图所示：

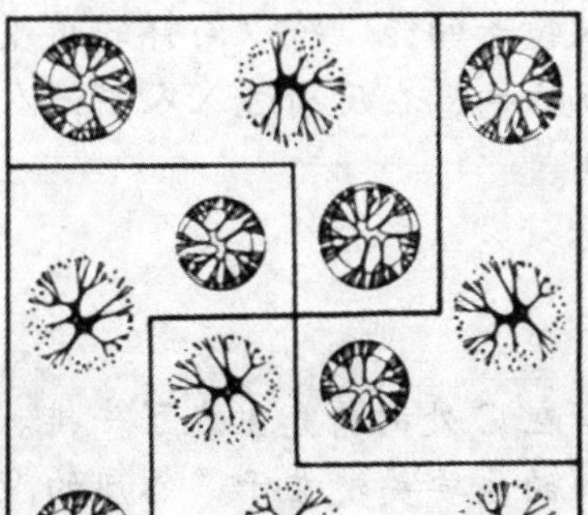

83...

下面的图将告诉纳尔达如何把24个高尔夫球座拼成4个完整的正方形。这样，她就可以从麦克戴维特那里赢一套新的铁头球棒了。

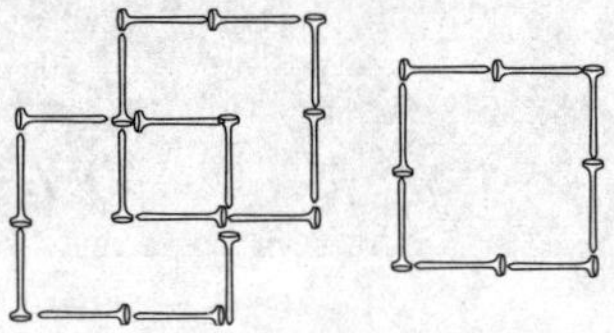

84...

答案如下图所示：

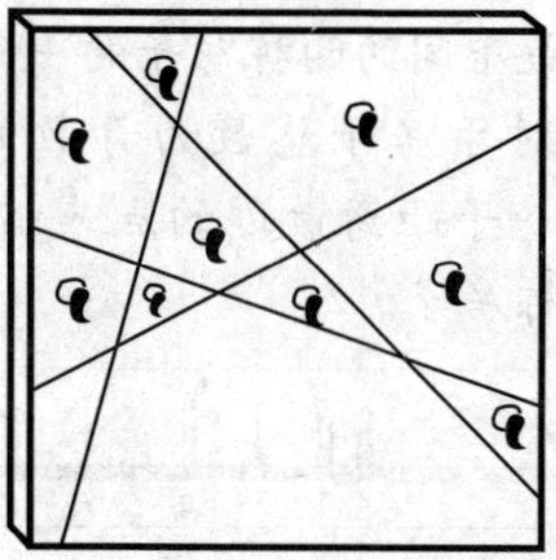

85...

答案如下图所示：

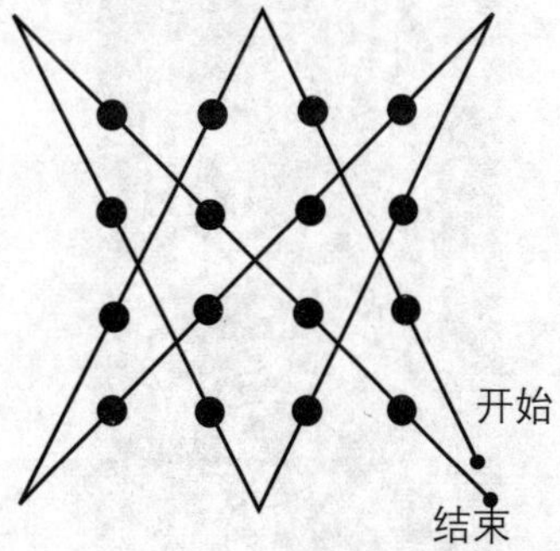

86...

可以走遍所有的楼层。最少的步骤是19步，顺序如下：

0–8–16–5–13–2–10–18–7–15–4–12–1–9–17–6–14–3–11–19。

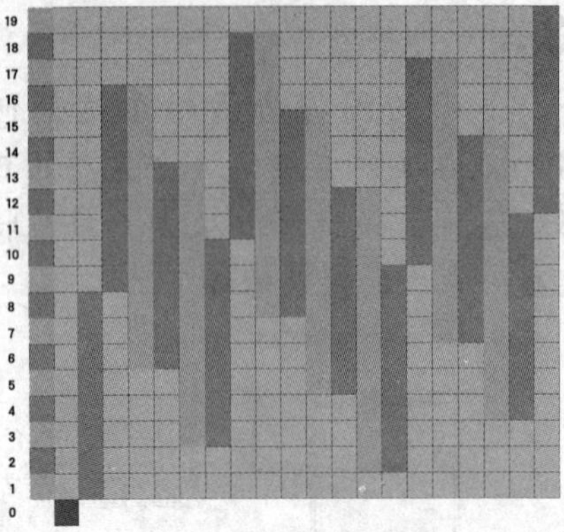

87...

如图所示，对于房子总数为偶数的情况，到所有的房子距离最近的点应该在最中间的两栋房子的中心。

而对于房子总数为奇数的情况，到所有房子距离最近的点应该是最中间的那栋房子。

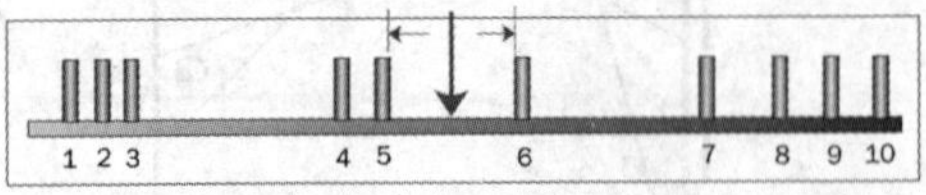

88...

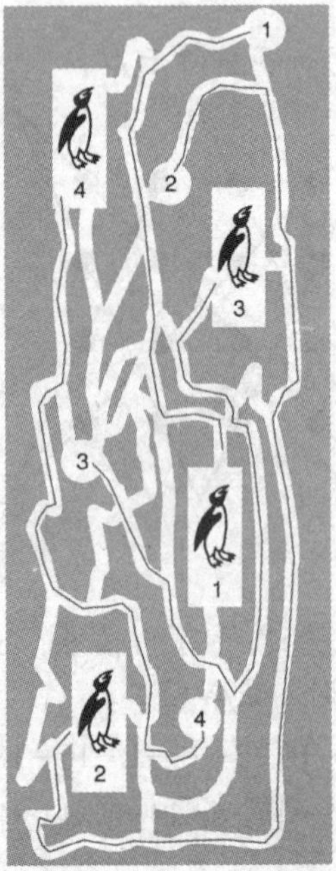

89...

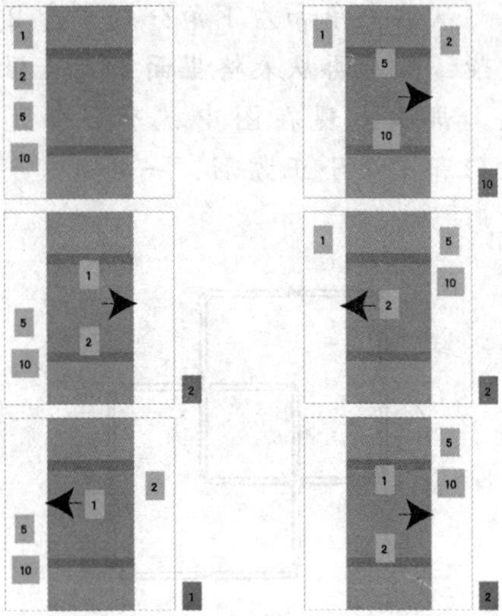

90...

如图所示，琴弦开始振动，4 和 6 处的纸片会掉下来。

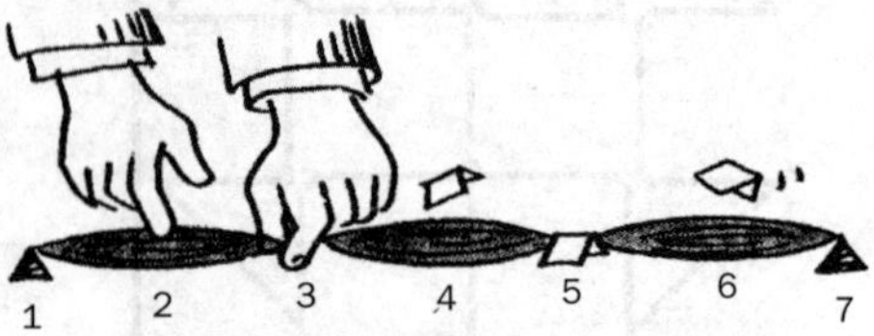

91...

1. 三个人，2. 五个人，3. 三个人。镜面反射的原理是入射角 = 反射角，即射入镜子的光，将以同样的角度射向相反方向，在反射进入人眼，人就能看见。

92...

坐在 C 处的萧先生点了牛排。破解此题的主要关键在于“邻座的人都点了不一样的东西”，因此，只要顺利排出各人所点的东西，并且填入他们的主菜，如此一来，主菜栏空白者便是点了牛排。李先生坐在A座，则连先生一定不是B、C座，那么确定D座是连先生，而坐在B的人点了一份猪排，那么萧先生肯定坐C座，而且A、D两人前文交代又点了鸡排和羊排，所以可以判定C座萧先生点的是牛排。

座位	人物	主菜	汤	饮料
A	李先生	鸡排	洋葱汤	冰咖啡
B	?	猪排	玉米浓汤	果汁
C	萧先生	?	玉米浓汤	热红茶
D	连先生	羊排	罗宋汤	冰咖啡

93...

如图：

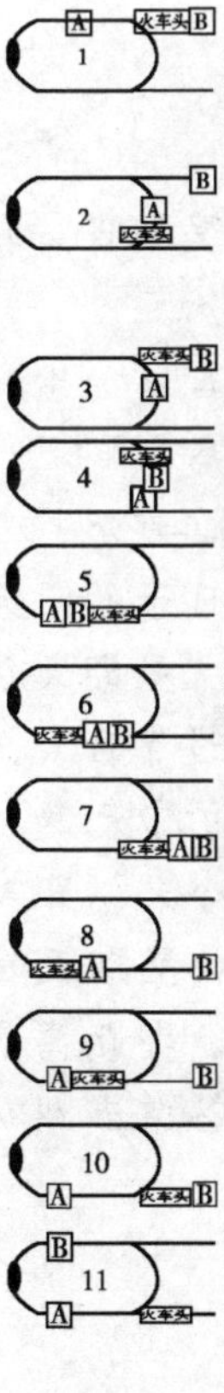

第一步
火车头搭载上货物B行驶到A处，倒车，然后运到如图所示的位置，卸车。

第二步
火头搭载上货物A，行驶到如图所示位置，卸车，然后火车头穿过隧道，到达货物B处。

第三步
火车头搭载上货物B，倒车。

第四步
火车头行驶到货物A处，将A一起搭载上。

第五步
火车头载着货物A和B到达如图所示的位置。

第六步
卸车后火车头环绕铁轨一周，将货物A搭载在车头上。

第七步
将货物A和B运送到如图所示的位置，将B卸下。

第八步
载着A倒车到如图所示的位置。

第九步
将A卸下后，火车头环绕铁轨行驶到如图所示的位置。

第十步
搭载上货物B向货物A处倒车。

第十一步
将货物B运到如图所示的位置，然后火车头返回到原先位置。

94...

按照下图所示，顺次沿着标有数字1，2，3……19，20的线路走，最后从顶点20回到顶点1。

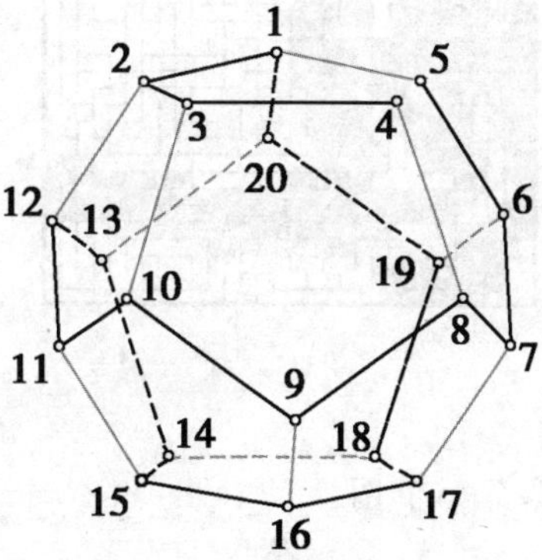

95...

下图只是正确答案的一种，你可以发挥你的想象帮蜗牛设计路线。

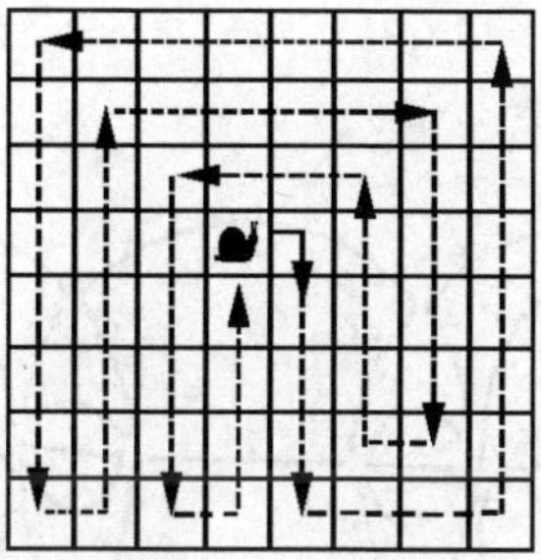

96...

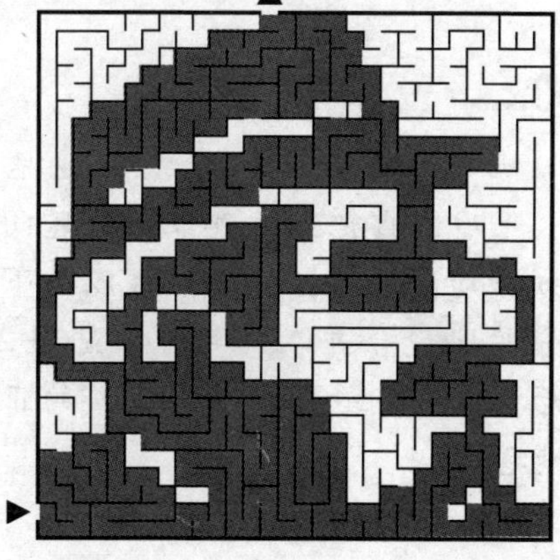

97...

98...

答案如下图：

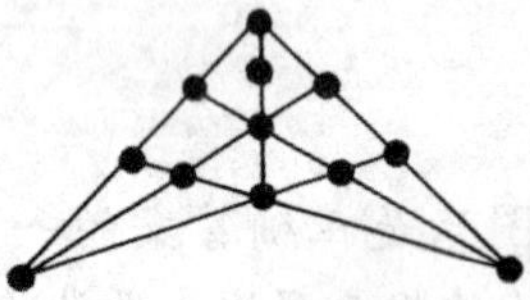

99...

答案如下：

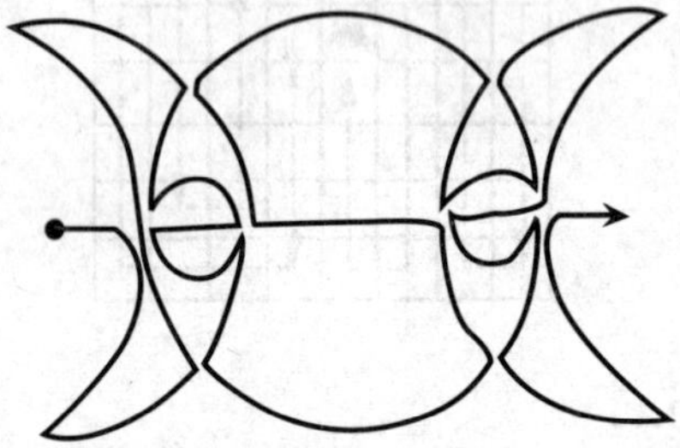

100...

他先沿着图1中虚线把地毯剪开，然后，再把上半部分的地毯向左下方移动，这样，就正好可以与下半部分的地毯合并在一起（参见图2）。然后，将它们缝合成一个完整的正方形地毯。

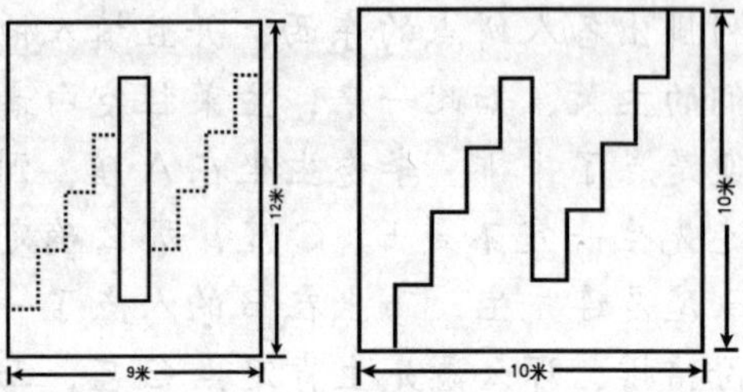

图1　　图2

101...

答案如图所示：

102...

举行婚礼的日子是星期日。我们得把他说的话分成两部分。

日	一	二	三	四	五	六	日
SUN	MON	TUES	WED	THUR	FRI	SAT	SUN

第一部分　　第二部分

在第一部分“那个日子的后天是‘今天’的昨天……”，从星期天往前算，就到了星期三，即过了3天。在第二部分“那个日子的前天是‘今天’的明天，这两个‘今天’距离那个日子的天数相等”，从星期天往后算，这样就到了星期四，即距离星期天有3天。所以，这个答案当然就是问题中所提到的日子。

第④章

计算法

数学中一丝不苟的计算，使得每一个数学结论都不可动摇。这种思维方法是人类的巨大财富。逻辑思维中有些问题也是一样，必须经过计算才能解决。

很多时候，逻辑测试中设置了种种隐含的条件，但是对解题却无用，反倒是给出的几个数字才是解题的关键。这时候，运用计算法，问题就会迎刃而解。

1. 巧妙连线【初级】

请你沿着图中的格子线，把圆圈中的数字两个两个地连起来，使两者之和为10。注意：连接线之间不能交叉或重复。

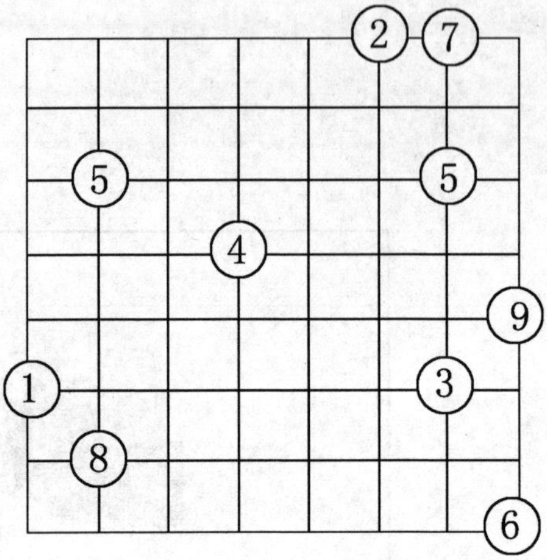

2. 数字和密码【初级】

下面是数字和相应密码的对应表。你能确定它们之间的关系并找出最后一行的数字是什么吗？

数字	密码
589	521
724	386
1346	9764
?	485

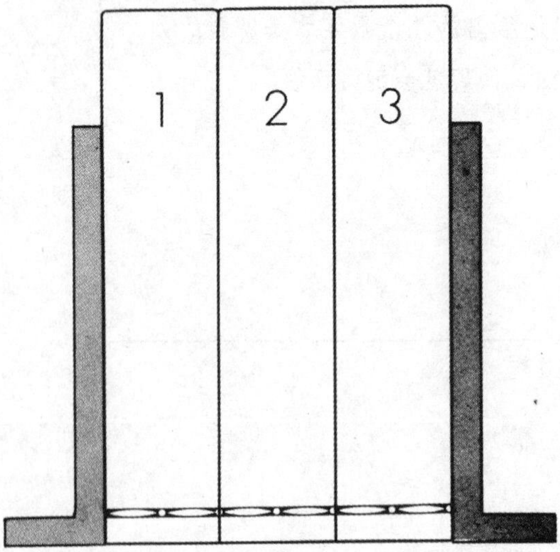

3. 书蛀虫【初级】

“贪婪的书蛀虫”游戏很早就有了，而且非常有意思。书架上有一套思维游戏书，共3册。每册书的封面和封底各厚0.2厘米；不算封面和封底，每册书厚2厘米。现在，假如书虫从第一册的第一页开始沿直线吃，那么，到第三册的最后一页需要走多远？

4. 几何（1）【初级】

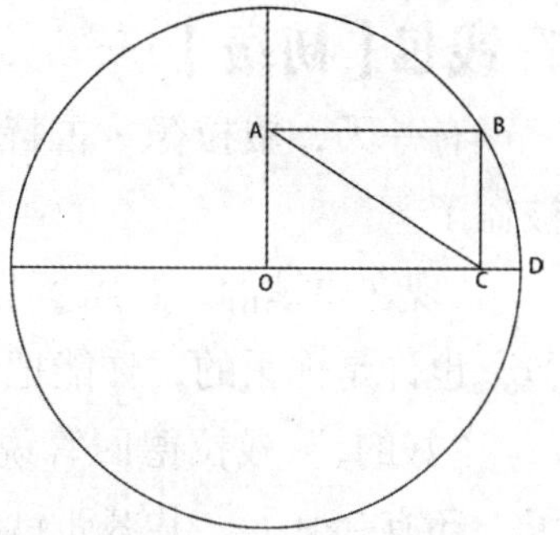

这是一个很好看的几何思维游戏，而且要比想象的简单。右图中，圆圈的中心点是O，∠AOC是90°，线段AB与线段OD线平行，线段OC长12厘米，线段CD长2厘米。你要做的是计算线段AC的长度。

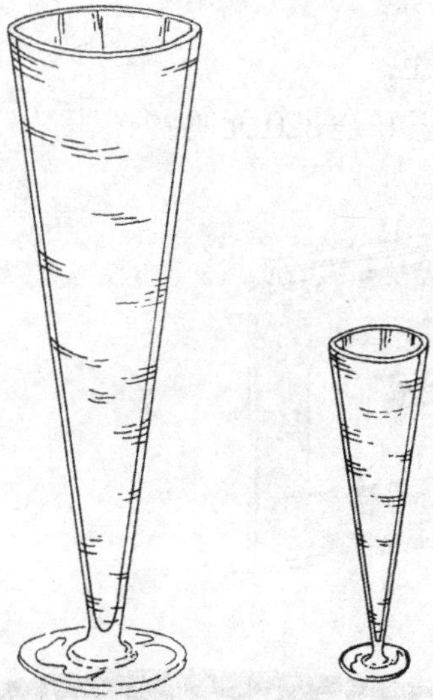

5. 细长玻璃杯【初级】

图中有两个细长玻璃杯。大玻璃杯的杯口直径和杯身高度正好是小玻璃杯的2倍。现在要做的就是把小玻璃杯当做度量器将大玻璃杯装满水。先把小玻璃杯装满水，然后把水倒进大玻璃杯。那么，我们需要多少次才能把大玻璃杯装满水？

6. 自行车（1）【初级】

这个故事发生在自行车刚刚出现的时候。一天，有2名年轻的骑车人，贝蒂和纳丁·帕克斯特准备骑车到20千米外的乡村看望姑妈。当走过4千米的时候，贝蒂的自行车出了问题，她不得不把车子用链子拴在树上。由于很着急，她们决定继续尽快向前走。她们有2种选择：要么2人都步行；要么1个人步行，1个人骑车。她们都能以每小时4千米的速度步行或者以每小时8千米的速度骑车前进。她们决定制定一个计划，即在把步行保持在最短的距离的情况下，利用最短的时间同时到达姑妈家。那么，他们是如何安排步行和骑车的呢？

7. 钱包【初级】

有一天，威拉德·古特罗克斯先生急匆匆地跑进警察局，大喊自己的钱包被盗了。

“现在要镇静，古特罗克斯先生，”安德森警察说，“有人刚刚交还了一个钱包，也许是你丢的，你能把里面的东西描述一下吗？”

“好的，”威拉德回答说，“里面有一张菲尔兹的照片以及电话卡。哦，对了，还有 320 元，共 8 张钞票，而且没有 10 元的钞票。”

“完全吻合，古特罗克斯先生。给，这是你的钱包。”

那么，你知道他钱包里有哪 8 张钞票相加之后正好是 320 元吗？

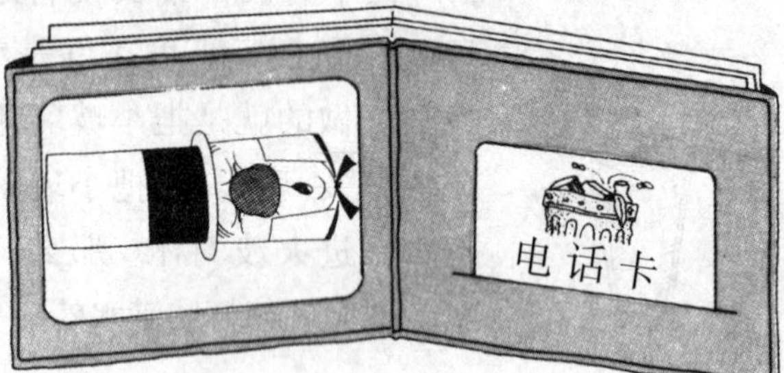

8. 卖车【初级】

啊，达芙妮，今天我终于把那辆破车卖掉了。原来我标价 1100 元，可没有人感兴趣，于是我把价钱降到 880 元，还是没有人感兴趣，我又把价钱下调到 704 元。最后，出于绝望，我再一次降价。今天一早，奥维尔·威尼萨普把它买走了。那么，你能猜出他花了多少钱吗？

9. 加法（1）【初级】

熊爸爸好像被它在佩尔特维利报上看到的一个思维游戏难住了。趁它还没有被烦透，我们来看看这个思维游戏吧：

下面所示的一行数字相加之后正好等于45。那么，你能否在将其中一个加号改为乘号，使这行数字相加的值变成100呢？

10. 瓢虫【初级】

蝴蝶表演结束了，接下来桑蒂尼将带来精彩的瓢虫表演，这一有史以来最伟大的表演将展示昆虫如何准确前进的。在3分钟之内，将7只瓢虫排成一行，这样，它们外壳上的字母就会有很多的排列方式。那么，你能否判断出共有多少种排列方式呢？

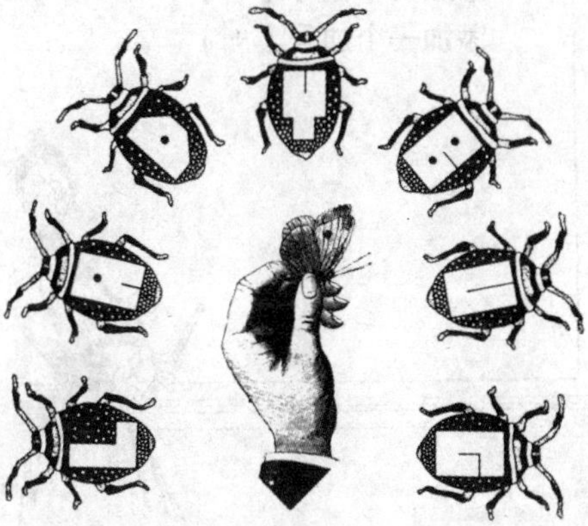

11. 机器人【初级】

世界上的许多超现实的梦想都源自这个机器人思维游戏。图中的机器人的不同部位已经用从1到12这几个数字标注。由于某种奇怪的原因，他无法离开这个超自然的行星，除非他身上的数字可以以7种不同的方式重新排列，并使各行各列相加的结果都是26。其中包括水平的两行数字、垂直的两行数字、4个中间的数字、胳膊上的4个数字以及脖子和腿上的4个数字。你知道怎样让他离开吗？

12. 4个5【初级】

解决这个题只需将下图奖状里的4个5重新排列，使排列后的总数值为56。怎么办？

13. 数学题（1）【初级】

普里西拉·孙珊女士就是那位出色的代课教师，又来检测你们的数学才能了。

“同学们，现在注意了！黑板上的这个题是不正确的。但是，如果你在等式左边的某些数字中间添加两个减号（ – ）和一个加号（ + ），就可以得出一个正确的数学表达式，并且可以使结果等于100。你们要在这堂课结束之前把符号放在正确的位置。”

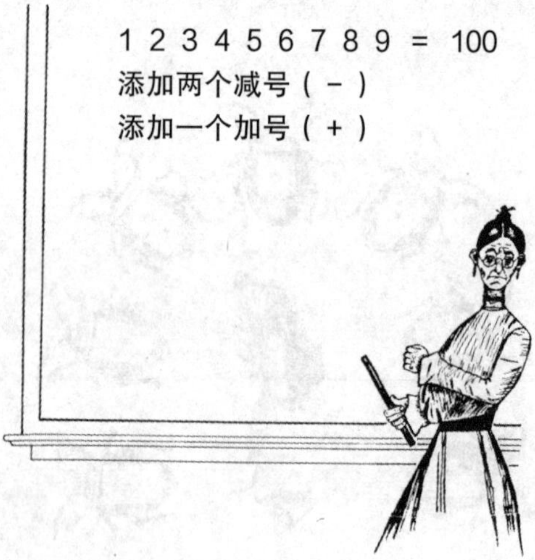

14. 射击【初级】

慈善盛宴正在举行，巴尼·布朗德巴斯想在长廊上进行的射击比赛中赢得奖品。射击3次需要支付10元；如果击倒的3只鸟上的数字相加正好等于50，那么，你将赢得1只喂饱了的短吻鳄。但是，巴尼却把钱输光了。那么，你有没有兴趣试试呢？

15. 握手【初级】

圣诞老人学校又迎来了毕业典礼。今年，8 名圣诞老人已经做好准备到城市商场履行职责。当他们离开之前，每个圣诞老人都要彼此握手。那么，他们会握手多少次呢？

16. 心算【初级】

潘奇在思考这个题时想把它清楚地表达出来。他必须在心里把从 1 到 100 的数字加起来，但是，他尝试了 10 分钟就宣布放弃，他抱怨说自己总是忘记前面加的那些数字。然而，潘奇却不知道有一个简单的方法可以让他快速解答这个题。那么，你知道这个方法是什么吗？

17. 护身符【初级】

右图是有名的赌徒威灵顿·曼尼拜格斯的护身符。但不幸的是印刷工把数字排在错误的位置，以至于它失灵了。如果要恢复它的威力，必须把 1 至 9 这 9 个数字重新排列，使每个边上的 4 个数字相加的结果等于 17（三角形角上的数字同时算在相邻的两个边上）。你知道该怎样排列吗？

18. 河流【初级】

以斯拉·沃尔顿是湍流船队的船长，哈比·贝克维尔正搭乘他的船前往自己的新业务地区。船刚刚离开码头，哈比就睡着了。当船航行了1千米时，哈比的帽子被吹到了水里，并开始向下游漂去，而船却继续向上游前进。当哈比醒来发现自己的帽子不见时，已过了5分钟，他马上让以斯拉调转船头往下游走。他们最终找到了帽子，而帽子那时则刚刚到达他们原来出发的地方。无论上游还是下游，船航行的速度保持不变。那么，你能否根据这些信息计算出河流的漂流速度呢？

19. 4【初级】

弗朗昆教授的学生都知道只要他们用粉笔在他研究室窗户外的墙上写一个有趣的问题，教授就会陷入其中并因此忘记自己的课。这会儿他正思考如何将5个4和一个加号重新排列使它们相加的结果等于55。但是，如果你想出来的话，请不要告诉教授，因为他的学生会让告密者难堪的。

20. 五行打油诗【初级】

有种思维游戏叫作五行打油诗。人们总是对这种类型的思维游戏充满期待。下面我们就来看看其中的一个，这个题要求读者把一个只包括1和3的8个数重新排列，使它们最后组成的数学表达式的结果等于100万。那么，你准备好笔和纸了吗？

“以前有一个卡斯蒂利亚人，他虽然十分鲁莽，但他却能把一个十分富有的西西里岛人赌赢了。”

“他可以把一个包含1和3的8个数轻而易举地排列，并使它们的结果等于100万！”

21. 破解密码算式【中级】

这是一道算式，数字被人用英文密码隐藏了。隐藏了的英文字母是个奇特的式子。请你运用聪明的智慧来想出算式到底是怎样的。

```
VEXATIBN
       V
--------
EEEEEEE
```

22. 剩余的页数【中级】

共计100页的书，其中的第20～25页脱落了，请问剩下的书还有多少页呢？

23. 计算闯关【中级】

A为B设计了一道游戏题，如右图所示。要求是由出发点开始，经过每一关时，从+、-、×、÷中选一个符号，对相邻的两个数字进行运算，使到达目的地时，答案恰好是1。B想了半天，也不知道该怎么前进。你知道该怎样过关吗？

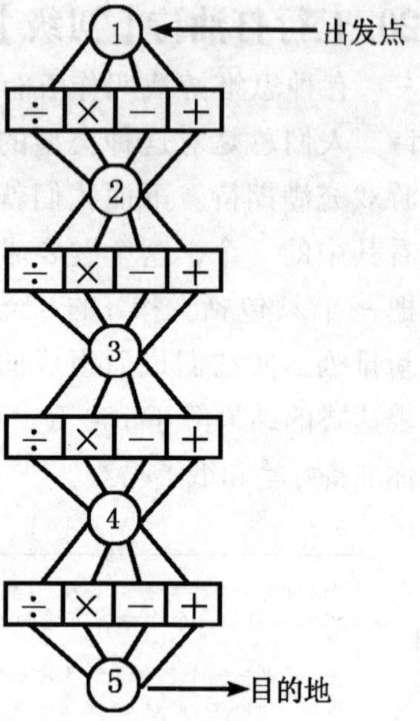

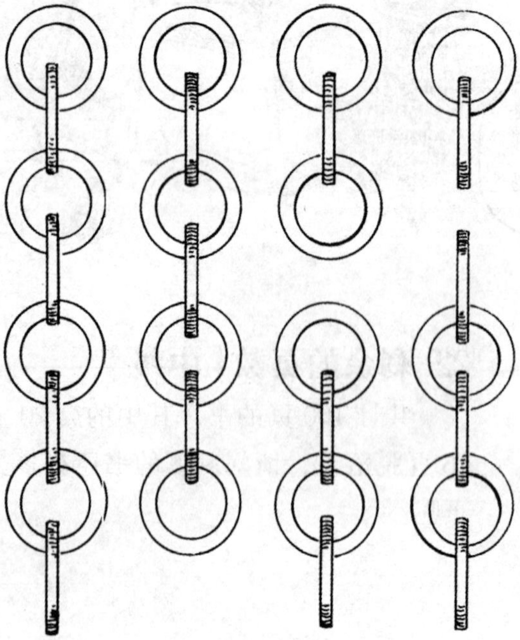

24. 链子【中级】

一个人有6条链子，他想把它们连成一条有29个节的链子。他去问铁匠这个需要花费多少钱。铁匠告诉他打开一个环要花1元，而要把它焊接在一起则要花5角。请问，铁匠做这条链子最少要花多少钱？

25. 动物【中级】

这是一个有关管理员的游戏，它来自非洲的肯尼亚。有个管理员决定计算一下公园里的狮子和鸵鸟的数量。出于某种原因，他是通过计算这些动物的头和腿的数目来统计动物数量的。最后，他算出一共有35个头和78条腿。那么，你知道公园里分别有多少狮子和鸵鸟吗？

26. 保险箱【中级】

在犯罪纪录上，没有哪个贼比纳库克拉斯·哈里伯顿更卑鄙。当他到别人家里行窃时，他会毫不犹豫地去偷孩子们的存钱罐。看着他在下图中的样子，就知道他肯定是历史上最矮的小偷了。他撬开保险箱偷走了125枚硬币，一共有70元。其中没有1角的硬币。那么，你能否判断出他偷走的是哪些硬币，而每枚硬币的面值又是多少吗？

27. 长角的蜥蜴【中级】

伯沙撒是我们镇上的自然博物馆从某个地方得到一只长角的蜥蜴，它十分神奇。工作人员特意把它放在爬行动物观赏大厅新建的一个圆形有顶的窝里。刚放下，伯沙撒就马上开始考察它的新领地了。从门口开始，它向北爬行了4米到达圆的边缘，然后，它急忙转身向东爬行了3米，这时它又到达了围栏边。那么，你能否根据这些信息计算出它这个窝的直径吗？

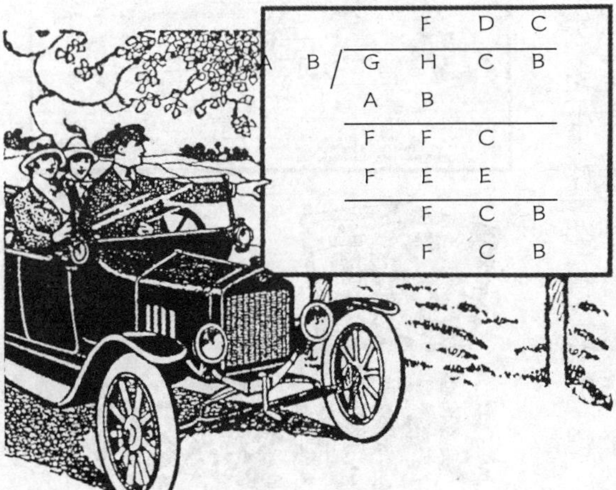

28. 数字【中级】

让我们来看看你是否有资格在润滑油补给站获得这份免费赠品。你所要做的就是将下图中数学表达式里的字母用数字代替，相同的数字必须代替相同的字母。竞赛的时限是1个小时。祝你好运！

解决了这个题，你就可以在汽车销售站免费获得润滑油！

29. 车厢【中级】

小时候，爸爸给我买了一列玩具火车作为我的生日礼物。除了火车配备的车厢之外，他又花了20元买了另外20个车厢。乘客车厢每个4元，货物车厢每个0.5元，煤炭车厢每个0.25元。那么，你能否计算出这几种类型的车厢各有几个？

30. 开商店【中级】

哈丽和桃瑞斯正在做开商店游戏。哈丽花了3.1元从桃瑞斯那里买了3罐草莓酱和4罐桃酱。那么，你能根据上面说的情况计算出每罐草莓酱和每罐桃酱的价钱吗？

31. 铁圈枪【中级】

铁圈枪游戏以前曾经是最棒的娱乐方式之一，同时，这个游戏也花不了多少钱。这里我们看到的是奈德·索尔索特赢得的又一场比赛，对手是她的妹妹和威姆威尔勒家的男孩子们。奈德将25个铁圈打进靶槽里，且每个靶槽均有得分，一共得到500分。共有4个靶槽，每个槽内的分值分别为10，20，50，100。那么，你能否算出奈德在每个靶槽内打进的铁圈数吗？

32. 灵长类动物【中级】

现在是动物园的午餐时间，我们在灵长类动物的观看亭所听到的叫声是它们在抢香蕉的声音。管理员每天都会分给这100只灵长类动物100个香蕉。每只大猩猩有3个香蕉，每只猿有2个香蕉，而狐猴因为最小只有半个香蕉。

你能否根据上面所给出的信息计算出动物园里的大猩猩、猿、狐猴各有多少只？

33. 面粉【中级】

当塞·科恩克利伯核对自己的补给品时，他在面布袋上发现了一些有趣的东西。面布袋每3个放在一层，共有9个布袋，上面分别标有从1到9这几个数字。在第一层和第三层，都是一个布袋与另外两个布袋分开放，而中间那层的3个布袋则被放在一起。如果他将单个布袋的数字（7）乘以与之相邻的两个布袋的数字（28）得到196，也就是中间3个布袋上的数字。然而，如果他将第三层的两个数字相乘，则得到170。

塞于是想出来一道题：你能否尽可能少的移动布袋，使得上、下两层上的每一对布袋上的数字与各自单个布袋上的数字相乘的结果都等于中间3个布袋上的数字呢？

34. 排列数字【中级】

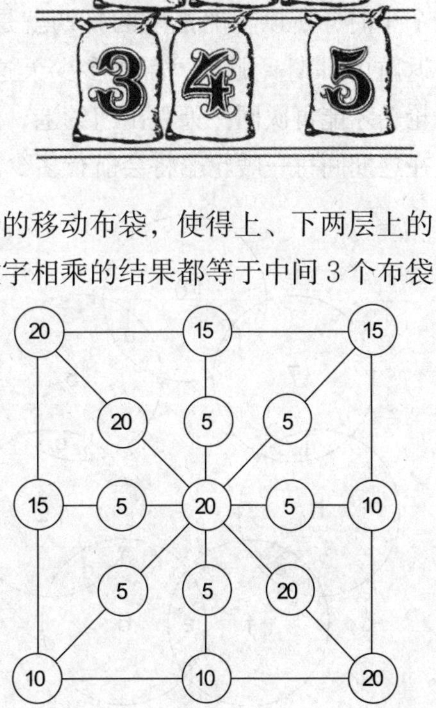

这纯粹是一道数字题。你能将图表中的17个数字重新排列，使排列之后的每一条直线上的数字相加之和都等于55吗？

35. 幻方游戏【中级】

这位绅士正在解答一道设有奖项的幻方思维游戏。要解决这道题，需要将所有方格内的X换成数字，并使每一列、每一行以及两条对角线的数字相加的和都等于34。使用1到16之间的数字，同时，每个数字只能使用一次。

36. 轮船【中级】

巨轮出现在蒸汽运用的鼎盛时期，而纽约港便成了它们的停泊地。一天，有3艘轮船驶出纽约湾海峡并驶向英国的朴茨茅斯。第一艘轮船12天后从朴茨茅斯返回，第二艘轮船用了16天完成了航行，而第三艘轮船用了20天才回到纽约港。因为轮船在港内的恢复时间是12个小时，所以轮船抵港的日期就是它们返航的日期。那么，需要多少天这3艘轮船才能再次同一天驶出纽约港，同时，在这期间每一艘轮船将会航行多少次？

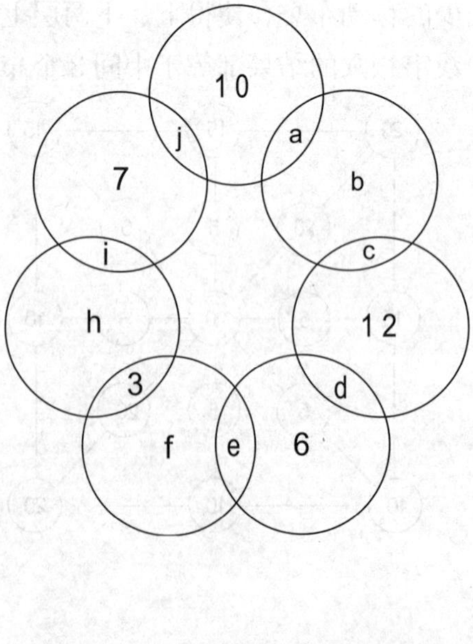

37. 圆圈（2）【中级】

在解答这个题之前，你也许会发现自己在“看圆圈”。下图是7个相互交叉的圆圈，也就有14个有限区域。现在，请你把图中的字母用数字代替，这样在图中就只剩下从1到14的数字，同时，要使每一个圆圈内的数字相加的和等于21。

38. 天文【中级】

威拉德·斯达芬德在观看自己最新的发现。他发现太阳系中的6个恒星是在3个重叠的轨道上旋转的，他在它们会聚在一点产生超新星之前很快给它们起了名字。威拉德把这几个恒星从1到6标上号，这样就组成一个恒星思维游戏。那么，你能否重新给这几个恒星标号，使每个轨道上的4个恒星相加的和是14呢？

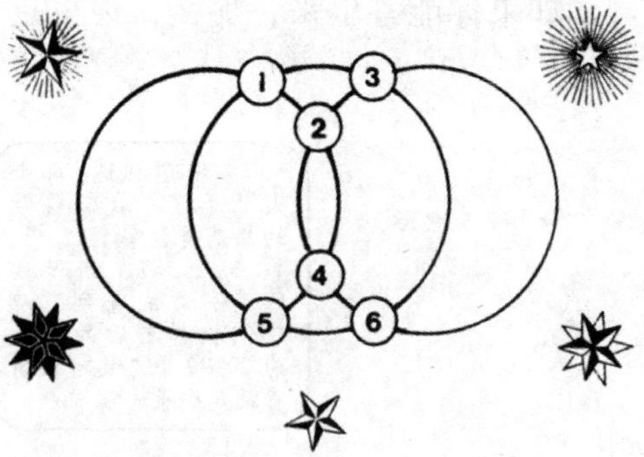

39. 台球【中级】

我们看到的是库申斯·哈利布尔顿即将打进制胜一球，他随后获得了1903年曼哈顿花式台球锦标赛的冠军。5轮之后，他用球杆打进了100个球，而每轮他都要比前一轮多打进6个球。那么，你能否计算出他5轮中的各轮进球数吗？

40. 数学题（2）【中级】

普里西拉·孙珊女士今天是我们的代课老师，可得当心啊。

“同学们，我上次站在这里已是好几个星期之前了，这样吧，我给大家出一道题。大家需要把黑板上的这8个数字分成两组，每组各有4个数字，将每组的4个数字排列组合成2个数并相加，而两组相加后的结果必须一致。谁能把这个题解答出来呢？”

41. 英雄【中级】

如果你能答出来，那么，你也是英雄。

42. 神秘的正方形【中级】

让我们抽时间来解决另一个有趣而又神秘的正方形思维游戏吧。你所要做的就是将下图中正方形里的数字重新排列，使每个水平方向、垂直方向以及对角线上的数字相加的结果为33。希望你用大约5分钟的时间把答案推测出来。

1	2	3
10	11	12
19	20	21

43. 几何（2）【中级】

教授现在陷入了困境。他忘记了图中题的答案，离上课只剩下5分钟了！线段BD和GD已经画在虚构的立方体的两个面上。两条线段相交于D点。那么，你能否帮教授计算出这两条对角线之间的角度呢？

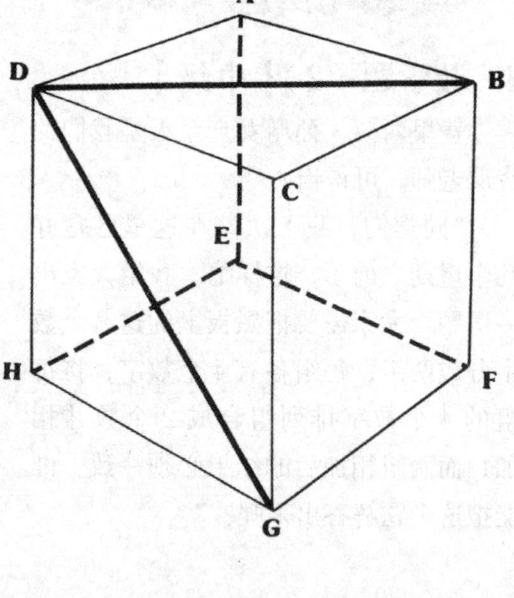

44. 蜘蛛网【中级】

有一个雕像存放在格力姆斯力城堡的阴暗凹室里。凹室的部分入口被一张巨大的蜘蛛网挡住了，拱状的网的弧正好是圆周长的$\frac{1}{4}$，长 20 厘米。那么，你能根据这些实际情况计算出蜘蛛网遮盖部分的面积是多少平方厘米吗？

45. 财宝【中级】

戴佛尔·邓肯在一艘失事船里检查时，找到了一个保险库，而就在那一天，他赚了大钱。他先提出来 4 袋钱，里面各有 60 枚、30 枚、20 枚和 10 枚金币。当他数完剩下 2 个袋子里的钱时，他发现这 6 个袋子硬币的个数形成一个特殊的递进关系。那么，你能否根据这个情况计算出第五袋和第六袋里的硬币个数呢？

46. 中世纪【中级】

在城堡里长大的孩子不只会格斗和打仗，他们也会做相当数量的学校作业。这里我们看到的是令人尊敬的兄长正在让这些孩子解答一个数字替换题。在这个乘法算式里，有些数字已经被星号所代替。那么，请你试试，看能否把这个算式还原回来。

47. 重量【中级】

你想听听哈肯布什先生回来时巴斯卡姆还记着哪些吗？同时，你能否计算出每一个盒子的重量呢？

48. 加法（2）【中级】

这里我们看到的是查理·秦，他是一位著名的杂耍大师，他此刻正在解决由某位观众提出的一个加法题。查理必须将图中 5 个三位数中的 6 个数位上的数字删去并使删除后的数相加的结果等于 1111（当一个数位上的数字被删去后，这个数位的数字用零代替）。查理可以在 30 秒内把问题解决。那么，你呢？

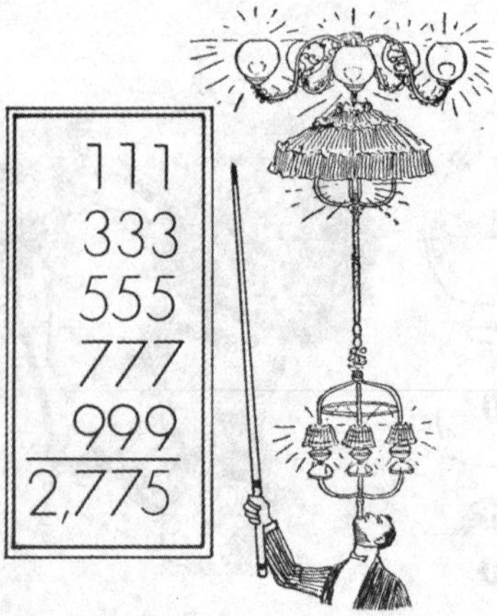

49. 迷信【中级】

对那些在万圣节前夕迷信的人来说，这是一个很好的思维游戏。南瓜先生给你 13 个 3，你怎样把这些数排列成一个等式并使结果等于 100？

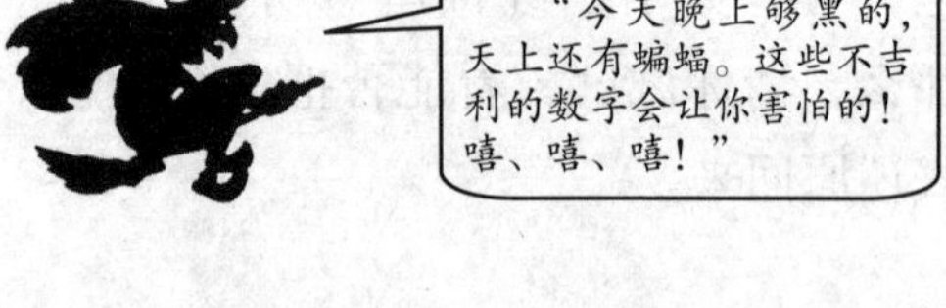

50.新式计算机【中级】

51.啤酒【中级】

很显然，这是发生在巴伐利亚的婚姻生活片段。但是，下面的对话中又出现一个有趣的问题。假如奥托没有跟他在一起，那么布伦希尔德自己喝光一桶啤酒要用多长时间呢？

52.数独格【中级】

在空白格子里填上1～9这9个数字，使得横向或纵向上没有被深色格子截断的一条空白格子里的数字之和等于它左边的数字（横向）或上面的数字（纵向）。在同一条没有被截断的格子里每个数字只能使用一次。应该怎样填呢？

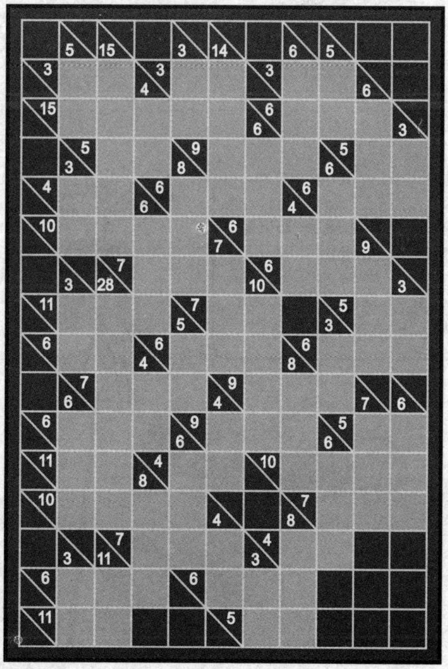

53. 三明治【中级】

54. 五角星游戏【中级】

19世纪初的表演者当然有五花八门的表演。但是，他那个极瘦的助手看起来却对他的能力表示怀疑。下图的毕达哥拉斯之星思维游戏要求玩家把圆圈中的数字重新排列，使五角星内任意一条线上的4个数字相加的结果等于24。那么，你准备怎么排列呢？

55. 跳跃（1）【中级】

比赛路线从起跑线到老橡树长14米，所以，整个比赛路线的总长度就是28米。蚱蜢一下能跳3米，而小青蛙一下只能跳2米。蚱蜢每跳3次，青蛙可以跳5次，它们谁会首先越过终点线获胜呢？

56. 加法（3）【中级】

诺贝尔沃尔佛教授人如其名（他的名字意思为火箭发射器），5分钟后，伊克曼这对孪生兄弟将“升空”，教授会用独一无二的方法表达对笨蛋的不悦。汉斯和费德尔的惊惶失措都因下面的问题而起：将一个五位数的奇数重新排列，使其数位上数字相加的结果等于20，相同的奇数可以重新使用。你也有5分钟的时间解答这个问题。

57. 晚宴【中级】

欢迎参加新泽西州布卢姆菲尔德镇的美味晚宴。哈里特经济餐馆点菜时所使用的语言十分有趣，我们把图中的字母编成了思维游戏。你在解答这个题时，要将所有的字母用数字来替换，相同的字母用相同的数字替换，而替换之后，你会将她所点的东西变成一个正确的数学表达式。

58. 靶子【中级】

世纪之交的家庭娱乐节目给我们带来一个有趣的思维游戏。亚历山大和他的妹妹西比拉在靶子上打出了相同的环数，他们一共得到了96分。那么，你知道这些箭射在哪些环上吗？

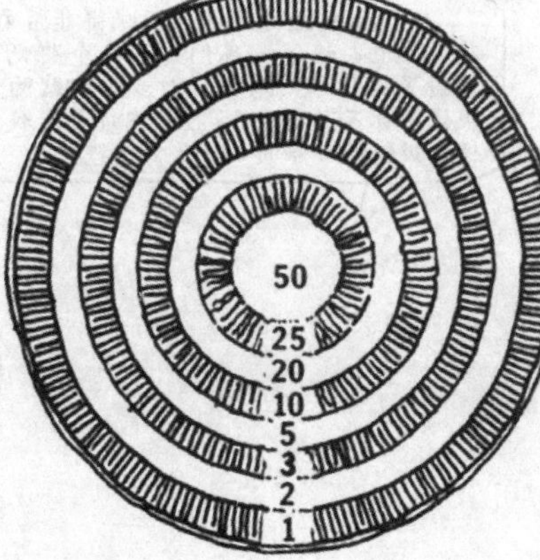

59. 圆圈（3）【中级】

墨尔本教授正在思考一个古老的思维游戏，这个题是他的一个学生带到课堂上的。这个题是这样说的：将 12 个数字放在右图的 12 个圆圈内，要求是外圈的数字相加的结果必须是内圈数字相加结果的 2 倍，而内圈的 4 个数字必须是连续的数字。

60. 速度【中级】

麦德·曼·莫里提是早期的驾车兜风狂。左图中的他正从老秃山的山顶往下狂奔，崎岖的山路十分危险，幸好他的车很结实，他从自己在乎特维利的家里出来之后以每小时 10 千米的速度从老秃山的一侧爬上去，然后又以每小时 20 千米的速度从山的另一侧下来。如果这时莫里提再折回到乎特维利，那么他往返旅行的平均速度是多少呢？

61. 打赌（1）【中级】

读者朋友也要在 15 秒内计算出结果。

62. 农场【中级】

听完这3个马匹交易者所说的话，你应该有足够的信息计算出他们各自有多少牲畜。

63. 符号【中级】

虽然流感季节来临，但是优秀的代课老师普里西拉·孙珊女士却毫不退缩。

“同学们，我看了昨天的测试结果，你们需要在如何使用符号上进行练习。上面的数学表达式是不正确的，你们只有把一个加号改为乘号，4个加号改为减号才能使它前后成立。因为这是最后阶段，所以即便下课铃响也要继续安心把它解答出来。”

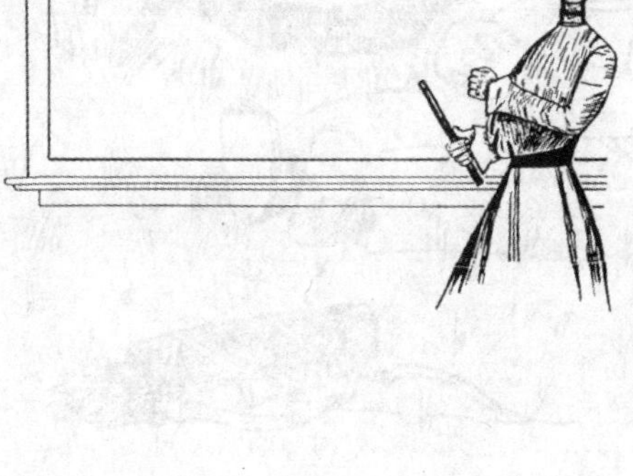

64. 竞赛之后【中级】

65. 三角形面积【中级】

图中正方形的边长为6个长度单位，已知三角形覆盖了正方形1/2的面积，正方形覆盖了三角形3/4的面积。请问三角形的面积是多少？

66. 失落的数字【高级】

仔细思考，请将竖式中失落的数字找回来。

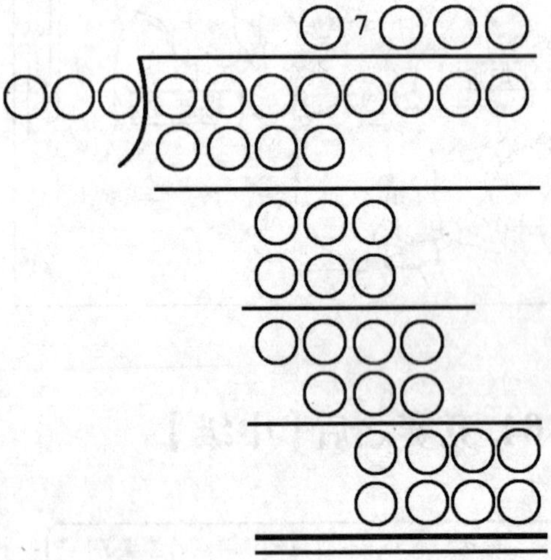

67. 射箭【高级】

费尔图克曾就一道古老的射箭难题向罗宾汉挑战。他把6支箭射在靶子上，这样他的总分就刚好达到100分。看样子，费尔图克好像知道答案而且可以摘得奖牌了。

提示：有4支箭射在了相同的靶环上。

68. 替换数字【高级】

当一位魔术师在装书的箱子里翻找时遇到了一个很麻烦的思维游戏，他手里拿的木板就是这个思维游戏。要解决这个思维游戏，你必须把全部圆点用 1 至 9 这几个数字代替，这样，其实就形成了一道数学题。上面没有数字 0，同时，每个数字都只能使用一次。请你试一试，看能否在半个小时之内推算出这道题的答案。

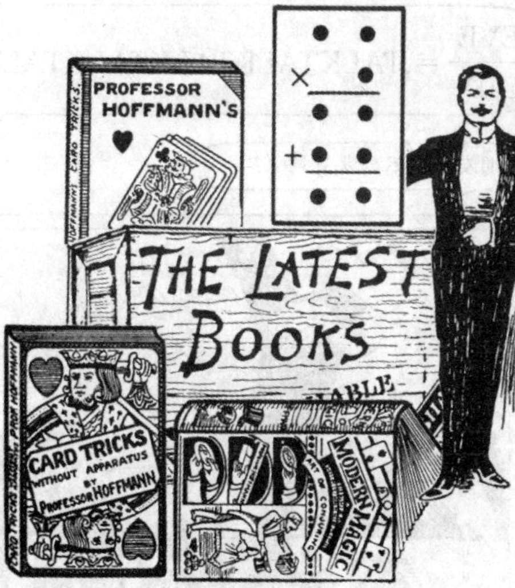

69. 三角形组【高级】

你能否将数字 1 ~ 12 填入多边形的 12 个三角形中，使得多边形中的 6 行（由 5 个三角形组成的三角形组）中，每行（每组）的和均为 33？

70. 年龄【高级】

你能帮助罗杰猜出马奇的真实年龄吗？

71. 亚当和夏娃【高级】

亚当从别人那里收到一封信。可是，我们发现这封关于夏娃的信却给我们留下一个很大的难题。那么，你能否用相同的数字代替相同的字母最后得出一个正确的数学表达式吗？

72. 讨论会【高级】

随着神圣一天的日益临近，参加圣诞老人讨论会的动物助手也开展了圣诞前的动员会。现在我们看到的是它们正在解答一个很难的数学题。要解决它，你必须用从1到9这9个数字替换数学表达式中的字母，同时，必须使最后得出的减法表达正确，相同的数字要替换相同的字母。

73. 号角民谣口琴【高级】

卡斯卡特家的孩子们最喜欢的一个玩具就是号角民谣口琴，这19个孩子每人都有一个录音筒，里面记录了他们睡觉前的一个小故事，他们把录下的声音保存在专门的记录盒内。莫尔叔叔告诉他们记录槽被12根横木连接起来，外部有6根，另外6根作为辐条放在里面。每根横木上连接3个槽。“我给你们出一个思维游戏，”他说，“看看你们能不能将这19个标有数字的记录筒进行排列，使排列之后任意一根横木上的3个数字相加的结果等于23。”

欢迎读者朋友把记录盒拷贝下来，然后与莫尔叔叔一起玩。

答 案

1…

连接如图。

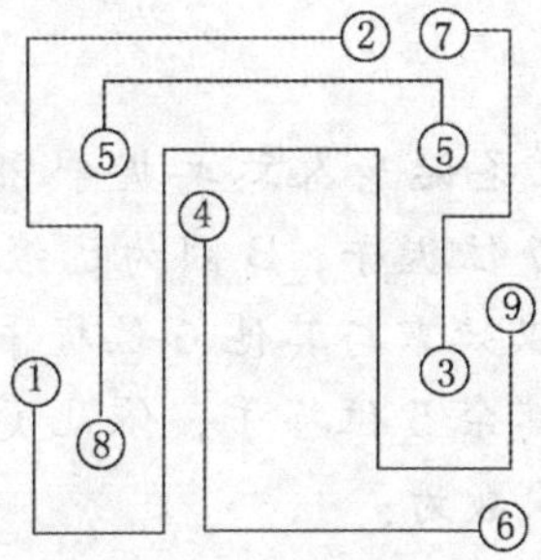

2…

625。用10减去数字里的每位数上的数字得到破解后的数字。

3…

书虫一共走了6.8厘米。书虫如果要从第一册第一页开始向右侧的第三册推进的话，第一件事情就是先从第一册的书开始破坏，接着是第一册的封底、第二册的封面、第二册书，之后是第二册的封底，然后是第三册的封面，最后是2厘米厚的书（即思维游戏的终点线）。期间，一共经过4个封页以及3册书的厚度，享用了6.8厘米的美味。

4…

线段OD是圆的半径，它的长度是14厘米。图形ABCO是个长方形，它与圆的中心以及圆边都相交。因此，线段OB（即圆的半径）的长度为14厘米。因为长方形的两个对角线的长度都相等，所以，线段AC与线段OB的长度相等，即14厘米。

5…

如果用小玻璃杯的话，我们倒8次才能把大玻璃杯装满水。因为大玻璃杯在杯身直径和高度上是小玻璃杯的2倍，所以它的体积就是小玻璃杯的体积乘以8。比如，我们拿一个1厘米 ×1厘米 ×1厘米的立方体举例，它的体积为1立方厘米；那么，大玻璃杯的体积，即2厘米 ×2厘米 ×2厘米，这时它的体积就是8立方厘米。

6…

贝蒂骑1个小时的自行车后把自行车放在路边，并继续步行2个小时，行走8千米后到达她的姑妈家；纳丁步行2个小时后到达放自行车的地方，然后骑1个小时的自行车，这样她就能和贝蒂同时在最短的时间到达姑妈家。

7...

钱包里有2张50元的钞票、2张100元的钞票、4张5元的钞票。

8...

达芙妮的主人每次都在前一次的基础上降价20%，所以，最后的售价是563.20元。

9...

答案如下：

1 + 2 + 3 + 4 + 5 + 6 + 7 + 8×9 = 100

10...

一共有5040种不同的排列方式（即：7×6×5×4×3×2×1 = 5040）。

11...

答案中的一种如图所示：

12...

答案为：$55\frac{5}{5}$

13...

答案如下：

123 − 45 − 67 + 89 = 100

14...

这3只鸟是25，6，19。

15...

8位圣诞老人总共握手28次。A与其他7位握手，B因为已经与A握过手所以只需与其他6位握手，而C只需与其余5位握手，依此类推，握手的总次数为：

7+6+5+4+3+2+1=28

16...

将最大和最小的数组成一对（1+100=101；2+99=101；3+98=101）依此类推，这样，会得到50对数字。所以，50×101=5050，即“心算”的算法。

17...

答案如下图：

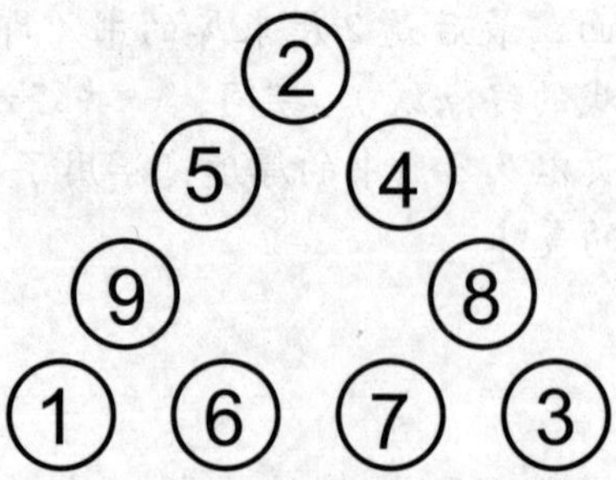

18...

最好的计算方法就是从哈比的有利位置考虑问题：首先他离开帽子航行了 5 分钟，然后转身向回航行了 5 分钟并把帽子捡起来。在这个过程当中，帽子以水流速度在下游漂流了 1 千米，由于帽子用了 10 分钟漂流 1 千米，所以我们依此计算得出河流的水流速度是 6 千米 / 小时。

19...

下面是弗朗昆教授最后想出来的答案。

$$44+\frac{44}{4}=55$$

20...

这个题有多种解法，下面是其中的一种解法：

$$333333\times3+1=1000000$$

21...

如图：

$$\begin{array}{r} 98765432 \\ \times\qquad\quad 9 \\ \hline 888888888 \end{array}$$

22...

92 页。从第 20 ~ 25 页共有 6 页，那么从 100 里减去 6 就是 94 页……那就错了。纸是有正反两面的，所以不可能只脱落其中的一面。既然第 20 页脱落了，那么第 19 页也必定脱落。同理第 25 页脱落了，那么背面的第 26 页也必然随之脱落。综上所述，应该是从第 19 ~ 26 页共计 8 页脱落了。即：100−8=92。

23...

如图：

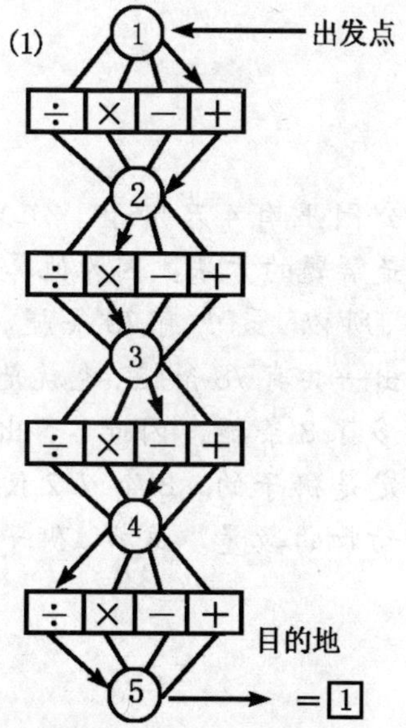

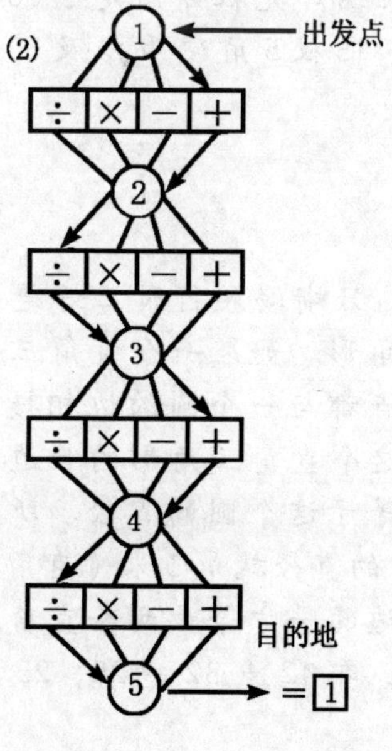

24…

把那条带4个环的链子拿出来，将上面的4个环都打开，这样会花费4元。接着，利用这4个环把剩余的5条链子连在一起；然后，把这4个环焊接在一起，这会花费2元。所以，一条29个节的链子一共会花费6元。

25…

公园里有4只狮子、31只鸵鸟。以下是解题的方法：因为他算出有35个头，所以，最少有70条腿。但是，他算出一共有78条腿，也就是比最少的数多了8条腿，因此，多出的8条腿必定是狮子的。8除以2便是四条腿的动物的数量。这样，狮子的数量是4。

26…

比纳库克拉斯偷走了60枚1元硬币、15枚5角硬币以及50枚5分硬币。

27…

这只蜥蜴爬行时正好是一个直角三角形。如果一个直角三角形的三个点都与一个圆的边相接触，那么，这个直角三角形的长边，即斜边就等于这个圆的直径。所以，圆（窝）的直径就是5米（直角三角形的斜边的平方等于两条直角边的平方和，即42 + 32 = 25，25的平方根等于5）。

28…

答案如下：

解题步骤：(1) 因为第一个值与除数相同，所以，商的第一个值就是1；(2) 根据第二次减运算，可用得知字母E肯定是0，因为字母FC原封不动的放在了下面；(3) 字母FEE所代表的数字就是100，而这正是字母AB与第二个值的乘积，除数不可以是0，所以当一个两位数和一个一位数相乘能够得出100的只有25，因此，商的第二个值就是4；(4) 在第一次减运算中，字母GH与25的差是11，所以，字母GH肯定是36；(5) 这最后一个字母C就是7，8或者9。如果你每一个都试一试，那么，你很快就可以发现只有7最合适。

```
       147
  25 ⟌3675
       25
       117
       100
        175
        175
```

29…

乘客车厢每个4元，买了3个（共12元）；货物车厢每个0.5元，买了15个（共7.5元）；煤炭车厢每个0.25元，买了2个（共0.5元）。这些费用加起来就是12+7.5+0.5=20。

30...

其中的一个答案为：草莓酱每罐 0.5 元，而桃酱每罐 0.4 元。在原先的交易中，3 罐草莓酱花费 1.5 元，而 4 罐桃酱则花费 1.6 元，这样，一共花费了 3.1 元。

31...

奈德的得分如下：10 分靶槽内有 14 个铁圈，共得分 140；20 分靶槽内有 8 个铁圈，共得分 160；50 分靶槽内有 2 个铁圈，共得分 100；100 分靶槽内有 1 个铁圈，得分 100。这样，140 + 160 + 100 + 100 = 500。

32...

动物园里有 5 只大猩猩、25 只猿以及 70 只狐猴。

33...

在第一层，将布袋（7）和（2）交换，这样就得到单个布袋数字（2）和两位数字（78），两个数相乘结果为 156。接着，把第三行的单个布袋（5）与中间那行的布袋（9）交换，这样，中间那行数字就是 156。然后，将布袋（9）与第三行两位数中的布袋（4）交换，这样，布袋（4）移到右边成为单个布袋。这时，第三行的数字为（39）和（4），相乘的结果为 156。总共移动了 5 步就把这个题完成了。

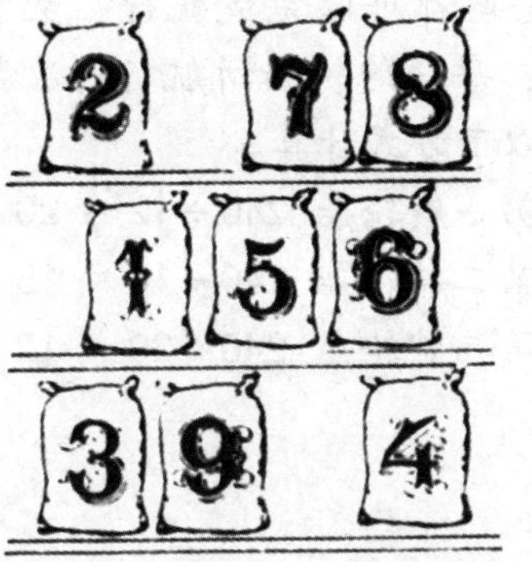

34...

答案如下图：

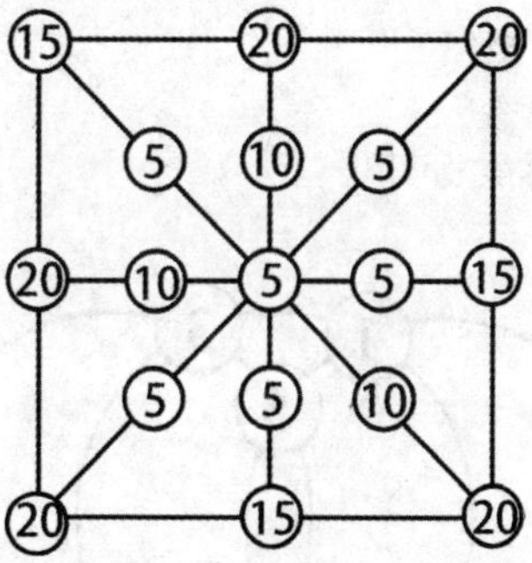

35...

答案如下图：

16	3	2	13
5	10	11	8
9	6	7	12
4	15	14	1

36...

这 3 艘轮船下次同一天驶出纽约港需要等到 240 天以后。因为 240 是 12、16、20 的最小公倍数，在这期间

3 艘轮船都可以完成航行。至于这段时间，每一艘轮船所航行的次数，可以按以下方式计算。

第一艘轮船 :240÷12 = 20 次；

第二艘轮船 :240÷16 = 15 次；

第三艘轮船 :240÷20 = 12 次。

37...

将字母用以下数字来代替：a = 2,b = 11,c = 8,d = 1,e = 14,f = 4,h = 13,i = 5,j = 9。

38...

答案如下：

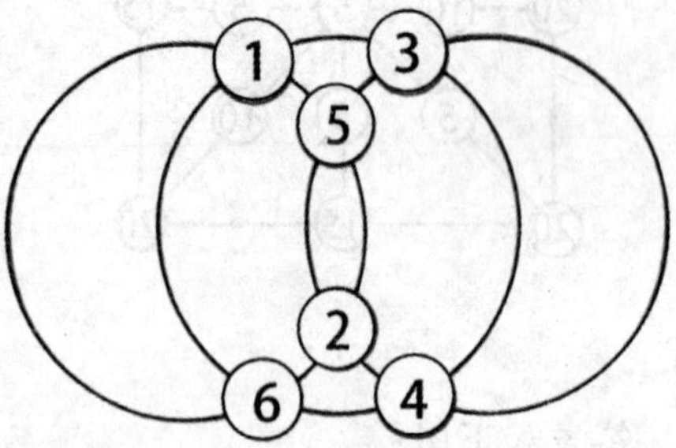

39...

他这 5 轮中，每轮分别打进了 8，14，20，26，32 个球。

40...

答案如下：

$$\begin{array}{r} 173 \\ +\ 4 \\ \hline 177 \end{array} \qquad \begin{array}{r} 85 \\ +\ 92 \\ \hline 177 \end{array}$$

41...

答案如下：

$$\begin{array}{r} 98765 \\ +\ 1234 \\ \hline 99999 \end{array}$$

42...

答案如下：

20	1	12
3	11	19
10	21	2

43...

线段 BD、DG 和 GB 构成一个等边三角形。因此，线段 BD 和 DG 之间的角度是 60° 。

44...

下面的步骤清楚地说明了计算过程：

步骤 1

20×4 = 80（周长）。

步骤 2

80÷3.14 = 25.48（直径）。

步骤 3

25.48×25.48 = 649.23

（正方形面积）。

步骤 4

25.48÷2 = 12.74

（圆半径）。

步骤 5

12.74×12.74×3.14 = 509.65（圆面积）。

步骤 6

649.23 − 509.65 = 139.58（四个角的面积）。

步骤 7

139.58÷4 = 34.9（蜘蛛网的面积）。

45...

在这个递进关系中，每一袋里的硬币都比它前一袋的硬币少。每一袋里的硬币数都是第一袋里的硬币数（即 60 枚硬币）与那袋的序数比。

第一袋 = 60 枚硬币

第二袋 = 30 枚硬币（$\frac{1}{2}$）

第三袋 = 20 枚硬币（$\frac{1}{3}$）

第四袋 = 15 枚硬币（$\frac{1}{4}$）

第五袋 = 12 枚硬币（$\frac{1}{5}$）

第六袋 = 10 枚硬币（$\frac{1}{6}$）

46...

完整的算式应该是：

```
    117
  × 319
  -----
   1053
   117
  351
  -----
  37323
```

47...

盒子 1 的重量是$5\frac{1}{2}$千克；

盒子 2 的重量是$6\frac{1}{2}$千克；

盒子 3 的重量是 7 千克；

盒子 4 的重量是$4\frac{1}{2}$千克；

盒子 5 的重量是$3\frac{1}{2}$千克。

48...

答案如下：

```
  1××        100
  33×        330
  5×5        505
  ×77        077
 +×99       +099
 ----       ----
 1111       1111
```

49...

这是个难题，但是它却有不止一个答案。下面是我们所知道的一个答案：

$3^3+3^3+3^3+\left(\frac{3}{3}\right)^3+3\times3+3\times3=27+27+27+1+9+9=100$

50...

答案是 301。

51...

布伦希尔德一天内可以喝：

$$\frac{1}{14}-\frac{1}{20}=\frac{20}{280}-\frac{14}{280}=\frac{6}{280}=\frac{3}{140}$$

布伦希尔德一天喝$\frac{3}{140}$桶的啤酒。140除以3，得出$46\frac{2}{3}$天，即布伦希尔德自己喝光一桶啤酒所用的天数。

52...

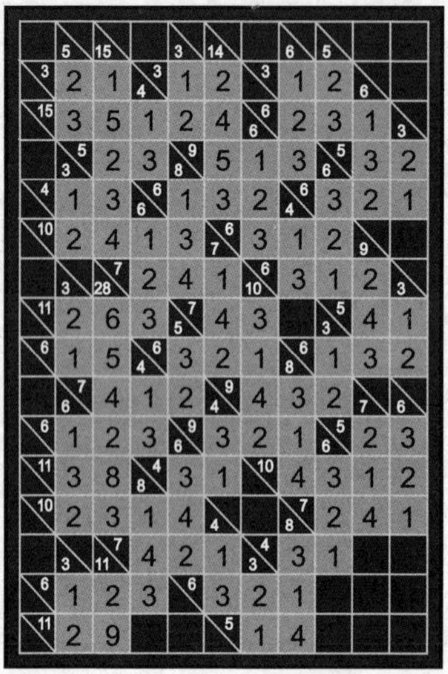

53...

满足条件的三明治的总数为121。

54...

这是我们知道的一个解答这个题的办法。

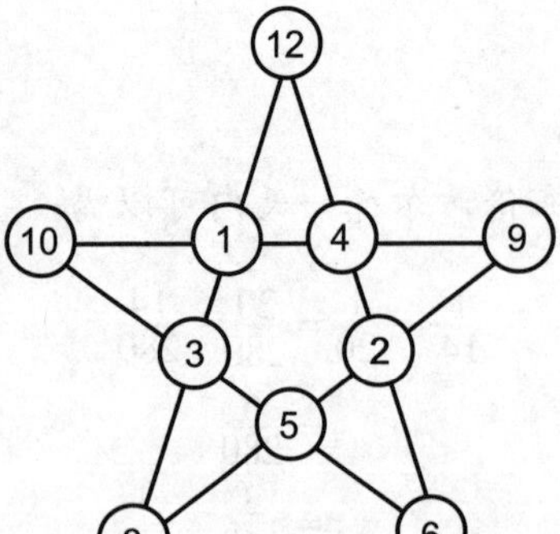

55...

第一个冲过终点的是小青蛙。当它们到达橡树时，青蛙跳了7次，正好到达橡树，而蚱蜢在跳第5次时却超出了1米。这时，它们转身往回跳。由于蚱蜢每跳3次，青蛙就可以跳5次。所以，青蛙当然会轻松击败蚱蜢。

56...

在答案中，两个数位上的数字组成了一个奇数：13 + 3 + 3 + 1 = 20（注意：13是由两个数位上的数字组成的）。

57...

$$\begin{array}{r} 759 \\ 75 \\ +\ 629 \\ \hline 1463 \end{array}$$

58...

亚历山大和他的妹妹西比拉的得分如下：两箭射中25环、两箭射中20环、两箭射中3环。

59...

内圈的数字是5，6，7，8，这4个数字相加的结果等于26。而外圈的数字是1，2，3，4，9，10，11，12，它们相加的结果等于52，正好是内圈数字相加结果的2倍。

60…

莫里提行走的总路程除以总时间就是答案所要的平均速度。假如老秃山每个山坡从底部到顶部的距离都是20千米，那么莫里提上山会用2个小时、下山会用1个小时。由于返回去所用的时间也是3个小时，所以整个路程就用了6个小时。在这个时间之内，他一共走了80千米的路。这样，平均速度就等于80除以6，即$13\frac{1}{3}$千米/小时。

61…

任何数的$\frac{3}{4}$的$\frac{2}{3}$都等于这个数的一半。答案如下：

$$\frac{2}{3}\times\frac{3}{4}\times 111=\frac{1}{2}\times 111$$
$$=55.5\text{元}$$

62…

苏巴克有11头牲畜、埃比尼泽有7头牲畜、押沙龙有21头牲畜。

63…

答案如下所示：

9 + 8 + 7 − 6 − 5 − 4×3 − 2 + 1 = 0

64…

答案为：

A B C	1 9 8
× D E	× 2 7
F G H I	5 3 4 6

65…

三角形面积是24个平方单位，正方形面积为36个平方单位。

假设三角形面积为X，我们可以得出这个方程式：3X/4=36/2，答案是X=24。

66…

从算式的最后一层可看出（有些数字用字母表示）图①，c=0。efg−hij是三位数，而lmnp−rst是两位数，所以lmnp>efg，因此rst>hij，这样b>7。a和d分别与除数相乘后都得四位数，由此a>b，d>b，这样只可能b=8，a=d=9，现在得商是97809。

因rst≤999，所以除数不能大于124。xy不能大于11，应是10或11，又lmnp≥1000，因此rst>988，123×8=984，所以除数一定大于123。除数只能是124，被除数是124×97809=12128316，如图②。

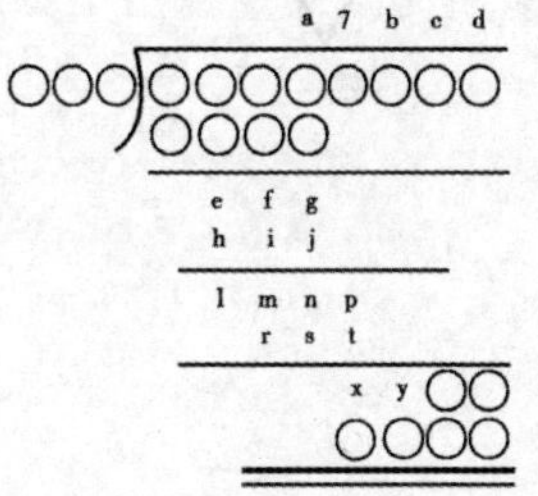

①

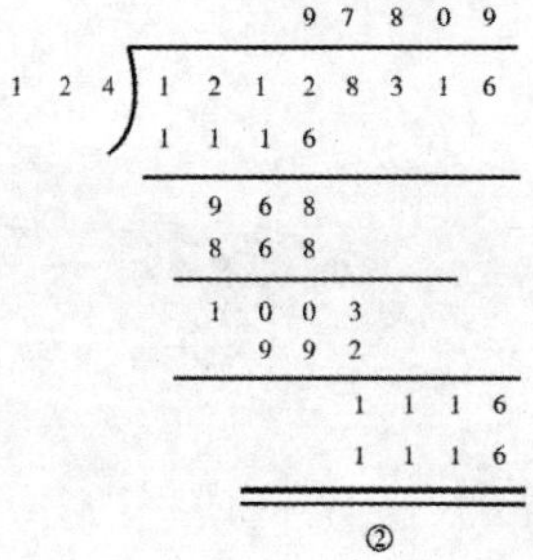

②

67...

6支箭的分数刚好达到100分，那么他射中的靶环依次为：16、16、17、17、17、17。

68...

答案如图：

$$\begin{array}{r} 17 \\ \times\quad 4 \\ \hline 68 \\ +\quad 25 \\ \hline 93 \end{array}$$

69...

这里给出其中一种解法：

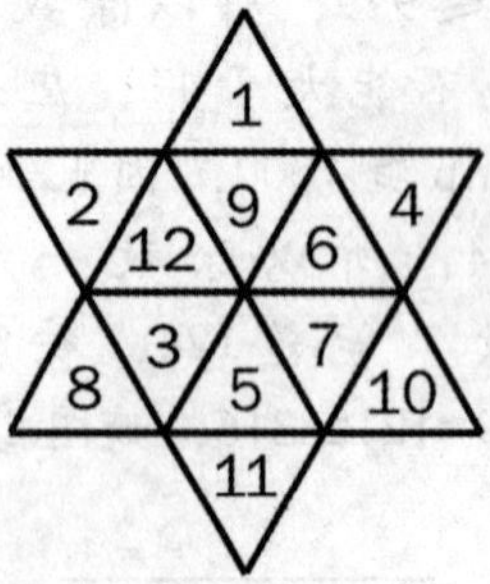

70...

马奇现在30岁，她的妹妹维罗妮卡10岁。

71...

这个题的答案是：

$$\frac{242}{303}=.798679867986\cdots\cdots$$

72...

以下是我们知道的两个答案：

$$\begin{array}{r} 24794 \\ -16452 \\ \hline 8342 \end{array} \qquad \begin{array}{r} 36156 \\ -28693 \\ \hline 7463 \end{array}$$

73...

下图中的答案是解决这个题的方法之一。

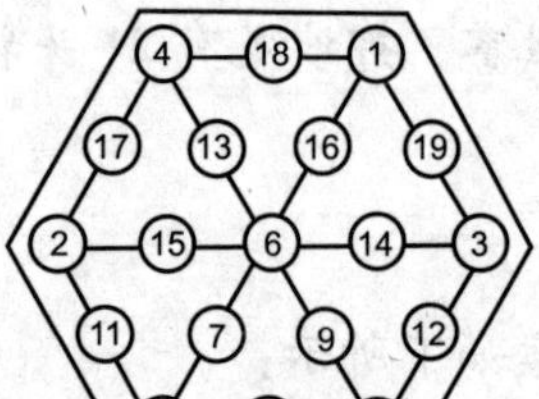

第5章

类比法

类比推理是数学中常用的一种逻辑推理方法。类比推理是根据两个事物有一部分属性相类似，推出这两个事物的其他属性相类似的一种方法，生活中的很多领域都要用到类比推理。

逻辑思维中的类比法，更多的是与生活中我们熟悉的、常见的事物进行类比，这就要求大家能更多地关注生活中的一些细节。

1. 真的没有时间吗【初级】

一个人经常抱怨没有学习时间，有一次他又对朋友说：“你知道吗？我的时间太紧张了，以至于我没有学习的时间。你看，我每天要睡 8 个小时，这样一年的睡眠时间就是 122 天。我们寒假和暑假加起来又有 60 天。我们每星期休息 2 天，那么一年又要休息 104 天。我每天吃饭还要 3 个小时，那么一年就需要 46 天。我每天从学校到家走路共需要 2 个小时，这些又有 30 天。你看看，所有的这些加起来有 362 天了。”他停了一下说：“我一年只有 4 天的时间学习，那能有什么成绩呢！”你知道这个人错误的地方吗？

2. 文字推数【初级】

下面 5 个答案中哪一个是最好的类比？“预杉”对于“须杼”相当于 8326 对于：

A. 2368

B. 6283

C. 2683

D. 6328

E. 3628

3. 碑铭【初级】

斯皮尔牧师在去做晚祷的路上碰到了图中的墓碑。而碑铭中的某些东西让他很烦恼。他思考了一会儿发现里面有个错误。那么，你能否找出牧师发现的那个错误呢？

4. 单词【初级】

右图中的8个单词有什么共同点呢？

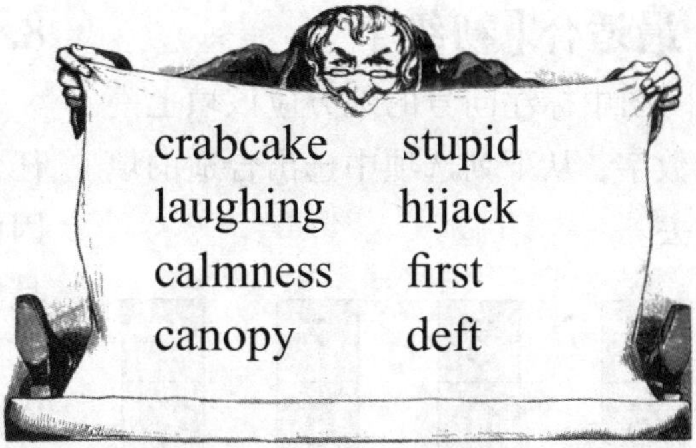

5. 长袜【初级】

虽然罗杰爵士过分讲究衣饰，但他曾被称作是出色的剑客。虽然他的击剑决斗生涯充满波折，但他总会为决斗好好打扮一番。一天早晨，当他再次为决斗装扮自己时，他要找一双长袜。他知道衣柜底下的抽屉里有10双白色长袜和10双灰色长袜。但是，由于衣柜顶上只有一根蜡烛，光线太暗，以至他无法辨认哪个是白色哪个是灰色。那么，你认为他最少从抽屉里拿出几只袜子便可以在外边光亮处找到并穿上颜色搭配的一双袜子呢？

6. 一样的小马【初级】

下边方框内的哪一个图形与给定的图形完全相同？

7. 最适合【初级】

图中标注问号的地方应该填上一列数字，从下列选项中选出合适的填上去。

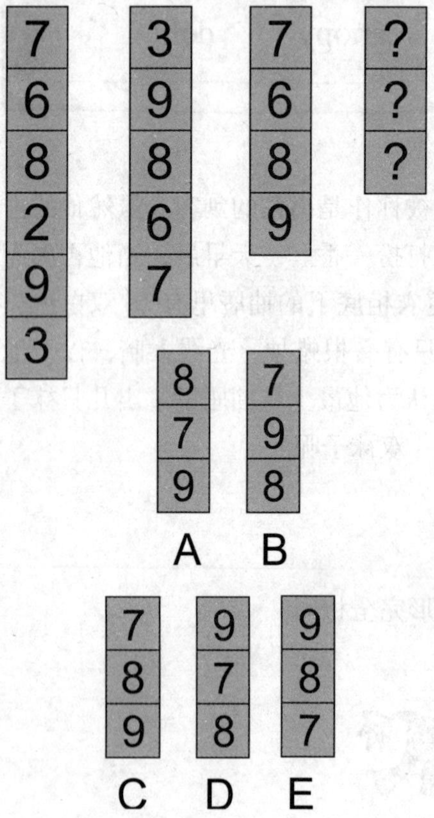

8. 假设【中级】

所有的物质实体都可以再分，而任何可以再分的东西都是不完美的。因而，灵魂并非物质实体。以下哪项是使上文结论成立的假设？

A. 所有可以再分的东西都是物质实体。

B. 没有任何不完美的东西是不可再分的（所有完美的东西是不可再分的）。

C. 灵魂是可分的。

D. 灵魂是完美的。

9. 哪里人【中级】

所有的赵庄人穿白衣服；所有的李庄人穿黑衣服。没有既穿白衣服又穿黑衣服的人。李四穿黑衣服。如果上述是真的，以下哪项一定是真的？

A. 李四是李庄人

B. 李四不是李庄人

C. 李四是赵庄人

D. 李四不是赵庄人

10. 判断正误【中级】

下面的 3 个论断中，有一个是正确的，你知道是哪个吗？

1. 这里正确的论断有一个。
2. 这里正确的论断有两个。
3. 这里正确的论断有三个。

同样，下面的三个论断中，也只有一个正确，请选择出来。

1. 这里错误的论断有一个。
2. 这里错误的论断有两个。
3. 这里错误的论断有三个。

11. 成才与独生【中级】

一项研究报告表明，在具有高级职称的科技人员中，在兄弟姐妹中排行老大的占48%，排行老二的占33%，排行老三的占15%，其余排行的占2%。由此我们可以得出下列哪一个结论？

A. 排行老大的一般都能成才。

B. “成才”的科技人员多数是独生子女。

C. “成才”的可能性与其在兄弟姐妹中排行次序无关。

D. 在兄弟姐妹中排行越大，“成才”的可能性越大。

12. 挽救熊猫的方法【中级】

为了挽救濒临灭绝的大熊猫，一种有效的方法是把它们都捕获到动物园进行人工饲养和繁殖。以下哪项为真，最能对上述结论提出质疑？

A. 近5年在全世界各动物园中出生的熊猫总数是9只，而在野生自然环境中出生的熊猫的数字，不可能准确地获得。

B. 只有在熊猫生活的自然环境中，才有它们足够吃的嫩竹，而嫩竹几乎是熊猫的唯一食物。

C. 动物学家警告，对野生动物的人工饲养将会改变它们的某些遗传特性。

D. 提出上述观点的是一个动物园主，他的动议带有明显的商业动机。

13. 犯罪嫌疑人【中级】

某珠宝店被盗，警方已发现如下线索：(1) 甲、乙、丙3人中至少有一个人是犯罪嫌疑人。(2) 如果甲是犯罪嫌疑人，则乙一定是同案犯。(3) 盗窃发生时，乙正在咖啡店喝咖啡。谁是嫌疑人呢？

A. 甲是犯罪嫌疑人。

B. 甲、乙都是犯罪嫌疑人。

C. 甲、乙、丙都是犯罪嫌疑人。

D. 丙是犯罪嫌疑人。

14. 百米冠军【中级】

田径场上正在进行100米决赛。参加决赛的是A，B，C，D，E，F等6个人。关于谁会得冠军，看台上甲、乙、丙谈了自己的看法：乙认为冠军不是A就是

B。丙坚信冠军绝不是C。甲则认为D，E，F都不可能取得冠军。比赛结束后，人们发现他们3个中只有一个人的看法是正确的，请问谁是100米决赛冠军？

15. 堆积（1）【中级】

下面的砖堆并不是孩子们玩耍时随意堆砌的，而是暗示了右边空白砖堆的最终结果，和其他砖堆一样，空白的一堆内有6块砖，每块上标有字母A，B，C，D，E，F中的一个，且各不相同。砖堆下面的数字告诉你两个信息：

1. 每堆内符合以下条件的砖对数：这堆中相邻的砖对在结果中仍相邻且顺序相同。

2. 每堆内符合以下条件的砖对数：这堆中相邻的砖对在结果中仍相邻，但顺序颠倒。

如：

一堆内如有AC，结果堆内包含相同的相邻的两块砖，若A在C上面，就在该堆下面的“正确”栏内标1，相反，如果结果堆内相邻两块砖中C在A上面，就在相应的“颠倒”栏内标1，根据所给信息，你能标出结果堆上面的字母序列吗？

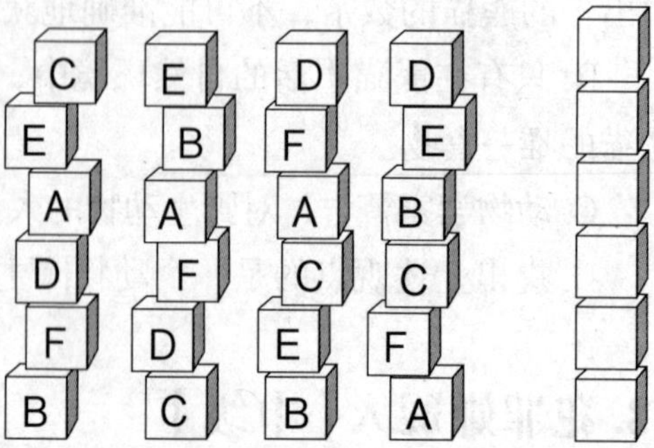

正确	0	0	0	0	5
颠倒	1	1	1	1	0

16. 堆积（2）【中级】

下面的砖堆并不是孩子们玩耍时随意堆砌的，而是暗示了右边空白砖堆的最终结果，和其他砖堆一样，空白的一堆内有6块砖，每块上标有字母A，B，C，D，E，F中的一个，且各不相同。砖堆下面的数字告诉你两个信息：

1. 每堆内符合以下条件的砖对数：这堆中相邻的砖对在结果中仍相邻且顺序相同。

2. 每堆内符合以下条件的砖对数：这堆中相邻的砖对在结果中仍相邻，但顺序颠倒。

如：

一堆内如有AC，结果堆内包含相同的相邻的两块砖，若A在C上面，就在该堆下面的“正确”栏内标1，相反，如果结果堆内相邻两块砖中C在A上面，就在相应的“颠倒”栏内标1，根据所给信息，你能标出结果堆上面的字母序列吗？

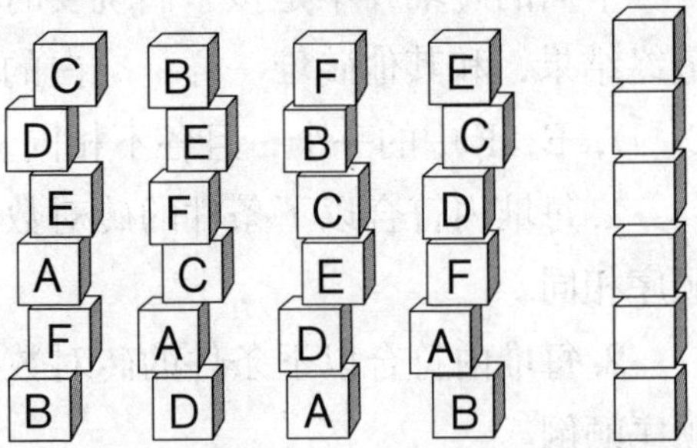

正确	0	0	2	0	5
颠倒	2	1	0	0	0

17. 堆积（3）【中级】

下面的砖堆并不是孩子们玩耍时随意堆砌的，而是暗示了右边空白砖堆的最终结果，和其他砖堆一样，空白的一堆内有6块砖，每块上标有字母A，B，C，D，E，F中的一个，且各不相同。砖堆下面的数字告诉你两个信息：

1. 每堆内符合以下条件的砖对数：这堆中相邻的砖对在结果中仍相邻，且顺序相同。

2. 每堆内符合以下条件的砖对数：这堆中相邻的砖对在结果中仍相邻，但顺序颠倒。

如：

一堆内如有AC，结果堆内包含相同的相邻的两块砖，若A在C上面，就在该堆下面的“正确”栏内标1，相反，如果结果堆内相邻两块砖中C在A上面，就在相应的“颠倒”栏内标1，根据所给信息，你能标出结果堆上面的字母序列吗？

正确	0	0	0	0	5
颠倒	2	2	0	1	0

18. 堆积（4）【中级】

下面的砖堆并不是孩子们玩耍时随意堆砌的，而是暗示了右边空白砖堆的最终结果，和其他砖堆一样，空白的一堆内有6块砖，每块上标有字母A，B，C，D，E，F中的一个，且各不相同。砖堆下面的数字告诉你两个信息：

1. 每堆内符合以下条件的砖对数：这堆中相邻的砖对在结果中仍相邻，且顺序相同。

2. 每堆内符合以下条件的砖对数：这堆中相邻的砖对在结果中仍相邻，但顺序颠倒。

如：

一堆内如有AC，结果堆内包含相同的相邻的两块砖，若A在C上面，就在该堆下面的“正确”栏内标1，相反，如果结果堆内相邻两块砖中C在A上面，就在相应的“颠倒”栏内标1，根据所给信息，你能标出结果堆上面的字母序列吗？

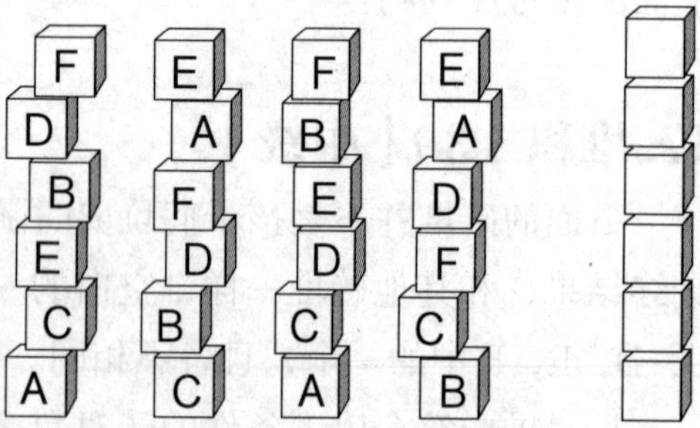

正确	1	0	0	0	5
颠倒	0	0	2	0	0

19. 堆积（5）【中级】

下面的砖堆并不是孩子们玩耍时随意堆砌的，而是暗示了右边空白砖堆的最终结果，和其他砖堆一样，空白的一堆内有6块砖，每块上标有字母A，B，C，D，E，F中的一个，且各不相同。砖堆下面的数字告诉你两个信息：

1. 每堆内符合以下条件的砖对数：这堆中相邻的砖对在结果中仍相邻，且顺序相同。

2. 每堆内符合以下条件的砖对数：这堆中相邻的砖对在结果中仍相邻，但顺序颠倒。

如：

一堆内如有AC，结果堆内包含相同的相邻的两块砖，若A在C上面，就在该堆下面的“正确”栏内标1，相反，如果结果堆内相邻两块砖中C在A上面，就在相应的“颠倒”栏内标1，根据所给信息，你能标出结果堆上面的字母序列吗？

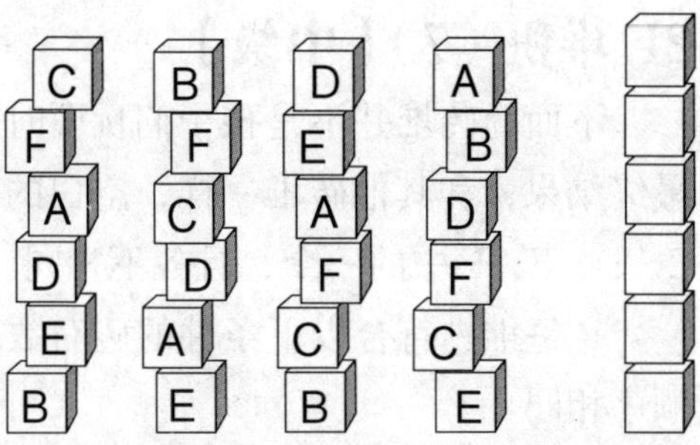

正确	0	2	1	0	5
颠倒	1	0	0	0	0

20. 堆积（6）【中级】

下面的砖堆并不是孩子们玩耍时随意堆砌的，而是暗示了右边空白砖堆的最终结果，和其他砖堆一样，空白的一堆内有6块砖，每块上标有字母A，B，C，D，E，F中的一个，且各不相同。砖堆下面的数字告诉你两个信息：

1. 每堆内符合以下条件的砖对数：这堆中相邻的砖对在结果中仍相邻，且顺序相同。

2. 每堆内符合以下条件的砖对数：这堆中相邻的砖对在结果中仍相邻，但顺序颠倒。

如：

一堆内如有AC，结果堆内包含相同的相邻的两块砖，若A在C上面，就在该堆下面的“正确”栏内标1，相反，如果结果堆内相邻两块砖中C在A上面，就在相应的“颠倒”栏内标1，根据所给的信息，你能标出结果堆上面的字母序列吗？

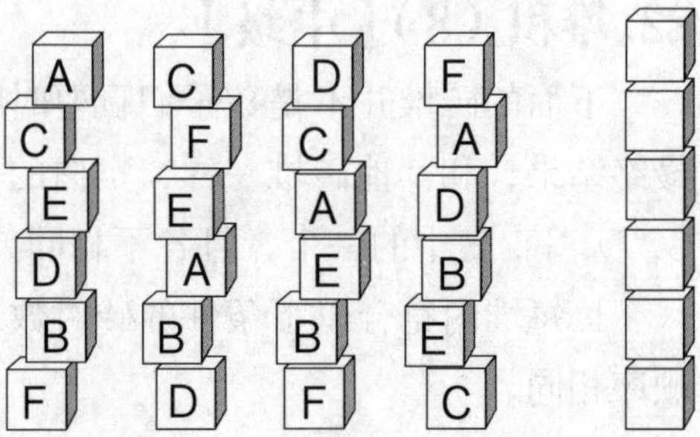

正确	0	1	0	0	5
颠倒	1	1	1	0	0

21. 堆积（7）【中级】

下面的砖堆并不是孩子们玩耍时随意堆砌的，而是暗示了右边空白砖堆的最终结果，和其他砖堆一样，空白的一堆内有6块砖，每块上标有字母A，B，C，D，E，F中的一个，且各不相同。砖堆下面的数字告诉你两个信息：

1. 每堆内符合以下条件的砖对数：这堆中相邻的砖对在结果中仍相邻，且顺序相同。

2. 每堆内符合以下条件的砖对数：这堆中相邻的砖对在结果中仍相邻，但顺序颠倒。

如：

一堆内如有AC，结果堆内包含相同的相邻的两块砖，若A在C上面，就在该堆下面的“正确”栏内标1，相反，如果结果堆内相邻两块砖中C在A上面，就在相应的“颠倒”栏内标1，根据所给的信息，你能标出结果堆上面的字母序列吗？

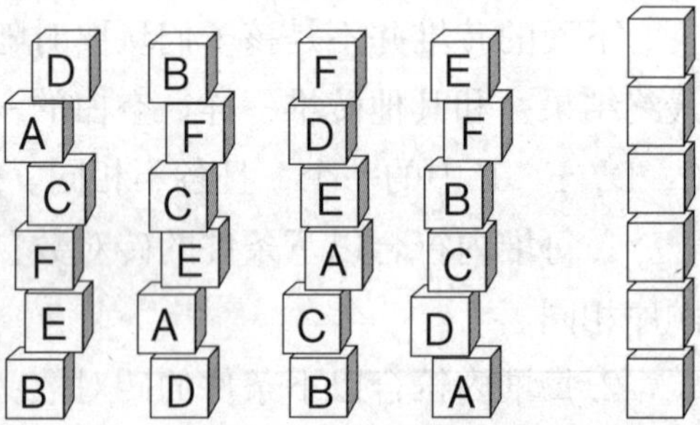

正确	1	1	1	0	5
颠倒	0	0	0	0	0

22. 堆积（8）【中级】

下面的砖堆并不是孩子们玩耍时随意堆砌的，而是暗示了右边空白砖堆的最终结果，和其他砖堆一样，空白的一堆内有6块砖，每块上标有字母A，B，C，D，E，F中的一个，且各不相同。砖堆下面的数字告诉你两个信息：

1. 每堆内符合以下条件的砖对数：这堆中相邻的砖对在结果中仍相邻，且顺序相同。

2. 每堆内符合以下条件的砖对数：这堆中相邻的砖对在结果中仍相邻，但顺序颠倒。

如：

一堆内如有AC，结果堆内包含相同的相邻的两块砖，若A在C上面，就在该堆下面的“正确”栏内标1，相反，如果结果堆内相邻两块砖中C在A上面，就在相应的“颠倒”栏内标1，根据所给的信息，你能标出结果堆上面的字母序列吗？

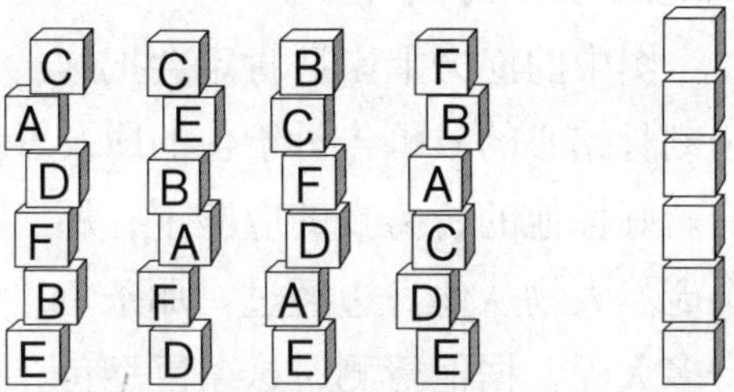

正确	0	1	0	1	5
颠倒	0	0	3	0	0

23. 商业调查【中级】

从表面上看，可以说西尔威斯特的调查结果越来越让人担心了。我们先不说芥末账目的出入。火山芥末公司委托他们调查有多少人喜欢辛辣的芥末、有多少人喜欢清淡的芥末。下面是他们呈交的报告：

接受调查的人数 ....300 人

喜欢辛辣芥末的人数 ....234 人

喜欢清淡芥末的人数 ....213 人

既喜欢辛辣芥末又喜欢清淡芥末的人数 ....144 人

从来不使用芥末的人数 ....0 人

当火山芥末公司认真研究这份报告之后，公司十分生气并立刻解除与西尔威斯特调查公司的合作关系，原因是总数计算不正确。那么，你能否找出报告中的错误呢？

24. 巨型鱼【中级】

图中的渔夫上岸后肯定会把这个刻骨铭心的故事告诉给他的朋友们。好像他的祈祷真的应验了，那个庞然大物从他身边经过。那条鱼有多大呢？据他猜测，这条巨型鱼的头有60米长，它的尾巴是身体长度的一半与头的长度的总和，而它的身体又是整个长度的一半。那么，这个深水动物各部分的长度该如何计算呢？

25. 小丑【中级】

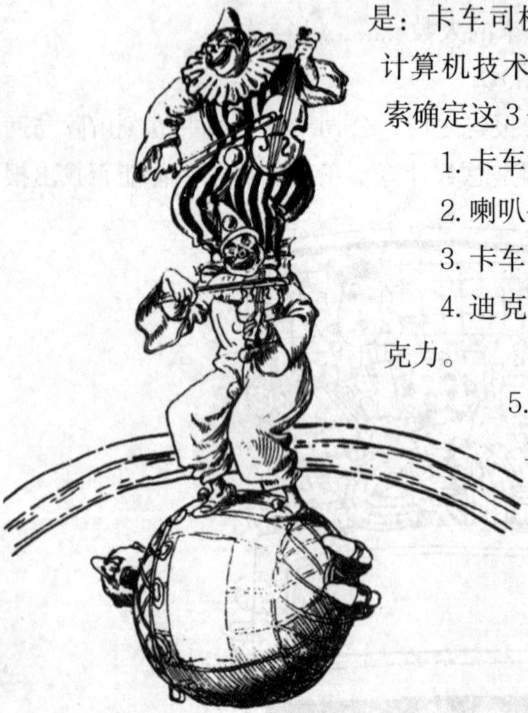

有3个小丑，约翰、迪克和罗杰，他们每个人在冬季都扮演两个不同的工作。这6个工作分别是：卡车司机、作家、喇叭手、高尔夫球手、计算机技术员和理发师。请根据以下6条线索确定这3个小丑各自的工作。

1. 卡车司机喜欢高尔夫球手的妹妹。
2. 喇叭手和计算机技术员在和约翰骑马。
3. 卡车司机嘲笑喇叭手脚大。
4. 迪克从计算机技术员那里收到一盒巧克力。
5. 高尔夫球手从作家那里买了一辆二手汽车。
6. 罗杰吃比萨饼比迪克和高尔夫球手都要快。

26. 玩具【中级】

有一天，加尔文·克莱克特伯尔碰到了一些铁制的机械玩具收藏品，他因此大花了一笔。其中，包括自动倾卸卡车、蒸汽挖土机以及农用拖拉机，我们把他的发现编成了一个题。他买了下面 4 堆玩具：

第一堆有 1 辆拖拉机、3 辆挖土机以及 7 辆卡车，它们花了 140 元。

第二堆有 1 辆拖拉机、4 辆挖土机以及 10 辆卡车，它们花了 170 元。

第三堆有 10 辆拖拉机、15 辆挖土机以及 25 辆卡车。

第四堆有 1 辆拖拉机、1 辆挖土机以及 1 辆卡车。

问题就是计算出加尔文为第三堆和第四堆玩具花了多少钱。

27. 女巫【中级】

在万圣节前夕，有个醉意蒙眬的农民十分倒霉，他被一个恶毒的女巫抓住并被带到破烂的教堂里。“如果你想活命，你只能说一句话！”她咆哮说，“如果你说对了，我会把你榨成油；如果说错了，我会把你喂蝙蝠！”这时，那个农民立刻清醒过来，然后说了一句话，而这句话却让女巫诅咒了他并且把他释放了。那么，那个农民说了什么呢？

28. 手表（1）【中级】

克兰西三兄弟是纽约市古老的熨斗大楼里最出色的清洁工，为了对他们的准时表示感谢，业主们送给他们每人一块儿卡兰德手表。但是，麻烦也随之而来。布莱恩那块儿表很准时，巴里那块儿表每天都慢 1 分钟，而帕特里克的表则每天都快 1 分钟。如果兄弟三人在收到手表的那天中午同时把手表调到准确时间并且此后不再调整手表的话，那么这 3 块儿手表需要过多少天才能再次在中午显示正确时间呢？

29. 考古【中级】

霍金斯和皮特里这两位刚毅的考古学家又挖掘出一个古代文物。我们来听听他们说了什么：

“皮特里，我们终于发现了举世闻名的‘斯芬克司思维游戏’墓碑，它都有 3500 年的历史了！”

“我们？什么意思，”皮特里语无伦次地说，“别把我也扯进去！我不相信造金字塔的思维游戏大师会把它写下来！”

这个墓碑当然是假的，但是这个思维游戏的确很好。看看你能不能在他们向别人打听之前把它解答出来。

30. 朗姆酒【中级】

传说很久以前，有两个好朋友——比利·伯恩斯和派斯特·皮耶，他们在布奇特·奥布拉德烈酒商店大吵起来。好像是比利拿来一个 5 升的空桶，他让派斯特往里面倒 4 升最好的朗姆酒，但是商店只有一个旧的 3 升锡铅合金的小罐，无论比利和派斯特怎么试，他们都无法用上文中的这两个容器从朗姆酒桶里正好量出 4 升酒。他们屡屡受挫使他们大打出手。如果你当时在场的话，你能否解决他们之间的问题呢？

31. 埋伏地点【中级】

8个士兵必须埋伏在森林中，并且他们每个人都不能看到其他的人。

如图，每个人都可以埋伏在网格中的白色小圆处，通过夜视镜只能看到横向、竖向或斜向直线上的东西。

请你在图中把这8个士兵的埋伏地点标出来。

32. 猜纸牌【中级】

下图的迈克·米勒、琳达·凯恩和比夫·本宁顿正在思维游戏俱乐部的游戏室里玩。迈克刚刚把扑克牌正面朝下放好，现在他向他们挑战，让他们找出这些扑克牌的数值。欢迎读者朋友一起玩（为了表达清楚，假设读者看到的线索与扑克相一致）。

33. 市议员【中级】

当尼德斯沃斯先生为格拉德汉德尔定做新衣服时，你可以计算一下这4位候选人各获得了多少张选票吗？

34. 黄金产权【中级】

这几个人是如何完成他们父亲的遗愿的呢？

35. 左撇子，右撇子【中级】

一个班级里的学生有左撇子、右撇子，还有既不是左撇子也不是右撇子的学生。在这道题目里，我们把那些既不是左撇子也不是右撇子的学生看作既是左撇子又是右撇子。

班上1/7的左撇子同时也是右撇子，而1/9的右撇子同时也是左撇子。

问班上是不是有一半以上的人都是右撇子？

36. 假币【中级】

一共有 8 个金币，其中 1 个是假币。其余的 7 个重量都相等，只有假币比其他的都要轻。

请问用天平最少几步能够把假币找出来？称重量的时候只能使用这 8 个金币，不能使用其他砝码。

37. 搜查【高级】

"所有的三星级饭店都搜查过了，没有发现犯罪嫌疑人的踪迹。"如果上述断定是真的，则在下面 4 个断定中可确定为假的判断是：

1. 没有三星级饭店被搜查过。

2. 有的三星级饭店被搜查过。

3. 有的三星级饭店没有被搜查过。

4. 犯罪嫌疑人躲藏的三星级饭店已被搜查过。

A. 仅 1 和 2

B. 仅 1 和 3

C. 仅 2 和 3

D. 仅 1，3 和 4

E.1，2，3，4

38. 最重的西瓜【高级】

7 个大西瓜的重量（以整千克计算）是依次递增的，平均重量是 7 千克。最重的西瓜有多少千克？

39. 正确答案【高级】

有4道测试题(每个问题都用Y或N来回答)，小兰、小朋、小乐3人如下表那样回答的。

这个测试题中，每答对一个问题得1分，3人的分数各不相同。以下陈述中，最低分的人的话是假的。那么请问，怎么答题才能得满分呢？

小兰：“问题4的正确答案是N。”

小朋：“小兰只得了1分。”小乐：“小朋只得了1分。”

	Q1	Q2	Q3	Q4
小兰	Y	Y	N	N
小朋	N	Y	Y	N
小乐	Y	N	Y	Y

40. 英语过级【高级】

有一次学校要统计一下英语四级过级的人数。中文专业共有学生32人。经过统计，可以有这么3个判断：

1. 中文专业有些学生过了英语四级。

2. 中文专业有些学生没有过英语四级。

3. 中文专业班长没有过英语四级。如果只有一个判断是正确的，那么你可以判断出什么？

41. 背后的圆牌【高级】

A，B，C，D，E共5人，每个人的背后部系着一块白色或黑色的圆牌。每个人都能看到系在别人背后的牌，但唯独看不见自己额上的那一块圆牌。如果某个人系的圆牌是白色的，他所讲的话就是真实的；如果系的圆牌是黑色的，他所讲的话就是假的。他们讲的话如下：

A说：“我看见3块白牌和一块黑牌。”

B说：“我看见4块黑牌。”

C说：“我看见一块白牌和3块黑牌。”

E说：“我看见4块白牌。”

根据以上的情况，推出D的背后系的是什么牌。

42. 3000米决赛【高级】

世界田径锦标赛3000米决赛中，始终跑在最前面的甲、乙、丙3人中，一个是美国选手，一个是德国选手，一个是肯尼亚选手。比赛结束后得知：

1. 甲的成绩比德国选手的成绩好。

2. 肯尼亚选手的成绩比乙的成绩差。

3. 丙称赞肯尼亚选手发挥出色。

以下哪一项肯定为真？

A. 甲、乙、丙依次为肯尼亚选手、德国选手和美国选手。

B. 肯尼亚选手是冠军，美国选手是亚军，德国选手是第三名。

C. 甲、乙、丙依次为肯尼亚选手、美国选手和德国选手。

D. 美国选手是冠军，德国选手是亚军，肯尼亚选手是第三名。

43. 黑白筹码【高级】

在 1920 年代，有许多令人愉快的书，它们价钱虽然很低，但却能带来无限的乐趣。一本 5 角的副本就可以让你学到有关魔术、思维游戏、国际象棋以及拳击的知识。这里就有一个从这些书当中找出来的有趣的题。

在一大张纸上画出 10 个表格（如下图所示）。然后，把 4 个白色扑克筹码和 4 个黑色扑克筹码放在前 8 个方格内，按照图中的样子，将各颜色的筹码交替放置。现在，要把筹码变成下图的顺序，在这个过程当中，每一次要将相邻的两个筹码移动到 2 个空方格内，而你只能通过 4 步来完成。

○	●	○	●	○	●	○	●		
1	2	3	4	5	6	7	8	9	10

		●	●	●	●	○	○	○	○

44. 爱丽丝【高级】

爱丽丝在去参加麦德·哈特举办的茶会途中遇到一个岔口，她不知道该走哪条路。幸好，半斤和八两哥俩在那里帮忙。

“瓦勒斯告诉我，一条路通向麦德·哈特的家，而另一条路则通向魔兽的洞穴，我可不想去那里。他说你们知道那条正确的路应该怎么走，但同时也提醒我，你们当中的一个总是说实话，而另一个总是说谎。他还说，我只能问你们一个问题。”然后，爱丽丝提出了她的问题，而不论问他们当中的哪个，她都能得出正确的答案。那么，你知道她问了他们什么问题后找到了正确的路吗？

45. 假砝码【高级】

46. 鸡蛋【高级】

艾伯特是一个很有名的男管家，从未引起争论的他这次又成功了。他连续两年因设计烹饪决赛的思维游戏而获得尊重。他的问题是，“如果你只有2个沙漏——一个11分钟的、一个7分钟的，那么你如何把鸡蛋煮15分钟呢？”他因此得到长时间的热烈掌声并获得一瓶香槟酒。读者朋友欢迎你们加入这个宴会，并把这个题解答出来。

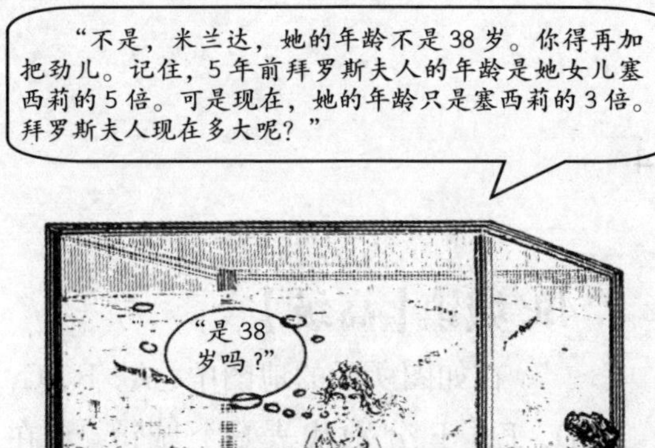

47. 水下【高级】

这是娱乐节目历史上最奇特的表演。广告中的尼莫教授和水下答题人米兰达环游过北美洲和欧洲，他们还解答了那里的观众提出的每一个思维游戏。米兰达面对的只有问题，她别无选择，要么快速找到答案要么面临溺水而亡的危险。你能帮她弄清楚拜罗斯夫人现在的年龄吗？

48. 汽车【高级】

事情发生在1948年，斯威夫特·阿姆特维斯特正在跟慕洛格先生通电话，他可真会给人出难题。那么，当他与慕洛格先生通话时，你能否从他的话语中判断出每辆古董车各自的年龄呢？

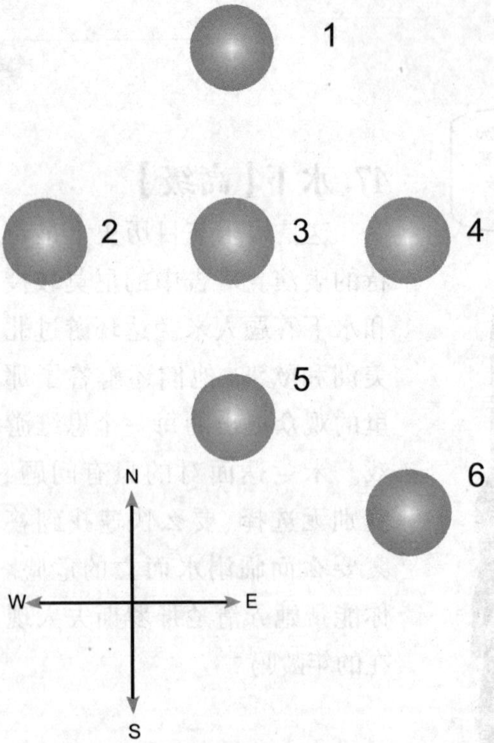

49. 城镇【高级】

在如图所示的地图中，A，B，C，D，E， F分别代表6个城镇。C在A的南边、E的东南边，B在F的西南边、E的西北边。

1. 图中标注1处的是哪个城镇？
2. 哪个城镇位于最西边？
3. 哪个城镇位于A的西南边？
4. 哪个城镇位于D的北边？
5. 图中标注6处的是哪个城镇？

答 案

1...

这个人在计算时间的时候重复计算了很多的时间，比如说假期中的睡眠时间和吃饭时间，星期中的睡眠和吃饭时间，以及很多上学时走路的时间。

2...

D。予：8，页：3，木：2，彡：6

3...

根据碑铭上所说的，莎拉·方丹太太比她的丈夫先去世。如果是那样的话，她怎么会是寡妇呢？

4...

这8个单词的共同之处就是它们每个词当中都包含连续的3个字母。

5...

罗杰最少可以从抽屉里拿出3只袜子。如果前两只正好搭配，他不会有疑问；如果不搭配的话，那么第三只袜子必定与前两只袜子中的一只搭配。

6...

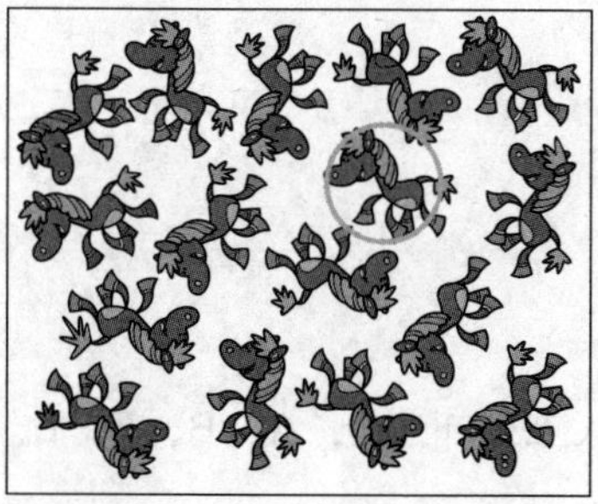

7...

E。每一竖行里的数字每次将被颠倒顺序，竖行里最小的数字将被去掉。

8...

正确答案为D。

9...

D。

10...

第一个题目中正确的是1；第二个题目中正确的是2。

11...

D。

12...

B。

13...

D。

14...

C。

15...

从上到下：C，A，B，F，E，D。

16...

从上到下：A，E，D，B，C，F。

17...

从上到下：A，D，C，F，B，E。

18...

从上到下：A，B，F，E，C，D。

19...

从上到下：D，A，C，B，F，E。

20...

从上到下：A，B，C，D，E，F

21...

从上到下依次是：C，E，B，A，F，D

22...

从上到下依次是：D，E，A，F，C，B。

23...

先分析一下调查结果：

（1）在食用辛辣芥末的234人当中，有90个人只食用辛辣芥末（234－144＝90）。

（2）在食用清淡芥末的213个人当中，有69个人只食用清淡芥末（213－144＝69）。

这就说明有三类人群：

（1）只食用辛辣芥末的有90人。

（2）只食用清淡芥末的有69人。

（3）既食用辛辣芥末又食用清淡芥末的有144人。

共303人。

然而报告上却显示只有300个人接受了调查。

24...

这条鱼头长60米、尾巴长180米、身体长240米，鱼的总长度为480米。

25...

约翰扮演了高尔夫球手和理发师；迪克扮演了喇叭手和作家；罗杰扮演了计算机技术员和卡车司机。

26...

加尔文为每辆拖拉机花了60元，为每辆挖土机花了15元，为每辆卡车花了5元。这样，第三堆玩具一共花了950元，第四堆玩具共花了80元。

27...

他说的这句话是，“你还是把我喂蝙蝠吧！”如果他说对的话，他会被榨成油；如果他说错的话，他会被喂蝙蝠。但是，找到正确的处罚却是不可能的，所以女巫的计划落败。

28...

如果这3块儿手表要再次在中午显示正确时间，那么，每天慢1分钟的那块儿表必须等到它慢24小时中的12个小时，而每天都快1分钟的那块儿表必须等到它快24小时中的12个小时。以每天1分钟的速度，那么这3块儿表要过整整720天才能再次在中午显示正确时间。

29...

这个题的答案与题本身一样，都有很长的历史了，即：人。当人是婴儿的时候，人四肢着地；壮年时，人用两条腿走路；年老时，人走路就需要拐杖帮忙了。

30...

下面就是派斯特·皮耶应该做的：

（1）将3升的罐子倒满酒，然后，把酒倒入5升的桶中。

（2）将3升的罐子重新倒满酒，然后，再倒入5升的桶中，倒满为止。

（3）3升的罐子这时剩下1升的酒。然后，把5升桶中的酒倒回浪姆酒桶，接着，把3升的罐子里剩下的1升酒倒进去。

（4）将3升的罐子重新倒满酒，然后倒入5升的桶内。这时，桶内正好有比利·伯恩斯想得到的4升酒，即他此次想要购买的酒。

31...

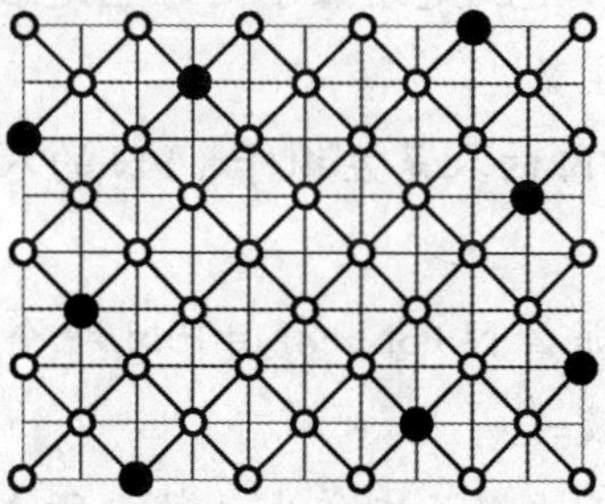

32...

这4张正面朝下的扑克牌从左到右依次是红桃K、方块J、黑桃Q、梅花A。

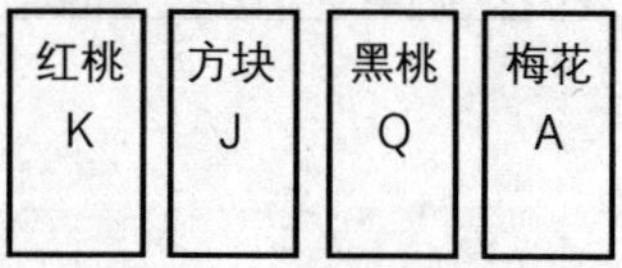

33...

格拉德汉德尔先生获得1336张选票；墨菲先生获得1314张选票—少了22张；霍夫曼先生获得1306张选票—少了30张；唐吉菲尔德先生获得

1263 张选票—少了 73 张，共 5219 张选票。

34...

他们是按下面的方法平分遗产的：

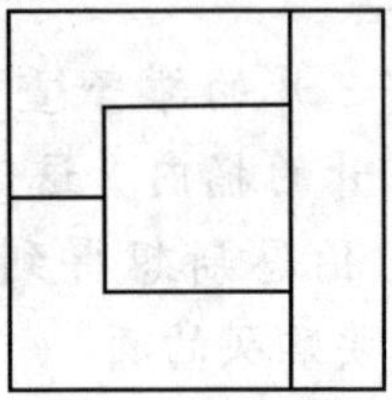

35...

N 是既是左撇子同时也是右撇子的学生数。

7N 的人是左撇子，9N 的人是右撇子。

那么 N+6N+8N=15N 即全班的学生数。

而右撇子在学生总数中所占的比例是 9N/15N，即 3/5，超过班上一半的人数。

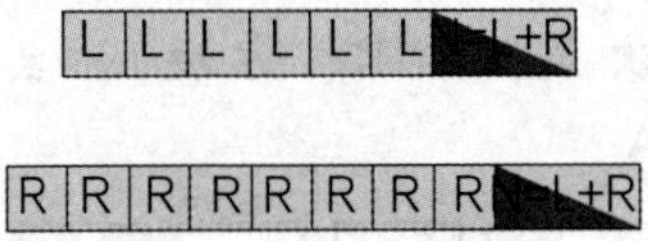

36...

把 8 个金币分成 2 个部分，一部分 6 个金币，一部分 2 个。

不管假币在哪一部分，我们只用 2 步就可以把它找出来：

先将第一部分的金币一边 3 个分别放在天平的左右两边。如果天平是平衡的，那么假币一定在剩下的 2 个中。

再将剩下的 2 个金币分别放在天平的两端，翘起的那一端的金币较轻，这个就是假币。

如果第一步分别将 3 个金币放在天平的两端，天平是不平衡的，那么假币在翘起的那端。

再取这 3 个金币中的任意 2 个分别放在天平的两端，如果天平不平衡，那么轻的那一端放的就是假币。

如果天平仍然是平衡的，那么剩下的那个就是假币。

37...

B。

38...

13 千克

?　?　?　7　?　?　?

1　3　5　7　9　11　13

39...

因为不存在同样分数的情况，所以小兰和小朋不可能都得 1 分，所以，小朋或者小乐有一个人撒谎了。假设小乐得了最低分的话，根据小朋的话（真实），小兰只得了 1 分，小乐比他还要低就是 0 分。就是说，4 个问题的正确答案应该是与小乐的答案相反，即“NYNN”，如此小兰则得了3分，这是相互矛盾的。所以，最低分的是小朋，根据小乐的话（真实），小朋应该得了1分。根据小兰的话（真实），小朋答对的题只有第四题。所以可知，正确答案就是“YNNN”。

40...

中文专业所有人都过了英语四级。

41...

白色圆牌。

42...

按条件②和③，肯尼亚选手不是乙也不是丙，一定是甲。开始匹配：

美 > 肯 > 德

乙　甲　丙

正确选项是C。

43...

将2号和3号筹码移到方格9和10；将5号和6号筹码移到方格2和3；将8号和9号筹码移到方格5和6；将1号和2号筹码移到方格8和9。

44...

爱丽丝问：“如果我昨天问你们‘哪条路通向麦德·哈特家？’的话，你们的答案是什么呢？”

对于这个问题，说实话的那个人仍会说出正确的答案，而那个说谎话的人会再次撒谎，但是昨天他也在撒谎，所以，他的谎话在抵消后也是正确的道路。

45...

首先，他们把9个砝码分成3堆、每堆3个砝码。然后把其中的两堆放在秤上，一边一堆。如果两堆中有一堆向上升，那么那个假砝码肯定在这堆砝码里；如果两边保持平衡，那么那个假砝码肯定在第三堆砝码里。无论哪种情况，琳达和迈克在称了一次后就知道假砝码在哪一堆里。称第二次时，他们从放有假砝码的那堆砝码里挑出两个砝码，然后把它们放在秤上、一边一个。如果秤两边保持平衡，那么第3个砝码就是假砝码；否则，向上升的那个砝码就是他们要找的。

46...

当水沸腾后，艾伯特将鸡蛋放进去，并把两个沙漏都倒放过来。当7分钟的沙漏中的沙子漏光时，他把它再倒放过来；这时，11分钟的沙漏还剩下4分钟，当里面的沙子漏光时，7分钟的沙漏底部正好有4分钟的沙子。艾伯特再把7分钟的沙漏倒放，这样，等到沙子再漏光时，时间正好是15分钟，然后他把鸡蛋从水里拿出来。

47...

拜罗斯夫人是30岁，她女儿塞

西莉是10岁。现在，拜罗斯夫人的年龄是她女儿的3倍。5年前，当她25岁时，塞西莉是5岁，即是女儿年龄的5倍。

48...

题中在1948年所提到的汽车是：

（1）产于1924年的艾塞克斯轿车，它已经有24年历史。

（2）产于1928年的林肯敞篷车，它已经有20年历史。

（3）产于1932年的杜森伯格汽车，它已经有16年历史。

（4）产于1936年的考特812型汽车，它已经有12年历史。

49...

1. F
2. B
3. E
4. F
5. C

第6章

分析法

分析法是逻辑思维中最基本的方法，各种方法几乎都会用到分析法。可以说，分析力是一个人智力水平的体现。

分析法解题的关键是“将条件用尽”，即对于题目所给出的条件逐个列出，同时还要善于分析隐含条件。运用分析法，往往看上去复杂的问题会变得十分简单。

在学习和工作的过程中，几乎处处离不开分析法，它对提高个人缜密的推理有很大帮助。

1. 标签怎样用【初级】

狗妈妈生了 9 只狗宝宝。

9 只狗宝宝长得都很相像，分不出哪只是哪只。

有 10 张带数字的标签，却只有 1 号到 5 号的 5 种。

那么，区别 9 只狗宝宝最少要用几种数字标签？

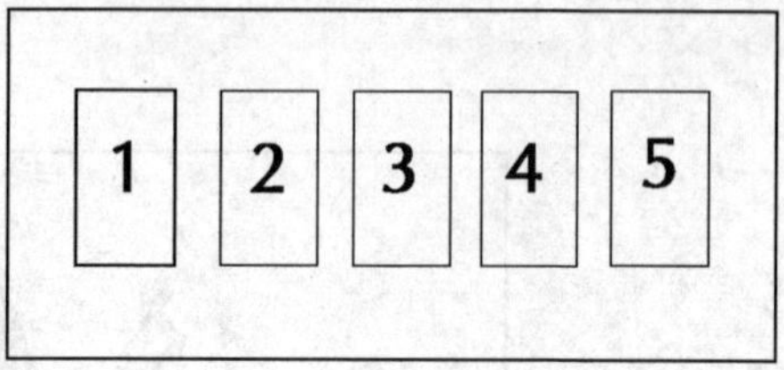

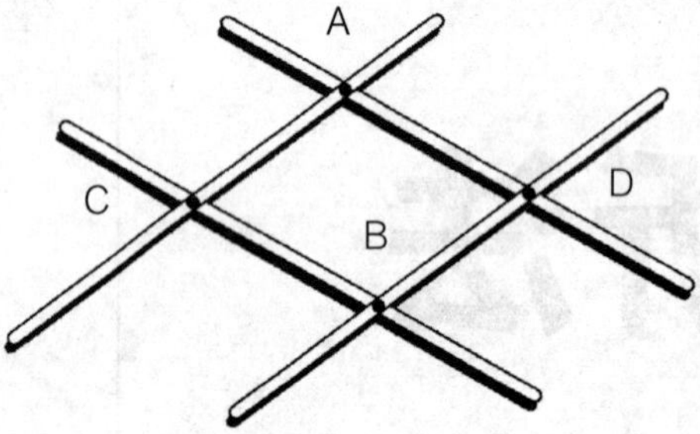

2. 远近【初级】

左图中的黑点表示支点。如果将 A 点和 B 点移近，C 点和 D 点会接近些还是离远些？

3. 图形变身【初级】

如果 A 变身为 B，那么 C 应变身为哪个呢？

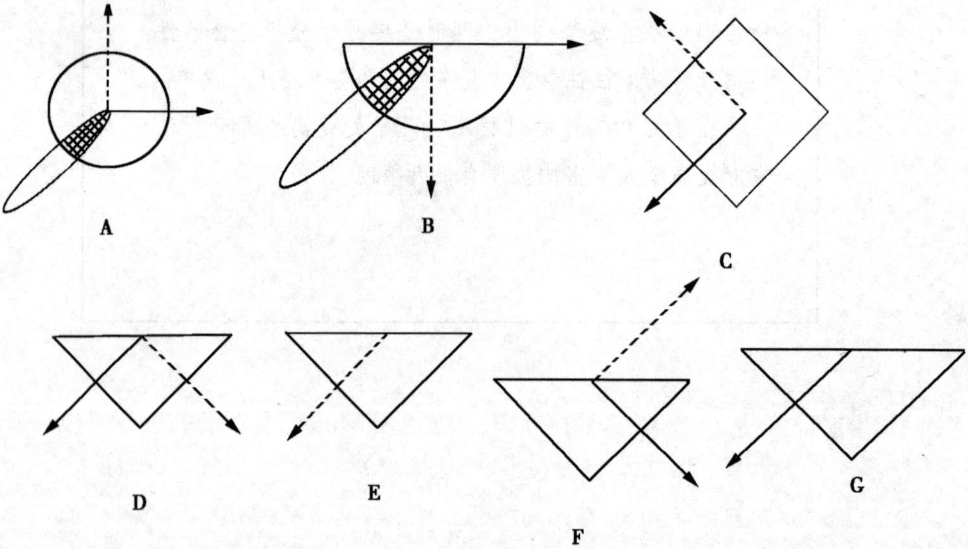

4. 理发【初级】

在一个小镇上，只有两个理发师，他们各开有一个理发店。一天，有个外地人路过此地，想理个发，但他又不知道这两个理发师谁的技术好一些。于是他便走进第一个理发店，发现这个理发师的头发七长八短。于是他又走进第二个理发店，发现这个理发师的头发整整齐齐。

这个外地人最终选择了哪位理发师？

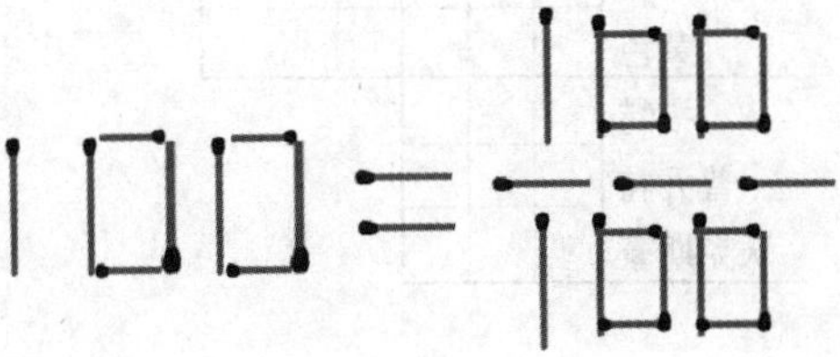

5. 只动一点点【初级】

如图，请加上一支火柴棒，使等式成立。

6. 机车【初级】

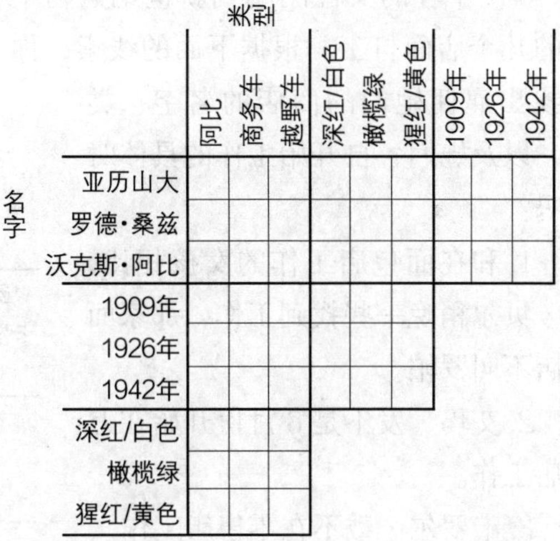

在考伦喀斯特铁路展览馆里有3辆曾经服役于大盎格鲁人车站的机车。根据下面的信息，你能说出每辆机车的名字、颜色、各自所属的类型以及制造时间吗？

1. 顾名思义，沃克斯·阿比属于阿比类发动机。

2. 外面被漆成深红色和白色的亚历山大曾被应用于制造机载导弹，而亚历山大不是越野类发动机。

3. 罗德·桑兹不是那辆制造于1942年外表为橄榄绿的机车。

4. 越野类型的机车直到1909年还没有被设计出来。

7. 洗车工【初级】

为了赚些外快，比尔和他的两个朋友约定每个人清洗一辆邻居的车。根据下面的信息，你能找出他们各自为谁洗车、车的品牌及颜色吗？

1. 比尔清洗一辆红色的车，但不是福特车。

2. 派恩先生的车是蓝色的。

3. 在他们所洗的几辆车中有一辆是黄色的普乔特。

4. 罗里清洗了斯蒂尔先生的车。

		车主：科顿先生	车主：派恩先生	车主：斯蒂尔先生	福特	普乔特	沃克斯豪	蓝色	红色	黄色
男孩	比尔									
男孩	卢克									
男孩	罗里									
	蓝色									
	红色									
	黄色									
	福特									
	普乔特									
	沃克斯豪									

8. 在购物中心工作【初级】

3位年轻的女性刚刚到新世纪购物中心的几个店面打工。根据下面的线索，你能找出雇佣她们的商店的名字、类型，以及她们各自开始工作的具体时间吗？

1. 和在面包店工作的女孩相比，安·贝尔稍晚一些找到工作，那家面包店不叫罗帕。

2. 艾玛·发不是8月份开始在万斯店工作。

3. 卡罗尔·戴不在零售店工作。

4. 其中一个女孩不是从9月份开始在赫尔拜的化学药品店工作。

	赫尔拜店	罗帕店	万斯店	面包店	化学药品店	零售店	7月	8月	9月
安·贝尔									
卡罗尔·戴									
艾玛·发									
7月									
8月									
9月									
面包店									
化学药品店									
零售店									

9. 不同颜色的马【初级】

3个女孩各有一匹不同颜色的小马。从给出的线索中，你能说出每个女孩的全名和她们各自马的名字、颜色吗？

1. 贝琳达的褐色小马不叫维纳斯。

2. 姓郝克斯的女孩有匹黑色小马。

3. 灰色小马的名字叫邦妮。

4. 费利西蒂姓威瑟斯。

		姓：郝克斯	姓：梅诺	姓：威瑟斯	马：邦妮	马：潘多拉	马：维纳斯	黑色	褐色	灰色
名	贝琳达									
	凯蜜乐									
	费利西蒂									
	黑色									
	褐色									
	灰色									
马	邦妮									
	潘多拉									
	维纳斯									

10. 长长的工龄【初级】

昨天，如同往常所有的工作日一样，3位女士在大学食堂的服务台上工作。从以下给出的线索中，你能推断出她们的名字、年龄、工龄和每个人的职责吗？

1. 那位54岁的女士工作的时间没有内尔长。

2. 提供主菜的那位女士今年有56岁了。

3. 洛蒂已经有18年的工作经验，她的工作不是分配饮料。

4. 布里奇特的职责是提供餐后甜点。

	52岁	54岁	56岁	16年	18年	20年	主菜	餐后甜点	饮料
布里奇特									
洛蒂									
内尔									
主菜									
餐后甜点									
饮料									
16年									
18年									
20年									

11. 3个兄弟【初级】

3个兄弟在教堂和他们的新娘举行了婚礼。从以下给出的线索中，你能分别说出三对新人的名字和他们举行婚礼的教堂吗？

1. 在圣三教堂结婚的那对不包括罗德尼或黛安娜，他们两个不是一对。

2. 威廉跟贝尔弗莱结婚了。

3. 琼的婚礼在圣约翰教堂举行。

4. 梅格的新婚丈夫不是肖恩，肖恩妻子结婚前不姓希尔斯。

		女名：黛安娜	女名：琼	女名：梅格	姓：贝尔弗莱	姓：希尔斯	姓：佩	万圣教堂	圣三教堂	圣约翰教堂
男名	罗德尼									
	肖恩									
	威廉									
	万圣教堂									
	圣三教堂									
	圣约翰教堂									
姓	贝尔弗莱									
	希尔斯									
	佩									

12. 变化多端的题目【初级】

那什利浦高中二班的学生分别要进行一项研究。从给出的线索中，你能推断出 3 个学生的全名、所选的主题和得到的评分吗？

1. 哈里特不姓布兰得弗德，她的作业得了个 A-。

2. 选内战主题的女孩得分比海伦·罗伯茨高。

3. 克伦威尔是姓埃文斯的那个女孩的研究对象。

		姓：布兰得弗德	姓：埃文斯	姓：罗伯茨	内战	伦敦大火	克伦威尔	A	A-	B+
名	艾玛									
	哈里特									
	海伦									
	A									
	A-									
	B+									
	内战									
	伦敦大火									
	克伦威尔									

13. 快乐家庭【初级】

住得很近的 3 对夫妇各有不同数目的孩子。从以下给出的线索中，你能将每对丈夫和妻子对应起来，并推断出他们的姓名和他们拥有的孩子数目吗？

1. 比尔和他的妻子拥有的孩子人数比贝尔家少。

2. 艾伦的孩子比朱蒂多。

3. 迪波拉·维克斯不是瑞克的妻子。

4. 梅格是 3 个孩子的母亲，她不姓皮尔森。

		妻子：迪波拉	妻子：朱蒂	妻子：梅格	姓：贝尔	姓：皮尔森	姓：维克斯	2	3	4
丈夫	艾伦									
	比尔									
	瑞克									
	2									
	3									
	4									
姓	贝尔									
	皮尔森									
	维克斯									

14. 十字路口【初级】

假设拿破仑正站在十字路口。一天晚上，一个十字路口的路标被供给马车破坏了。拿破仑军中没有人能把路标放好并使它指向正确的方向。拿破仑沉思片刻之后，发布了命令并把路标放回到了原处。但是，拿破仑以前不曾到过这个十字路口，那么，他是如何做到的呢？

15. 卡车【初级】

这个故事发生在很多年前。当时，有名卡车司机在警察举旗示意下停下来，警察要检查卡车是否超载。当司机把车开到量重器上后，他从驾驶室跳下来，然后拿起一根木棍敲打卡车的一边。一个旁观者不解地问他为什么要这样做。

“是这样，”他回答，“我的卡车里装了2000千克的金丝雀。我很清楚，卡车会超载，但是，如果我使鸟在车里飞起来的话，那么秤上就无法显示它们的重量了。”

请问，司机说得对吗？如果车内的鸟保持飞的状态，那么卡车的重量真的会比鸟栖止于卡车上时的重量小吗？

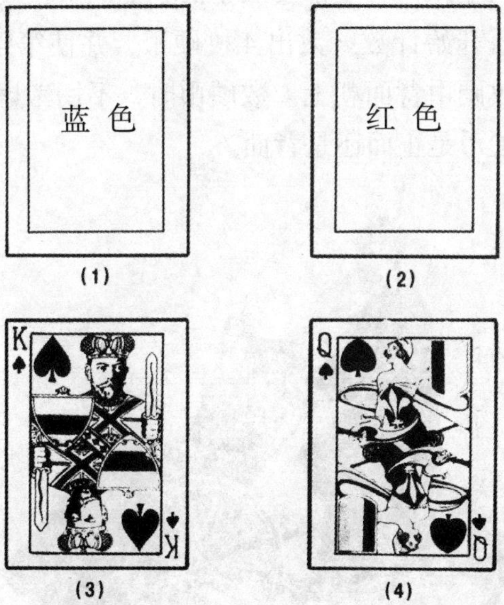

16. 推理【初级】

这个游戏来自于澳大利亚，取两副扑克牌，一副扑克牌的背面是蓝色，而另一副是红色。然后，从扑克牌里挑选出4张，2张面朝上而另外2张面朝下（如右页图所示）。现在，问题是：桌子上的每一张蓝色底面的扑克牌在其另一边都有一张K吗？

要解决这个难题，你可以将2张扑克牌翻过来。那么，你会翻哪2张扑克牌呢？

17. 时钟（2）【初级】

重达 2 吨的底特律大钟在费城举办的展览会上大放异彩。这个大钟既可以为 13 座城市报时，也可以体现季节的变迁，还可以显示太阳周围行星运行的轨迹。这个大钟同时也引发了下面的疑问：从午夜到正午时分，大钟的时针和分针相遇（重合）了多少次？

18. 竞技比武大会【初级】

这个思维游戏的创作灵感来源于在新泽西州欧文顿的古老奥林匹克公园举行的竞技比武大会。将 8 枚硬币正面朝上放在下图中各圆圈内的动物上，然后，设法用 7 步使其中的 7 枚硬币背面朝上，每一步都要从正面朝上的那枚硬币开始计数。数出 4 枚硬币，并使第 4 枚硬币背面朝上。数硬币时，不用考虑硬币是正面还是背面。

19. 自行车（2）【初级】

亚特兰大市以数千米的木板路著称。每年夏天威兰·阿姆斯特朗都会推着妈妈在木板路上散步，一直走到钢铁码头才返回。威兰的行车速度保持不变：当逆风而行时，他 4 分钟可以走 1 千米；当顺风而行时，他 3 分钟就可以走 1 千米。根据这些信息，你能否计算出他在没有风的时候走 1 千米用多长时间吗？

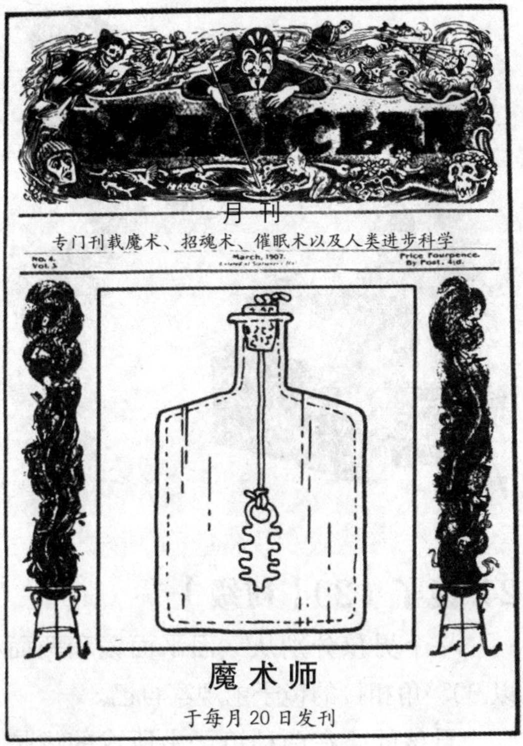

20. 瓶子和钥匙【初级】

左图是以前的一份充满魅力的魔术杂志的封面，封面上有一个十分迷人的古老思维游戏。在一根绳子的一端系一个钥匙，然后使绳子的另一端从瓶塞钻的洞内穿过并系好。接着，把钥匙放到瓶子里，并且把瓶颈上的瓶塞固定。如果你愿意接受挑战的话，你就得把钥匙从绳子上取下来，但是你不能接触瓶塞、绳子、瓶子或者瓶子所在的桌子。

21. 双关语【初级】

迈克和他的朋友们正在思维游戏俱乐部的图书馆里研究一个问题。我们也来试试，看能不能给他们帮上忙。

22. 错误【初级】

画左边这幅图的画家犯了一系列视觉的、概念的和逻辑的错误。你能把这些错误全部找出来吗？

23. 板砖【初级】

要掉在砌砖工头上的砖有多重？假设它的重量是 1 千克再加上半块砖的重量。

24. 镜子（2）【初级】

一个男孩分别从一面平面镜和两面以 90° 角相接的镜子中观察自己。

男孩的脸在两种镜子中所成的像是一样的吗？

25. 通话【初级】

图中的两个小孩之间离得很远，而且他们中间还隔着一堵厚厚的墙。他们试着通过两根长长的管子来通话，如图所示。请问在哪种情况下他们能够通过管子听到对方讲话？

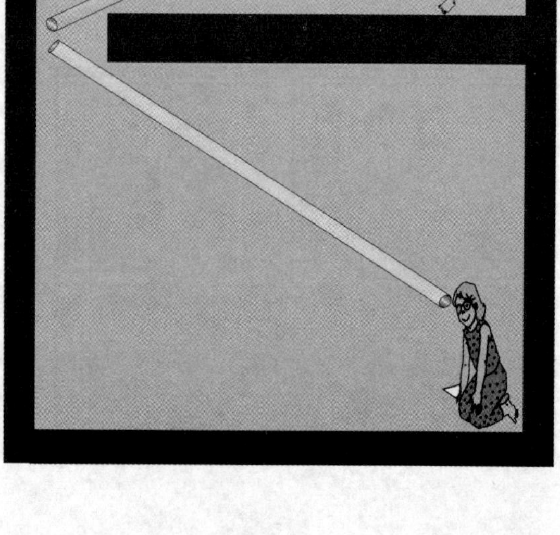

26. 魔方【中级】

右图是一个魔方从两个方面看的视图效果，这个魔方的6个面上各写着A～F不同的字母，请问，C的对面是哪个字母？

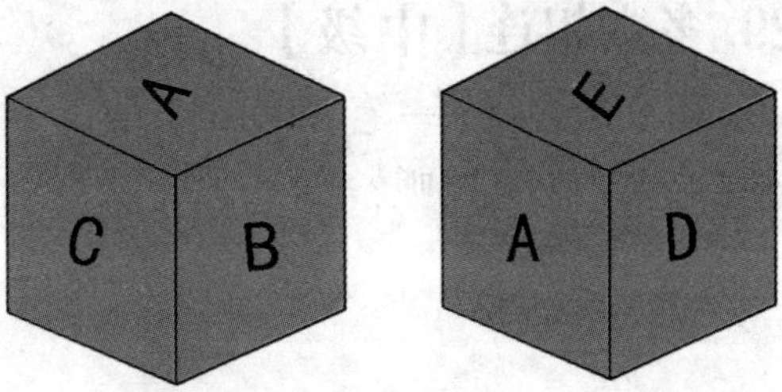

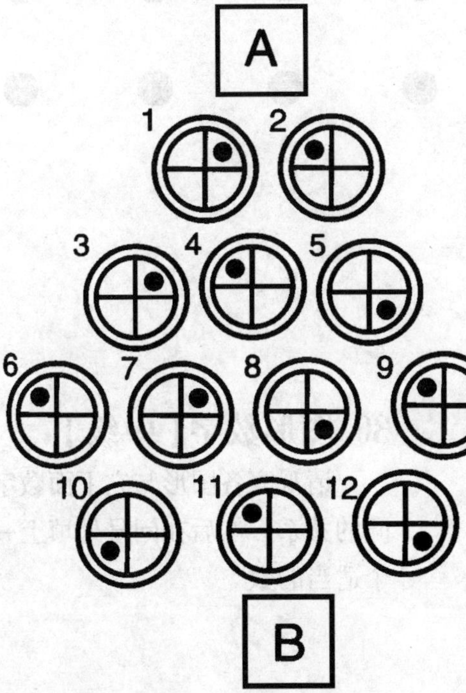

27. 渡河【中级】

渡过小河唯一的办法就是小心翼翼地踩着一块块石头，一旦踩错了石头，就会掉进河里。从A开始，每一排只能踩一块石头，你会沿着什么顺序走呢？

28. 聪明的匪徒【中级】

一群匪徒在沙漠中遇到困难了，必须扔下一个，于是狡猾的头目命19名匪徒排成一行，说："因为食物、饮水不足，所以在天黑前，凡点到第七名的人可以留在车上，数到最后第七名的那个人就必须留在沙漠中。"说完头目自己站到第六名匪徒后面（图中倒置的火柴是头目）。有个聪明的匪徒负责点数，他想让其他弟兄离开沙漠而让头目留在沙漠中。那么，他该如何点数？

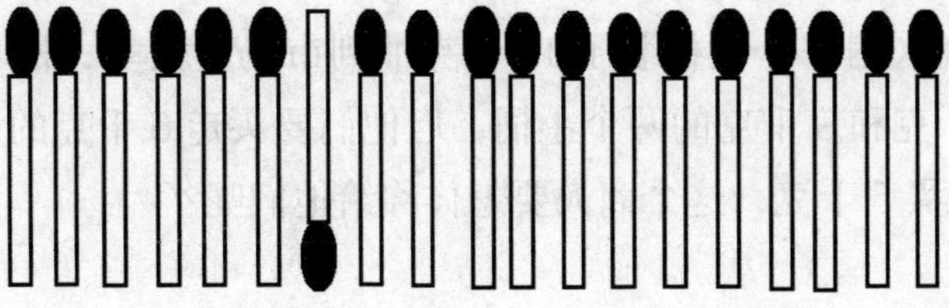

29. 多点相连【中级】

用 6 条直线（一笔）将 16 个点连接起来，怎么连呢？

30. 图形数字【中级】

请观察各图形与它下面数字间的关系，然后在问号处填上一个适当的数。

31. 三只桶的称量【中级】

有一个商人用一个大桶装了 12 千克油到市场上去卖，恰巧市场上两个人分别带了 5 千克和 9 千克的两个小桶，但他们要买走 6 千克的油，而且一个买 1 千克，一个买 5 千克，这个商人要怎样称给他们呢？

32. 两数之差【中级】

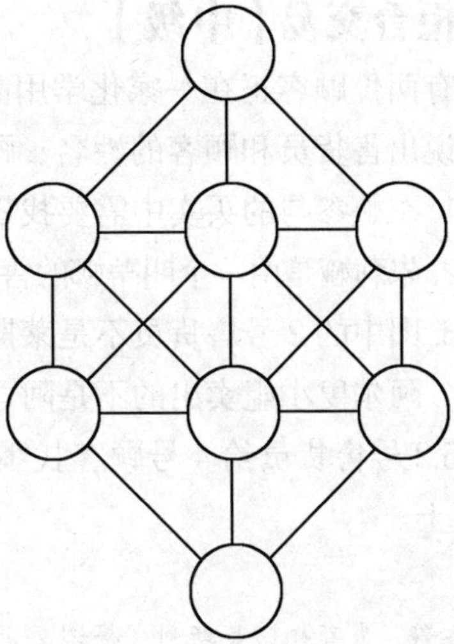

请大家在图中的8个圆圈里填上1～8这8个数字，规定由线段联系的两相邻圆圈中两数之差不能为1。例如，顶上一圈填了5，那么4与6都不能放在第二行的某圆圈内。

33. 寄出的信件【中级】

根据所给出的线索，你能说出位置1～4上的女士的姓名和她们要寄出的信件的数目吗?

1. 埃德娜和鲍克丝夫人是离邮筒最近的人；前者寄出的信件数比后者少。

2. 邮筒两边的女士寄出的总信件数一样多。

3. 克拉丽斯·弗兰克斯所处位置的编号，比邮筒对面寄出3封信的那个女人小。

4. 博比不是斯坦布夫人，她不在3号位置。

5. 只有一个女人所处的位置编号和她要寄的信件数是相同的。

名：博比，克拉丽斯，埃德娜，吉马
姓：鲍克丝，弗兰克斯，梅勒，斯坦布
信件数：2，3，4，5

34. 柜台交易【中级】

有两位顾客正在一家化学用品商店买东西。从以下所给的线索中，你能正确地说出售货员和顾客的姓名、顾客各自所买的东西以及找零的数目吗？

1. 杰姬参与的买卖中需要找零 17 便士，而沃茨夫人不是。

2. 朱莉娅是由一个叫蒂娜的售货员接待的，但她不是买洗发水的奥利弗夫人。

3. 图中的 2 号售货员不是莱斯利，而莱斯利不姓里德。

4. 阿尔叟小姐卖出的不是阿司匹林。

5. 2 号售货员给 4 号顾客找零 29 便士。

名：杰姬，朱莉娅，莱斯利，蒂娜
姓：阿尔叟，奥利弗，里德，沃茨
商品：洗发水，阿司匹林
找零：17 便士，29 便士

35. 春天到了【中级】

某个小村庄的学校里，4 个男孩正坐在长椅 1，2，3，4 的位置上上自然科学课，在这堂课中，每位同学都要把前段时间注意到或做过的事情告诉老师和同学。从以下所给的线索中，你能辨别出这 4 个人并推断出他们各自在这堂课中所说的事件吗？

1. 从你的方向看过去，那个看到翠鸟的男孩就坐在汤米的右边，他们中间没有间隔。

2. 听到今年第一声布谷鸟叫的是一个姓史密斯的小伙子。

3. 从你的方向看过去，比利坐在埃里克左边的某个位置上，其中普劳曼是埃里克的姓。

4. 图中位置 3 上坐着亚瑟同学。

5. 位置 2 的男孩告诉了大家周末他和父亲玩鳟鱼的事，他不姓波特。

名：亚瑟，比利，埃里克，汤米
姓：诺米，普劳曼，波特，史密斯
事件：听到布谷鸟叫，看到山楂开花，看到翠鸟，玩鳟鱼

36. 赛马（2）【中级】

图中向我们展示了业余赛马骑师的一场点对点比赛，其中一场的照片展示在田径运动会的宣传卡片上。从以下所给出的线索中，你能说出每匹马的名字以及各骑师的姓名吗？

1. 第二名的马名叫艾塞克斯女孩。

2. 海员赛姆不是第四名，它的骑师姓克里福特，但不叫约翰。

3. 蓝色白兰地的骑师，他的姓要比萨利的姓少一个字母。

4. 麦克·阿彻骑的马紧跟在西帕龙的后面，西帕龙不是理查德的马。

马的名字：蓝色白兰地，艾塞克斯女孩，海员赛姆，西帕龙

骑师的名字：埃玛，约翰，麦克，萨利

骑师的姓：阿彻，克里福特，匹高特，理查德

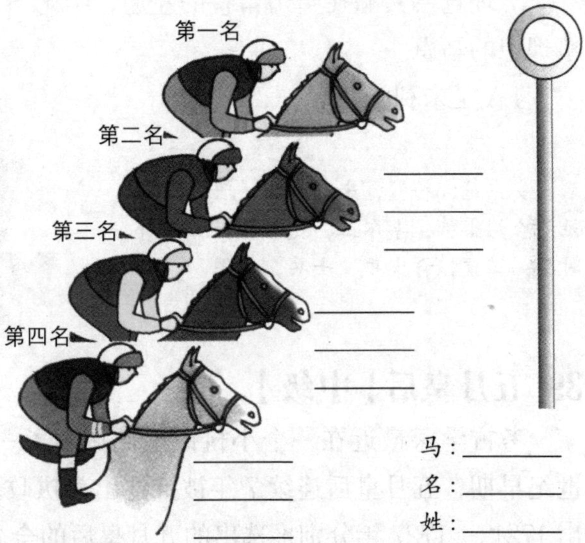

37. 往返旅途【中级】

昨天，北切斯特的3个市民都去了市中心，他们来去都采用了不同的交通方式。从以下所给出的线索中，你能说出这3个人的全名以及他们来回的交通方式吗？

1. 在市中心遭劫之后被警察带回家的受害者不是巴里·沃斯。

2. 姓扎吉的人不是坐巴士去市中心的。

3. 由于天下雨，范是坐计程车回来的。

4. 喜欢保持身材而步行的家伙是被救护车送回来的，因为他撞到了井栏石上。

5. 乔安妮不是那个骑新折叠自行车的人。

		姓：范	姓：扎吉	姓：沃斯	自行车	巴士	步行	救护车	计程车	警车
名	巴里									
名	乔安妮									
名	罗宾									
	救护车									
	计程车									
	警车									
	自行车									
	巴士									
	步行									

38. 扮演马恩的4个演员【中级】

马恩是20世纪最伟大的人物之一，最近，不列颠电视台将上演休·马恩的自传，电视台的新闻办公室公布了分别扮演马恩各个时期的4个演员的照片。从以下所给出的线索中，你能说出4个演员的名字以及所扮演的时期吗？

1. C饰演孩童时代的马恩，他不姓曼彻特。

2. 安东尼·李尔王不饰演晚年的马恩，马恩在晚年时期已经成为哲学家。

3. 理查德紧贴在哈姆雷特的左边，哈姆雷特饰演的是那个正谈论他伟大军事理想的马恩。

4.A是朱利叶斯。

名：安东尼，约翰，朱利叶斯，理查德
姓：哈姆雷特，李尔王，曼彻特，温特斯
时期：孩童，青少年，士兵，晚年

39. 五月皇后【中级】

考古学家最近在一个小村镇里挖掘出了一张关于五月皇后的名单，在18世纪早期，五月皇后连续7年被推选出来执政。从以下所给的线索中，你能说出1721～1727年分别推选出的五月皇后的全名是什么、她是谁的女儿吗？

1. 萨金特在教区长女儿之后两年、汉丽特之前两年成为五月皇后。

2. 布莱克是在1723年5月当选的。

3. 安·特伦特是偶数年份当选的五月皇后，她的父亲不是箍桶匠。

4. 安德鲁是在织工的女儿之前当选为五月皇后的，她不是比阿特丽斯。

5. 铁匠卢克·沃顿的女儿也是其中一位五月皇后，在沃里特之后当选，而且不是在1725年当选的。

6. 木匠的女儿苏珊娜是在索亚之前当选的五月皇后。

7. 米尔福德，在箍桶匠的女儿当选之后两年成为五月皇后，她的前任是旅馆主人的女儿，旅馆主人的女儿在玛丽当选的两年之后当选。

8. 教区长的女儿紧接在简之后当选为五月皇后。

名：安，比阿特丽斯，汉丽特，简，玛丽，苏珊娜，沃里特
姓：安德鲁，布莱克，米尔福德，萨金特，索亚，特伦特，沃顿
父亲：铁匠，木匠，箍桶匠，旅馆主人，教区长，茅屋匠，织工

40. 年轻人出行【中级】

某一天，同一村庄的 4 个年轻人朝东、南、西、北 4 个方向出行。从以下所给的线索中，你能推断出他们各自走的方向、出行的方式以及出行原因吗？

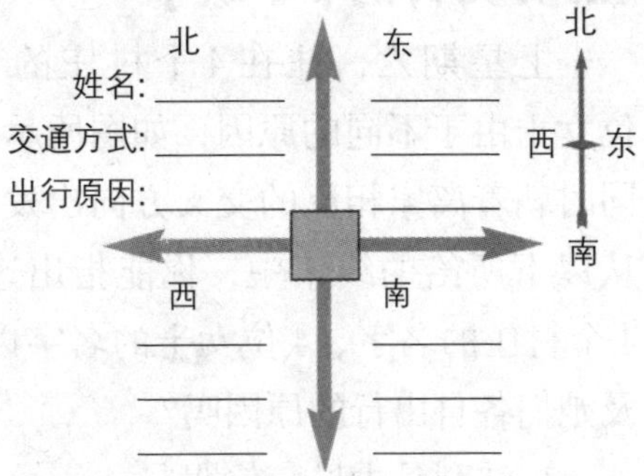

1. 安布罗斯和那个骑摩托车去上高尔夫课的人走的方向刚好相反。

2. 其中一个年轻人所要去的游泳池在村庄的南面，而另外一个年轻人参加的拍卖会不是在村庄的西面举行。

3. 雷蒙德离开村庄后直接朝东走。

4. 欧内斯特出行的方向是那个坐巴士的年轻人出行方向逆时针转 90° 的方向。

5. 坐出租车出行的西尔威斯特没有朝北走。

姓名：安布罗斯，欧内斯特，雷蒙德，西尔威斯特
交通工具：巴士，小汽车，摩托车，出租车
出行原因：拍卖会，看牙医，上高尔夫课，游泳

41. 航海【中级】

在某个阳光灿烂的夏日午后，4 艘游船在某海湾航行，位置如图，从以下所给的线索中，你能说出这 4 艘船的名字、航海员以及帆的颜色吗？

1. 海鸠在马尔科姆掌舵的船东南面，马尔科姆掌舵的船帆是白色的。

2. 燕鸥在图中处于奇数的位置，它的帆是灰蓝色的。

3. 有灰绿色帆的那艘船不是图中的 4 号。

4. 维克多的船处于 3 号位置。

5. 海雀的位置数要比有黄色帆的游船小，但比大卫掌舵的船位置数要大。

6. 埃德蒙的船叫三趾鸥。

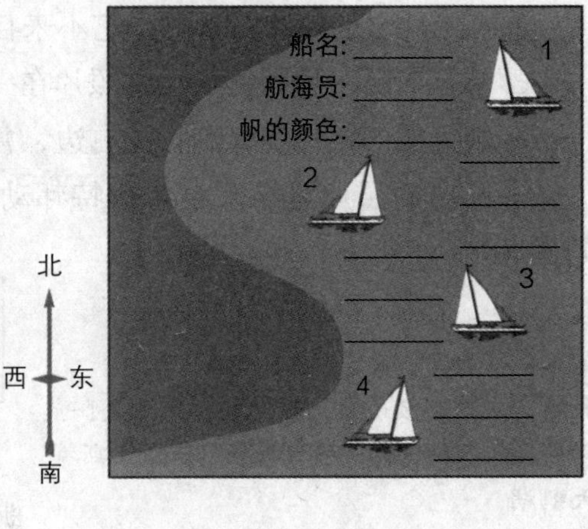

船名：海鸠，三趾鸥，海雀，燕鸥
航海员：大卫，埃德蒙，马尔科姆，维克多
帆：灰蓝色，灰绿色，白色，黄色

42. 交叉目的【中级】

上星期六，住在4个村庄的4位女士由于不同的原因，如图所示，同时朝着离家相反的交叉方向出发。从以下所给的线索中，你能指出这4个村庄的名字、4位女士的名字以及她们各自出行的原因吗？

1. 波利是去见一位朋友。
2. 耐特泊村的居民出去遛狗。
3. 村庄4的名字为克兰菲尔德。
4. 西尔维亚住的村庄靠近参加婚礼的人住的村庄，并在这个村庄的逆时针方向。
5. 丹尼斯去了波利顿村，它位于举行婚礼的利恩村的东面。

村庄：克兰菲尔德村，利恩村，耐特泊村，波利顿村
名字：丹尼斯，玛克辛，波利，西尔维亚
原因：参加婚礼，遛狗，见朋友，看望母亲

43. 可爱的熊【中级】

我妹妹在她梳妆台的镜子上摆放了4张照片，这4张照片展示的是她去年去动物园时所看到的熊。从以下所给的线索中，你能说出这4只熊的名字、种类以及各个动物园的名字吗？

1. 布鲁马的照片来自它生活的天鹅湖动物园。
2. A照片上的熊叫帕丁顿，它不来自秘鲁。
3. 格林斯顿动物园的灰熊的照片在一张正方形的明信片上。
4. 眼镜熊的照片在鲁珀特的右边，鲁珀特熊不穿裤子。
5. 泰迪的照片紧靠来自布赖特邦动物园那只熊的左边，后者不是东方太阳熊。

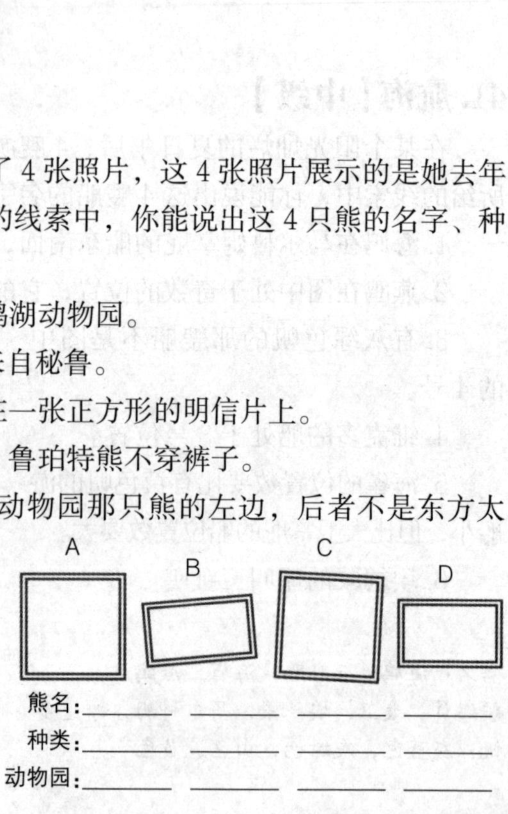

熊名：布鲁马，帕丁顿，鲁珀特，泰迪
种类：灰熊，极地熊，眼镜熊，东方太阳熊
动物园：布赖特邦，格林斯顿，诺斯丘斯特，天鹅湖

44. 下一个出场者【中级】

乡村板球队正在比赛，有4位替补选手正坐在替补席上整装待发。从以下给出的线索中，你能说出这4位选手的名字、赛号以及每个人在球队中的位置吗？

1. 6号是万能选手，准备下一个出场，他坐的位置紧靠帕迪右侧。

2. 尼克是乡村队的守门员。

3. 旋转投手的位置不是7号。

4. 图中C位置被乔希占了。

5. 选手A将在艾伦之后出场。

6. 坐在长凳B位置的选手是9号。

姓名：______ ______ ______ ______

赛号：______ ______ ______ ______

位置：______ ______ ______ ______

姓名：艾伦，乔希，尼克，帕迪

赛号：6，7，8，9

位置：万能，快投，旋转投手，守门员

45. 囚室【中级】

下图中的Ⅰ，Ⅱ，Ⅲ，Ⅳ分别代表了4个囚室，你能依据线索说出被囚禁者以及他或她父亲的名字等细节吗？

1. 在房间Ⅰ里的是国王尤里的孩子。

2. 禁闭阿弗兰国王唯一的孩子的房间，是尤里天的郡主所在房子的逆时针方向上的第一间，后者的房子在沃而夫王子的对面。

3. 禁闭欧高连统治者孩子的房间，是国王西福利亚的孩子所在房间逆时针方向上的第一间。

4. 勇敢的阿姆雷特王子，在美丽的吉尼斯公主所在房间顺时针方向的第一个房间，即马兰格丽亚国王的小孩所在房间逆时针方向的下一间。

5. 卡萨得公主在一位优秀王子的对面，前者的父亲统治的不是卡里得罗。卡里得罗也不是国王恩巴的统治地。

被囚禁者：______ ______

国王：______ ______

王国：______ ______

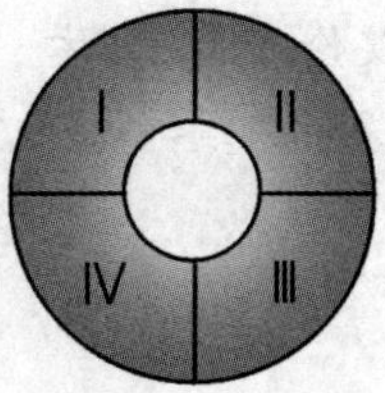

被囚禁者：______ ______

国王：______ ______

王国：______ ______

被囚禁者：阿姆雷特王子，沃而夫王子，卡萨得公主，吉尼斯公主

国王：阿弗兰，恩巴，西福利亚，尤里

王国：卡里得罗，尤里天，马兰格丽亚，欧高连

46. 多面体环【中级】

8个正八面体可以组成1个多面体的环，如图1所示。

请问其他的几种正多面体用同样的方法能否组成这样的多面体环？

正四面体

正六面体(立方体)

图1

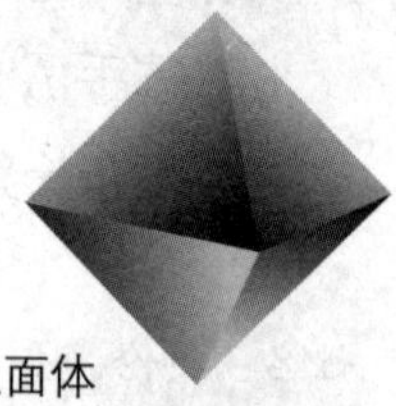
正八面体

正二十面体

正十二面体

47. 戒指女人【中级】

洛蒂·吉姆斯本是一个不起眼的女演员，但是却因和很多有钱男人订过婚，关系破裂后得到他们价值连城的婚戒而扬名，从而成为名副其实的“戒指女人”。从以下所给的线索中，你能说出每个戒指里所用的宝石的类型、戒指的价值以及这些戒指分别是哪个男人给的吗？

1. 洛蒂从企业家雷伊那得到的钻戒就在价值10000英镑的戒指旁边。

2. 从电影导演马特·佩恩那得到的戒指要比那个硕大的红宝石戒指便宜。

3. 那个翡翠戒指价值不是15000英镑，它不是休·基恩给她的。

4. 戒指3花了她前未婚夫20000英镑。

宝石：钻石，翡翠，红宝石，蓝宝石
价值（英镑）：10000，15000，20000，25000
未婚夫：艾伦·杜克，休·基恩，马特·佩恩，雷伊·廷代尔

1 2 3 4

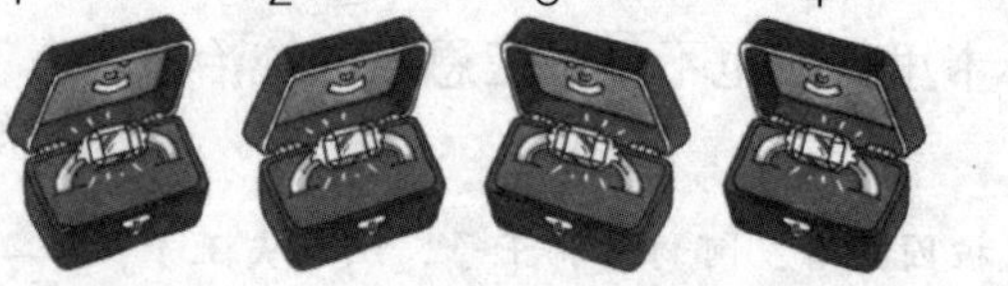

宝石：________ ________ ________ ________
价值：________ ________ ________ ________
未婚夫：________ ________ ________ ________

48. 小猪储蓄罐【中级】

诺斯家的柜子上摆放着5个小猪储蓄罐。从以下所给的线索中，你能描述这几个小猪的详细情况——它们的颜色、名字以及各自的主人吗？

1. 蓝色的小猪不属于杰茜卡，它的主人比大卫大1岁。大卫拥有自己的小猪储蓄罐，大卫的小猪储蓄罐不是红色的，它的位置在蓝色小猪的右边，但相隔不止一只小猪。

2. 紧靠大卫小猪左边的绿色小猪的主人比大卫大2岁。

3. 卡米拉的小猪储蓄罐紧靠红色小猪的左边。卡米拉要比红色小猪的主人年纪大，但她不是5个小孩中最大的。

4. 黄色的小猪不是大卫的，它紧靠杰茜卡的小猪左边，它的主人要比图中B小猪的主人大1岁，但要比大卫小1岁。

5. 本比纯白色小猪的主人小1岁，但比卡蒂大1岁，卡蒂的小猪比本的小猪和白色小猪更靠左。

6. 诺斯先生和夫人一直想让孩子们按年龄大小把他们各自的小猪从左到右排列，但都没有如愿。事实上，如果按他们的方案来看，目前没有一只小猪在它们应该在的位置上。

颜色：蓝，绿，红，白，黄

小孩名字：本，卡米拉，大卫，杰茜卡，卡蒂

小孩年龄：8，9，10，11，12

49. 桥牌花色【中级】

4位桥牌选手各坐桌子一方，手中各有不同花色的一副牌。从以下给出的线索中，你能说出这4个人的名字以及他们握的是什么花色的牌吗？

1. 理查德的牌颜色和拉夫的牌颜色一样，拉夫坐北边的位置。

2. 玛蒂娜对家握的牌花色是红桃。

3. 坐在西边的女人手握黑桃，她不姓田娜思。

4. 保罗·翰德的搭档是以斯帖。

5. 坐在南边的人握的牌花色不是梅花。

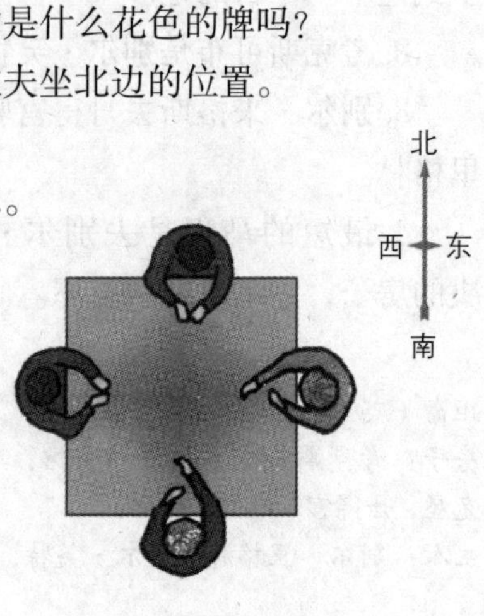

名：以斯帖，玛蒂娜，保罗，理查德

姓：翰德，拉夫，田娜思，启克

花色：梅花，钻石，红桃，黑桃

50. 牛奶送错了【中级】

送奶工出去度假了，他的亲戚瓦利早上替他去送奶，结果把某街道中的 1，3，5，7 号人家的牛奶送错了，从以下所给的线索中，你能说出这 4 户人家分别住的是谁、他们本该收到的和实际收到的牛奶瓶数吗？

1. 那天早上布雷特一家定购了 4 瓶牛奶。

2.1 号人家收到的要比劳莱斯定购的牛奶瓶数少一瓶，劳莱斯一家那天收到的不是 2 瓶牛奶。

3. 克孜太太那天早上发现门口放着 3 瓶牛奶，她和汀斯戴尔家中间隔了一户人家，克孜每天要的牛奶比汀斯戴尔家多。

4. 瓦利在 5 号人家门口只留了一瓶牛奶。

5.7 号人家应该收到 2 瓶牛奶。

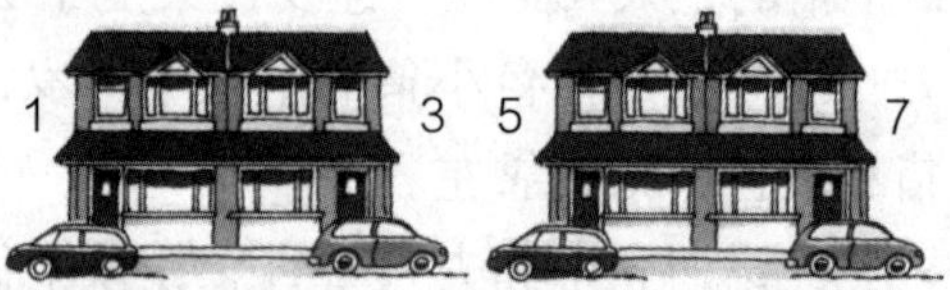

家庭：________ ________ ________ ________

定购：________ ________ ________ ________

收到：________ ________ ________ ________

家庭：布雷特，克孜，汀斯戴尔，劳莱斯

定购：1，2，3，4

收到：1，2，3，4

51. 别尔的行程【中级】

别尔·来格斯是英国摄政时期最活跃的英雄之一，有一次他去拜访 4 个熟人，并在熟人那里都过了夜。从以下所给的线索中，你能说出别尔的每个熟人的名字和他们各自房子的名字以及相邻两地间的距离吗？

1. 呆在温蒂后家里过夜是在去了福卜利会馆之后，接着他需要骑马 22 英里到达下一个目的地。

2. 考克斯可布是别尔·笑特的房子。

3. 别尔·来格斯去丹得宫骑了 25 英里，在那过夜之后他接着去拜访别尔·里格林。

4. 最短的马程是去别尔·斯决的房子，它不是斯沃克屋。

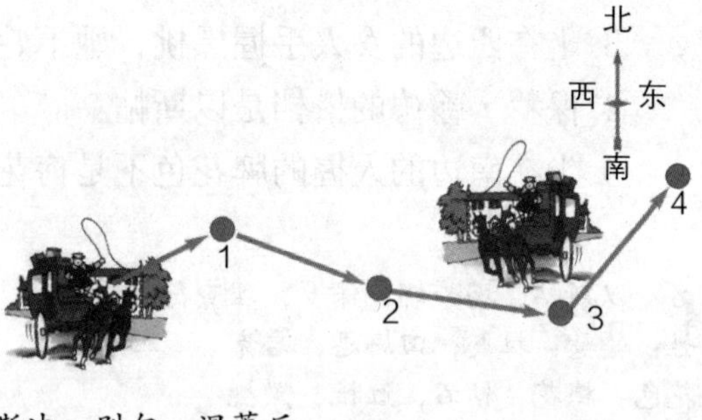

距离（英里）：20，22，25，28

房子：考克斯可布，福卜利会馆，斯沃克屋，丹得宫

主人：别尔·里格林，别尔·笑特，别尔·斯决，别尔·温蒂后

52. 巫婆和猫【中级】

中世纪时期的一个小乡村里，4 个巫婆分别霸占了村里的 4 幢别墅。根据下面的线索，你能说出每幢别墅中巫婆的名字、年龄以及巫婆的猫的名字吗？

1. 马乔里住在那个 86 岁的老巫婆的东面，这个巫婆有只猫叫颇里安娜。

2. 罗赞娜刚过 80 岁。

3. 凯特的主人住在村里池塘后面的 2 号别墅里，她总是用诡异、甚至可以说是邪恶的眼神从她密室的窗口向外窥视。

4.3 号别墅的主人 75 岁，她的猫不叫托比。

5. 人们把塔比瑟的那只老猫叫作尼克。

6. 和格里泽尔达住得最近的巫婆已经 71 岁了。

巫婆：格里泽尔达，马乔里，罗赞娜，塔比瑟

年龄：71，75，80，86

猫：凯特，尼克，颇里安娜，托比

53. 留学生【中级】

歌兹弗瑞大学城的一处 3 层楼房里住着留学生。根据下面的信息，你能找出每层楼所住学生的名字、家乡和所学的专业吗？

1. 佐伊 · 温斯顿所在楼层比那个物理学专业的学生高。

2. 约翰 · 凯格雷来自新西兰的惠灵顿。

3. 住在 3 楼的学生来自南非的德班。

4. 凯茜 · 艾伦不是来自底特律的美国学生，也不是历史系的。

	凯茜·艾伦	约翰·凯格雷	佐伊·温斯顿	底特律	德班	惠灵顿	历史	医学	物理学
1楼									
2楼									
3楼									
历史									
医学									
物理学									
底特律									
德班									
惠灵顿									

54. 女英雄希拉【中级】

女英雄希拉·戈尔踏入了巫师的城堡，来到了地下室，那里有4扇门，每一扇门后面都有一座金雕像以及一个致命陷阱。根据下面的信息，你能说出每扇门的颜色、门后是什么雕像以及所隐藏的陷阱吗？

1. 一扇门后面的雕像是一只鹰和一个绊网陷阱，一旦触发此陷阱，房间就会陷入一片火海。

2. 红门后面的那个陷阱会在人毫不察觉时扔下一块一吨重的大石头，其逆时针方向上挨着的那扇门后面是一个跳舞女孩像，但这扇门不是绿色的。

3. 与实物一样大小的金狮子像在2号门后面。

4. 3号门不是黄色的，黄门后面有一个战士金像，一旦你走进去，就会直接走到一个断头台上。

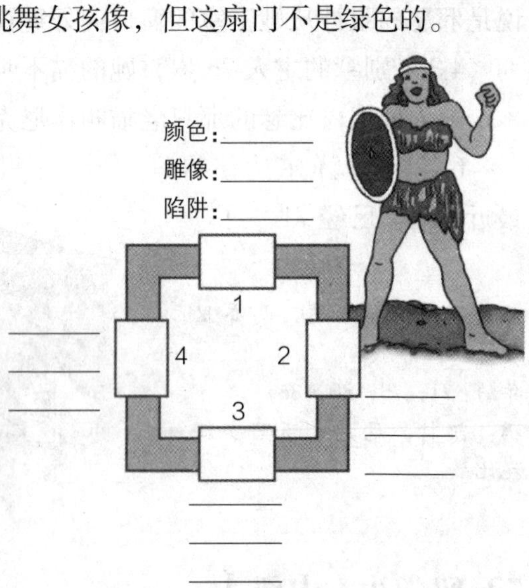

门的颜色：蓝色，绿色，红色，黄色
雕像：跳舞女孩，鹰，狮子，战士
陷阱：石头陷阱，断头台，地板陷阱，绊网陷阱

55. 改变形象的染发【中级】

4位女士在美发沙龙内坐成一排等着染头发。根据下面的信息，你能说出每位顾客的名字、现在的头发颜色以及各自想染的颜色吗？

1. 莫利左边的女士头发是棕色的。

2. 一位女士想把头发染成白色，另一位现在的头发是金黄色，霍莉坐在她们两人之间。

3. 坐在1号位置上的女士的头发是红色的。

4. 颇莉坐在想把头发染成黑色的女士旁边，而多莉坐在偶数位置上。

5. 灰头发的妇女想把她的头发染成赤褐色，她不在3号椅子上。

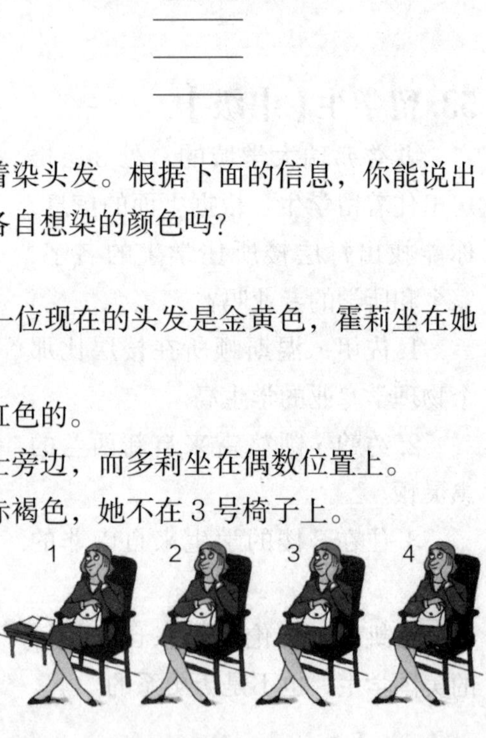

名字：多莉，霍莉，莫利，颇莉
现在的头发颜色：棕色，金黄色，灰色，红色
想染的颜色：赤褐色，黑色，白色，红色

56. 信件【中级】

斯托贝瑞正在整理早晨要发送的信件，桌上的4封信都是寄给镇上的居民的。根据下面的信息，你能找出每封信的收信人姓名以及收信人各自的完整地址吗？

1. 寄给本德先生的信挨着收信地址为31号的信，并在它的右边。

2. 4封信中有一封信的地址是特纳芮大街10号。

3. 3号信将会在今天早上稍晚时间寄给雪特小姐，她不住在斯达·德弗街。

4. 梅尔先生的地址号码比1号信封上的收信地址号码大。

5. 收信地址为6号的那封信与寄给格林夫人的那封信之间隔了一封信。

6. 寄到斯坦修恩路那封信的号码比它右边那封信的收信地址号码大。

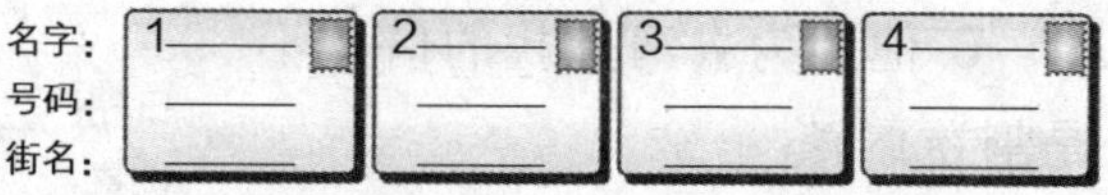

名字：本德先生，格林夫人，梅尔先生，雪特小姐

地址号码：6，10，31，45

街名：斯达·德弗街，朗恩·雷恩街，斯坦修恩路，特纳芮大街

57. 帕劳旅馆之外【中级】

在一个明媚的夏日，4位老绅士坐在班吉斯·格林镇帕劳旅馆外的长凳上，享受着啤酒，回忆着往事。根据下面的信息，你能推断出图中每位老人的名字、年龄以及在那段让他们念念不忘的美好时光中从事什么工作吗？

1. 乔·可比大约做了50年的牧场主人，在少女农场上照顾牧群。

2. 现年74岁的退休邮递员坐在他的老朋友珀西·奎因的左边。

3. 坐在C位置上喝酒的那位是罗恩·斯诺，D位置上的老人的年龄已经超过72岁了。

4. 现年76岁的来恩·摩尔在75岁后的生活很充实，没有虚度光阴，他不是班吉斯·格林镇上给马钉掌或者照看那些笨拙马匹的老马医。

5. 坐在B位置上喝酒的人不是那位过去经常帮助别人维修拖拉机和农场设备的前任机修工。

名字：乔·可比，来恩·摩尔，珀西·奎因，罗恩·斯诺

年龄：72，74，76，78

过去的工作：牧场主人，马医，机修工，邮递员

58. 杰克和吉尔【中级】

无论杰克和吉尔去哪里或者做什么，他们都喜欢为自己找些借口，比如为了取一桶水而爬上山。根据下面的信息，你能说出星期一到星期四他们从小屋出发所走的方向、目的地以及去每个地方的原因吗？

1. 在沿 2 号方向前进的第二天他们爬了山，说是为了打水。

2. 星期四他们去了草地，对昏昏欲睡的小男孩布鲁也视而不见。

3. 他们说朝 4 号方向前进是去清理茶匙。

4. 他们为星期三的旅行找的借口是去喂猫，那天他们走的不是 1 号方向。

5. 他们为去河边找的借口不是割卷心菜。

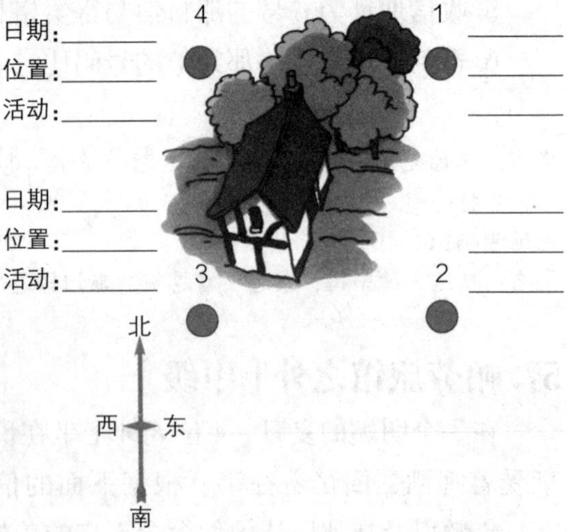

日期：星期一，星期二，星期三，星期四

位置：河边，草地，树林，山上

活动：割卷心菜，清理茶匙，喂猫，取水

59. 曼诺托 1 号【中级】

下图展示了太空船曼诺托 1 号控制舱中的 4 名工作人员的位置。根据下面的线索，你能找出每名成员的名字、军衔以及在曼诺托 1 号中做何种工作吗？

1. 弗朗茨·格鲁纳工程师坐在陆军少校的对面。

2. A 位置上的军官是罕克·吉米斯，他不是军医。

3. 空军上校在 B 位置上。

4. 萨姆·罗伊斯的顺时针方向上是尤瑞·赞洛夫。

5. 坐在 C 位置上的宇航员不是海军司令官。

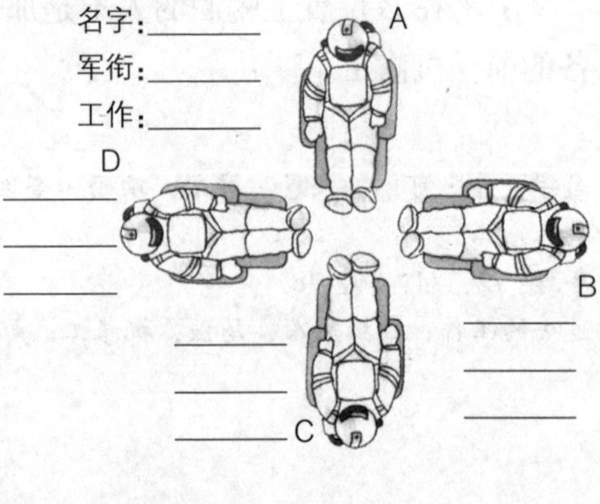

名字：弗朗茨·格鲁纳，罕克·吉米斯，萨姆·罗伊斯，尤瑞·赞洛夫

军衔：空军上校，陆军少校，海军司令官，海军上尉

工作：宇航员，工程师，军医，飞行员

60. 龙拥有者俱乐部【中级】

龙拥有者俱乐部是为那些拥有多里卡特·龙跑车的人创办的，这些车都在 1930 ~ 1955 年之间制造。开始时没有多少位车主加入俱乐部，下图展示的是幸存的在 1940 年之前制造的 4 辆跑车。根据下面的线索，你能说出每辆车的主人、颜色以及制造时间吗？

1. D 号车是辆红色的龙跑车，它的主人不是加里·合恩，也不是 1934 年制造的。

2. B 号车在 1938 年由多里卡特工厂制造，当时他们没有生产线。

3. 特德·温的车在黄色跑车和 1932 年生产的车之间。

4. 伦·凯斯的跑车被漆成深绿色，曾被认为是绿色英国跑车，该车不是 A 号车。

5. C 号车不是蓝色的。

跑车主人：克里斯·丹什，加里·合恩，伦·凯斯，特德·温
跑车颜色：蓝色，绿色，红色，黄色
制造时间：1932，1934，1936，1938

61. 谁的房子【中级】

始建于 17 世纪的别墅风格别具特色。根据下面的线索，你能分别说出 1 ~ 4 号每栋别墅的名字、建造时间以及现在主人的名字吗？

1. 佛乔别墅现在属于丽贝卡·德雷克，2 号房产在该栋别墅之后建造。

2. 巴兹尔·布立维特拥有的别墅沿顺时针方向与狗和鸭建筑相邻，而后者至今仍然是一家酒吧。

3. 詹姆士·皮卡德那栋始建于 1685 年的别墅不是曼纳小屋。

4. 在最东面的不是建于 1708 年的瑞克特立建筑。

5. 最晚建造的那所房子不是史密塞斯上校的财产。

房子：狗和鸭建筑，佛乔别墅，曼纳小屋，瑞克特立建筑
时间：1610，1685，1708，1770
主人：巴兹尔·布立维特，史密塞斯上校，詹姆士·皮卡德，丽贝卡·德雷克

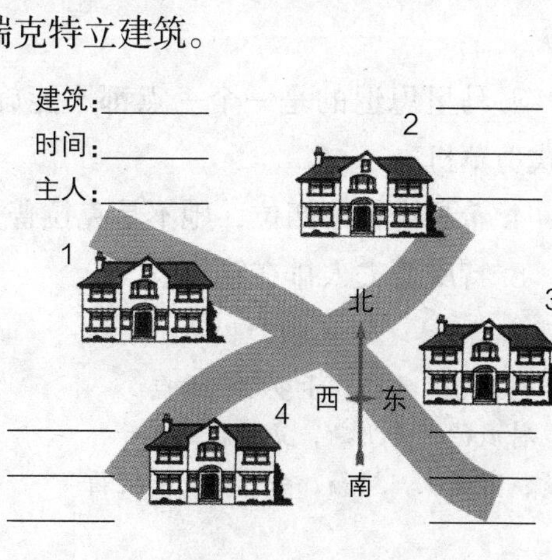

62. 神像【中级】

英国著名的考古学家琼斯在南美考古时，发现了一尊公元前700年的四面神像。根据下面的线索，你能填出神像上每个面的动物面孔、所代表的神以及在莱曼尼特克文化中掌管的领域吗？

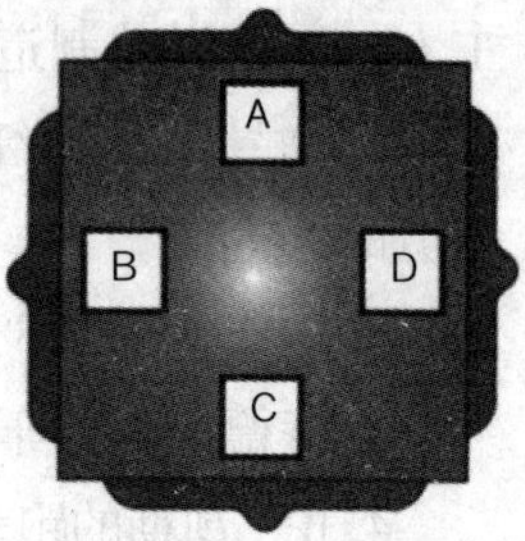

1. 神像的一面是南美洲的一种水怪，它的名字叫乌卡特克斯赖特。或许你听说过，那是一种大型啮齿动物。

2. 以美洲虎为面孔的神像在叫爱克斯卡克斯特的神像的反面，后者是莱曼尼特克的战神。

3.D面上的神像拥有水蟒的面孔。

4. 神像的A面代表莱曼尼特克的气候神，B面的面孔不代表他们的爱神，这两个神都不叫奥克特拉克斯特。

5. 事业神不叫埃克斯特里卡特尔，与事业神在顺时针方向上相邻的那尊神像是以一只特别丑陋的蝙蝠为面孔。

面孔：水蟒，蝙蝠，水怪，美洲虎
名字：埃克斯特里卡特尔，爱克斯卡克斯特，奥克特拉克斯特，乌卡特克斯赖特
所管领域：事业，爱情，战争，气候

63. 退货【中级】

百货商店里，有4位不满意的顾客排队等在退货柜台边。从以下给出的线索中，你能将图中每位女士的全名和所要退的货填写出来吗？

1. 希拉·普里斯不是那位排在第三位、并要求退一条牛仔裤的女士。

2. 想退有问题的烤箱的那位女士不是夏普夫人。

3. 马里恩退的是一个一点都不能旋转的旋转式剪草机。

4. 希瑟排在第四位，她不是克拉普夫人。

5. 特威德夫人排在第一位。

名：马里恩，希拉，卡罗尔，希瑟
姓：特威德，普里斯，克拉普，夏普
退货：剪草机，烤箱，牛仔裤，手提箱

64. 百岁老人【中级】

斯多布里的山楂牧场住着3位百岁老人。从以下给出的线索中，你能推断出每位百岁老人的全名、他们搬去山楂牧场前居住的村庄和他们搬家的时间吗？

		姓								
		艾尔德	格雷	西尼尔	莫博里	布莱伍德	威逊韦尔	1985年	1990年	1995年
名	戴西									
	亨利									
	玛格丽特									
	莫博里									
	布莱伍德									
	威逊韦尔									
	1985年									
	1990年									
	1995年									

1. 名叫西尼尔的住户搬到山楂牧场的时间，比曾住在莫博里的那个人迟。

2. 亨利以前是位农场工人，搬来山楂牧场前他一直生活在威逊韦尔。

3. 玛格丽特·格雷经营着一家乡村邮局。

4. 在1995年搬家的人姓艾尔德，但不叫戴西。

65. 新来的人【中级】

泰克斐尔德·圣·安德鲁是萨福克郡上一个有趣的镇，它的居民非常保守——他们始终认为几年前搬来的退休的伦敦人是“新来的人”。从以下给出的线索中，你能推断出这些“新来的人”来自伦敦哪里、在镇里住了多久、现在的家在哪里吗？

		前住址						现住址		
		柏特斯	艾林特	帕丁顿	8年	11年	16年	牧场	罗斯村	怀特盖茨村
	艾伦·布拉德利									
	梅维斯·诺顿									
	沃尔特·杨									
现住址	牧场									
	罗斯村									
	怀特盖茨村									
	8年									
	11年									
	16年									

1. 住在牧场的沃尔特·杨，不是那个以前在艾林特居住和工作的伦敦人。

2. 以前家在帕丁顿火车站后面的那个人，居住在泰克斐尔德·圣·安德鲁的时间比艾伦·布拉德利的要长。

3. 怀特盖茨村的那个“新来的人”居住时间已经超过8年了。

4. 其中一个“新来的人”已经在罗斯村住了16年了。

66. 书报亭【中级】

位于巴黎塞纳河左岸的公开市场里有 4 家书亭，4 位顾客正在向各家书亭购买不同种类的书。从以下给出的线索中，你能说出书亭主人的名字、在 1 ~ 4 号书亭购书的顾客的名字以及他们买的是什么书吗？

1. 威廉正在买书的那个书亭在波莱特经营的书亭的西边某个位置。卖字典的书亭的东边。

2. 乔 · 埃尔刚买了诗集，但不是从艾兰恩那里买来的。

3. 小说是在 3 号书亭购得的。

4. 雅克的顾客是阿曼裕。

5. 传记是在玛丽安的书亭购得的，她的书亭在斯尔温买书的那个书亭的西边。

亭主：艾兰恩，雅克，玛丽安，波莱特
顾客：阿曼裕，乔 · 埃尔，斯尔温，威廉
书：传记，字典，小说，诗集

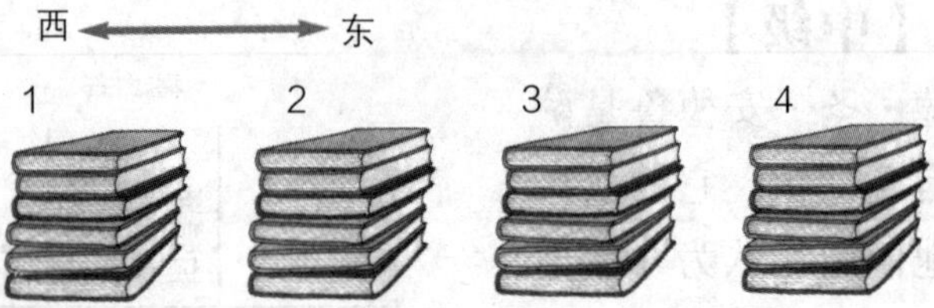

67. 租车【中级】

在出租车公司外面的停车场停着 5 辆顾客预定的车。从以下给出的线索中，你能说出每辆车的品牌、颜色和它的位置数吗？

1. 罗孚停在位置 5。

2. 红色汽车停在福特旁边，福特不是停在位置 4。

3. 菲亚特是黄色的，在位置 3 的车是白色的。

4. 中间 3 辆车的生产商名字都不是 5 个字母的。

5. 丰田不是停在位置 2，棕色汽车在丰田的相邻位置，且停在其左面。

颜色：棕色，绿色，红色，白色，黄色
牌子：罗孚，菲亚特，丰田，福特，沃尔沃

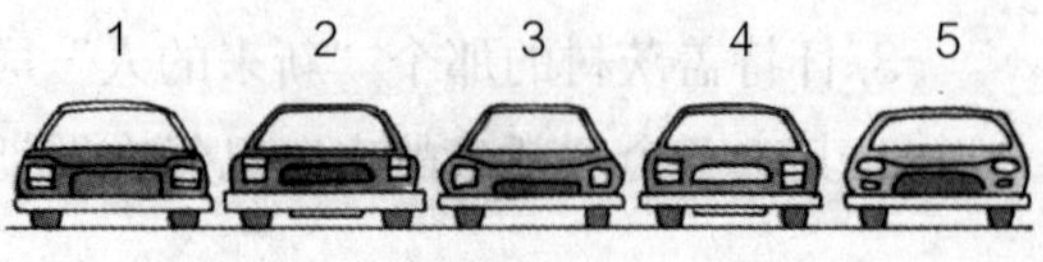

68. 小镇【中级】

有10个距离很近的小镇，从以下给出的线索中，你能把每个镇名都写出来吗？

1. 亚克斯雷镇在科尔布雷杰镇的北方某处，在布赖圣特恩镇的西南方，而且其在地图上标示的是一个偶数。

2. 波特菲尔得镇在勒索普镇的东北方。

3. 德利威尔镇比欧德马克科特镇位置更偏南。

4. 图上标号3的是肯思费尔德镇。

5. 摩德维尔镇在威格比镇的西边。威格比镇在另外一个镇的正北方向。

镇名：布赖圣特恩镇，科尔布雷杰镇，德利威尔镇，肯思费尔德镇，勒索普镇，摩德维尔镇，欧德马科特镇，波特菲尔得镇，威格比镇，亚克斯雷镇

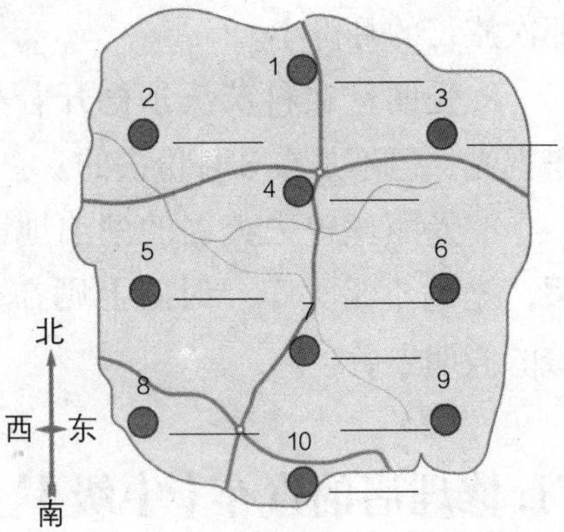

69. 环行线路【中级】

一条环行路线连着4个村庄，它的起始点即下图中标1的地方。开车的4位驾驶员分别住在4个村庄里。根据给出的线索，你能叫出每个村庄住的驾驶员的名字，并推算出环线上各村之间的距离吗？

1. 格里斯特里村是最北边的村庄，在环线上它与前面或后面的村庄的距离都不是7千米。

2. 驾驶员德莫特是提姆布利村的住户。提姆布利村不是最东面的村庄。

3. 6千米长的那段路程起始在桑德莱比村，阿诺德不住在那里。

4. 环行车在5千米长的那段路上是朝往西南的方向开的，起始自罗莉住的村庄。

村庄：提姆布利，格里斯特里，桑德莱比，托维尔

驾驶员：阿诺德，德莫特，吉姆，罗莉

距离：4千米，5千米，6千米，7千米

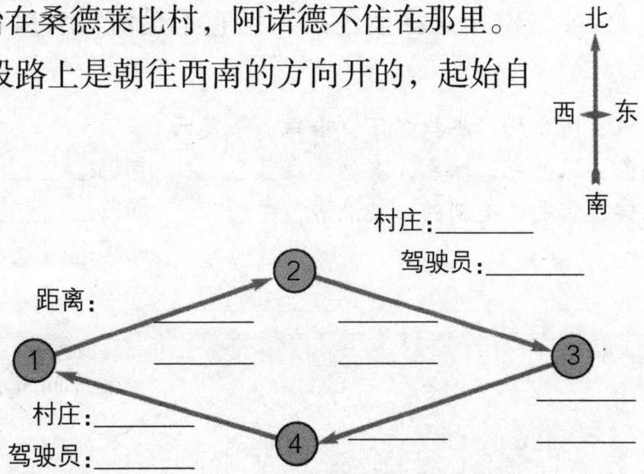

70. 美好记忆【中级】

爱丽丝经常翻阅她那些老照片，那是她以前去度假时拍的3组照片。从以下给出的线索中，你能推断出照片分别是在哪里拍的、爱丽丝是乘坐什么交通工具、在什么时候去的吗？

1. 长途汽车旅行的月份比1971年那次旅行的月份小。

2. 爱丽丝在科茨沃尔德开着小汽车观光，但不是在8月份去的。

3. 爱丽丝曾去英国的湖泊地区度假，坐的不是火车。时间上则在5月份的假期之后。

	1986年	1971年	1974年	康沃尔	科茨沃尔德	英国的湖泊地区	小汽车	长途汽车	火车
5月份									
6月份									
8月份									
小汽车									
长途汽车									
火车									
康沃尔									
科茨沃尔德									
英国的湖泊地区									

71. 修理店的汽车【中级】

汽车修理店停着4辆汽车，其中汽油泵旁边有2辆汽车，另外2辆在使用其他设备。从下面所给的线索中，你能说出司机的名字、每辆车的颜色和品牌吗？

1. 灰色美洲豹比哈森的汽车停得更靠右边。

2. 蒂莫西驾驶的汽车不是蓝色的。

3. 阿尔玛的汽车不是宝马，它也不停在2个汽油泵的前面。丰田汽车停在了汽油泵的前面，但它不是绿色的。

4. 4号汽车是深蓝色的，但它不是流浪者牌。

司机：阿尔玛，杰拉尔丁，哈森，蒂莫西

颜色：深蓝色，绿色，灰色，浅蓝色

品牌：宝马，美洲豹，流浪者，丰田

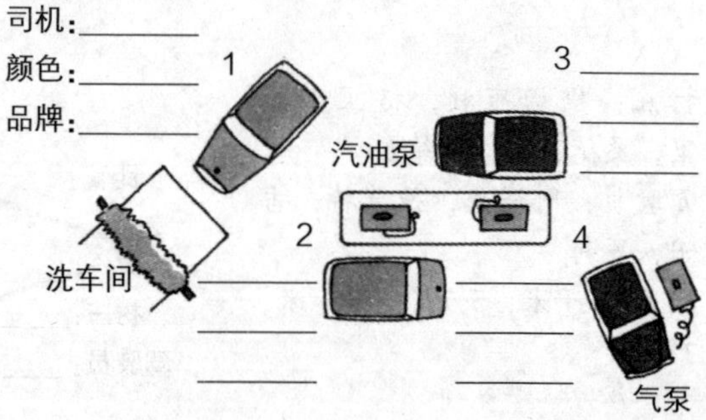

72. 遍地开花【中级】

小镇教堂举行了一年一度的花节，其中 4 个成员准备的展览受到好评，她们在图中所示 1 ~ 4 的位置。从以下给出的线索中，你能说出 4 位女士的名字、她们的职业和她们的展览的主打颜色吗？

1. 夏洛特的黄色鲜花展览比由牙科接待员筹备的展览位置更靠东北。

2. 在圣餐桌上的展览不是由小镇的蔬菜水果商设计的。

3. 卢斯的花被放在南耳堂展示。

4. 艾里斯的工作是健康访问员，她展示的基本颜色不是粉红色。

5. 蓝色花展是一位家庭主妇展示的。

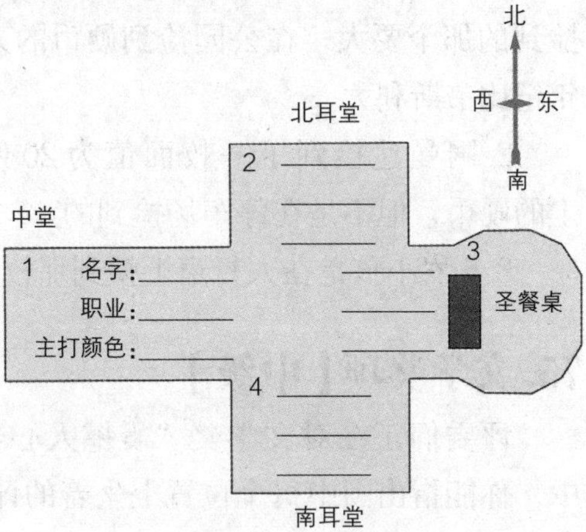

名字：夏洛特，艾里斯，米兰达，卢斯
职业：牙科接待员，蔬菜水果商，健康访问员，家庭主妇
颜色：蓝色，粉红色，白色，黄色

73. 博物馆的展品【中级】

在 20 世纪初期，苏塞克斯的百里香小镇有一位喜爱考古的乡绅，他把几样在他的土地上发现的东西赠给了附近的一家博物馆。现在摆在展台上的东西是其中的 4 件。从以下给出的线索中，你能推断出每件东西是在哪个世纪制造的、在哪年赠给博物馆的吗？

1. 那件银匙不是产自公元 9 世纪。物品 C 不是在 1936 年赠送给博物馆的。

2. 在 1948 年，乡绅去世的前一年，他将出产于 12 世纪的一件人工制品捐献给博物馆。那位乡绅 89 岁。

3. 物品 B 是一枚银胸针，它不是第一件赠送给博物馆的艺术品。

4. 那把剑紧靠在大概出产于公元 10 世纪的东西的右边。

5. 银酒杯的制造时间紧靠在 1912 年赠出物的制造时间之前。两者在展示橱上相邻排在一起。

艺术品：银胸针，银匙，银剑，银酒杯
制造日期：9 世纪，10 世纪，11 世纪，12 世纪
赠送日期：1912 年，1929 年，1936 年，1948 年

艺术品：______ ______ ______
制造日期：______ ______ ______
赠送日期：______ ______ ______

74. 偶然所得【中级】

某天，3个少年在不同地点各捡到了一枚硬币。从以下给出的线索中，你能说出每个人的年龄、硬币的面值和捡到它的地点吗？

	5岁	6岁	7岁	5便士	10便士	20便士	停车场	公园	人行道
阿曼达									
约瑟夫									
韦斯利									
停车场									
公园									
人行道									
5便士									
10便士									
20便士									

1. 韦斯利捡到的硬币面值比在公园捡到的那个要大，在公园捡到硬币的人年纪比韦斯利大。

2. 阿曼达捡到了一枚面值为20便士的硬币，但不是在停车场捡到的。

3. 6岁小孩是在人行道上捡到那枚硬币的。

75. 文学奖项【中级】

评委们正在对文学奖“震撼人心奖”进行评审工作。从下面所给的线索中，你能指出图中每个位置上坐着的评论家的名字以及他们最喜欢的小说是哪本吗？

1. 有一位评论家喜欢《木乃伊的诅咒》，他坐在科兰利·斯密斯特顺时针方向的下一位，同时坐在一位女性评论家的对面。

2. 喜欢《无血的屠宰场》的评论家坐在德莫特·谷尔的对面。

3. 评审团成员中有一位最喜欢《恶魔的野餐》，他坐在迪尔德丽·高尔顺时针方向的下一位，同时坐在盖莉·普拉斯姆的对面。

4.《太空的魔王》受到D座的评论家的支持。

评论家：科兰利·斯密斯特（男），迪尔德丽·高尔（女），德莫特·谷尔（男），盖莉·普拉斯姆（女）

题目：《无血的屠宰场》，《木乃伊的诅咒》，《恶魔的野餐》，《太空的魔王》

76. 射球明星【中级】

鲍勃·克劳斯是一名足球报道员，上星期六他为本地球队的五球杯赛作了报道，他的报道结合了5位进球员的图画。从以下给出的线索中，你能确定图中每位球员的名字、球衣号码和他进球的时间吗？

1. 8号的左边是文斯，右边是最后进球的人。文斯是紧接在8号后面进球的。A紧接在E的后面进球。E的球衣号码比A大。

2. 艾伦紧接在B后面进球，B的左边是7号。3号紧接在格雷厄姆后面进球。格雷厄姆比3号更靠左边不止一个位置。

3. 大卫比靠在他左右两边的人的球衣号码都大，进球都早。

4. 9号是在第47分钟进球的。

5. 保罗的球衣号码比在第34分钟进球的人的号码小，那个人比保罗更靠左边不止一个位置。

球员：艾伦，大卫，格雷厄姆，保罗，文斯

球衣号码：3，6，7，8，9

时间：第21分钟，第34分钟，第47分钟，第65分钟，第88分钟

77. 盾形徽章【中级】

4位世袭的贵族拥有如图所示的盾形徽章。从以下给出的线索中，你能说出字母编号为A，B，C，D的盾形徽章的所有者及每个徽章上的图案和颜色吗？

1. 莱可汉姆领主的盾形徽章以火鸡图案为特征，用以见证自己某位祖先在战争中的英勇行为。这个火鸡图案的徽章排在蓝色徽章的左边。

2. 黄色的盾形徽章在描刻有鹰的徽章的右边。鹰徽章是在代表伯特伦领主徽章的邻旁。

3. 狮子不是曼伦德领主徽章上的图案。

4. 盾形徽章C的背景颜色是绿色。

5. 盾形徽章A的图纹是莱弗赛奇领主的外衣徽章。

领主：伯特伦领主，莱弗赛奇领主，曼伦德领主，莱可汉姆领主

图案：鹰，狮子，牡鹿，火鸡

颜色：蓝，绿，红，黄

78. 宠物【中级】

4个毗邻而居的家庭各自拥有一条不同品种的狗。从以下给出的线索中，你能说出编号17～23的房子住户和每家宠物的品种和名字吗？

1. 阿尔萨斯犬住在萨姆的隔壁人家，萨姆是利德家的狗。

2. 17号的住户的宠物是一只拳师犬。

3. 克勒家有一只吉娃娃狗。

4. 弗雷迪住的房子是21号。

5. 19号的那户人家不姓肯内尔。

6. 马克斯是一只约克夏小猎犬。

家庭：波尼家，可勒家，肯内尔家，利德家
品种：阿尔萨斯犬，拳师犬，吉娃娃狗，约克夏小猎犬
狗名：迪克，弗雷迪，马克斯，萨姆

79. 罗希的玫瑰花结【中级】

在一年一度的障碍马术赛上，罗希·兰姆斯勃特和她的马再次在比赛中获胜。5年里她已经赢了4次。每次比赛她都骑着不同的马上场。从以下给出的线索中，你能说出她所骑的马的名字、比赛地点和比赛年份吗？

1. 紧接在1998年罗希获胜之后，她骑着“爵士”再次赢得了象征胜利的玫瑰花结。这两场比赛都不是在切尔特娱乐中心举行的。

2. 在切尔特娱乐中心的那次比赛，是在她骑着“小鬼”赢了比赛的两年之后举行的，并且罗希赢得的不是D玫瑰花结。有关“小鬼”的玫瑰花结紧靠在来自切尔特娱乐中心的那次比赛的玫瑰花结的左边。

3. 罗希骑着“花花公子”赢得的玫瑰花结在骑着“斯玛特”赢的玫瑰花结的右边某个位置。

4. 罗希在梅尔弗德公园的那场比赛赢的玫瑰花结紧靠在她最近一次比赛中赢的花结的右边。

5. 罗希在1996年赢的玫瑰花结紧靠在斯特克农场那场比赛中赢得的玫瑰花结的左边。

小型马的名字：“花花公子”，“小鬼”，“爵士”，“斯玛特”
比赛地点：切尔特娱乐中心，梅尔弗德公园，斯特克农场，提伊山
年份：1996，1998，1999，2001

80. 加油【中级】

4个开车的人同时到加油站加油，并在付油钱的同时都在店里买了东西。从以下给出的线索中，你能叫出每位驾驶员的名字、他或她开的车的品牌和所买的东西吗？

1. 彼得和标致车车主站在同一组加油泵的对面。那个车主买了一袋糖果。

2. 买杂志的那个车主不是萨利，开的也不是沃克斯豪尔车。

3. 伯特在5号泵加油。

4. 买报纸的车主在3号泵加油。

5. 在2号泵加油的女士没有买书，福特车的主人也没买书。开福特车的不是尤妮斯。

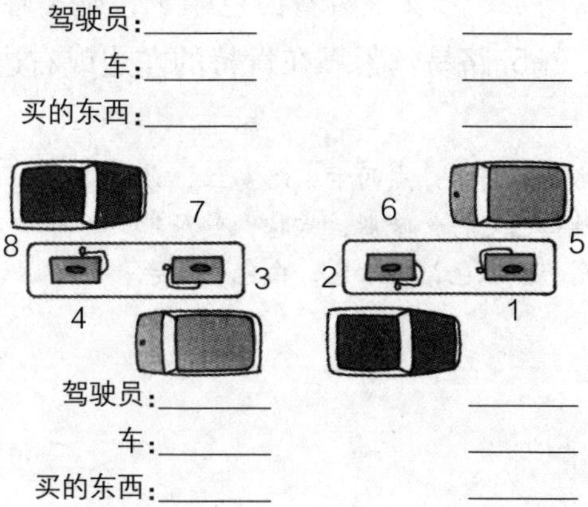

驾驶员：伯特，尤妮斯，彼得，萨利
车：福特，标致，丰田，沃克斯豪尔
买的东西：书，杂志，报纸，糖果

81. 迟到【中级】

我一位年长的朋友艾丽丝曾经在一个礼拜里预约了3次出租车，但每次车都迟到。从以下给出的线索中，你能推断出她是在哪天预定的、车分别迟到了多少分钟和她要去的目的地吗？

1. 预定在上午9:20的出租车迟到的时间少于15分钟。此次预约是在预定在上午11:15那次之后。

2. 星期四艾丽丝去她的皮肤科医生那里，等车不是等了10分钟。

3. 她去中心公园时，出租车迟到了5分钟。

4. 去医院时预约了下午2:40的车，那天不是星期五。

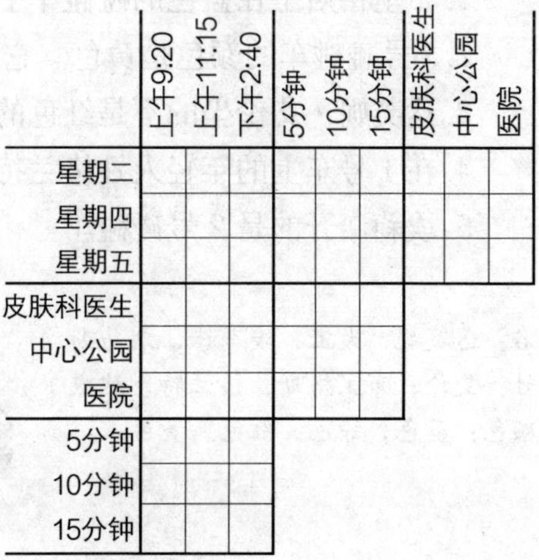

82. 遮住眼睛【中级】

4个小女孩在生日派对上玩“遮住眼睛”的游戏。从以下给出的线索中，你能推断出4个女孩的名字以及她们所戴帽子的颜色吗？

1. 杰西卡在派对上戴着粉红色的帽子。
2. 爱莉尔在戴着黄色帽子的女孩的右边。
3. 戴着绿色礼帽的曼尼斯在莎拉左边的某个地方。
4. 3号女孩戴着白色帽子，她不姓修斯。
5. 路易丝紧靠在肯特的左边或右边。

名：爱莉尔，杰西卡，路易丝，莎拉
姓：巴塞特，修斯，肯特，曼尼斯
帽子：绿色，粉红色，白色，黄色

名:______ ______ ______ ______
姓:______ ______ ______ ______
帽子:______ ______ ______ ______

83. 在碰碰车上【中级】

4个年轻的朋友在同一时间坐上了碰碰车，图示的是他们4个在圆形的运动场中央正在掉头的时刻。从以下给出的线索中，你能将1～4号碰碰车上的年轻人全名叫出来并说出碰碰车的颜色吗？

1. 布里格斯坐在蓝色的碰碰车上，他的右手边是刘易斯。
2. 3号碰碰车的颜色是黄色。它上面坐的是个男孩。
3. 达芙妮·艾伦坐的不是红色的碰碰车。
4. 在1号车上的年轻人姓格兰特。
5. 埃莉诺开的是2号碰碰车。

名：达芙妮，大卫，埃莉诺，刘易斯
姓：艾伦，布里格斯，格兰特，鲍威尔
颜色：蓝色，绿色，红色，黄色

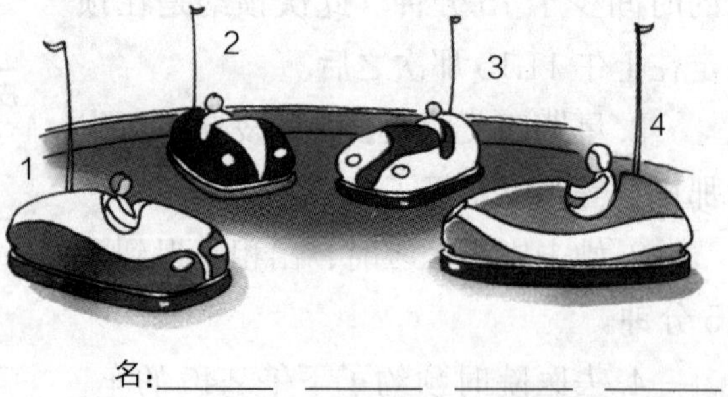

名:______ ______ ______ ______
姓:______ ______ ______ ______
颜色:______ ______ ______ ______

84. 小雕像【中级】

20 年前，当加尔文·克莱克特伯尔刚开始经营他的古董店时，他总是很骄傲地把这两尊小雕像摆放在橱窗的前面。就在上个星期，它们还放在那里。而在两天之内，他先把第一个雕像以 198 元卖掉，赚了 10%；然后又把第二个雕像以 198 元卖掉，这次赔了 10%。那么，加尔文在这两个雕像交易中是赚了还是赔了？

85. 小鸡【中级】

艾米和贝茜是邻居，她们每天都去集市上卖小鸡。贝茜每天卖 30 只，两只卖 1 元，回家时她可以卖 15 元；艾米每天也卖 30 只，3 只卖 1 元，一共可以卖 10 元。有一天，艾米生病了，于是她请贝茜帮她卖小鸡。贝茜带了 60 只小鸡去了集市，并以 5 只 2 元的价钱卖。当她回家时，她一共卖了 24 元。因此，这个要比两人分别卖所赚的钱少了 1 元。那么，为什么会少 1 元呢？是贝茜拿走了吗？

86. 密码【中级】

在世纪之初，那个放在大厅内的存有贵重物品的保险箱被采取了严密的保护措施。图中的这个保险箱的主人是泰门尼·奥谢，他虽然十分富有，可记性却不怎么好。他这辈子总是记不住自己保险箱上的由 3 个数字组成的密码。但是，他却可以利用贴在保险箱上的线索提醒自己：

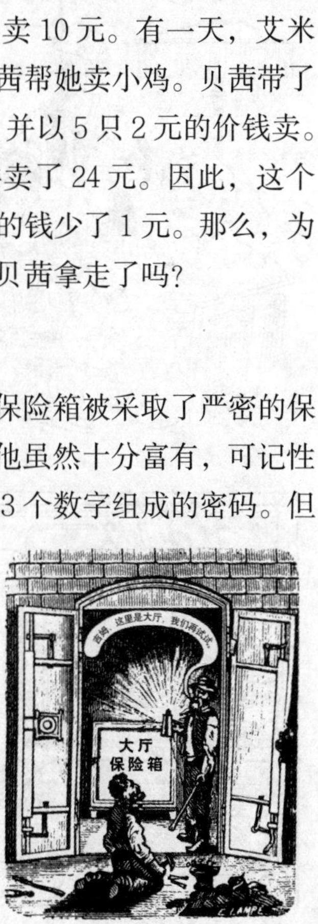

“第一个数字乘以 3 所得结果中的数字都是 1；第二个数字乘以 6 所得结果中的数字都是 2；第三个数字乘以 9 所得结果中的数字都是 3。”如果下图中的保险箱窃贼上过学的话，他们很可能会将这些线索转变成现金。那么，你能将这几个数字依次呈现吗？

87. 移动【中级】

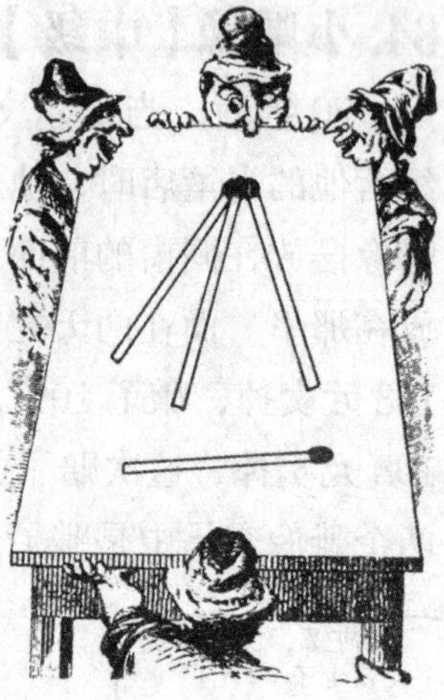

这是一个验证移动的思维游戏。做这个游戏时，你需要准备 4 根火柴杆。按照下图的样子，将其中的 3 根火柴摆成一个金字塔形状。接着，把第 4 根交给你的“受害者”。你来挑战他，看谁能只凭借第 4 根火柴杆就可以把那 3 根竖直放置的火柴杆提起来，并且在保持金字塔形状的情况下把它们抬起来拿到屋子的对面并放在另一张桌子上面。

五金器具店的几个好朋友整个下午都在研究这个题。

88. 泰迪玩具熊【中级】

图中的 3 个女人在最近的教堂节日期间共同投资经营一家泰迪玩具熊店。在开业的当天上午，她们先将相同数量的玩具以 10 元出售；下午的时候，她们更改了玩具熊的数量，但仍以 10 元出售。有趣的是，一天结束的时候，她们虽然卖了不同数量的玩具熊，但是赚的钱数却相同。那么，你能知道这是怎么回事吗？

89. 浴缸【中级】

威拉德 · 沃兹沃斯教授居住在马 · 巴斯卡姆的寄宿公寓里。二楼浴室有一个维多利亚燃气式浴缸，而他观察到了一些有关它的事情：如果打开凉水的水龙头，浴缸放满水需要 6 分 40 秒；如果打开热水的水龙头，放满水需要 8 分钟；如果拔掉塞子，放完水需要 13 分 20 秒。

现在，威拉德的题是：如果拿开塞子，并同时打开热水和凉水的水龙头，那么，将浴缸放满水需要多长时间呢？

90. 火车（1）【中级】

当彼得·库珀造出他那个著名的火车“大拇指汤姆”时，美国只有13千米的铁路。在巴尔的摩附近有一个岔轨，它经常引起混乱。在下面的图中，T表示火车头，A和B是岔轨上的两节车厢，C处只能容纳一个车厢或者火车头。你的任务是利用最少的步数将车厢A和车厢B交换位置，并最终使火车头位于最初的位置。

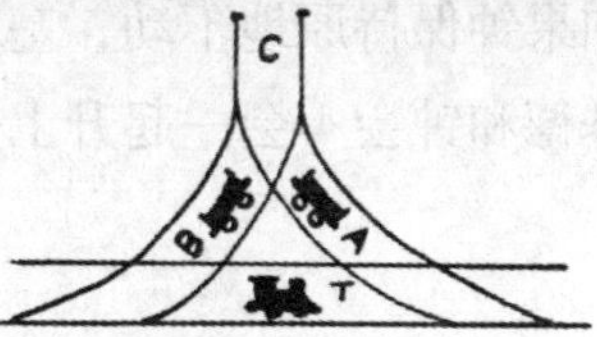

91. 时间（1）【中级】

左图中的这位先生上班时听到一个题，他花了一天的时间也没有把它解决，并且在晚上做了噩梦。题是这样的：一个人家里有2个时钟。一个时钟不走，另一个每天总是慢1个小时。那么，哪个时钟在1周之内的正确显示时间的次数多呢？请你快速给出答案，以使这位心情烦乱的人在天亮之前能够睡会儿觉。

92. 磁铁【中级】

思维游戏俱乐部每个月都会举行的集会就要开始了。如果想进去的话，你必须回答警察所提出的问题：“给你两个大小相同的铁条，一个是磁铁，另一个是普通的铁条。你要把它们以某种方式放在一起，以此来确定哪个是磁铁。你只能试一次，而且不可以使用其他东西。”那么，你准备怎么解决这个难题呢？

93. 钟【中级】

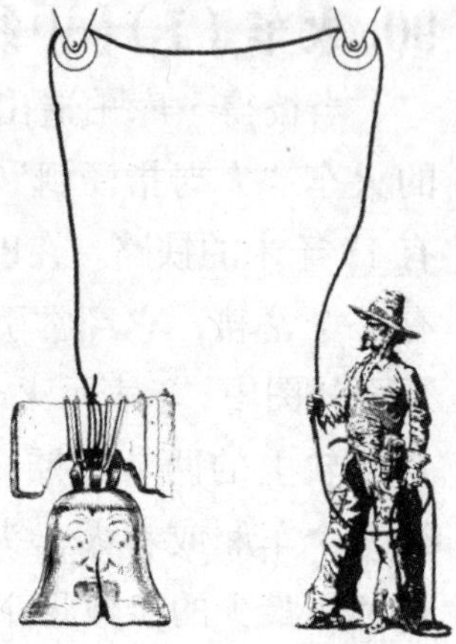

为了把你难住，牧师斯皮尔在做最后一次尝试。好像牧师为自己的教堂买了一口新钟，不知为何，他叫多朗格·基德来帮忙。这口钟的重量和基德的体重相同。当基德开始拽绳子时，令人吃惊的事情发生了。那么，请你猜猜看：

1. 如果基德保持原地不动，钟会不会升上去呢？
2. 如果钟保持原地不动，基德会不会升上去呢？
3. 基德和钟会不会一起升上去呢？

94. 桥牌【中级】

图中有3个男人，他们是克劳德、贺瑞斯和塞尔温，他们分别与迪尔德丽、爱利卡和伊莫金结婚，尽管他们未必是按下图中的顺序就座，但他们都喜欢在俱乐部度过节日的夜晚。请你猜猜他们谁跟谁是一对儿。

克劳德的妻子和爱利卡的丈夫是桥牌的搭档，他们的对手是迪尔德丽和伊莫金的丈夫，所有的男人都不是和自己妻子的搭档，贺瑞斯根本就不玩桥牌。

95. 螺钉【中级】

在伯灵顿螺钉和螺母厂，如果哪个学徒不能回答这个著名的螺钉思维游戏，那么他就不能成为一个合格的铸造工人！每个学徒都必须拿两个相似的大螺钉，然后把它们放在一起，使螺纹相啮合，步骤如下：学徒必须按图中所指的方向将螺钉A沿着螺钉B移动。在这个过程当中，两个螺钉要抓紧，这样它们才不会旋转。现在要回答的问题就是：两个螺钉头究竟是越离越紧、越离越远还是彼此之间距离保持不变？

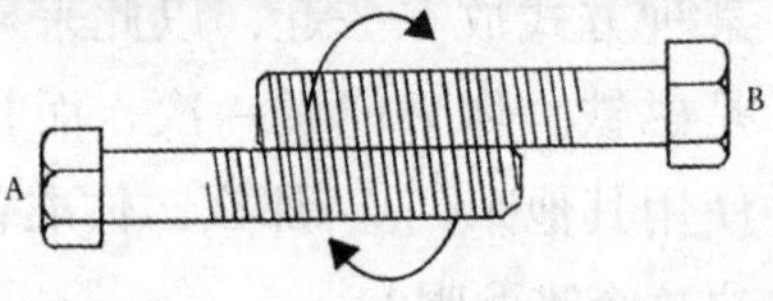

96. 圣诞节【中级】

以前过圣诞节是多么美好！妈妈和孩子们围在圣诞树周围，爸爸在他喜爱的椅子上打盹儿，而对其中的3个孩子来说，这一天不同寻常，因为圣诞节是他们的生日。我们来看看你能否判断出他们的年龄。今天巴顿的年龄是温德尔和苏珊年龄相加的总和。去年圣诞节时，温德尔的年龄是苏珊的2倍。如果从现在算，那么两年后，巴顿的年龄将是苏珊的2倍。

那么，你能否在火鸡和菜肴摆在桌子上之前猜出他们的年龄呢？

97. 欺骗【中级】

特拉斯丁·奈德·阿姆斯特朗是奈德精彩体育世界的老板。有一天，他与一个看起来很可疑的人完成了当天的第一笔交易。顾客花12元买了一筐高尔夫球，他支付了20元，奈德没有零钱，于是去隔壁的面包店换钱，然后把东西交给顾客并找给他8元。10分钟后，面包师进来抱怨说那20元是假的，然后奈德从柜台拿出20元还给他。现在，奈德想的是他到底在第一笔交易当中损失了多少钱。记住，这筐高尔夫球的利润是100%。

98. 钓鱼

加尔文、怀利、埃米特和昆廷寄宿在马·博斯科姆斯公寓。他们一起到莫兰河钓鱼，一共钓了10条鱼。当他们把鱼交给玛让她放在冰箱时，她注意到：

1. 加尔文钓的鱼比昆廷多。
2. 怀利和埃米特两个人钓的鱼与加尔文和昆廷钓的鱼一样多。
3. 加尔文和怀利两个人钓的鱼比埃米特和昆廷两个人钓的鱼少。

那么，你能否根据以上事实计算出他们每个人各钓了几条鱼吗？

99. 领导人【中级】

	丘吉尔	罗斯福	斯大林	希特勒	墨索里尼
出生年份	1874 年	1882 年	1879 年	1889 年	1883 年
1944 年时的年龄	70 岁	62 岁	65 岁	55 岁	61 岁
就职年份	1940 年	1933 年	1924 年	1933 年	1922 年
截至 1944 年的掌权时间	4 年	11 年	20 年	11 年	22 年
总计	3888	3888	3888	3888	3888

那么，读者朋友，你能解释这个巧事吗？

100. 跨栏【中级】

欢迎参加“跨栏迷宫”大赛。为了完成比赛，选手必须找出最短的路线并且跨过偶数数量的跨栏。同时，所跨栏上的数字相加必须是最大值。下图中每个正方形盒子各代表一个跨栏。

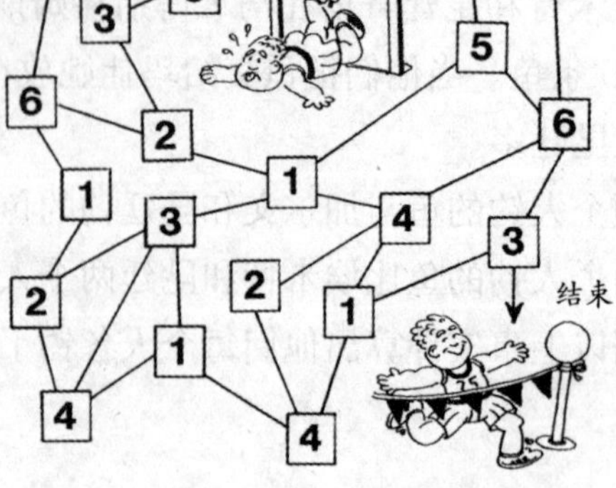

101. 火车（2）【中级】

弗瑞德是廉价小说中的英雄，他现在急需你的帮助！弗瑞德和他的朋友们抓住了一伙火车打劫者，现在他必须解救午后乘车的旅客。他想打信号使刚刚从死人隧道中出来的火车停下，但是距离太远。正好，有辆日常客车正从隧道另一端的入口进入，它的行驶速度是75千米/小时，隧道长0.5千米，火车需要6秒钟才能完全进入隧道。如果弗瑞德以最快的速度跑，他到达隧道的出口需要27秒的时间。那么，要使火车司机在看到信号后停车，他是否足够快呢？

102. 纺织女【中级】

5个女人经常聚在一起编织。根据所给的信息，你能否说出她们的名字、她们分别织的是什么、她们喜欢喝什么以及喜欢吃什么？

1. 丽丝喜欢黄油饼干，但是不喜欢喝汤。

2. 正在织披肩的女人喜欢喝橙汁。

3. 喜欢吃生姜饼干的女人正在织毛衣、她不是凯伊，也不是尼斯萨。

4. 正在织围巾的女人喜欢喝汤，但她不是格瑞特，格瑞特喜欢吃消化饼。

5. 凯伊喜欢喝水，她不喜欢吃朱古力饼干。

6. 喜欢吃果酱饼干的女人正在织的不是袜子。

7. 喜欢喝咖啡的既不是艾达，也不是丽丝。

8. 有一个女人喜欢喝茶。

9. 有一个女人正在织围裙。

	毛衣	袜子	披肩	围巾	围裙	水	茶	汤	橙汁	咖啡	朱古力饼干	黄油饼干	果酱饼干	生姜饼干	消化饼
格瑞特															
艾达															
凯伊															
丽丝															
尼斯萨															
消化饼															
生姜饼干															
果酱饼干															
黄油饼干															
朱古力饼干															
咖啡															
橙汁															
汤															
茶															
水															

103. 母亲节【中级】

就要到母亲节了。根据所给的信息，你能否说出每位母亲将会从她的儿子那里收到什么颜色的什么花？

1. 安特尼特会收到蓝色的花。
2. 乔治准备送给母亲黄色的花，但不是菊花。
3. 塞宾不是蒂第尔的母亲，她收到的花不是红色的。
4. 罗恩特准备给母亲买玫瑰，但既不是粉色也不是白色的。
5. 玛克西是华森特的母亲，她不会收到红色的兰花。
6. 蒂第尔的母亲不是多米尼克。
7. 艾丝泰勒会收到康乃馨，但不是粉色的。
8. 有一位母亲会收到百合花。
9. 有一位母亲的儿子叫巴斯坦。

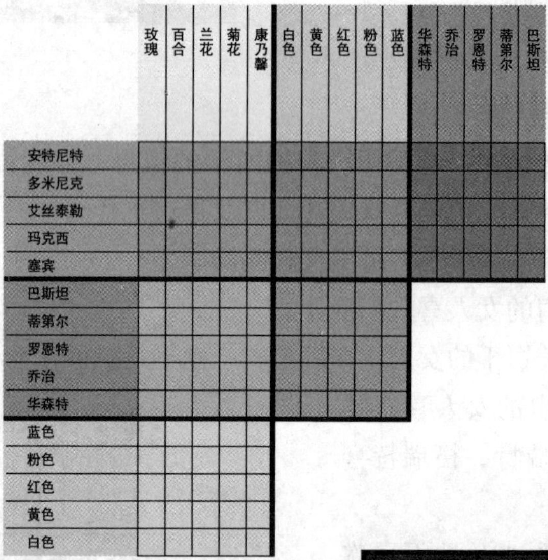

104. 排雷【中级】

右面方框中的一些格子埋有地雷。黑色三角旗上面的数字指的是周围的 8 个格子里的地雷总数。地雷分别埋在哪些格子中？

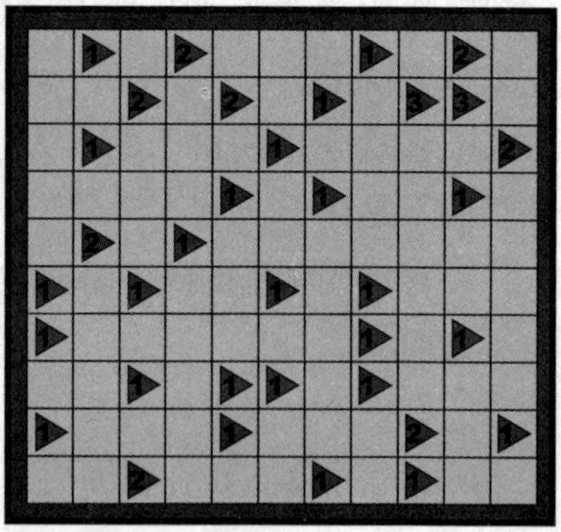

105.吃了什么【中级】

5个女人一起吃饭。根据所给的信息，你能否说出每个女人吃了什么肉和配餐以及饭后甜点？

1.黛娜要么吃面条，要么喝汤；甜点要么吃蛋糕，要么吃巧克力。

2.玛丽要么吃蔬菜，要么吃豆腐。

3.丽丽和黛娜中有一个人主食会选择鸭肉或者羊肉，甜点选择巧克力。

4.米琳会点鸡肉或者羊肉，配餐会选米饭或者汤。

5.苏伊会点牛肉或者羊肉，配餐会点豆腐或者汤，甜点会点咖啡或者蛋糕。

6.蛋糕会紧跟着汤或者蔬菜上。

7.点鸭肉的会点咖啡或者冰激凌作为甜点。

8.点面条的会点荔枝或者冰激凌作为甜点。

9.有一个女人点的是猪肉。

	猪肉	羊肉	鸭肉	鸡肉	牛肉	蔬菜	汤	米饭	面条	豆腐	荔枝	冰激凌	咖啡	巧克力	蛋糕
黛娜															
丽丽															
玛丽															
米琳															
苏伊															
蛋糕															
巧克力															
咖啡															
冰激凌															
荔枝															
豆腐															
面条															
米饭															
汤															
蔬菜															

106.篱笆墙【中级】

老园丁林肯去世的时候，留给每个孙子19个玫瑰花丛。这些孙子，Agnes（A）、Billy（B）、Catriona（C）和Derek（D）彼此憎恨，因此准备在各自的玫瑰丛外围上篱笆。那么，谁的篱笆周长将是最长的呢？

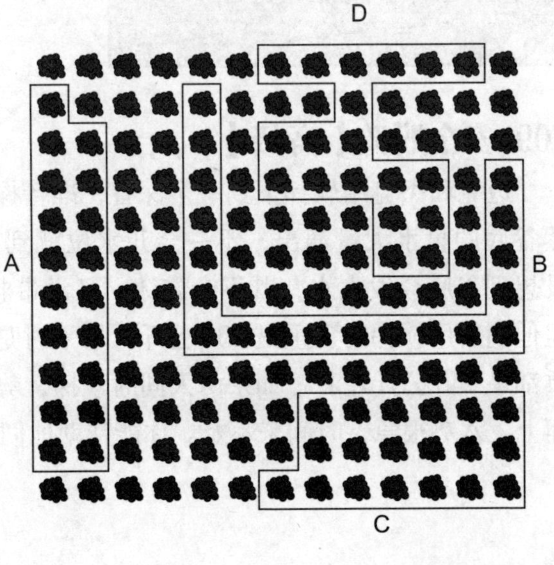

107. 倒酒【高级】

最开始的时候，9 升罐是满的，5 升、4 升和 2 升罐都是空的。

游戏目的是将红酒平均分成3份（这将使最小的罐留空）。

因为这些罐都没有标明计量刻度，倒酒只能以如下方式进行：使 1 个罐完全留空或者完全注满。如果我们将红酒从 1 个罐倒入 2 个较小的罐中，或者从 2 个罐倒入第 3 个罐，这两种方式的每种都算做 2 次倒酒。

达到目的的最少倒酒次数是多少？

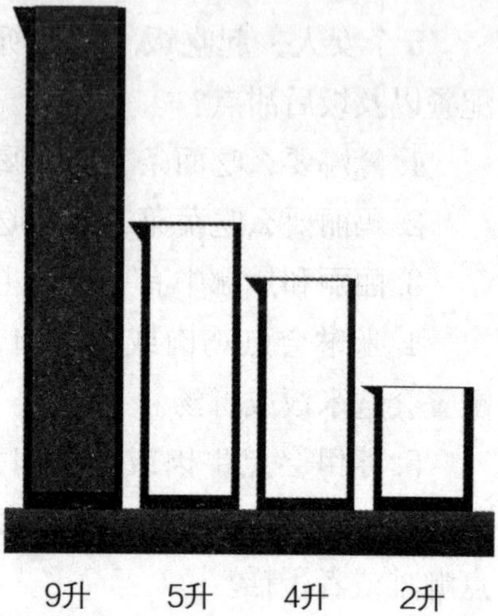

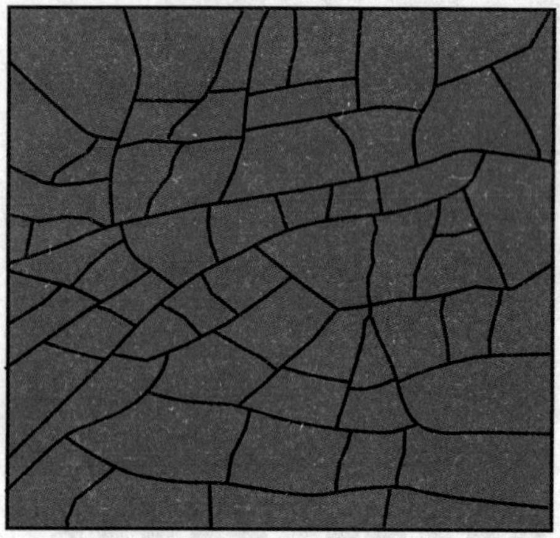

108. 裂缝【高级】

左图显示的是一块泥地，泥地上有很多裂缝，你能够说出这众多裂缝中哪一条是最先出现的吗？

109. 安全脱险【高级】

迈克和杰克用软梯下到一个深谷，准备探寻谷底的洞穴。刚走了几米，忽然谷底的泉水大量涌出，不一会儿水位就到了腰部，并不断上涨。他们两人没想到谷底会发大水，既不会游泳，又没带救生用具，只能立刻攀软梯出谷。但他们所用软梯的负重是 250 公斤，攀下时是一个一个下来的，因为他们的体重都是 140 公斤左右。如果两人同时攀梯，势必将软梯踩断；若依次先后攀梯而上，水势很急，时间来不及。你能帮助他们想一个办法安全脱险吗？

110. 特别的碑文【高级】

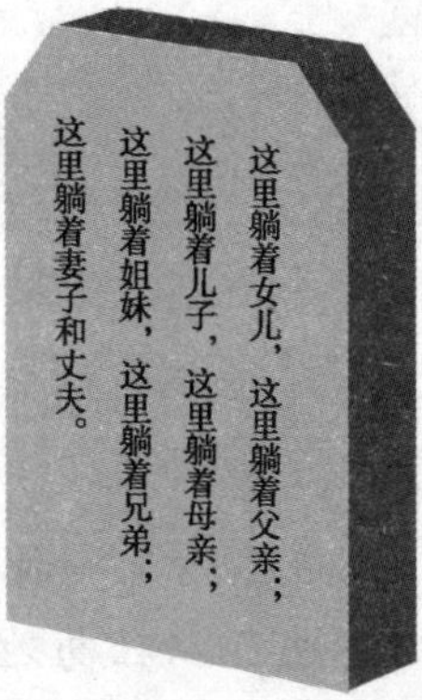

在一块墓碑上刻着特别的碑文，它曾吸引了无数人前来推测和祭奠。这块墓碑的碑文如下：

如果包括同母异父或同父异母的关系，埋葬在墓地里的最少有几个人？

111. 决斗制胜【高级】

有A，B，C共3人进行决斗，分别站在边长为1米的正三角形的顶点上。每人手里有一把枪，枪里只有一发子弹。每个人都是神枪手，不会失手。如果决斗者A不想死，他要怎么做才能保证存活？

112. 切割菱形【高级】

下面的图是一个菱形，里面有几个数字，你能想办法在上面画1条直线，使各个区域的数字总和相等吗？

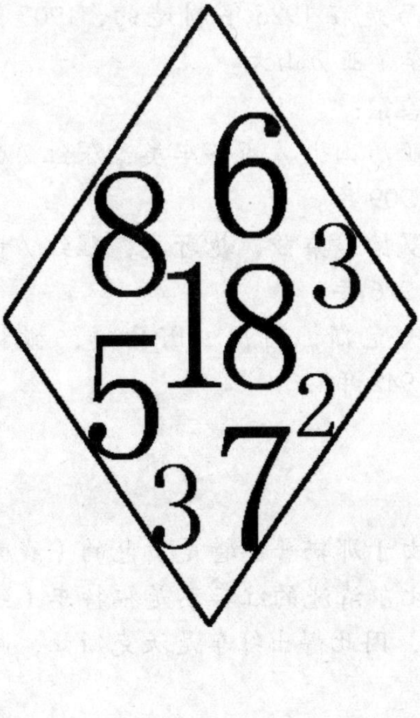

113. 拼剪三角【高级】

如下图，有一家地毯店接到预约，客户预约的是一张铺在三角形房间的地毯。但是，店家裁制时竟不小心将布翻成反面来裁剪，而且形状为不等边三角形，请问怎么办？

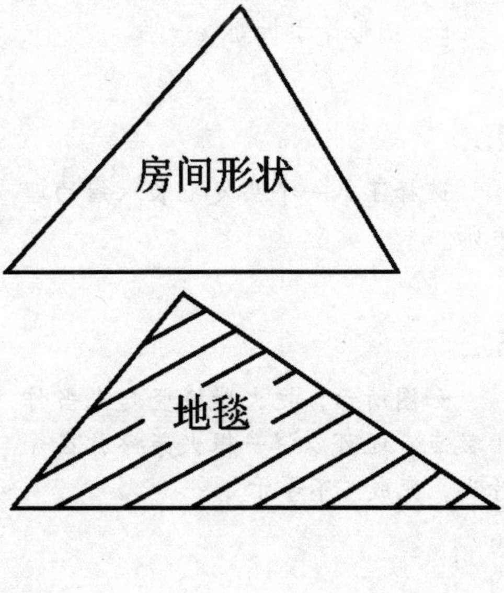

答 案

1...

正确答案是一种。当然用9个数字标签也可以轻易地区分出狗宝宝，但是，即使只有一种卡片也是可以把狗宝宝区分开的。只要把方向和贴的部位区分开，不要说是9只，就是再多的狗宝宝也可以清楚地区分开。举个例子，比如我们有写有“1”的卡片，就可以在第一只肚子上横着贴，第二只背上竖着贴，以此类推……除此之外还有很多方法。

2...

离远一些。

3...

E。图形等于折叠成一半。

4...

选择了第一个头发七长八短的理发师。

5...

如图所示，把火柴棒竖起来当作小数点。还可以将一根火柴棒放在等号上，变成“不等于”。

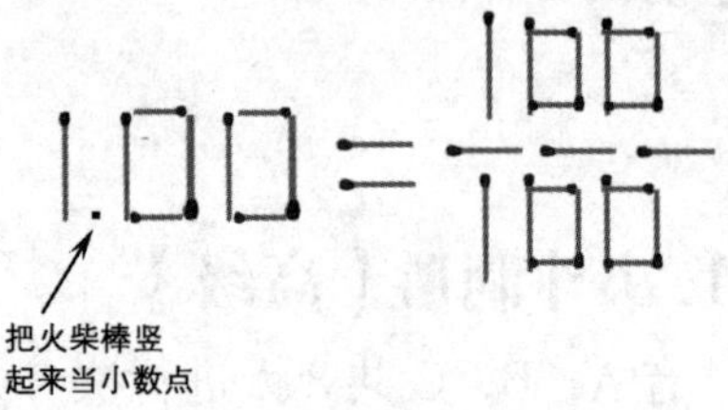

6...

由于亚历山大是深红色和白色外表（线索2）。罗德·桑兹不是橄榄绿色（线索3），因此它是猩红色和黄色，而橄榄绿的机车是沃克斯·阿比，属于阿比类（线索1），并在1942年制造（线索3）。亚历山大不是越野类型的发动机（线索2），因此是商务车类型的，而越野类型的发动机是罗德·桑兹，它不是始于1909年（线索4），而是在1926年制造的，1909年的机车是亚历山大。

答案：

亚历山大，商务车类，深红/白色，1909年。

罗德·桑兹，越野类，猩红/黄色，1926年。

沃克斯·阿比，阿比类，橄榄绿，1942年。

7...

由于那辆普乔特是黄色的（线索3），比尔清洗的红车不是福特车（线索1），因此得出红车是沃克斯豪，而福特车是蓝色的并属于派恩先生（线索2）。我们现在知道比尔清洗的是沃克斯豪，派恩先生的车是福特，罗里清洗的斯蒂尔先生的车（线索4）一定是黄色的普乔特。剩下卢克清洗的车是派恩先生的福特，最后排除法得出，比尔清洗的红色的沃克斯豪是科顿先生的。

答案：

比尔，科顿先生，沃克斯豪，红色。

卢克，派恩先生，福特，蓝色。

罗里，斯蒂尔先生，普乔特，黄色。

8...

由于赫尔拜店是家化学药品店（线索4），面包店不是罗帕店（线索1），因此一定是万斯店，而罗帕店是家零售店。这家店没有雇佣卡罗尔·戴（线索3）或艾玛·发，因为后者在面包店工作（线索2），所以他们雇佣的是安·贝尔，而卡罗尔·戴在赫尔拜化学药品店工作，但她的工作不是9月份开始的（线索4），艾玛·发也不是在9月份开始工作（线索1），因此9月份开始工作的一定是安·贝尔。艾玛·发开始工作的时间不是8月份（线索2）而是7月份，而卡罗尔·戴开始工作的时间是8月份。

答案：

安·贝尔，罗帕店，零售店，9月份。

卡罗尔·戴，赫尔拜店，化学药品店，8月份。

艾玛·发，万斯店，面包店，7月份。

9...

灰色小马叫邦妮（线索3），所以不叫维纳斯（线索1），属于贝琳达的那匹褐色小马一定是叫潘多拉。综上得出，黑色小马一定是叫维纳斯，维纳斯的主人姓郝克斯（线索2）。现在我们知道潘多拉的主人叫贝琳达，而维纳斯的主人姓郝克斯，所以费利西蒂·威瑟斯（线索4）必定是灰色小马邦妮的主人。得出凯蜜乐姓郝克斯，贝琳达姓梅诺。

答案：

贝琳达·梅诺，潘多拉，褐色。

凯蜜乐·郝克斯，维纳斯，黑色。

费利西蒂·威瑟斯，邦妮，灰色。

10...

布里奇特的职责是提供餐后甜点（线索4），洛蒂不是提供饮料的（线索3），所以她是提供主菜的，而内尔是提供饮料的。因此，根据线索2，洛蒂是56岁。内尔不可能是54岁（线索1），所以是52岁；布里奇特则是54岁。洛蒂已经为此工作了18年（线索3）。内尔的工作时间一定比16年长（线索1），所以内尔是20年，布里奇特是16年。

答案：

布里奇特，54岁，16年，餐后甜点。

洛蒂，56岁，18年，主菜。

内尔，52岁，20年，饮料。

11...

琼是在圣约翰教堂结婚的（线索3），所以不在圣三教堂结婚的黛安娜（线索1）一定是在万圣教堂结婚的。因此，梅格的婚礼是在圣三教堂举行的。梅格的丈夫不是肖恩（线索4），也不是罗德尼（线索1），所以是威廉。因此她婚前是贝尔弗莱小姐（线索2）。黛安娜不是跟罗德尼结婚（线索1），她的丈夫是肖恩。罗德尼是跟琼结婚的，所以黛安娜不是希尔斯小姐，而是佩小姐。琼是原希尔斯小姐。

答案：

罗德尼，琼·希尔斯，圣约翰教堂。

肖恩，黛安娜·佩，万圣教堂。

威廉，梅格·贝尔弗莱，圣三教堂。

12...

哈里特的评分是A-（线索1），所以，海伦·罗伯茨不可能得A（线索2），她得的是B+。而艾玛是A。布兰得弗德不是哈里特的姓（线索1），所以是艾玛的，因此哈里特姓埃文斯。哈里特的题目是《克伦威尔》（线索3），所以海伦没有选《内战》为题目（线索2），她研究的是《伦敦大火》，艾玛写的是有关内战的文章。

答案：

艾玛·布兰得弗德，内战，A。

哈里特·埃文斯，克伦威尔，A-。

海伦·罗伯茨，伦敦大火，B+。

13...

迪波拉姓维克斯（线索3），所以不是姓皮尔森的梅格（线索4），一定是贝尔夫人，余下朱蒂是皮尔森的夫人。梅格·贝尔有3个孩子（线索4），所以根据线索1，比尔和他的妻子有2个孩子。朱蒂不可能有4个孩子（线索2），同时已知她也不可能有3个孩子，所以朱蒂有2个孩子，因此她是比尔的妻子。剩下迪波拉有4个孩子，她的丈夫不是瑞克（线索3）而是艾伦。瑞克是贝尔先生，即梅格的丈夫。

答案：

艾伦和迪波拉，维克斯，4个孩子。

比尔和朱蒂，皮尔森，2个孩子。

瑞克和梅格，贝尔，3个孩子。

14...

拿破仑将路标杆放回原处，这样，上面标有他刚刚去过的城镇的名字的牌子就指向他来的方向，同时，他也知道应该去的地方了。

15...

这种情况只有当卡车的平板是敞开的时候才会发生。但是，这辆卡车的车厢是封起来的，当鸟保持飞的状态时，它们必然会利用与自身体重相当的力量在空气中挥动翅膀。这样，这种力量就会通过空气施加于卡车的平板上。因此，无论鸟是静止还是保持飞的状态，卡车的重量均会保持一致。

16...

我们当然要掀开1号扑克牌，因为它的底面是蓝色。我们可以不顾红色底面的扑克牌，这样，我们把2号扑克牌略过。3号扑克牌是K，它的底面是蓝色或者红色都无关紧要，这样它也可以略过。最后，我们要把4号扑克牌翻过来。如果1号扑克牌是K并且4号扑克牌的底面是红色，那么这个答案就是“肯定的”；如果1号扑克牌不是K或者4号扑克牌的底面是蓝色，那么这个答案就是“否定的”。

17...

答案是11次。时针和分针在每个小时里相遇的时间会比前一个小时晚大约5分钟。从午夜开始计算，两个指针会在以下时间相遇：1:05，2:10，3:16，4:21，5:27，6:32，7:38，8:43，9:49，10:54，12:00。

18...

首先，要从一个方向进行，然后，当你把一枚硬币翻过来后，先跳过下一枚硬币，然后再开始计数。

19...

逆风而行时，他每小时可以行15千米；顺风而行时，他每小时可以行20千米，两种情况下每小时差了5千米。5千米的一半是2.5千米，所以，风的速度是每小时2.5千米。这样，在没有风的时候，他骑车的速度就可以达到每小时17.5千米，即15千米和20千米之间的数。

$$\frac{60\text{分钟}}{17.5\text{千米}} = \frac{3600\text{秒}}{17.5\text{千米}}$$

= 205.7 秒 / 千米

= 3 分钟 26 秒 / 千米（没有风的时候）

20...

这个题只有在阳光充足的日子里才能解决，因为绳子要受阳光的影响。要把钥匙从绳子上取下来，只需要一个放大镜，并使太阳光透过瓶子聚在绳结上，时间不长，绳结就会烧断，这样，钥匙将落到瓶底。

21...

解答“双关语”思维游戏是需要技巧的。这个题就是其中之一。当你把2与191相加时，你首先在1的右下部画一条线，然后把2放在下面。此时，这个数字就读作$19\frac{1}{2}$，这当然比20小。换句话说，把2与191相加并不止是将两个数相加。

22...

23...

这个问题把你难住了吗？许多人认为答案是1.5千克，实际上应该是2千克。

24...

正常情况下，镜子将物体的镜像左右翻转。以正确角度接合的两面镜子则不会这样。

转角镜中右面的镜子显示的没有左右变化，男孩在镜子中看到的自己和日常生活中别人看到的他是一样的。

这种成像结果是由于左手反转以及前后反转同时作用。

25...

声音的传播跟光一样，也遵循反射定律。

当两根管子跟墙所成的角度分别相等时，两个孩子能够听到对方讲话。声波反射到墙面上，然后再通过墙反射到管子上。

26...

D。如果只通过大脑思考就能解决的话是最好不过了，不过画一个展开图来看是比较常用的方法。

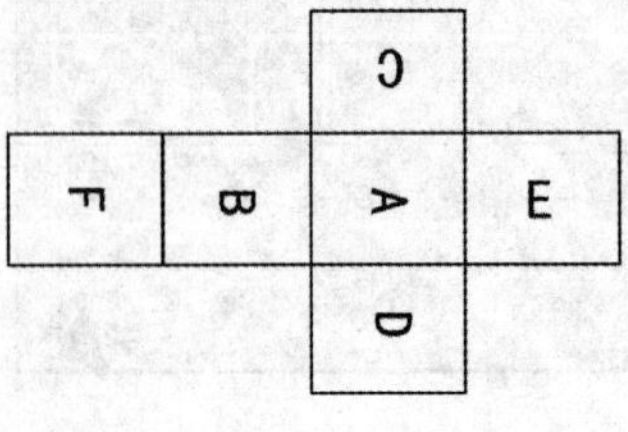

27...

2，3，8和10，每一排的圆圈都是沿着顺时针方向旋转90°。

28...

这位聪明的匪徒是从头目前两名开始数起的。当他点到第一个第七名时，一名弟兄就得救。再往下数，数到第二个第七名，又一名弟兄得救。依次点下去，弟兄们全部得救留在车上，最后一个第七名正好轮到狡猾的头目。

29...

如图：

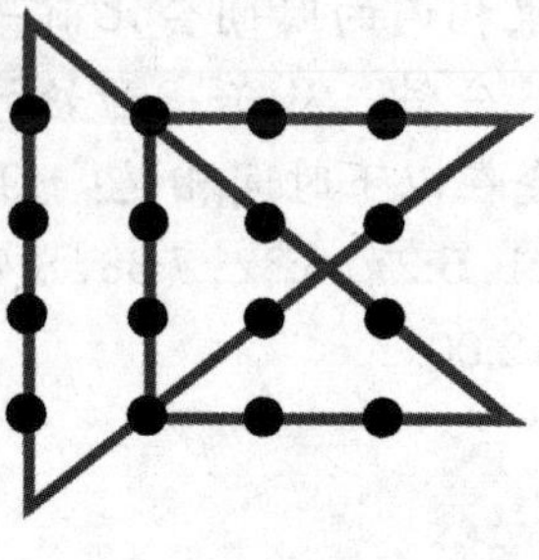

30...

应该是6835。六边形在图形外面表示45，在里面表示35；圆在外面表示79，在里面表示16；正方形在外面表示68，在里面表示24。

31...

先从大桶中倒出5千克油到5千克的桶，然后将其倒入9千克桶里，再从大桶里倒出5千克油到5千克的桶里，然后用5千克桶里的油将9千克的桶灌满。现在，大桶里剩有2千克油，9千克的桶已装满，5千克的桶里有1千克油。再将9千克桶里的油全部倒回大桶里，大桶里有了11千克油。把5千克桶里的1千克油倒进9千克桶里，再从大桶里倒出5千克油，现在大桶里有6千克油，而另外6千克油也被换成了1千克和5千克两份。

32...

在1～8这8个数中，只有1与8各只有一个相邻数(分别是2与7)，其他6个数都各有两个相邻数。图中的C圆圈，它只与H不相连，因此如果C填上了2～7中任意一个，那么只有H这一个格子可以填进它的邻数，这显然不可能，于是C内只能填1(或8)。同理，F内只能填8(或1)，A只能填7(或2)，H只能填2(或7)，再填其他4个数就方便了。

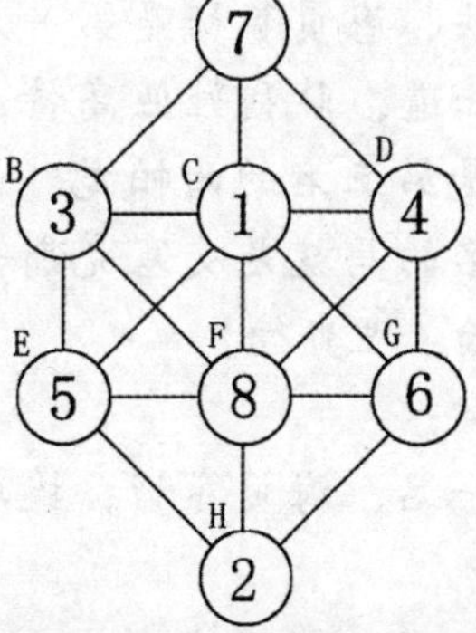

33...

埃德娜和鲍克丝夫人应为2号或3号（线索1），而克拉丽斯·弗兰克斯肯定不是4号（线索3），只能是1号。寄出3封信件的女人位于图中3或者4的位置（线索3）。线索2告诉我们邮筒两边寄出的信件数量相同，那么它们必将是5封和2封在邮筒一侧，3封和4封在另一侧，所以寄出4封信件的女人必将位于3或者4的位置。但只有一个人的信件数和位置数相同（线索5），结果只可能是4号女人有3封信而3号女人有4封信。从线索5中知道，2号有2封信件要寄，剩下克拉丽斯·弗兰克斯是5封。我们知道埃德娜和鲍克丝夫人位于图中2或者3的位置，因此现在知道埃德娜是2号，有2封信要寄出，而鲍克丝夫人是3号，有4封信，她不是博比（线索4），那么她就是吉马，剩下在4号位置的博比，不是斯坦布夫人（线索4），那么她只可能是梅勒，而斯坦布夫人是埃德娜。

答案：

位置1，克拉丽斯·弗兰克斯，5封。

位置2，埃德娜·斯坦布，2封。

位置3，吉马·鲍克丝，4封。

位置4，博比·梅勒，3封。

34...

朱莉娅是其中一位顾客（线索2）。29便士是2号售货员给4号顾客的找零（线索5），但是2号不是莱斯利（线索3），也不是杰姬，因为后者参与的交易是17便士的找零（线索1），因此2号肯定是蒂娜，4号是朱莉娅（线索2），而后者不是买了洗发水的奥利弗夫人（线索2），那么奥利弗夫人肯定是3号。朱莉娅一定买了阿司匹林，她是阿尔叟小姐接待的（线索4），而阿尔叟小姐肯定是蒂娜。通过排除法，17便士的找零必定是1号售货员给3号顾客的，因此通过线索1，朱莉娅肯定是沃茨夫人，而剩下的1号售货员肯定是里德夫人，她也不是莱斯利（线索3），所以她只能是杰姬，最后得出莱斯利姓奥利弗。

答案：

1号，杰姬·里德，找零17便士。

2号，蒂娜·阿尔叟，找零29便士。

3号，莱斯利·奥利弗，买洗发水。

4号，朱莉娅·沃茨，买阿司匹林。

35...

亚瑟在图中位置3（线索4），从线索1中知道，看到翠鸟的不是位置1也不是位置4的人。位置2的那个小伙子在玩鳟鱼（线索5），因此，通过排除法，只能是位置3号的亚瑟看到了翠鸟。另从线索1中知道，汤米在2号位置，且是玩鳟鱼的人。通过线索3知道，比利肯定在1号位置，而埃里克在位置4。我们现在已经知道3个位置上人的姓或者所做的事，那么，听到布谷鸟叫的史密斯（线索2）肯定是1号的比利。剩下埃里克只能是看到山楂开花的人。最后，从线索5中知道，汤米不是波特，那么他必定是诺米，剩下波特是看到翠鸟的亚瑟。

答案：

位置1，比利·史密斯，听到布谷鸟叫。

位置2，汤米·诺米，玩鳟鱼。

位置3，亚瑟·波特，看到翠鸟。

位置4，埃里克·普劳曼，看到山楂开花。

36...

麦克的姓是阿彻（线索4），而克里福特不是约翰，他的马是海员赛姆（线索2），他不可能是萨利（线索3），那么他就是埃玛。艾塞克斯女孩是第二名（线索1），第四名的马不是海员赛姆（线索2），不是西帕龙（线索4），则一定是蓝色白兰地。他的骑师不是理查德，理查德骑的也不是西帕龙（线索3），我们已经知道了海员赛姆的骑师，那么理查德的马一定是艾塞克斯女孩。麦克·阿彻不可能是第一名的马的骑师（线索4），而西帕龙不是第二，他也不在第三名的马（线索4），所以他肯定是第4名马匹的骑师，他的马是蓝色白兰地。因此，从线索4中知道，西帕龙是第三名，通过排除法，海员赛姆是第一名。从线索3中知道，萨利姓匹高特，则她的马一定是第三名的西帕龙。最后，剩下第二名的马就是艾塞克斯女孩，骑师是约翰·理查德。

答案：

第一名，海员赛姆，埃玛·克里福特。

第二名，艾塞克斯女孩，约翰·理查德。

第三名，西帕龙，萨利·匹高特。

第四名，蓝色白兰地，麦克·阿彻。

37...

范是坐计程车回来的（线索3），巴里·沃斯不是坐警车回来的（线索1），则一定是被救护车送回来的，因此他去的时候是步行（线索4）。通过排除法，扎吉是坐警车回来的，他或者她去的时候不是坐巴士去的（线索2），那么只能是骑自行车去的，剩下范是坐巴士去的。因此扎吉不是乔安妮（线索5）的姓而是罗宾的，剩下乔安妮的姓就是范，后者去的时候坐巴士，回来时坐计程车。

答案：

巴里·沃斯，步行，救护车。

乔安妮·范，巴士，计程车。

罗宾·扎吉，自行车，警车。

38...

朱利叶斯是人物A（线索4），而哈姆雷特紧靠在理查德的右边（线索3），不可能是人物A或者B，他将饰演士兵（线索3），他不可能是人物C，因为人物C扮演孩童时代的马恩（线索1），那么他必将是人物D，理查德是扮演儿童时期的C。我们现在知道3个人的名或者姓，因此安东尼·李尔王（线索2）一定是B。通过排除法，哈姆雷特肯定是约翰。安东尼·李尔王不扮演哲学家（线索2），因此他肯定扮演青少年，而朱利叶斯扮演的是哲学家。最后，通过线索1知道，理查德不是曼彻特，他只能是温特斯，剩下曼彻特就是朱利叶斯，即人物A。

答案：

人物A，朱利叶斯·曼彻特，晚年。

人物B，安东尼·李尔王，青少年。

人物C，理查德·温特斯，孩童。

人物D，约翰·哈姆雷特，士兵。

39...

布莱克在1723年5月当选（线索2），安·特伦特是在偶数年份当选的（线索3）。1721年当选的皇后不姓萨金特（线索1），也不是沃顿，沃顿的父亲是铁匠（线索5），她也不是索亚（线索6），也非米尔福德（线索7），因此只能是安德鲁。从线索4中知道，织工的女儿是在1722年当选的。教区长的女儿不是在1723年之后当选的，但是她也不是在1722年当选的，而布莱克在1723入选，线索1也能排除教区长的女儿在1721年入选。因此，知道教区长的女儿就是布莱克，即1723年的皇后。从线索1中知道，萨金特是1725年当选的，而汉丽特是1727年的皇后。我们已经知道1721年的五月皇后安德鲁的父亲不是织工、教区长和铁匠，也不是箍桶匠（线索7），因为布莱克是在1723年当选的，所以安德鲁的父亲也不是旅馆主人（线索7）和茅屋匠（线索8），通过排除法，他只能是木匠，而安德鲁就是苏珊娜（线索6）。线索6告诉我们索亚是1722年当选的。箍桶匠的姓不是特伦特（线索3），也非米尔福德（线索7），我们知道他也不姓安德鲁、布莱克、索亚、沃顿，因此只可能是萨金特。从线索7中知道，汉丽特的姓不是米尔福德，她的父亲不是旅店主人（线索7），也不是铁匠，所以只能是茅屋匠。线索5告诉我们，铁匠的女儿不是1726年的五月皇后，通过排除法，她应该是在1724年当选的，而沃里特是教区长布莱克的女儿，她在1723年当选（线索5），剩下旅馆主人的女儿是1726年当选的，通过排除法，可以知道她就是安·特伦特。现在从线索7可以知道玛丽就是沃顿，1724年的皇后。织工的女儿不是比阿特丽斯（线索4），则肯定是简，最后剩下比阿特丽斯就姓萨金特，她是箍桶匠的女儿。

答案：

1721年，苏珊娜·安德鲁，木匠。

1722年，简·索亚，织工。

1723年，沃里特·布莱克，教区长。

1724年，玛丽·沃顿，铁匠。

1725年，比阿特丽斯·萨金特，箍桶匠。

1726年，安·特伦特，旅馆主人。

1727年，汉丽特·米尔福德，茅屋匠。

40...

雷蒙德往东走（线索3），从线索1中知道，骑摩托车去上高尔夫课的人不朝西走。去游泳的人朝南走（线索2），拍卖会不在西面举行（线索2），因此朝西走只可能是去看牙医的人。西尔威斯特坐出租车出行（线索5），不朝北走，同时我们知道雷蒙德不朝北走，安布罗斯也不朝北走（线索1和2），那么朝北走的只可能是欧内斯特。从线索4中知道，坐巴士的人朝东走。我们知道雷蒙德不去游泳，也不去看牙医，而他的出行方式说明他不可能去玩高尔夫，因此他必定是去拍卖会。现在通过排除法知道，骑摩托车去上高尔夫课的人肯定是欧内斯特。从线索1中知道，安布罗斯朝南出行去游泳，剩下西尔威斯特坐出租往西走，去看牙医。最后可以得出安布罗斯开小汽车出行。

答案：

北，欧内斯特，摩托车，上高尔夫课。

东，雷蒙德，巴士，拍卖会。

南，安布罗斯，小汽车，游泳。

西，西尔威斯特，出租车，看牙医。

41...

图中3号游艇是维克多的（线索4），从线索1中知道，海鸠不可能是游艇4，有灰蓝色船帆的燕鸥也不是游艇4（线索2）。线索5排除了海雀是4号的可能性，因此4号游艇只能是埃德蒙的三趾鸥（线索6）。游艇1不是海鸠也不是海雀（线索1），那么它一定是燕鸥。我们知道燕鸥的主人不是埃德蒙，也不是拥有白色帆游艇的马尔科姆（线索5），那么只能是大卫，而剩下马尔科姆是游艇2的主人。从线索1中知道，游艇3是海鸠，而剩下游艇2是海雀。三趾鸥的帆不是灰绿色的（线索1），那么肯定是黄色的，剩下海鸠是灰绿色的帆。

答案：

游艇1，燕鸥，大卫，灰蓝色。

游艇2，海雀，马尔科姆，白色。

游艇3，海鸠，维克多，灰绿色。

游艇4，三趾鸥，埃德蒙，黄色。

42…

村庄4的名字为克兰菲尔德（线索3），从线索5中知道，波利顿肯定是村庄2，那么利恩村肯定是村庄1，而剩下村庄3是耐特泊。村庄3的居民是出去遛狗的（线索2），从线索5中知道，这个居民一定是丹尼斯。而婚礼发生在利恩村（线索5），参加婚礼的人住的村庄一定是村庄4，即克兰菲尔德，因此，现在从线索4中可以知道，西尔维亚一定住在村庄2，即波利顿村。现在我们已经知道了村庄2和3的居民，以及村民4出行的目的，那么线索1中提到的去看朋友的波利一定住在利恩村。通过排除法，最后知道玛克辛住在克兰菲尔德，而西尔维亚出行的目的是去看望她的母亲。

答案：

村庄1，利恩村，波利，见朋友。

村庄2，波利顿村，西尔维亚，看母亲。

村庄3，耐特泊村，丹尼斯，遛狗。

村庄4，克兰菲尔德村，玛克辛，参加婚礼。

43…

照片A是帕丁顿（线索2），D不是鲁珀特（线索4），也不是泰迪（线索5），因此只能是布鲁马，来自天鹅湖动物园（线索1）。照片B不是格林斯顿的灰熊（线索3），也不是来自天鹅湖的熊。线索5排除了它来自布赖特邦动物园的可能性，因为布赖特邦动物园的熊就在泰迪的右边，因此照片B上的熊一定来自诺斯丘斯特。现在，从线索5中可以知道，泰迪不可能在照片C上，因此，只能是B照片上的来自诺斯丘斯特的熊，而C则是鲁珀特。来自天鹅湖的布鲁马是一只眼镜熊（线索4），从线索5中知道，鲁珀特肯定是在布赖特邦动物园，剩下帕丁顿则是来自格林斯顿的灰熊。来自布赖特邦动物园的不是东方太阳熊（线索5），那么肯定是极地熊，最后剩下东方太阳熊肯定是照片B中的来自诺斯丘斯特动物园的泰迪。

答案：

照片A，帕丁顿，灰熊，格林斯顿动物园。

照片B，泰迪，东方太阳熊，诺斯丘斯特动物园。

照片C，鲁珀特，极地熊，布赖特邦动物园。

照片D，布鲁马，眼镜熊，天鹅湖动物园。

44…

B位置上的是9号选手（线索6）。万能选手6号不可能在A位置上（线索1），而C位置上的选手是乔希（线索4），线索1提示位置D上的不可能是万能选手，那么万能选手一定是C位置上的乔希。现在，从线索1中可以知道，帕迪一定是位置B上的9号选手。我们现在已经知道A不是乔希，也不是帕迪，线索5排除了艾伦，那么他只可能是尼克，他是乡村队的守门员（线索2），最后剩下艾伦在D位置上。现在，从线索5中知道，艾伦一定是7号，尼克则是8号，而艾伦一定不是旋转投手（线索3），那么他一定是快投，剩下旋转投手是帕迪。

答案：

选手A，尼克，8号，守门员。

选手B，帕迪，9号，旋转投手。

选手C，乔希，6号，万能。

选手D，艾伦，7号，快投。

45...

卡萨得公主在一位王子的对面（线索5），那么吉尼斯公主一定在另外一位王子的对面，后者不是阿姆雷特王子（线索4），那么一定是沃而夫王子。从线索4中知道，按顺时针方向，他们房间分别是卡萨得公主、吉尼斯公主、阿姆雷特王子、沃而夫王子。从线索2中知道，吉尼斯公主的父亲是尤里天的统治者，而沃而夫王子的父亲则统治马兰格丽亚（线索4）。卡萨得公主的父亲不统治卡里得罗（线索5），那么他一定统治欧高连，通过排除法，阿姆雷特王子的父亲必定统治卡里得罗。从线索2中知道，卡萨得公主的父亲一定是阿弗兰国王，而吉尼斯公主的父亲统治尤里天，后者必定是国王西福利亚（线索3）。卡里得罗的阿姆雷特王子的父亲不是国王恩巴（线索5），那么必定是国王尤里，剩下国王恩巴是沃而夫王子的父亲。最后，从线索1中知道，阿姆雷特王子的房间是I，那么沃而夫王子则是II，卡萨得公主是III，而吉尼斯公主在房间IV中。

答案：

I，阿姆雷特王子，国王尤里，卡里得罗。

II，沃而夫王子，国王恩巴，马兰格丽亚。

III，卡萨得公主，国王阿弗兰，欧高连。

IV，吉尼斯公主，国王西福利亚，尤里天。

46...

所有相同大小的正多面体都可以组成1个多面体环，除了正四面体。

47...

戒指1是马特·佩恩给的（线索2），戒指3价值20000英镑，那么紧靠雷伊给的戒指右边的那个价值10000英镑的戒指一定是戒指4。从线索1中知道，从雷伊那得到的钻戒一定是戒指3，价值20000英镑。戒指1价值不是25000英镑（线索1），那么它肯定值15000英镑。通过排除法知道，戒指2肯定价值25000英镑。而戒指1上的不是翡翠（线索3），也不是红宝石（线索2），那么一定是蓝宝石。红宝石戒指价值不是10000英镑（线索2），那么一定是价值25000英镑的戒指2。剩下价值10000英镑的戒指4是翡翠戒指，它不是休·基恩给的（线索3），那么一定是艾伦·杜克给的，剩下休·基恩给了洛蒂价值25000英镑的红宝石戒指。

答案：

戒指1，蓝宝石，15000英镑，马特·佩恩。

戒指2，红宝石，25000英镑，休·基恩。

戒指3，钻石，20000英镑，雷伊·廷代尔。

戒指4，翡翠，10000英镑，艾伦·杜克。

48...

12岁的小孩不可能是大卫（线索1）、卡米拉（线索3）、本和卡蒂（线索5），那么一定是杰茜卡，8岁小孩的小猪不是蓝色的（线索1），也不是绿色（线索2）、黄色（线索4）或者白色（线索5）的，那么一定是红色的。小猪E不是蓝色（线索1）、绿色（线索2）、黄色（线索4）或者红色的（线索6），那么一定是白色的。大卫的小猪储蓄罐不是红色的（线索1），也不是蓝色（线索1）、绿色（线索2）或者黄色的（线索4），那么白色的小猪E就是大卫的。红色小猪的主人8岁，不是卡米拉（线索3），或者本（线索5），那肯定是卡蒂，那么本今年9岁，而白色小猪的主人大卫今年10岁（线索5），通过排除法知道，卡米拉今年11岁。杰茜卡的小猪不是蓝色（线索1），或者黄色的（线索4），那么一定是绿色的小猪D（线索2），而C一定是黄色的（线索4），A不是卡蒂的红色小猪（线索3），那么只能是蓝色的，而红色的只能是小猪B。因此A是卡米拉的（线索3），而通过排除法知道，C是本的小猪。

答案：

位置A，蓝色，卡米拉，11。

位置B，红色，卡蒂，8。

位置C，黄色，本，9。

位置D，绿色，杰茜卡，12。

位置E，白色，大卫，10。

49...

保罗·翰德是以斯帖的搭档（线索4），因此，玛蒂娜的搭档就是理查德，所以，后者的花色就是红桃（线索2）。从线索1中知道，拉夫坐北边的位置，手握钻石花色。我们知道保罗·翰德的花色不是钻石和红桃，而在西边位置的人手握黑桃（线索3），那么保罗的一定是梅花，因此他不坐在南边（线索5）。我们知道他不在北边，也不在西边（线索3），那么只能在东边，而以斯帖则在西边，手握黑桃（线索3和4）。通过排除法，理查德不在北边，那么一定在南边，而拉夫在北边的位置上，那么他就是玛蒂娜。以斯帖不姓田娜思（线索3），那一定姓启克，剩下田娜思的名字就是理查德。

答案：

北，玛蒂娜·拉夫，钻石。

东，保罗·翰德，梅花。

南，理查德·田娜思，红桃。

西，以斯帖·启克，黑桃。

50...

瓦利在5号只留了一瓶牛奶（线索4），从线索2中知道，1号收到的是2瓶或者3瓶，而劳来斯本来应该收到的是3瓶或者4瓶（线索2）。那天布雷特一家期望得到4瓶（线索1），劳莱斯本来应该收到3瓶，而1号当天收到了2瓶（线索2），那么收到了3瓶的克孜太太（线索3）应该住在3号或7号，汀斯戴尔一家也应该住在3号或7号（线索3）。克孜订的不止1瓶（线索3），我们知道她的也不是3瓶或者4瓶，那么肯定是2瓶，因此她住在7号（线索5）。汀斯戴尔一家住在3号，从线索3中知道，他们订了1瓶牛奶，通过排除法，那天他们收到的是4瓶牛奶。从线索2中知道，瓦利在劳莱斯家放的不是2瓶，因此他们不住在1号，那么肯定住在5号，那天收到了1瓶。剩下布雷特一家住在1号，本来订了4瓶实际上只收到了2瓶。

答案：

1号，布雷特，定购4瓶，收到2瓶。

3号，汀斯戴尔，定购1瓶，收到4瓶。

5号，劳莱斯，定购3瓶，收到1瓶。

7号，克孜，定购2瓶，收到3瓶。

51...

到别尔·斯决住所的距离是20英里（线索4）。距离有25英里的丹得宫不是别尔·里格林的（线索3），在考克斯可布住的是别尔·笑特（线索2），那么丹得宫一定是别尔·温蒂后的房子。我们知道别尔·斯决的住所不是丹得宫或者考克斯可布，也不是斯沃克屋（线索4），那么只能是福卜利会馆。剩下别尔·里格林是斯沃克屋的主人，但它不是房子4（线索4），而福卜利会馆也不是房子4（线索1），丹得宫也不是（线索3），那么考克斯可布一定是房子4。从线索1和3中知道，丹得宫是房子2，福卜利会馆是房子1，剩下别尔·里格林的沃克屋是房子3。从相同线索中知道，别尔·来格斯从福卜利会馆到丹得宫骑了25英里，接着又骑了22英里去了斯沃克屋。我们知道，最短的行程是20英里到别尔·斯决的房子，那么最长的距离就是到考克斯可布的28英里。

答案：

房子1，20英里到福卜利会馆，别尔·斯决。

房子2，25英里到丹得宫，别尔·温蒂后。

房子3，22英里到斯沃克屋，别尔·里格林。

房子4，28英里到考克斯可布，别尔·笑特。

52...

颇里安娜的主人已经86岁，并且住在4号别墅（线索1），又知道3号别墅的主人75岁（线索4），凯特的主人住在2号别墅（线索3），那么颇里安娜一定是1号别墅主人的猫。住在1号别墅的不是马乔里（线索1），也不是80岁的罗赞娜（线索2）和拥有尼克的塔比瑟（线索5），那么一定是格里泽尔达。这样可以知道2号别墅的主人71岁（线索6），她的猫是凯特，剩下罗赞娜是80岁，并住在4号别墅里。3号别墅的猫不是托比（线索4），那么一定是尼克，并且75岁的塔比瑟住在3号别墅。通过排除法，凯特的主人是71岁的马乔里，而罗赞娜的猫是托比。

答案：

1号别墅，格里泽尔达，86岁，颇里安娜。

2号别墅，马乔里，71岁，凯特。

3号别墅，塔比瑟，75岁，尼克。

4号别墅，罗赞娜，80岁，托比。

53...

我们已知约翰·凯格雷来自惠灵顿（线索2），并且凯茜·艾伦不是来自美国底特律（线索4），所以她一定来自德班，并且由于她住在3楼（线索3），所以剩下佐伊·温斯顿来自底特律，但她不住在1楼（线索1），而是2楼，剩下的约翰·凯格雷就是住在1楼。因为凯茜·艾伦不学历史（线索4）或物理学（线索1），那么她必定学医学。线索1还告诉我们，佐伊·温斯顿不学物理学，所以她学的是历史，剩下学物理学的是1楼的约翰·凯格雷。

答案：

1楼，约翰·凯格雷，惠灵顿，物理学。

2楼，佐伊·温斯顿，底特律，历史。

3楼，凯茜·艾伦，德班，医学。

54...

由于设有巨石陷阱的红门的后面不是一个跳舞的女孩（线索2），绊网陷阱保护的是老鹰像（线索1），并且战士金像在黄门后面（线索4），因此红门后面是狮子像，红门也就是2号门（线索3）。这样根据线索2，跳舞女孩在1号门后面，但1号门不是绿门（线索2），也不是红门或黄门，那么它一定是蓝门，绿门后面就是老鹰像和绊网陷阱。黄门不是3号门（线索4）而是4号门，因此3号门是绿色的。最后根据线索4，地板陷阱不保护4号黄门后面的战士金像，得出后者的陷阱一定是断头台，剩下地板陷阱保护1号蓝门后面的跳舞女孩。

答案：

1号门，蓝色，跳舞女孩，地板陷阱。

2号门，红色，狮子，石头陷阱。

3号门，绿色，鹰，绊网陷阱。

4号门，黄色，战士，断头台。

55...

由于坐在1号位置上的红头发妇女（线索3）不是莫利（线索1）或霍莉（线索2），也不是多莉（线索4），所以她只能是颇莉。根据线索4，2号位置上的妇女想把她的头发染成黑色。已知那位原本灰发并想把头发染成赤褐色（线索5）的女性不在1号或2号位置，也不在3号位置（线索5），那么她肯定在4号。她不可能是霍莉（线索2），而且线索2也说明霍莉的头发不是金黄色的。我们已经知道她的头发不是红色，那么一定是棕色的。红头发的颇莉不可能再把头发染成红色，故她想染的颜色是白色，所以3号位置上的妇女想把她的头发染成红色。现在根据线索3，得到霍莉坐在2号位置，而3号位置上的妇女有一头金发。线索4告诉我们多莉在4号位置，莫利在3号位置。

答案：

1号，颇莉，红色，染成白色。

2号，霍莉，棕色，染成黑色。

3号，莫利，金黄色，染成红色。

4号，多莉，灰色，染成赤褐色。

56...

3号信是寄给雪特小姐的（线索3）。由于1号信不是寄给梅尔先生的（线索4），也不是给本德先生的（线索1），因此它一定是给格林夫人的。根据线索5，3号信的收件人雪特小姐住在6号，但不可能在斯坦修恩路（线索6），也不是在斯达·德弗街（线索3）。10号在特纳芮大街（线索2），因此雪特小姐的地址是朗恩·雷恩街6号。线索1说明本德先生的信不是4号信，我们知道也不是1号或3号，那么一定是2号信，剩下4号信是寄给梅尔先生的。线索1告诉我们，1号信寄到31号，这样根据线索4，梅尔先生的地址是45号，剩下本德先生的地址是特纳芮大街10号。最后由线索6得知，斯坦修恩路不是4号信上的地址，而是1号信上的地址，剩下斯达·德弗街45号是梅尔先生的完整地址。

答案：

1号信，格林夫人，斯坦修恩路31号。

2号信，本德先生，特纳芮大街10号。

3号信，雪特小姐，朗恩·雷恩街6号。

4号信，梅尔先生，斯达·德弗街45号。

57...

来恩·摩尔是76岁（线索4），74岁的退休邮递员不是珀西·奎因（线索2），也不是牧场主人乔·可比（线索1），因此一定是C位置上的罗恩·斯诺。这样根据线索2，珀西·奎因在D位置上，他不是72岁（线索3）而是78岁，剩下乔·可比是72岁。来恩·摩尔不是马医（线索4），而是机修工。因此他不在B位置上（线索5）而在A位置上，剩下B位置上的是乔·可比。通过排除法，78岁的珀西·奎因在D位置上，并且是个马医。

答案：

位置A，来恩·摩尔，76岁，机修工。

位置B，乔·可比，72岁，牧场主人。

位置C，罗恩·斯诺，74岁，邮递员。

位置D，珀西·奎因，78岁，马医。

58...

由于他们计划星期三去喂猫（线索4）、星期四去草地（线索2），所以根据线索1可以知道，他们星期二去山上取水，星期一沿2号方向前进。他们声称朝4号方向前进是去清理茶匙（线索3），因此那天不是星期一，也不是星期二或星期三，那么一定是星期四，并且是去草地。剩下星期一他们去割卷心菜，但不是在河边（线索5），而是在树林中，剩下河边是他们星期三去喂猫的地方，但不是在1号方向（线索4），而是在3号方向，最后得出他们在星期二沿1号方向去爬山。

答案：

1号方向，星期二，山上，取水。

2号方向，星期一，树林，割卷心菜。

3号方向，星期三，河边，喂猫。

4号方向，星期四，草地，清理茶匙。

59...

A位置上的军官是罕克·吉米斯（线索2），坐在C位置上的是宇航员（线索5），因此弗朗茨·格鲁纳工程师（线索1）一定在B或D位置上，而陆军少校也在B或D位置上（线索1）。空军上校在B位置上（线索3），这样根据线索1，他一定是工程师弗朗茨·格鲁纳，而陆军少校在D位置上。我们现在已经知道罕克·吉米斯不是宇航员或工程师，也不是军医，因此他一定是飞行员，剩下坐在D位置上的陆军少校是个军医，根据线索4，他是尤瑞·赞洛夫，C位置上的宇航员是萨姆·罗伊斯，但她不是海军司令官（线索5），而是海军上尉，剩下海军司令官是A位置上的罕克·吉米斯。

答案：

位置A，罕克·吉米斯，海军司令官，飞行员。

位置B，弗朗茨·格鲁纳，空军上校，工程师。

位置C，萨姆·罗伊斯，海军上尉，宇航员。

位置D，尤瑞·赞洛夫，陆军少校，军医。

60...

由于特德·温的车不是黄色的（线索3），也不是红色的D号车（线索1和3）；伦·凯斯的跑车是绿色的（线索4），因此特德·温的车是蓝色，但不是C号车（线索5），根据线索3，一定是B号车，并且于1938年制造（线索2）。红车不是加里·合恩的（线索1），而是属于克里斯·丹什，剩下加里·合恩是黄车的主人。伦·凯斯的车不是A号车（线索4），因此一定是C号车，而加里·合恩的车是A号车。根据线索3，伦·凯斯的车是1932年的模型。1934年的模型不是D号车（线索1），而是加里·合恩的黄车，克里斯·丹什的D号红车始于1936年。

答案：

A号车，加里·合恩，黄色，1934年。

B号车，特德·温，蓝色，1938年。

C号车，伦·凯斯，绿色，1932年。

D号车，克里斯·丹什，红色，1936年。

61...

由于瑞克特立建筑始于1708年（线索4），詹姆士·皮卡德拥有的财产在1685年建造（线索3），丽贝卡·德雷克拥有的佛乔别墅不是始于1770年（线索1），而是1610年。这样，线索1就告诉我们2号建筑始于1685年，并且属于詹姆士·皮卡德，但不是曼纳小屋（线索3），我们知道它也不是瑞克特立建筑或佛乔别墅，因此必定是狗和鸭建筑，剩下曼纳小屋是1770年建造的。线索2现在告诉我们，巴兹尔·布立维特是1号建筑的主人。史密塞斯上校不拥有曼纳小屋（线索5），因此他的房子一定是瑞克特立建筑，剩下1号建筑是曼纳小屋，并属于巴兹尔·布立维特。而瑞克特立建筑不是3号房子（线索4），只能是4号，剩下的佛乔别墅在3号位置。

答案：

1号，曼纳小屋，1770年，巴兹尔·布立维特。

2号，狗和鸭建筑，1685年，詹姆士·皮卡德。

3号，佛乔别墅，1610年，丽贝卡·德雷克。

4号，瑞克特立建筑，1708年，史密塞斯上校。

62...

由于D面上的神像拥有水蟒的面孔（线索3），这样根据线索2，战神爱克斯卡克斯特不在B面；而B面神像不是爱神（线索4），A面代表了气候神（线索4），因此B面上的是事业神，可以得出C面神像以蝙蝠为面孔（线索5）。事业神的名字不是埃克斯特里卡特尔（线索5），也不是爱克斯卡克斯特或奥克特拉克斯特（线索4），因此，他一定是乌卡特克斯赖特，而B面神像的面孔是水怪（线索1）。通过排除法，A面神像拥有美洲虎的面孔，这样根据线索3，战神爱克斯卡克斯特一定在C面上，剩下以水蟒为面孔的神像在D面，并且他是爱神。奥克特拉克斯特不在A面（线索4），那只能在D面，剩下A面神像是埃克斯特里卡特尔。

答案：

A面，美洲虎，埃克斯特里卡特尔，气候。

B面，水怪，乌卡特克斯赖特，事业。

C面，蝙蝠，爱克斯卡克斯特，战争。

D面，水蟒，奥克特拉克斯特，爱情。

63...

排在第三位退牛仔裤的女士不是希拉（线索 1），不是退剪草机的马里恩（线索 3），也不是排在第四位的希瑟（线索 4），所以，她是卡罗尔。现在我们已知其中两位女士的名字。希拉·普里斯（线索 1）不是排在第一位，排第一位的是特威德夫人（线索 5），所以希拉·普里斯排的是第二位。综上所述，排第一位的特威德夫人是马里恩。现在我们知道了两位女士的姓，希瑟不姓克拉普（线索 4），她姓夏普。因此退牛仔裤的卡罗尔是克拉普夫人。从线索 2 得出，希瑟·夏普排第四位，她退的不是烤箱，是手提箱。退回烤箱的是排在第二位的希拉·普里斯。

答案：

第一位，马里恩·特威德，剪草机。

第二位，希拉·普里斯，烤箱。

第三位，卡罗尔·克拉普，牛仔裤。

第四位，希瑟·夏普，手提箱。

64...

艾尔德是在 1995 年搬来的（线索 4），所以，由线索 1 得出，西尼尔是 1990 年到的，格雷是 1985 年。格雷名叫玛格丽特（线索 3），所以不叫戴西的艾尔德，他的名字是亨利（线索 4）。剩下戴西的姓是西尼尔。从线索 1 知道，玛格丽特·格雷来自莫博里，而由线索 2，亨利·艾尔德原住在威逊韦尔。最后，戴西·西尼尔以前的家在布莱伍德。

答案：

戴西·西尼尔，布莱伍德，1990 年。

亨利·艾尔德，威逊韦尔，1995 年。

玛格丽特·格雷，莫博里，1985 年。

65...

住了 16 年的那个居民是在罗斯村（线索 4），住龄 8 年的住户，他家不在怀特盖茨村（线索 3），所以一定是在牧场，因此他是沃尔特·杨（线索 1）；他不是来自艾林特（线索 1），也不可能来自帕丁顿（线索 2），所以一定是来自柏特斯。艾伦·布拉德利不是来自帕丁顿（线索 2），所以一定是从艾林特来的。剩下梅维斯·诺顿是来自帕丁顿的那个人，他在镇上的罗斯村生活了 16 年（线索 2）。综上可知，艾伦·布拉德利在怀特盖茨村生活了 11 年。

答案：

艾伦·布拉德利，艾林特，11 年，怀特盖茨村。

梅维斯·诺顿，帕丁顿，16 年，罗斯村。

沃尔特·杨，柏特斯，8 年，牧场。

66...

雅克的顾客叫阿曼裕（线索 4），乔·埃尔买的是诗集（线索 2），因传记是玛丽安在出售，且不是由斯尔温购买（线索 5），所以必定是威廉买去的。玛丽安的书亭不是 1 号和 4 号书亭（线索 1）。结合小说是在 3 号书亭买到的（线索 3），所以玛丽安的书亭是3号。因此，从线索1得出字典是由3号书亭出售，而从线索5得出斯尔温一定是在3号书亭买了小说的顾客。余下阿曼裕在1号书亭。排除上面已知的，乔·埃尔一定在4号书亭买书，而4号书亭不是由艾兰恩经营的（线索2），它是波莱特的，剩下艾兰恩在3号书亭卖小说给斯尔温。

答案：

1号，雅克，阿曼裕，字典。

2号，玛丽安，威廉，传记。

3号，艾兰恩，斯尔温，小说。

4号，波莱特，乔·埃尔，诗集。

67...

罗孚汽车停在位置5（线索1），所以不在位置2、3、4的沃尔沃汽车（线索4）一定在位置1。在位置3的车是白色的（线索3），因此，在位置5的罗孚汽车的颜色不是黄色，黄色是菲亚特汽车的颜色（线索3），不是棕色（线索5）或红色（线索2），所以一定是绿色。在位置4的车我们已知不可能是罗孚或沃尔沃汽车，根据线索2，它也不是福特，位置3的车是白色的（线索3），而线索5排除了丰田在位置4的可能。所以，位置4停的是黄色的菲亚特。再根据线索5，棕色汽车不在位置1，所以是在位置2。而在位置1的沃尔沃必定是红色的。现在由线索2得出，位置2的棕色车子是福特，由线索5得出在位置3的白色车子是丰田。

答案：

1号，红色沃尔沃。

2号，棕色福特。

3号，白色丰田。

4号，黄色菲亚特。

5号，绿色罗孚。

68...

标号3的镇是肯思费尔德（线索4），所以亚克斯雷不是4号镇（线索1），不是6号镇（因为6号镇没有其他镇在它的东北方向），也不是8号镇（因为根据线索1，它们两者都没有一个镇在它们的偏南方），又因为它在图上是偶数标记的（线索1），所以亚克斯雷镇是2号镇。因此，根据线索1，布赖圣特恩是1号镇。由线索5，威格比不是9号镇，同时我们知道它不是3号镇，又因为它的偏西方有一个镇（线索5），所以威格比一定是6号镇。再结合线索5，摩德维尔一定是5号镇。根据线索1，科尔布雷杰一定是8号镇。已知勒索普不是2号、5号或8号镇，也不可能是4号或7号镇（线索2），再根据线索2，勒索普一定是10号镇，而波特菲尔得是9号镇，最后，由线索3，德利威尔一定是7号镇，欧德马科特是4号镇。

答案：

1号，布赖圣特恩镇；

2号，亚克斯雷镇；

3号，肯思费尔德镇；

4号，欧德马科特镇；

5号，摩德维尔镇；

6号，威格比镇；

7号，德利威尔镇；

8号，科尔布雷杰镇；

9号，波特菲尔得镇；

10号，勒索普镇。

69...

德莫特住在提姆布利村（线索2）；村庄2是格里斯特里村，经过它的环线朝东方开（线索1）。5千米长朝南开的路程起始自罗莉住的那个村庄（线索4），所以她不可能住在6千米路段的起始地桑德莱比村（线索3），罗莉是住在托维尔村。7千米路段不是起始自格里斯特里村（线索1），同时已知它不可能起始自桑德莱比村或托维尔村，所以它一定是起始自德莫特家所在的提姆布利村。剩下4千米路段的起始自格里斯特里村。阿诺德不住在桑德莱比村（线索2），所以他住在格里斯特里村。而桑德莱比村是吉姆住的村庄。提姆布利不是村庄3（线索1），所以它是村庄4。因此，罗莉的村庄托维尔，自它开始的环线车朝南开（线索4），一定是村庄3，余下桑德莱比是村庄1，作为整个车程的开始点。

答案：

村庄1，桑德莱比村，吉姆，6千米。

村庄2，格里斯特里村，阿诺德，4千米。

村庄3，托维尔村，罗莉，5千米。

村庄4，提姆布利村，德莫特，7千米。

70...

8月份的那次度假不是坐长途汽车去的（线索1），也不是小汽车（线索2），而是火车。8月份的假期去的不是科茨沃尔德（线索2），也不是英国的湖泊地区（线索3），而是康沃尔。爱丽丝是开小汽车去科茨沃尔德的（线索2），所以长途汽车之旅去的是英国的湖泊地区，但不是在5月份（线索3），所以是在6月份。综上，5月份的假期是在科茨沃尔德度过的。在英国的湖泊地区的度假不是在1986年（线索3），也不是1971年（线索1），而是1974年。最后，由线索1得出，康沃尔的假期是在1971年，去科茨沃尔德是在1986年。

答案：

5月份，1986年，科茨沃尔德，小汽车。

6月份，1974年，英国的湖泊地区，长途汽车。

8月份，1971年，康沃尔，火车。

71...

4号汽车是深蓝色的（线索4），灰色美洲豹不是1号汽车（线索1），它肯定是2号汽车或3号汽车，而且它肯定是丰田（线索3）。既然4号汽车不是流浪者（线索4），它肯定是宝马。4号汽车不归阿尔玛所有（线索3），同时阿尔玛的汽车也不可能是美洲豹或者丰田，因为这两辆车都在汽油泵旁边（线索3），所以她的汽车肯定是流浪者，同时肯定是1号汽车。从线索1中可以看出，灰色美洲豹是3号汽车，哈森的汽车是2号，而且必定是丰田，它不是绿色的（线索

3)，所以它肯定是浅蓝色的。剩下阿尔玛的流浪者牌是绿色的。最后，根据线索2中，蒂莫西的汽车肯定是灰色美洲豹，而深蓝色宝马必定是杰拉尔丁的汽车。

答案：

1号，阿尔玛，绿色流浪者。

2号，哈森，浅蓝色丰田。

3号，蒂莫西，灰色美洲豹。

4号，杰拉尔丁，深蓝色宝马。

72...

家庭主妇的花展是蓝色（线索5)，主要使用黄花的夏洛特不是牙科接待员（线索1)，艾里斯是健康访问员（线索4)，所以夏洛特一定是蔬菜水果商，因此她的展出不是在3号展厅（线索2)。线索1排除在1号展厅的可能，而展厅4是卢斯的（线索3)，所以夏洛特设计的花展一定是在2号的北耳堂。因此根据线索1得出，牙科接待员最有可能是在1号展厅，所以她不可能是卢斯，已知她也不是夏洛特或艾里斯，她是米兰达。剩下卢斯是家庭主妇。综上可得，艾里斯设计了3号花展，即圣餐桌，它的基本颜色不是粉红色（线索4)，所以一定是白色。最后粉红色花展是米兰达设计的。

答案：

1号展厅，米兰达，牙科接待员，粉红色。

2号展厅，夏洛特，蔬菜水果商，黄色。

3号展厅，艾里斯，健康访问员，白色。

4号展厅，卢斯，家庭主妇，蓝色。

73...

B物是胸针，不是在1912年被赠出的（线索3)，根据线索5，A物不可能是酒杯或在1912年被赠出之物，而这两者是邻排的。A物也不可能是剑（线索4)，所以它是银匙。已知B物胸针、A物银匙都不是在1912年被赠出，酒杯也不是（线索5)，所以赠出的是那把剑。它出产的时间不是10世纪（线索4）或9世纪（线索5)，也不是12世纪（线索2)，所以那把剑是出产于11世纪。因此，根据线索5可知，酒杯是10世纪的东西。已知它不是A物或B物，根据线索4得出也不是D物，所以是C。剩下D物是11世纪的那把剑。产于10世纪的酒杯赠送的时间不是1936年（线索1)，不是1948年（线索2）或1912年（线索5)，所以是1929年。银匙不是9世纪的东西（线索1)，它是12世纪出产1948年赠出的（线索2)。最后，B物胸针一定是9世纪出产并在1936年赠出。

答案：

物品A，银匙，12世纪，1948年。

物品B，银胸针，9世纪，1936年。

物品C，银酒杯，10世纪，1929年。

物品D，银剑，11世纪，1912年。

74...

阿曼达发现的是20便士（线索

2)，根据线索1，韦斯利发现的一定是10便士，所以那个5便士的硬币一定是在公园被发现的。综上可知，它的发现者是约瑟夫。约瑟夫不是5岁（线索1），而6岁的小孩在人行道上发现一个硬币（线索3），所以约瑟夫是7岁。阿曼达不可能是在停车场发现那20便士的（线索2），所以她是在人行道上发现的，因此阿曼达6岁。剩下韦斯利是5岁，他是在停车场发现那10便士硬币的。

答案：

阿曼达，6岁，20便士，人行道。

约瑟夫，7岁，5便士，公园。

韦斯利，5岁，10便士，停车场。

75...

线索3指出两位女性评论家不可能坐在面对面的位置上，所以喜欢《木乃伊的诅咒》的肯定是一位男性评论家（线索1）。这位男性评论家不可能是科兰利·斯密斯特（线索1），所以他必然是德莫特·谷尔。两名男性评论家也不可能坐在面对面的位置上。喜欢《无血的屠宰场》的是一位女性评论家。喜欢《恶魔的野餐》的是一位男性评论家（线索3），此人就是斯密斯特，他坐在盖莉·普拉斯姆的对面（线索3），所以迪尔德丽·高尔就是那个喜欢《无血的屠宰场》的女性评论家。因此，顺时针的顺序就是：高尔（《无血的屠宰场》）、斯密斯特（《恶魔的野餐》）、谷尔（《木乃伊的诅咒》）和普拉斯姆（《太空的魔王》）。从线索4看出，普拉斯姆坐在D座上，高尔坐在A座上，斯密斯特坐在B座上，谷尔坐在C座上。

答案：

位置A，迪尔德丽·高尔，《无血的屠宰场》。

位置B，科兰利·斯密斯特，《恶魔的野餐》。

位置C，德莫特·谷尔，《木乃伊的诅咒》。

位置D，盖莉·普拉斯姆，《太空的魔王》。

76...

最后进球的不是文斯（线索1），不是艾伦或格雷厄姆（线索2），也不是大卫（线索3），所以是保罗。E位置的不是文斯（线索1），不是格雷厄姆（线索2），不是保罗（线索5），也不是大卫（线索3），所以是艾伦。因为艾伦没有进第1个球（线索2），A位置的人没有进第1个球和第2个球（线索1）；线索1同时指出A不是9号，A也没有进第3个球（线索4）和最后一个球，因此A进的是第65分钟的球，艾伦是9号。B进的是第2个球，而A是7号（线索2）。因为保罗不是A（线索5），所以他不是7号，B不是8号（线索5）。因此B的号码是6，保罗的是3。因为已知最后一球不是在E位置的艾伦踢出的，8号不在D位置（线索1），所以8号在C位置，D位置的是保罗，是进最后一个球的人。文斯是在B位置的人（线索1）。大卫不在A位置（线索3），所以是在C位置，而格雷厄姆在A位置。综上，大卫踢进的球是在第21分钟。

答案：

位置A，格雷厄姆，7号，第65分钟。

位置B，文斯，6号，第34分钟。

位置C，大卫，8号，第21分钟。

位置D，保罗，3号，第88分钟。

位置E，艾伦，9号，第47分钟。

77...

徽章C是绿色的（线索4），徽章A不是蓝色的（线索1），也不是黄色的（线索2），所以徽章A是红色，因为徽章A的主人是莱弗赛奇领主（线索5），根据线索1，蓝色的徽章不是徽章B。综上所述，它是徽章D，剩下徽章B是黄色的那个。因此，根据线索2，鹰是莱弗赛奇领主的红色徽章上的图案。再根据线索2，徽章B属于伯特伦领主，莱可汉姆领主的有火鸡图案的徽章不是徽章D（线索1），所以它一定是徽章C。留下徽章D是曼伦德领主的。曼伦德领主徽章上的图案不是狮子（线索3），而是牡鹿，狮子是伯特伦领主黄色的徽章上的图案。

答案：

徽章A，莱弗赛奇领主，鹰，红色。

徽章B，伯特伦领主，狮子，黄色。

徽章C，莱可汉姆领主，火鸡，绿色。

徽章D，曼伦德领主，牡鹿，蓝色。

78...

萨姆不是阿尔萨斯犬（线索1），萨姆的主人是利德（线索1），它不是吉娃娃狗，那是克勒家的狗（线索3），而马克斯是约克夏小猎犬（线索6），综上所述，萨姆是拳师犬，它住在17号房子（线索2）。因此，根据线索1，阿尔萨斯犬应该住在19号房子，它的主人不叫肯内尔（线索5），也不可能是利德或克勒，所以是叫波尼。因此，马克斯是肯内尔家的。因为弗雷迪的家不是21号房子（线索4），它也不是阿尔萨斯犬，所以它是克勒家的吉娃娃狗。最后，阿尔萨斯犬名叫迪克，肯内尔家住在23号房子。

答案：

17号，利德家，拳师犬，萨姆。

19号，波尼家，阿尔萨斯犬，迪克。

21号，克勒家，吉娃娃狗，弗雷迪。

23号，肯内尔家，约克夏小猎犬，马克斯。

79...

D玫瑰花结上的马不是“爵士”（线索1），不是“小鬼”（线索2）或“斯玛特”（线索3），是“花花公子”。罗希没有骑“花花公子”去切尔特娱乐中心（线索2），也不是骑着“爵士”（线索1）或“小鬼”（线索2），所以是斯玛特。因此，罗希在1998年骑的不可能是“斯玛特”（线索1），不是“爵士”（线索1）或“小鬼”（线索2），所以是“花花公子”，因此，C玫瑰花结上的是“爵士”（线索

1)。在切尔特娱乐中心颁的玫瑰花结在“小鬼”赢的玫瑰花结右边(线索2),它不是A玫瑰花结,也不是“爵士”的C玫瑰花结,所以一定是B玫瑰花结,而“小鬼”是A玫瑰花结。A玫瑰花结不是在梅尔弗德公园(线索4)和斯特克农场(线索5)赢的,是在提伊山赢的。因为斯特克农场的玫瑰花结不是B,1996年的不是A(线索5),A也不是2001年的(线索4),A玫瑰花结是1999年的,因此,根据线索2得出,B玫瑰花结是2001年的。最后,1996年的是C,斯特克农场的玫瑰花结是D(线索5),剩下梅尔弗德公园的玫瑰花结是C。

答案:

玫瑰花结A,“小鬼”,提伊山,1999年。

玫瑰花结B,“斯玛特”,切尔特娱乐中心,2001年。

玫瑰花结C,“爵士”,梅尔弗德公园,1996年。

玫瑰花结D,“花花公子”,斯特克农场,1998年。

80...

伯特使用的是5号泵(线索3),一位女士使用的是2号泵(线索5),所以彼得用的是3号或8号泵。因为报纸是在3号泵的开车人买的(线索4),线索1排除了彼得使用8号泵的可能性,所以彼得是买了报纸并在3号泵加油的人。同时根据线索1得出,买糖果的标致车的驾驶员用的是8号泵。在2号泵的女士没有买书(线索5),她买的是杂志,所以不是萨利(线索2),一定是尤妮斯。剩下萨利是开标致车的人,他买了糖果。综上所述,伯特买的是书。尤妮斯的车不是福特车(线索5),也不是沃克斯豪尔车(线索2)和标致车,所以它是丰田车。最后,根据线索5,开福特车的人不是买书的伯特,所以彼得的车是福特,伯特的车是沃克斯豪尔。

答案:

2号泵,尤妮斯,丰田,杂志。

3号泵,彼得,福特,报纸。

5号泵,伯特,沃克斯豪尔,书。

8号泵,萨利,标致,糖果。

81...

星期五艾丽丝预约出租车的时间不是下午2:40(线索4),也不是上午11:15(线索1),所以是上午9:20。她去看皮肤科医生是在星期四(线索2),又因为她去医院那天不是星期五(线索4),所以是在星期二去医院的,而星期五她是去中心公园,当时出租车迟到了5分钟(线索3)。迟到10分钟的那辆出租车不是在星期四预约的(线索2),所以是在星期二。星期四那天等出租车等了15分钟。艾丽丝为去医院预定了下午2:40的出租车(线索4),所以是在上午11:15去皮肤科医生那里的。

答案:

星期二,下午2:40,10分钟,医院。

星期四,上午11:15,15分钟,皮肤科医生。

星期五，上午9:20，5分钟，中心公园。

82...

3号女孩戴着白色的帽子（线索4），4号女孩的帽子不是黄色的（线索2），4号女孩也不可能是叫曼尼斯（线索3），所以她是杰西卡，戴着粉红色的礼帽（线索1）。1号女孩不可能是爱莉尔（线索2）或莎拉（线索3），所以她是路易丝。因此，2号女孩姓肯特（5）。已知她的帽子不可能是白色或粉红色，而肯特这个姓排除了绿色，所以是黄色。因而，爱莉尔一定是3号女孩（线索2）。综上所述，曼尼斯是1号女孩的姓，所以1号女孩是路易丝，而2号女孩的全名是莎拉·肯特。爱莉尔不姓修斯（线索4），所以她姓巴塞特，剩下4号女孩是杰西卡·修斯。

答案：

1号，路易丝·曼尼斯，绿色。

2号，莎拉·肯特，黄色。

3号，爱莉尔·巴塞特，白色。

4号，杰西卡·修斯，粉红色。

83...

格兰特坐在1号车上（线索4），埃莉诺在2号车上（线索5）。其中一个男孩在黄色的3号车上（线索2），所以达芙妮·艾伦（线索3）一定是在4号车上。已知黄色的3号车不是格兰特或艾伦在开，而线索1告诉我们布里格斯在蓝色的碰碰车上，所以一定是鲍威尔在开。因此，综上所述，埃莉诺的姓氏是布里格斯，她开的车是蓝色的。根据线索1，刘易斯一定姓格兰特，坐在1号车上。剩下大卫是坐在3号车上的男孩。达芙妮坐的车不是红色的（线索3），所以是绿色的。刘易斯·格兰特则坐在红色的碰碰车上。

答案：

1号车，刘易斯·格兰特，红色。

2号车，埃莉诺·布里格斯，蓝色。

3号车，大卫·鲍威尔，黄色。

4号车，达芙妮·艾伦，绿色。

84...

加尔文赔了4元钱。他在第一个雕像交易中赚了18元（198元除以11就是10%的利润）。然而，在第二个雕像交易中他却赔了22元（198元除以9就是10%的损失）。这样，赔的22元减去赚的18元就是损失的钱。

85...

如果按照正常计算，艾米和贝茜分别会卖得15元和10元，一共是25元。当贝茜带60只小鸡去集市，每5只小鸡中，2只是自己的，3只是艾米的，这样直到把艾米的小鸡卖完。接下来，她开始卖自己剩下的10只小鸡。按理说，她自己的5只小鸡应该价值2.5元，但是，在最后两笔交易中她每次都损失了5角。所以，最终少了1元。

86...

答案为：37—37—37。这几个数计算如下：37×3 = 111；37×6 = 222；37×9 = 333。

87...

首先，将第4根火柴点着。然后，用它点燃3根按金字塔形状放置的火柴。之后，快速将这4根火柴熄灭。这时，你会发现组成金字塔的3根火柴已经熔合在一起，这样，你就可以用第4根火柴轻而易举地把它们从桌子上抬起来。

88...

她们开始以10元出售3个玩具熊。第一个女人卖了30只玩具熊，赚了100元；第二个女人卖了24只玩具熊，赚了80元；第三个女人卖了21只玩具熊，赚了70元。下午的时候，她们开始以10元出售1只玩具熊。这样，第一个女人卖了她最后的3只玩具熊，赚了30元；第二个女人卖了剩下的5只玩具熊，赚了50元；第三个女人卖了剩下的6只玩具熊，赚了60元。所以，她们每个人都赚了130元。

89...

需要5分钟的时间。解决这个问题，首先要把时间转换成秒。

（1）打开凉水的水龙头，浴缸放满水需要400秒，即每秒进1/400的水。

（2）打开热水的水龙头，需要480秒的时间，即每秒进1/480的水。

（3）浴缸放完水需要800秒的时间，即每秒排1/800的水。

如果我们取4800作为它们共同的分母，便会得出以下等式：

$$\frac{12}{4800}+\frac{10}{4800}-\frac{6}{4800}=\frac{16}{4800}=\frac{1}{300}$$

这个值就是每秒放入浴缸的实际水量。这样，浴缸放满水就需要300秒，即5分钟。

90...

火车头T将车厢B向上推，使它进入C。然后T绕到另一侧将车厢A向上推，使它与车厢B相连接；接着，T将车厢A和车厢B向下拉，使它们都在右边的岔轨。然后，T再经左边绕到C，接着，再将车厢A推到主铁轨。T将车厢B留在右边的岔轨，然后再绕回到车厢A，并把它拉到主铁轨与左边岔轨的交叉口，接着再把它向上推，使它进入左边的岔轨。最后，T再回到原来的出发地。

91...

那个坏时钟每天会显示两次正确的时间，一周共显示14次。而那个每天慢1小时的时钟每显示正确一次则需要12天。所以，就正确性而言，那个不走的时钟要强于那个慢走的时钟。

92...

如果你用一个铁条的一端接触另一个铁条的一端，它们之间就会产生吸力，但是，却无法说明究竟是哪个铁条在吸引对方。然而，当你用一个铁条的一端接触另一个铁条的中间部位，那么就会发生下面的情况：如果与另一个铁条的中间部位相接触的铁条是磁铁的话，那么它会吸引另一个铁条（如图1所示）；反之，如果不是磁铁的话，那么它就不会吸引另一个铁条，因为磁铁在中间部位几乎没有什么吸力（如图2所示）。这样，如果与另一个铁条接触的铁条是磁铁的话，那么它会吸引另一个铁条；如果不是的话，那么两个铁条之间就没有明显的吸引现象。

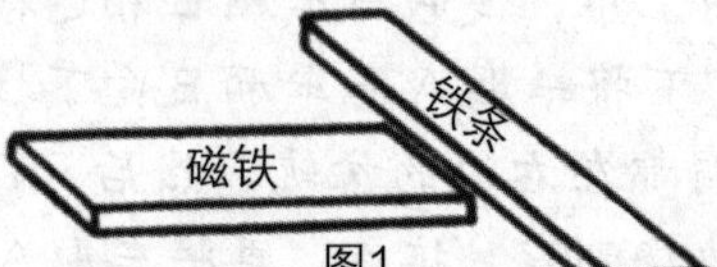

图1

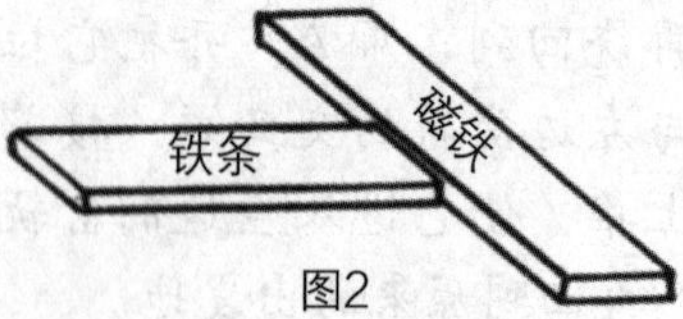

图2

93...

当多朗格·基德开始拽绳子时，他会发现自己也升在空中而且距离地面的高度与钟相同。当钟距离地面1米时，基德也是1米。无论他拽绳子有多快或者多慢，他距离地面的高度与钟相同。两者会一起到达塔的上面，而这也是牧师想要做的。

94...

迪尔德丽和贺瑞斯是一对，伊莫金和克劳德是一对，爱利卡和塞尔温是一对。

95...

不管朝哪个方向旋转，两个螺钉头总是保持相同的距离。

96...

在圣诞节这一天，巴顿是8岁、温德尔是5岁、苏珊是3岁。

97...

奈德损失了整整14元。那筐高尔夫球的成本是6元，他又给了那位先生8元。

98...

埃米特4条鱼、加尔文3条鱼、昆廷2条鱼、怀利1条鱼。

99...

问题中的年份是1944年。如果把任何一个出生在1944年之前的人的出生年份加上他此时的年龄，那么这个结果都是1944。同时，如果我们把5位政治人物的就职年份加上截至1944年的掌权时间，那么这个结果又是而且只能是1944。所以，将这两个结果相加的话，结果就是题中给出的3888。

100...

在找出最短的路线的同时要跨过

12个跨栏，即偶数数量的跨栏。虽然有很多包括12个跨栏的路线，但是我们要找出数字相加为最大值的那条路线。最大值是36，那条路线就是下图中用虚线标出的路线。

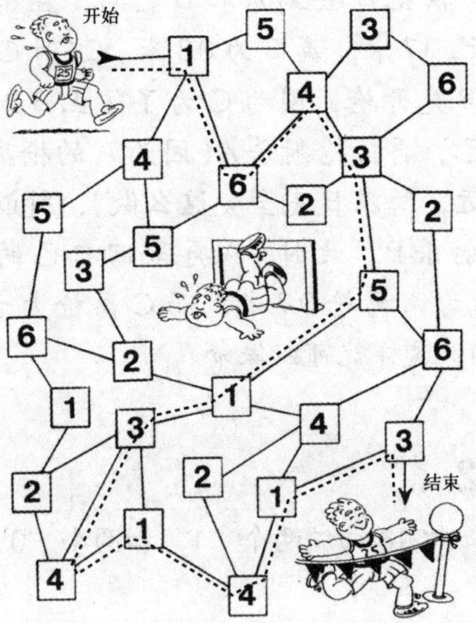

101...

以75千米/小时的速度，客车穿过0.5千米的隧道需要24秒（1小时为3600秒，除以75千米/小时，得出火车行驶1千米需要48秒的时间。这样，穿过0.5千米的隧道就需要24秒）。这就是说，当弗瑞德到达隧道出口时，火车头已经从隧道口出来并行驶了3秒，因此时间太晚，他无法引起司机的注意。但是，由于火车完全进入隧道需要6秒的时间，所以等最后的车厢从隧道出来也需要6秒的时间。从弗瑞德开始向隧道出口跑，整个火车需要30秒才能驶出隧道，而弗瑞德跑到隧道出口需要27秒，这足够可以吸引煞车手的注意，从而拯救了乘车的旅客。

102...

格瑞特在织袜子，她喜欢消化饼和咖啡。

艾达在织毛衣，她喜欢生姜饼干和茶。

凯伊在织围裙，她喜欢果酱饼干和水。

丽丝在织披肩，她喜欢黄油饼干和橙汁。

尼斯萨在织围巾，她喜欢朱古力饼干和汤。

103...

安特尼特将收到罗恩特送的蓝色玫瑰。

多米尼克将收到巴斯坦送的红色兰花。

艾丝泰勒将收到蒂第尔送的白色康乃馨。

玛克西将收到华森特送的粉色菊花。

塞宾将收到乔治送的黄色百合花。

104...

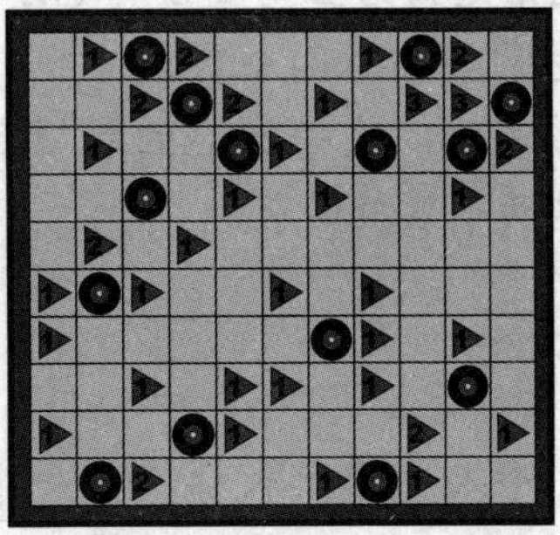

105...

黛娜吃的是羊肉、汤和巧克力。

丽丽吃的是鸭肉、面条和冰激凌。

玛丽吃的是猪肉、蔬菜和蛋糕。

米琳吃的是鸡肉、米饭和荔枝。

苏伊吃的是牛肉、豆腐和咖啡。

106...

B。Billy 那块地的篱笆最长。

107...

倒 6 次即可解决问题，有 4 种不同方法，其中一种解法如下图所示：

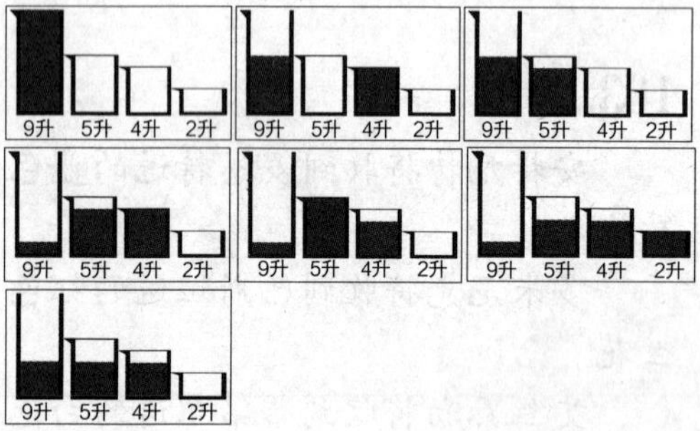

108...

最先出现的那条裂缝是图中间横向的一条，从正方形左边的中间向右延伸到右边离右上角 1/3 的地方。

通常要判断两个裂缝中哪个更早出现并不难：更早出现的裂缝会完全穿过这两个裂缝的交点。

109...

一个人先攀上软梯，另一个人待水齐到颈部时开始攀升。攀升速度与水涨的速度相等，使水的高度始终在人的颈部。借助水的浮力，软梯就可以负担两个人的重量了。

110...

3 个人。

111...

A 把枪丢到 A 和 B 之间，且枪离自己 0.7 米，离 B 为 0.3 米。这时 C 会比 B 先开枪，因为 C 为了防止 B 射杀自己，再捡枪射杀 A（因为 A 的枪离 B 较近，所以 B 完全会这么做），所以只好射杀 B。此时，A 再捡回自己的枪（因为 A 离枪 0.7 米，而 C 离枪大于 1 米），这样就可以保命。

112...

把 18 切成两个“1”和两个“0”。

113...

因为是不等边三角形，翻成反面时会变形，因此，只要将翻成反面也不会变形的部分分割成几个等腰三角形，再缝合起来即可。要分割成数目最少的等腰三角形，如图所示，只要分割成 4 片就行了。

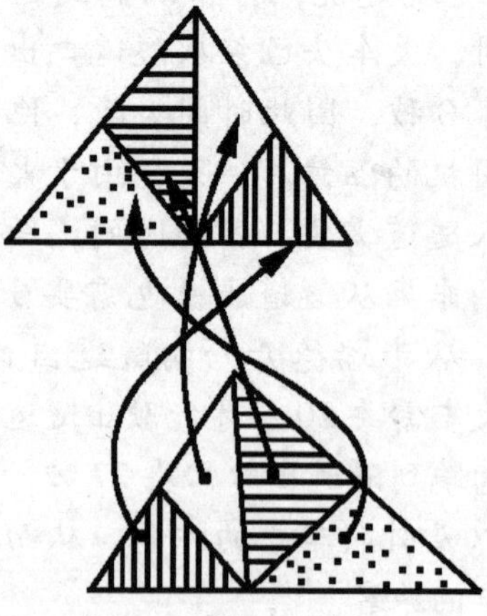

第7章

推理法

推理是探寻新结果的方法，能够让人从未知进入已知。逻辑推理是在把握了事物与事物之间内在必然联系的基础上展开的，由一个或几个已知的判断（前提），推导出一个未知的结论的思维过程。其作用是从已知的知识得到未知的知识，特别是那些不可能通过感觉经验掌握的未知知识。熟练掌握推理法，你可以更好地把握事物之间的联系，从多角度思考问题，并作出正确的判断和决策。

1. 抢钱的破绽【初级】

一名女出纳员拎着一个空手提包向民警报案："我叫夏扬，是远华进出口公司的出纳员。上午9点钟，我去市农业银行取了10万元人民币放进手提包里，当我走到十字街口的时候，一个骑摩托车的歹徒，突然停在我身边，狠狠地打了我一拳，我头一晕，倒在了地上，当我醒来时，手提包里的10万元人民币不见了。"

听完夏扬的叙述，民警冷笑一声，说："小姐，你涉嫌作案，请跟我们到公安局去！"在公安局，夏扬不得不交代了她伙同男友作案的过程。请问：民警是根据什么断定夏扬作案的?

2. 足球的破绽【初级】

大毒枭沙文连闯四国，马上就要将价值100万美元的海洛因带进毒品价格最高的美国了。他把毒品藏在一只新足球内，足球上有好几个世界著名球星的签名，看到这样的足球，谁还会贸然剖开足球检查呢？

然而，他在纽约机场遇到了反毒专家——警官波特。波特甚至没有掂一掂足球的分量，仅是看了看网兜里的足球，就说："先生，请你到毒品检查站来一趟，你的足球有问题。"沙文急坏了，大声说："球星签名的足球，有什么问题呀？"试问：波特是怎么说的呢？

3. 血型辨凶手【初级】

这是个十分奇妙的案件。兄弟俩感情破裂，原因是为了争夺家产，见面也像仇人似的。一天，哥哥被发现死在街头，而弟弟从此后失踪。警方在现场侦查，发现了以下一些资料：死去的哥哥的血型是A型，而在他身上，还发现另外一些血液，是属于凶手的，则为AB型。

警方发现死者父亲的血是O型，母亲的血是AB型，但失踪的弟弟血型却不清楚。凭以上的资料，你认为失踪的弟弟会不会是凶手呢？

4. 谎言的破绽【初级】

在家休息的老罗接到一个电话，对方想在隔周的星期五拜访他。但老罗说："那天上午我要开会，下午1点要参加学生的婚礼，4点要参加一个朋友的孩子的葬礼，随后是我姐姐的公公60寿辰宴会……所以那天我没时间接待您了。"

老罗的话里有一个地方不可信，是什么地方？

5. 他绝不是自杀【初级】

探长被人发现在自己办公室内自杀，他所用的是自己的佩枪。到现场调查的探员，在佩枪上发现了探长的指纹。探长平时习惯用右手握枪，自杀时用的也是右手。因此，现场调查的探员推断他是自杀无疑。但探长的好友卡特却认为探长性格坚强，不可能自杀。他经过观察、分析后，提出有力证据，证明探长是被人谋杀。

请你细心观察下图，你能指出卡特提出的证据是什么吗？

6. 受过伤的死者【初级】

“死者的右手上个月被打断了，一直不能动弹。我们在他裤子的左兜里面发现了一包香烟，在右兜里面发现了一盒火柴。”探长听了手下的话说：“那他肯定是被杀的。”

你知道这是为什么吗？

7. 失窃的海洛因【初级】

一家综合医院里，深夜，罪犯潜入药房，从药品柜里盗走了一大瓶只贴着化学式标签的海洛因。当时因被保安人员发现，所以罪犯用匕首刺死保安人员后逃走了。经调查，找出两个嫌疑人；一个是刚来医院不久的实习医生；另一个是前几天才进医院的患者，是个青年农民。后者是在下地干活时遭到老虎袭击负伤住院的。作案现场的药品柜里摆着许多药瓶子，但罪犯只拿走了装着海洛因的瓶子。

试问，罪犯是谁呢？

8. 是银元还是红枣【初级】

商人外出，把一坛封口的银元说成是红枣，托邻居保存。商人外出好几年没回来。一天，邻居打开坛子，把银元拿走了。

听说商人回来，邻居在坛子里装上新红枣，封口后还给商人。商人打开一看，呀，银元变成了红枣，就问：“坛子里的银元呢？”邻居不承认，两人吵起来，一同去见县官。县官审问那邻居。邻居很有理：“他把坛子交给我时说的是红枣呀！”县官仔细看了看红枣，把桌子一拍，要这邻居快把银元交出来。

这邻居大喊冤枉。县官摆出事实，他才低头认错。邻居乖乖地把一坛子银元还给商人。

你说知道县官是凭什么判断的吗？

9. 沙漠归来【初级】

在酒吧，侦探霍恩遇见一个满头金发、面孔黝黑的青年在大谈生意经："昨天我才从沙漠地带回来，洗尽一身尘垢，刮去长了好几个月的络腮胡子，修剪好蓬乱的头发，美美地睡了一夜。最值得庆幸的是，我的化验分析报告证实，那片沙漠地带有个储量丰富的金矿。假如有谁愿意对这有利可图的项目投资的话，请到210号房间，这儿不便细谈。"霍恩端详着他那古铜色的下巴，讪笑着说："你若想骗傻瓜的钱，最好把故事编得好一点！"

试问，霍恩为什么会这样讲？

10. 智擒盗贼【初级】

华盛顿小时候就聪明过人，在他家乡威斯特摩兰至今还流传着他智捉盗马贼的故事。

有一天，村里的一个孤老爷爷的马被人偷走了。村民们帮忙四处寻找，终于在牲口市场上找到了那匹马。可是，盗马贼死活不承认这是偷来的马。由于马的主人这时又拿不出有力的证据来，盗马贼反咬一口，说村民们诬陷他，说着骑上马就想溜。

这时，华盛顿赶来了。他用双手分别蒙住马的眼睛，紧接着问了盗马贼几个问题，很快就诱使盗马贼在众人面前原形毕露，只好承认自己的丑行。那么你知道他问了什么问题吗？

11. 巧搬巨石【初级】

古时候，某城的城墙在雨中山脚崩塌，塌下来一块巨石挡在道当中。正巧，第二天，皇上要到城里的寺庙去上香，必须要使道路畅通无阻。官员们四处寻找力工，要他们把石头搬走，但因下大雨，场地泥泞，石头怎么也搬不走。时间眼看就要到了，要是皇帝怪罪下来怎么办呢？

正在这时，有人想出了一个办法，解决了这个问题。你知道他们用什么办法解决了这个问题吗？

12. 永不消失的字【初级】

舒克家的隔壁在盖房子，因为隔壁的人在建筑地以外的地方竖立起一块很厚的木板，算是违法建筑。舒克看到这种情况后非常生气，就用墨汁在纸上写着大大的“违法建筑”四个字，贴在木板上，可是到了第二天，这四个字不见了。于是，舒克又想了一个办法，不管他们再怎么擦，或是用其他办法覆盖，或者挖掉，都没能让字从木板上消失。

请问舒克用了什么办法？

13. 当水缸满溢【初级】

院子里有一口大缸，下雨的时候，水缸可以在2个小时内落满雨水。如果这天雨的大小并没有改变，只是雨是倾斜着落下来的，那么，要盛满这口缸需要的时间是长了还是短了？

14. 你快乐吗【初级】

有个人在路上捡到800元钱，有人问他：“你快乐吗？”他说：“我不快乐。”5分钟之后，他又捡到100元钱，于是再问他：“你快乐吗？”这次他回答：“我很快乐！”

这是怎么一回事？当然，他捡到的钱都是真的。

15. 遗书【初级】

在旧金山的一家宾馆内，有位客人服毒自杀，名探劳伦接报后前往现场调查。被害者是一位中年绅士，从表面迹象看，他是因中毒而死。“这个英国人两天前就住在这里，桌上还留有遗书。”旅馆负责人指着桌上的一封信说。劳伦小心翼翼地拿起遗书细看，内文是用打字机打出来的，只有签名及日期是用笔写上的。劳伦凝视着信上的日期——3.15.89，然后像是得到答案似的说：“若死者是英国人，则这封遗书肯定是假的。相信这是一宗谋杀案，凶手可能是美国人。”

劳伦凭什么这么说呢？

16. 网球【初级】

很多年以前，人们在闲暇时刻乡村俱乐部举行了一场盛大的泰迪·罗斯福混双网球锦标赛。一共有128对选手报名参加这项赛事。管理员撒迪厄斯·拉肯卡特熬了半宿才把赛程拟订出来。那么，你知道在冠军产生之前会进行多少场混双比赛吗？

17. 名字【初级】

一天，尼德尔瓦勒先生骑自行车外出时碰到了一个老朋友。

“打上次见到你，现在都好几年了。”他说。

“是啊，”他的朋友回答说，“自从上次我们在缅甸见面之后，我就结婚了，我和我的爱人都在仰光工作。你肯定不认识，这是我们的小女儿。”

“好漂亮的孩子，”尼德尔瓦勒先生回答说，“你叫什么名字？”

“谢谢您，先生，我和我妈妈同名。”

“哦，是吗，你和埃莉诺长得真像。这也是我很喜欢的一个名字。”尼德尔瓦勒先生回答说。

那么，尼德尔瓦勒先生是如何知道这个小女孩的名字是埃莉诺的呢？

18. 栅栏【初级】

地主查普曼准备在自己房子外边的路上围一个新栅栏。这段路长99米，每对栅栏柱相隔3米，柱子之间有3个横杆。西姆斯拿来33根栅栏柱、99根横杆以及99米长的围栅栏用的铁丝，但他却不能完全围成栅栏。那么，西姆斯错在哪里了呢？

19. 重新排列【初级】

我们这台著名的游戏计算机好像感染某种黑客病毒了。程序应该使计算机在水平方向、垂直方向以及对角线的数字相加结果为6。可是，却出现了图中的现象。那么，你能否重新排列显示屏上的数字使这个幻方显示正确呢？

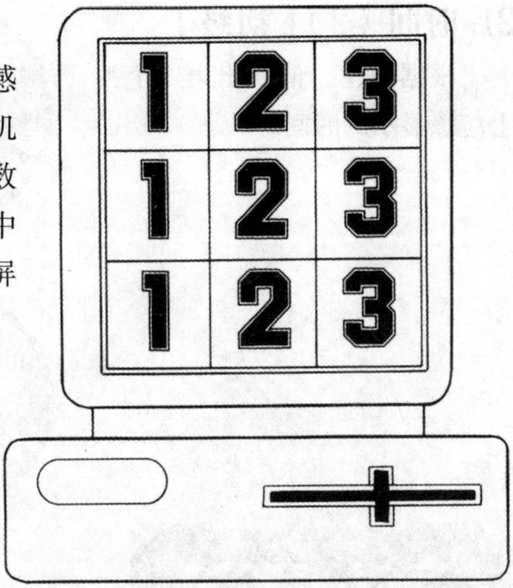

“农夫塞·科恩克利伯买了一筐苹果放在自己的厨房里，他的6个儿子排成行。筐里有6个苹果，可当他把苹果平分给他们之后，筐里还剩下1个苹果，他既没有切苹果也没有把苹果弄碎。那么，这是怎么回事呢？”

“真是不简单啊！怎么这么难应付！我会尽快把它解答出来！”

20. 苹果【初级】

有了足够的时间和她的霍洛威阅读书架，就没有哪个题能把莫德·马里恩贝丽难倒。那么，你认为呢？

21. 时间（2）【初级】

根据规律，请找出第四个钟上应该显示的时间。

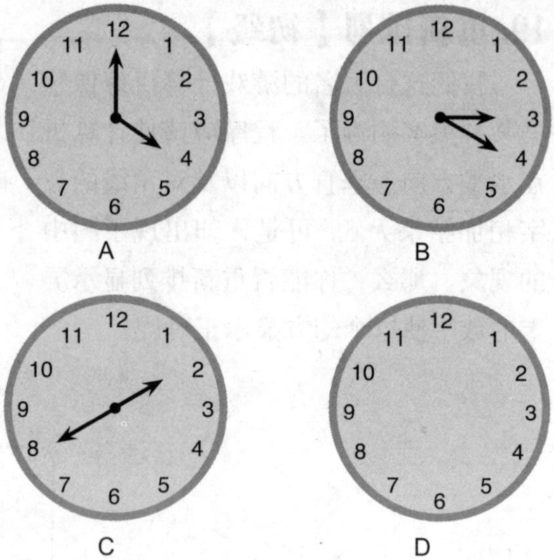

22. 模具【初级】

塑料模具上有许多压痕，当你把图片倒置之后压痕会发生什么变化呢？

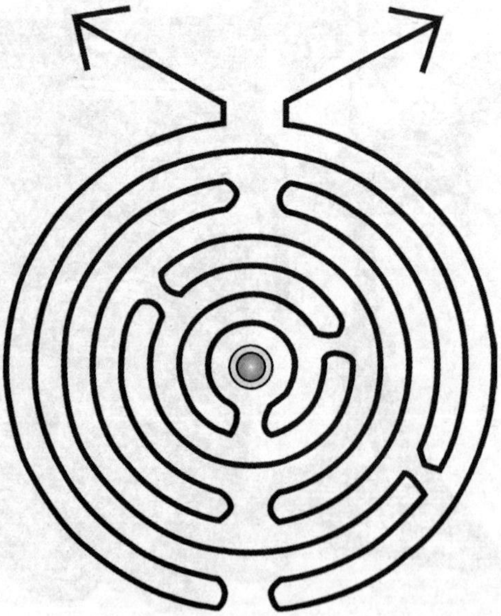

23. 绳管道【初级】

一条管道坐落于一段奇特的绳圈的中央。假设从开放的两端拉动这条绳子，那么这条绳子究竟是会和管道彻底分离，还是会和管道连在一起呢？

24. 相同符号【初级】

你能在以下立方体中找到含有相同符号的两个面吗？

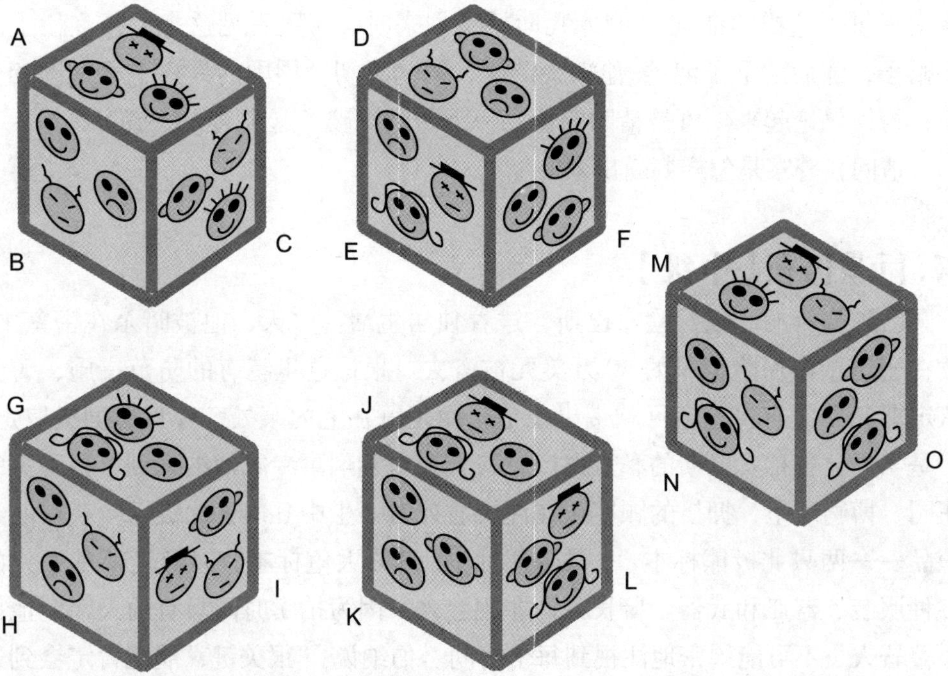

25. 狡诈的走私犯【中级】

霍普是个国际走私犯，每年从加勒比海沿岸偷运大量钻石，从未落网。

根据海关侦查，6个月前他曾在海关露面，开一辆新出厂的黑色高级蓝鸟敞篷车，海关人员彻底搜查了汽车，发现他的3只行李箱都有伪装的夹层，3个夹层都分别藏有一个瓶子：一个装着砾岩层标本，另一个装着少量牡蛎壳，第三个装的则是玻璃屑。人们不明白他为什么挖空心思藏这些东西。更奇怪的是，他每月两次定期开着高级轿车经过海关，海关人员因抓不到证据，每次都不得不放他过去。

迷惑不解的海关总长找名探洛里帮助分析，洛里看着“砾岩层、牡蛎壳、玻璃屑”深思着。“这些东西有什么意义？”总长心急地问：“他到底在走私什么东西？”洛里点燃烟斗，沉思良久，恍然大悟，笑着说：“这个老滑头，你把他拘留起来好了。”

霍普到底在走私什么东西？

26. 识破伪证【中级】

桥下浮起一个被淹死的女孩，对于这个女孩，周围的人一无所知。警察正为侦破这个案子一筹莫展，这时，有个男人划着小船急速地向桥驶过来。他向警察提供了这样的证词："刚才我向桥下划来时，亲眼看见这个女孩在桥上脱下帽子，随后跳下了河。"他满脸憨厚，语句真切，周围的人一下子全都相信了，纷纷议论起来。可是精明的警察一下子就识破了这个男人的谎言。

请问，警察是怎样判断出来的？

27. 巨款仍在【中级】

已到暮年的北极探险家巴斯，过着独居生活。一天，他被暗杀在密室中，放在密室壁内保险柜里的40万美元被盗去。根据这里特有的防范措施，警方认定罪犯并没有将这笔巨款带出住宅，而是藏在宅内某处，等日后伺机取走，于是当局公告拍卖巴斯的私人财产，警长布里和刑事专家伯纳来到了探险家的庄园。博物厅里，拥挤的顾客正在注视着死者一生中5次去北极探险获得的纪念品——两只北极熊标本、1只企鹅标本、3只大龟标本，以及爱斯基摩人的各种服装、器皿和武器。警长预计罪犯会来，因为拍卖时间只有两天，但他担心警署人员不可能周密地注视到每个房间。伯纳说："很关键，罪犯肯定会到这个房间里来取某样东西。"

请问：罪犯究竟到这个房间里来取什么呢？

28. 福尔摩斯【中级】

泰晤士河畔的一座公寓里发生了一起凶杀案。罪犯十分狡猾，当福尔摩斯赶到案发现场时，发现连时钟都被砸碎了。侦探找到了一块碎片，长针和短针正好各指在某一刻度上，长针比短针多1刻度，但看不出具体时间（如图）。福尔摩斯却从中分析出了作案时间。你知道是几时几分吗？

29. 明察秋毫【中级】

市区的一家银店遭劫。营业员指控欧文是作案者:“银店刚开门，欧文就闯进来了。当时我正背对着门，他用枪抵在我背上，命令我不准转过身来，并叫我把壁橱内的所有银器都递给他。我猜他把银器装进了手提包，他逃出店门时，我看见他提着包。”警长问:“这么说，你一直是背对着罪犯的，他逃出店门时又背对着你，你怎么知道他就是欧文呢？”营业员说:“我看见了他的影像。我们的银器总是擦得非常亮，在我递给他一个大水果碗时，我见到他映在碗上的头像。”在一旁静听的亨利探长:“你别装了，你就是罪犯。”

探长为什么断定营业员是罪犯？

30. 可疑旅客【中级】

某夜，马尼拉—北京航线的一架班机降落在北京首都机场。海关人员开始检查旅客们的行李。检查员小刘发现从飞机上下来的3个商人打扮的人神色可疑：他们带有一个背包、一个纸箱子和一个帆布箱。小刘查看了他们的护照，他们来京的目的是旅游。当天早上从泰国首都曼谷出发，经过菲律宾首都马尼拉，再经我国广州，然后飞抵北京。小刘拿着护照看了一会儿，便让来客打开箱子检查，果然在夹层里发现了毒品海洛因。

是什么引起了小刘的怀疑呢？

31. 打破的水晶【中级】

波洛侦探的助手报告说:“迈克被杀死了，凶手就是他的仆人，但是一直没有找到凶手用的凶器。地上的水晶碎片是凶手离开现场时不小心打破的。”波洛说:“不，他是故意打碎的。”

你知道凶手为什么这么做吗?

32. 楼梯上的凶案【中级】

因供电局更换照明电缆，好几幢公寓都在晚8点至11点停电。这天晚上，盲人中心的经理妮可9点多才回到公寓，并走楼梯回家。第二天，人们在楼梯上发现了她的尸体，她手里攥着皮包的带子，却不见皮包，显然这是一宗杀人抢劫案。警察赶到现场调查。据公寓管理员回忆，当时还有同楼的另一男子与妮可差不多同时间上楼。警方立刻召来那名男子讯问。那名男子说:“我当时确实和妮可同时上楼梯，我看见她是盲人，行动不方便，所以还扶着她上楼梯，到了她住的那层我才走。”管理员听那男子说完后，大声地说：“他在说谎，妮可小姐是他杀的。”

管理员怎么知道那男子在说谎呢？

33. 雪夜目击【中级】

杰克探长回到家里，电话铃响了，他拿起话筒，传来了一位警察的声音：“喂，是探长吧，请你速来警察局。”半个小时之后，探长来到了警察局，径直走进警长办公室。警长神色忧郁地说：“夜里11点，小门街发生了一起事故，也许是谋杀案。一个人从楼顶上栽了下来，有位现场目击者一口咬定死者是自己摔下来的，他周围没有一个人。”探长点点头，说：“我们先去看看现场，见见那位证人。”一会儿，他们来到现场，目击者被找来了，探长请他再叙述一遍他见到的情景。目击者说：“因为天下着大雪，我便在附近的一家餐馆里足足坐了两个半小时，当我离开时，正好是11点，大街上没有一个行人。我急忙跑进自己的车里，就在这时，我看到楼顶上站着一个人，他犹豫片刻，就跳了下来。”探长紧紧盯住目击者，语调冷冷地说：“你不是同伙，就是凶手给了你一大笔钱让你说谎！”

目击者一听，顿时脸变得煞白。探长是怎样识破目击者的谎言的？

34. 一片沉寂【中级】

警长罗斯的别墅同哈利的寓所相距不远。一天夜里，突然一声枪响。罗斯闻声往外跑，正碰上哈利。哈利喊道：“托尼被枪杀了！”罗斯边走边听哈利诉说：“托尼是我的客人。刚才我俩正看电视，突然电灯全灭了，我正要起身查看原因，前门开了，闯进一个人来，对着托尼开了两枪，没等我反应过来，那人已无影无踪了。”进入寓所，罗斯发现房间里很黑，用手电照着托尼，他已死去。罗斯到车库里把被人拉开的电闸合上，房间里的灯立刻亮了。第二天，名探洛克听着警长罗斯复述在现场所见，问道：“开闸后电灯亮了，这时寓所里还有什么响动？”罗斯说：“一片沉寂。”洛克说：“够了。哈利涉嫌谋杀。”

请问：洛克为什么做出这一判断？

35. 有毒的苹果【中级】

苏岩吃了苹果后中毒而亡。经医生验证，苹果上有剧毒。不过同时吃了另一半苹果的蒙菲却没事。这是怎么回事呢?

36. 最有可能的贼【中级】

珠宝店一颗贵重的钻石被人偷走了。现场没有任何的指纹，唯一的线索就是小偷用尖利的东西划开了玻璃，从而偷走了里面的钻石。谁最可能偷走钻石?

37. 悬赏启事【中级】

罗蒙德医生的一块祖传怀表丢失了。他吩咐司机路里在当地报纸的广告栏里登了一则寻找怀表的启事。此刻，罗蒙德正拿着报纸仔细看着启事。启事登在中缝，标题是“找到怀表者有赏”。全文如下:“怀表属祖传遗物，悬赏250美元，有消息望告知，登广告者LMD361信箱。”路里正在花园里干活，这时，门铃响了，开门一看，外面站着一位绅士。他恭敬地说道:“我叫亨利。我是为那则怀表启事来的。怀表是你的吗?”罗蒙德想不到这则启事还真管用。他激动地抓住亨利的手说:“是的，就是这块表。真是太感谢你了。你是在哪儿捡到的?”亨利说:“这表不是捡到的，是我在车站看见一个小孩兜售这块表，就用5美元买了下来。今天，我从报纸上看了广告，马上就赶来了……”罗蒙德还没等亨利说完，便和路里将他扭送到了警察局。

试问，亨利在什么地方露出了破绽?

38. 吞蛋送命【中级】

王忠准备生吞10枚鸡蛋。他这样表演，是因和朋友打赌引起的，可惜他不知道其中一个朋友赵三对他有谋害之心。王忠打开第一枚鸡蛋，仰起头猛吞下去，接着又吞下两枚，赢得了全场的掌声。第四枚鸡蛋被打开，一口吞下时，只见王忠面色一变，吐了一口鲜血，话也说不出来了。在场的人大惊，忙把他送进医院，经抢救才脱险。警官接手调查此案，查到鸡蛋是赵三提供的，里面有钢针，于是逮捕了他。你知道赵三是如何把钢针放入鸡蛋的吗?

39. 罪犯的同伙【中级】

监狱里有个犯人被谋杀了。凶手是透过窗户的铁条将犯人射死的。奇怪的是，窗前的蜘蛛网却一点都没有损坏，这是什么原因呢？难道他还有别的同伙吗？

40. 名画失窃【中级】

侦探卡尔正在书房里翻阅案卷，他的助手拿着一份匿名电报走进来。只见上面写着："蒙特博物馆有幅世界名画被盗，请速来侦破。"卡尔站起身来，看了看表说："现在是晚上 11 点，不管是真是假，我们去看看！"说完就出门驾车而去。博物馆展厅里站着一男一女两个管理员。卡尔说："我是卡尔探长，刚才接到通知，说贵馆有幅世界名画被盗了，请带我先查看一下现场。"检查完毕，卡尔觉得不像是外部偷盗，就让那两名管理员讲讲失窃前后的情况。女管理员说："7 点钟下班时，我们一起锁上大门，然后就各自回家了。几分钟前，他通知我说有幅名画被盗，我就赶来了。"男管理员接着说："我回家后想起有本书遗忘在展厅里，就又回来取书，结果发现名画不见了。我马上给她打电话。"卡尔问："你们 7 点钟关门时画还在吗？""还在。关门前我还给画掸过灰呢。"男管理员答道。卡尔请女管理员讲讲自己的看法，她说："我对发生的这一切都不知道。依我看，肯定是偷画人给你拍的电报，想故意把水搅浑，这种贼喊捉贼的把戏在众多案件中屡见不鲜。"

"你说得对极了，那幅名画就是你偷的！"卡尔探长说完，让助手给女管理员戴上了手铐。

你知道这是为什么吗？

41. 谁是盗贼【中级】

一个规模庞大的珠宝展在国际商贸大厅举行，其中最引人注目的是一粒巨大的钻石，价值超过千万元。为了防止这粒钻石被人偷去，珠宝商特邀一家防盗公司设计制作橱柜，上有防盗玻璃，可以抵御重锤乃至子弹袭击，不会破裂。同时在会场中有防盗设施如摄像探头等。在开幕的那天，人山人海，一个男子迅速地走到了玻璃柜前，用一个重锤向柜子一击，玻璃竟然破裂，男子抢去钻石，乘乱逃去。警方事后到现场调查发现，玻璃的确是防盗玻璃，而摄像头则刚好只拍到盗贼的手，看不见他的真面目。那么到底谁是盗贼，又用什么方法打破了防盗玻璃呢？警方根据防盗玻璃的特性，很快捉到了盗贼。

你能判断出谁是盗贼吗？为什么？

42. 遗嘱【中级】

这份遗嘱是易斯特维奇伯爵在几个世纪之前留下的，内容十分生动。那么，你能否从中推断出他想要给自己的后人留下什么东西吗？

43. 抢劫【中级】

当布莱克·巴特第十三次袭击丹佛公共马车时，他实在是不走运。唯一的现金是他在一个推销员的旅行包里发现的，这些硬币总计5元，而这5元正好是由丹佛铸币厂铸造的100枚硬币组成。那么，你能否判断出各种硬币的面值以及包内各种硬币的个数吗？

44. 棋子（1）【中级】

这个思维游戏需要准备黑、白棋子各 4 个，然后放在棋盘上（如图所示）。你所面临的挑战是要用 10 步将这 8 个棋子交换位置。

游戏规则很简单，即：黑棋向下移动，白棋向上移动。所有的棋子要么向前移动到空格内要么跳过一个或者两个棋子跳到空格内。你有 10 分钟的时间解答这个题。

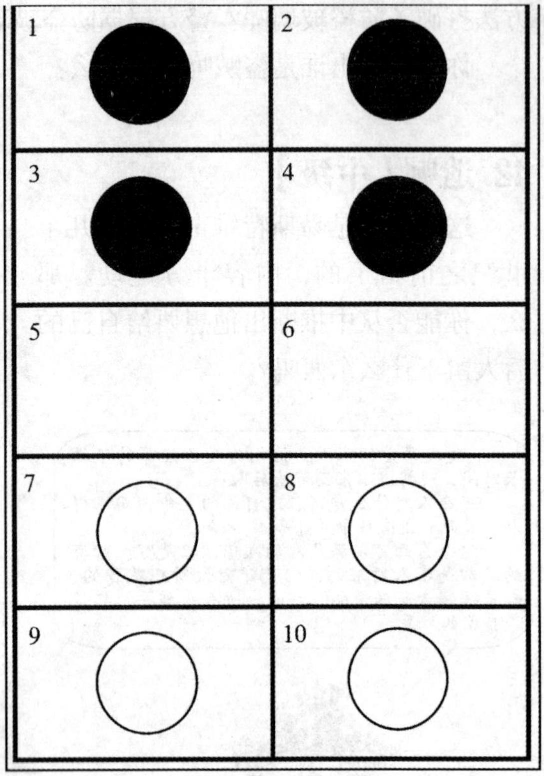

45. 形状【中级】

事情发生在 1877 年，雷诺德教授的展示引起了轰动。其中之一就是幻灯片思维游戏，他是借助自己一个著名的发明—实用镜来完成展示的。他正在这里表演这个称作“迷惑人的形状”。右侧图屏幕中显示的上下两个形状分别是一个实心木块儿的正面图和侧面图。通过对这两幅图的研究，你能推断出这个物体的形状吗？请你仔细观察这个两个图形。

46. 顶针【中级】

托马斯·萨克利是顶针奇术的大师，他出了下面这个难题：把7个顶针放在下图星星中的7个点上，每一个顶针在放到一个点时应滑向对面另一个空点上。从如图所示的位置开始，顶针最后可以停在X点或者Y点。千万不要被这个题难住。

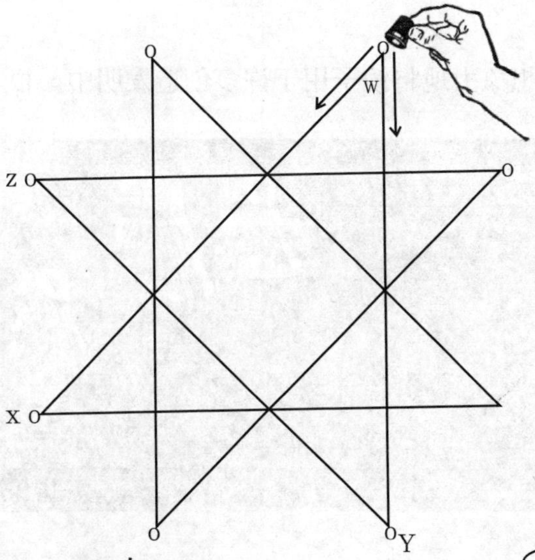

47. 生日【中级】

古特洛克斯先生突然忧虑起来。你能否根据他所说的话判断出他的生日是哪一天呢？

48. 关系【中级】

左边这位先生很高兴，他对自己的新艺术品非常满意。但是，有一个大问题，这幅画上的人是谁呢？同时，这位艺术鉴赏家和这幅杰作上的主人公之间是什么关系呢？

49. 阿基米德的胜利【中级】

伟大的希腊数学家阿基米德富于想象力地将镜子用于许多创造发明中。根据古代著作，他最杰出的功绩就是在公元前214年罗马舰队围攻西西里岛城市叙拉古时，他用镜子将太阳光集中反射到罗马船只上并使其着火。

我们可能永远都无法得知阿基米德是否成功地用镜子保卫叙拉古免受侵略。仔细想想，他有可能办到这件事吗？

50. 铅球落水【中级】

如图所示，水池的边上有一个铅球，这个铅球有可能直接掉到水池里，也有可能掉到水池中的汽船里。

问掉到水池里和掉到汽船里哪一种情况下水池的水面会上升得更高一些？

51. 未知的结果【中级】

如右图所示，天平右端的盘里装了一条链子，这条链子绕过一个滑轮被固定在天平左端的盘子上。

如果现在把天平左端翘起的空盘往下压，会出现什么情况？

52. 奥斯卡的三角形【中级】

这是奥斯卡·路透斯沃德的一幅三角形精简图。这个三角形有可能存在吗?

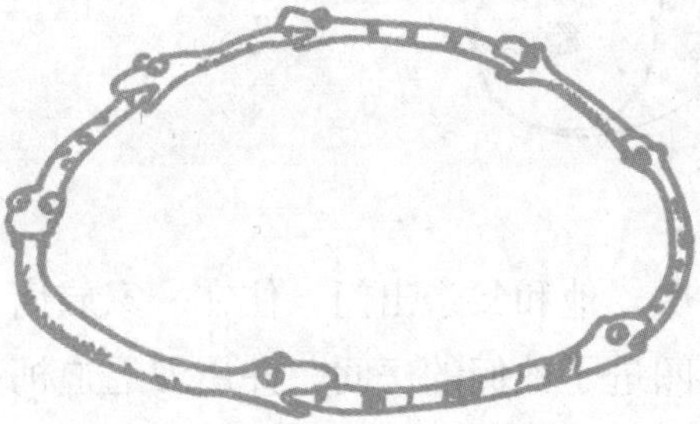

53. 吞食蛇【中级】

这些饥饿的蛇正在互相吞食着对方。由于它们采用了这种怪异的进餐方式，它们所组成的圆环正在逐渐缩小。如果它们仍旧继续吞食对方的话，最后这个由蛇构成的圆环会出现什么情况呢?

54. 大厦【中级】

街道上的大厦从1开始按顺序编号，直到街尾，然后从对面街上的大厦开始往回继续编号，到编号为1的大厦对面结束。每栋大厦都与对面的大厦恰好相对。

若编号为121的大厦在编号为294的大厦对面，这条街两边共有多少栋大厦?

55. 轮子【高级】

这组轮子通过驱动带连在一起。如果左上角的轮子顺时针方向旋转，所有的轮子都能自由转动吗？

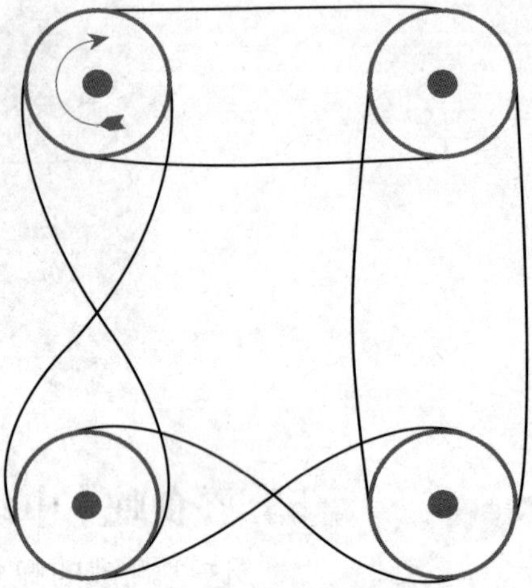

56. 抓强盗【高级】

从前，有个十分聪明的孩子叫柯南。一次，他和父亲出门，住在一家旅店里。到了半夜的时候，有一个强盗手持钢刀闯进了他们的房间，并用刀逼迫柯南和他的父亲交出财物，否则就要对他们行凶。这时，打更的梆子声由远而近地传来，心虚的强盗就催促假装在找东西的柯南赶快交出财物。可柯南却告诉强盗，如果着急的话就必须允许自己点亮灯盏来找。于是，就在打更的梆子声在房间的门外响起的时候，柯南点亮了灯盏，并把父亲藏在枕头下面的钱交给了强盗。可就在这个时候，门外的更夫却突然大声地发出了"抓强盗"的喊叫声，很快，人们就冲进了房间，抓住了还来不及跑掉的强盗。你能想到柯南是怎样为走在门外的更夫做出屋里有强盗的暗示的吗？

57. 寻找凶器【高级】

在女子大学体育馆的浴室里，一女大学生被害，全身一丝不挂，好像是被细绳一类的东西勒死的。然而，现场只有一条毛巾，没有发现绳子一类的东西。案发时，还有另一名女生一同在浴室洗澡，故她被视为嫌疑人。然而，这名女生是光着身子从浴室跑出来的，当时在门外的同班同学可以证明。刑警在现场没有发现可能用作凶器的绳子，觉得不可思议。无意中，他注意到了什么。"原来如此。"刑警马上找到了凶器。你知道凶器在哪儿吗？

答案

1...

如果真是歹徒抢钱，是不会把钱一捆一捆地拿出来，给出纳员留下一个空包的。

2...

波特平静地说：“球星中有英国人、德国人、巴西人、意大利人，怎么都用英文签名呢？”

3...

凶手不是弟弟。AB 型和 O 型血液的人结婚，子女不会有 AB 型血。

4...

谎言再圆满也会有疏漏，通过严密推理，人们可以看穿诸多骗局，老罗的谎言也不例外。一个人的当天都不可能安排得这么满满当当，何况两星期后的事。最重要的是，通常人们是不会提前那么多天就预订好葬礼日期的。

5...

探长的伤口在左侧太阳穴。

6...

一个右手不能动弹的人是不会把东西放在右边的兜里面的，除非是有人给他放进去的。

7...

罪犯是实习医生。被盗的药瓶写有海洛因化学式的标签。一看到这个化学式就知道它是海洛因的人，只能是实习医生。

8...

经过几年，红枣早该霉烂。新红枣显然是邻居换进去的。

9...

青年人声称他昨天刚刚刮去长了几个月的络腮胡子，但他面孔黝黑、下巴呈古铜色。如果他真的在阳光下呆了数月而未刮胡子，那长胡子的地方就应显得白净些。

10...

华盛顿用双手分别蒙住马的眼睛，问盗马贼：“你说这马是你的，那你说这匹马哪只眼睛是瞎的？”盗马贼愣住了，他可没有注意马的眼睛呀，他只好瞎猜："是左眼。"华盛顿马上放开左手，马的左眼亮闪闪的，一点也不瞎。盗马贼一看，马上改口说："我记错了，是右眼。"华盛顿又把右手放开，马的右眼同样也是亮闪闪的，根本也不瞎。盗马贼无话可说了，只得低头认罪。

11...

在石头前挖个大坑，把石头埋起来就可以啦。谁说一定要把它搬到不挡道的地方，埋起来不是一样可以不挡道吗？

12...

舒克用幻灯机里的强光把"违法建筑"四个字从自己家中打到隔壁家的木板上，这么一来，只要这个木板不拿走，不管是用擦，或者是覆盖，或者挖掉，都不会让这四个字消失。

13...

和雨竖直下的一样长。

14...

因为那个人掉了900元，刚才因为不能找到那最后的100元钱都快急死了，哪还有时间快乐！

15...

劳伦是看了信上的日期后，才推断凶手可能是美国人。因为英国人写时间是先写日期，再写月份。但美式写法则刚好相反，是先写月份，再写日期。

16...

因为每场比赛都会淘汰一对选手，既然一共有128对选手，那么在冠军队伍产生之前会进行127场淘汰赛。

17...

尼德尔瓦勒先生的那个朋友是位女士，而不是男士；她女儿的名字当然就是埃莉诺。

18...

每3米长的栅栏都是从左边的栅栏柱开始延伸，唯有最后3米长的栅栏是从左边的栅栏柱开始、在右边的栅栏柱结束。因而西姆斯应该买34个栅栏柱，并非33个。

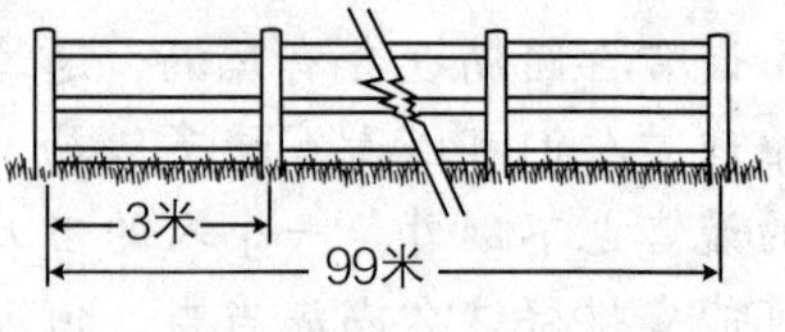

19...

第一行是2，3，1；中间是1，2，3；最后一行是3，1，2。或者，第一行是3，1，2；中间是1，2，3；最后一行是2，3，1。

20...

塞从筐里拿出苹果，然后分给前

5个儿子每人1个苹果。这时，筐里只剩下1个苹果。塞接着把筐子连同苹果一起给了第6个儿子。正如题中所说的，塞把6个苹果平分给了他的儿子，这时筐里只剩下1个苹果。

21...

1:00。分针朝前走20分，时针朝后走1个小时。

22...

图像被倒置后，大脑会收到来自另一角度的光线指示，凹陷的图形就会凸起。

23...

绳子将与管道脱离。

24...

B和H。

25...

霍普走私的正是他每月定期开过海关的高级轿车，而他的那3个神秘的行李箱是迷惑转移海关视线的工具。当海关人员为此而头昏脑涨时，也就忽视了走私的轿车，他采用了障眼法。

26...

人在划小船的时候，船行驶的方向和划船人的面部方向是相反的。所以向着桥急速划来的那个男人，是背向着桥身的，他不可能看见桥上发生的事情。

27...

伯纳注意到在纪念品中有一件鱼目混珠的物品，即那个企鹅标本，它是罪犯留下的而不是老探险家的，因为企鹅仅生活在南极。

28...

作案时间是2时12分。短针走一刻度相当于长针的12分钟，故当短针正指着某一刻度时，长针必有0分，12分、24分，36分，48分等几个位置。研究两针的位置之后便可得出答案。

29...

依据在银碗中见到的影像，营业员不可能认定罪犯是谁，因为碗中反射出来的影像是个倒影。

30...

从曼谷有直达北京的航班，没有必要绕这么个大圈子。即然是旅游，哪有一天之内飞经那么多地方的？另外，作长途旅行，行李却非常简单，违背常理。

31...

凶手用的凶器是一把用水晶做成的小刀，他把水晶故意打碎，然后把刀扔到水晶碎片里面以混淆人们的注意力。

32...

管理员知道妮可是盲人，她从不乘电梯，每天都是走楼梯的，突然停电对她没有丝毫影响。倒是那男子整日乘电梯，突然停电，对他才会有影响。

33...

当时下着大雪，目击者的车在外面整整停了两个半小时，目击者上车前并没有把车窗上的雪擦掉，所以他不可能看见那人摔下来。

34...

如果确如哈利所说是在看电视时突然停电，同时发生了谋杀案，那么当电闸合上后，电灯亮了，电视也应有节目，寓所里不会是“一片沉寂”。

35...

凶手只在刀子的一面涂上毒药，所以切开苹果的时候，一半就沾有剧毒，而另一半却没有。

36...

小偷可能是店里的售货员，他偷走了钻石，并用钻石划开了玻璃。这样做的目的就是为了转移别人的视线，让人认为是外面的人做的。

37...

亨利是偷表人。因为司机路里并没有把罗蒙德医生的住址写进启事中，启事里只有邮政信箱的号码。如果亨利光看启事的话，他是不可能知道当事人的住址的。

38...

赵三把鸡蛋浸在酸中一段时间，然后，将小钢针慢慢刺入蛋里。这时，蛋壳的石灰质被酸浸解，变得软而略带韧性。钢针刺进时，蛋壳不会爆裂。待钢针完全刺入蛋内，蛋壳便自动封口，再将蛋拿出来，让酸挥发掉，鸡蛋就和平常一样了。

39...

凶手从窗口把箭射进去杀死犯人后，又将几只蜘蛛放到窗台上。其中一只蜘蛛在天亮时结了一张网，于是就造成不是从窗户射击的假象。

40...

卡尔探长只字未提匿名电报之事，女管理员却自己先说了出来，可见她偷了画，又拍了电报。

41...

防盗玻璃整体是难以毁坏的，但如果玻璃上有个小小的缺陷，被人用锤在那里一击，防盗玻璃一定会破碎，知道这个破绽的人，只有那个设计制造防盗玻璃柜的人。

42...

他留给后人的是“一无所有”。

43...

旅行包里有1枚5角硬币、39枚1角硬币以及60枚1分硬币。

44...

移动的步骤如下：

从2号移到6号、从1号移到5号、从8号移到2号、从7号移到1号、从4号移到8号、从3号移到7号、从10号移到4号、从9号移到3号、从6号移到10号、从5号移到9号。

45...

这个物体是一个带有凹槽的木制矮圆柱体。

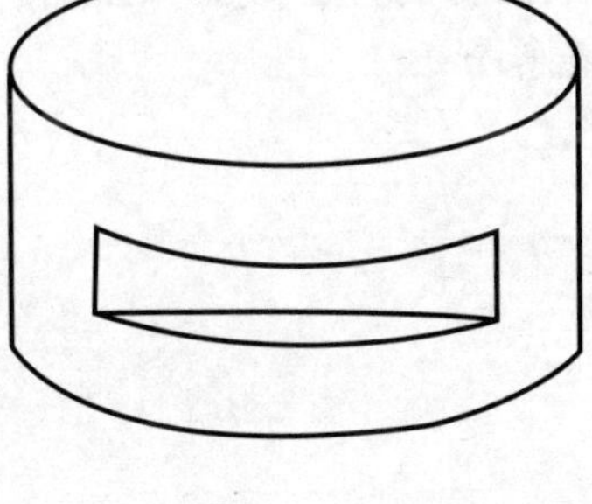

46...

你只需要保证从下一个放顶针的位置可以滑到前一个顶针开始的位置。比如：将顶针放在W点，并把它滑到X点；然后，将下一个顶针放在Y点，并把它滑到W点；接着，再把一个顶针放在Z点，并把它滑到Y点。依此类推，直到所有7个顶针都放好。

47...

他的生日是12月31日。图中的古特洛克斯先生自言自语的这一天是1月1日。两天前（即12月30日），他是54岁；第二天（即12月31日），他55岁；到新年的年底时，他56岁；那么，明年他就57岁了。

48...

这幅画中的人是买这幅画的先生的儿子。

49...

尽管许多科学家和历史学家都对这个故事着迷，但是他们都判定这是个不可能实现的功绩。不过有几个科学家曾试图证明阿基米德的确能使罗马船舰突然冒出火苗。这些科学家的假设是，阿基米德用的肯定不是巨型镜子，而是用非常多的小反射物制造出一面大镜子，这些小反射物可能是磨得非常光亮的金属片（也许是叙拉古战士的盾牌）。

50...

如果球直接掉进水池里，它排出的水量等于它本身的体积。

如果球落到船上，那么它排除的水量等于它自身的重量（阿基米德定律）。

由于铅球的密度比水的密度大，因此落到船上所排出的水的体积要更大。

51...

链条会开始向空盘的这一端滑动，直到左端的“臂”要比右端更长。

52...

不可能。里面的斜边视觉上似乎成立，其实现实中是不可能的。

53...

这些蛇会逐渐相互填满对方的肚子，而且不会再继续吞食任何东西。因此这个圆环也就会停止缩小。

54...

在第 121 号大厦和编号开始处之间一共有 120 栋大厦。相应地就有 120 栋编号高于 294 的大厦。因此，街两旁建筑共有 294 + 120=414 栋。

55...

是的。左下角的轮子将按逆时针方向转动，而其他的轮子都将按顺时针方向旋转。

56...

柯南特意选在更夫走到屋子门外的时候点亮了灯盏，这样一来强盗拿着刀的影子就很清楚地映在了窗户上，这就给更夫提供了一个最好的暗示，使更夫知道屋子里有强盗。

57...

用来勒死死者的凶器，原来是被害人自己头上长长的头发。最初，被害人的头发是一个或两个编在一起的辫子，与死者一道淋浴的凶手，从其身后将长长的辫子绕在她的脖子上，使其窒息而死。

第⑧章

判断法

判断力是连接知识与道德、必然性和自由之间的桥梁，是人最重要和最有价值的能力之一，是决定成功的关键因素。“不能做出正确的判断，就无法得出正确的结论”。运用判断法，不仅能够在短时间内解决问题，还能够帮助你拥有非凡的判断力，迅速走向成功。

1. 比比谁大【初级】

哪幅图的中间圆较大?

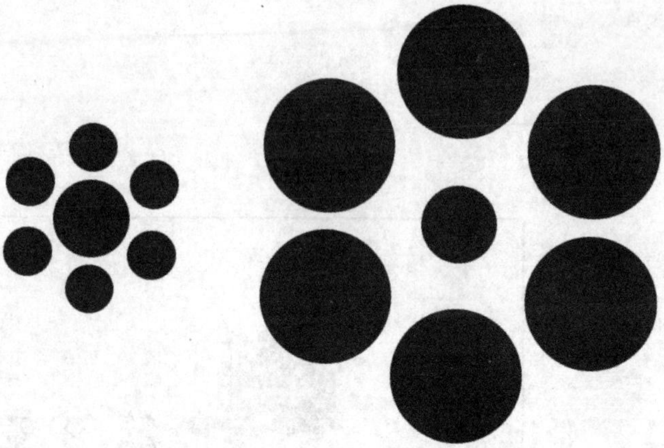

2. 商业谈判【初级】

在一次商业谈判中，甲方总经理对乙方总经理说:“根据以往贵公司履行合同的情况，有的产品不具备合同规定的要求，我公司蒙受了损失，希望以后不再出现类似的情况。”乙方总经理说:“在履行合同中出现不符合要求的产品，按合同规定可以退回或要求赔偿，贵公司当时既不退回产品，又不要求赔偿，这究竟是怎么回事？”乙方总经理问话的实质是什么?

3. 地牢奇事【初级】

有一天，一群绑匪绑架了一家公司的董事长，并把这位董事长一人关在地牢里。地牢的进口只有一处，而且周围彻夜有人防守，没有一点漏洞。可第二天一看，里边却多出一个男的。请问，这个男的是怎么进去的呢？

4. 奇怪的线【初级】

在西天取经的路上，机灵的悟空常捉弄八戒。一次，他对八戒说:“我在几秒钟内画出一条线，你要花几天才能走完，信不信？”八戒不信。悟空画出一条线，八戒果然走了好几天，才算走完。你知道这到底是怎么回事吗?

5. 太空人【初级】

在一次宇宙旅行中，太空人来到了一个奇怪的星球，上面只有一种气体——氢气。由于光线太暗，太空人想点燃打火机照明，可有人阻止了他。如果他点燃打火机后，是带来光明还是引起爆炸？

6. 奇特的算式【初级】

什么情况下 7+8=3？

7. 过桥（2）【初级】

一辆货车满载着 6 吨的钢索前进，但在行进中遇到了一座桥梁。桥头的标志牌上写着：最大载重量 7 吨。然而，光货车车身就重 2 吨，再加上钢索，明显超过了桥的载重量。你能想办法帮司机通过这座桥吗？

8. 魔法变数【初级】

在不能折叠纸的前提下，若仅用一根线，将如图的罗马数字 IX 变成 6，请问要怎么做?

9. 五棵松【初级】

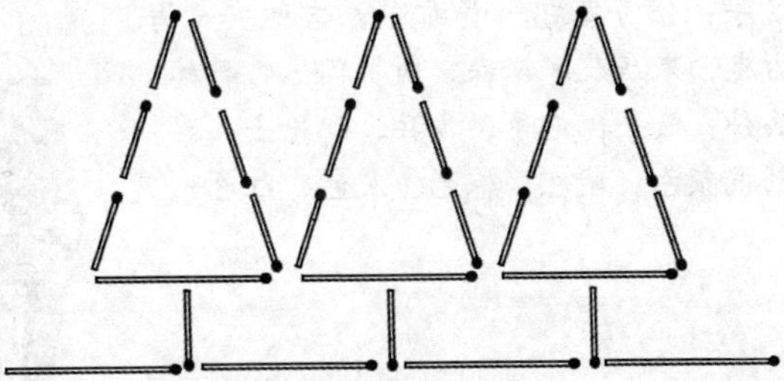

请你移动 4 根火柴，把它拼成 5 棵大小相同的松树。

10. 半张唱片【初级】

小南说："你那些爵士乐唱片还在吗？" 小熊："没有了。我已经把一半唱片和一张唱片的一半送给了小吴。然后我又把剩下的一半唱片和一张唱片的一半送给了小海。我现在只剩下一张唱片了，假如你能说出我原来有几张摇滚乐唱片，那么这一张就送你。" 你知道小熊原来有几张唱片吗?

11. 几人能脱险【初级】

一艘客轮触礁，只有一艘救援船，这艘船只能装下 5 个人，离这里最近的岛有 4 分钟的路程，20 分钟后客轮就会沉掉，客轮上共有 25 人，到底多少人能生还呢?

12. 青蛙爬井【初级】

一只青蛙掉进了一口 18 米深的井。每天白天它向上爬 6 米，晚上向下滑 3 米。按照这一速度，多少天它能爬出井口?

13. 军队成员【初级】

下图展示了1644年克伦威尔·奥利弗领导的“护国军”中的4名成员，根据下面的线索，你能说出每名成员的姓名、兵种以及各自所穿制服的颜色吗？

1. 伊齐基尔·费希尔所穿制服为灰色，不过上面布满了灰尘和泥浆，他紧挨在鼓手的右边。

2. 一名配枪士兵穿着又破又脏的棕色制服，他和末底改·诺森之间隔着一个士兵。

3.1 号士兵是个步兵，他不是法国人，而是英国人。

4.4 号士兵是所罗门·特普林。

5. 吉迪安·海力克所穿的上衣不是蓝色。

名字：伊齐基尔·费希尔，吉迪安·海力克，末底改·诺森，所罗门·特普林
兵种：鼓手，炮手，步兵，配枪士兵
制服颜色：蓝色，棕色，灰色，红色

14. 冬日受伤记【初级】

去滑雪的3个朋友不幸都摔了一跤，导致某个部位骨折。从以下给出的线索中，你能确定他们的名字、所去的旅游胜地和骨折部位吗？

1. 泊尔在法国滑雪。

2. 去澳大利亚的那位女子摔断了一条腿。

3. 斯塔布斯夫人选的度假地点不是瑞士，她也没有把手臂摔断。

4. 索尼亚摔断了她的锁骨，她不姓霍普。

		姓：费尔	姓：斯塔布斯	姓：霍普	澳大利亚	法国	瑞士	手臂	锁骨	腿
名	迪莉娅									
名	泊尔									
名	索尼亚									
	手臂									
	锁骨									
	腿									
	澳大利亚									
	法国									
	瑞士									

15. 纽扣【初级】

这是一道非常有趣的“替代类型”的思维游戏。进行这个游戏时，你只需要准备 2 个白色的纽扣、2 个灰色的纽扣以及图中所示的游戏棋盘。现在，你必须把这些纽扣交换位置，但是只能移动 8 次。白色的纽扣要移到右边，而灰色的纽扣则移到左边。纽扣可以滑到邻近的空位置内，你也可以把一个纽扣从另一个纽扣上跳过去，但是，跳过去的位置上不能有其他的纽扣。

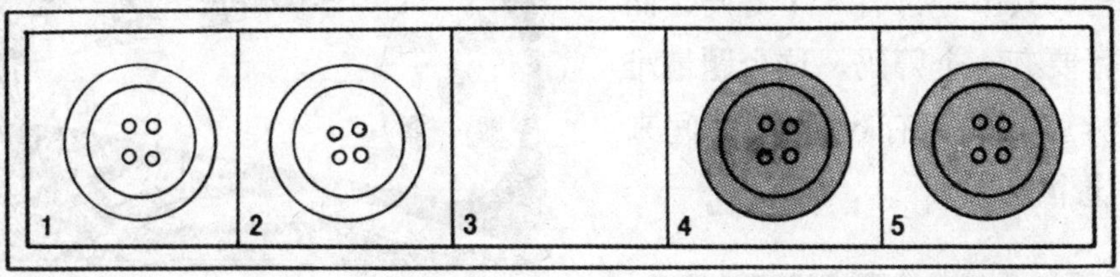

16. 立方【初级】

在把立方分成 27 个小立方体之前，先把它的 6 个面涂成灰色。然后，检测你自己能否回答出以下有关这 27 个小立方体的问题：

（1）这个立方的 3 个面上的灰色小立方体有多少？

（2）这个立方的 2 个面上的灰色小立方体有多少？

（3）这个立方的 1 个面上的灰色小立方体有多少？

（4）这个立方的无色小立方体有多少？

17. 瓶子（1）【初级】

把一个空瓶子垂直放在桌子上。然后，剪一个 2 厘米宽、30 厘米长的纸带，按照上图的样子将纸带放在瓶口。在纸带下瓶口处放 4 枚硬币：先放 1 枚 1 元硬币，然后是 1 枚 5 角硬币，接着是 2 枚 1 角硬币。现在，大家来试试在保持硬币平衡的情况下把纸带移走。大家在进行游戏时，既不能接触硬币也不能触摸瓶子，唯一可以接触的就是纸带。

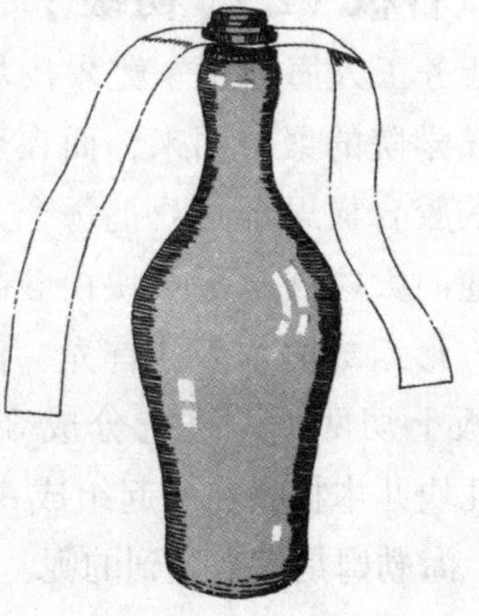

18. 扑克筹码【初级】

了不起的龚德尔斐魔镜可以看到一切、知道一切、可以说明一切……只要花 25 元买一张票。当他表演时，龚德尔斐在屏幕上展示了他在全世界搜集来的著名思维游戏题。下图中所放映的正是置人于困境的拉斯维加斯扑克筹码。人们为了解答这道难题花费了许多钱。这个题是指将 5 个扑克筹码排成两行，其中一行有 3 个筹码，而另一行要有 4 个筹码。这个题最难的地方就是你只有 60 秒的时间来解决这个问题。

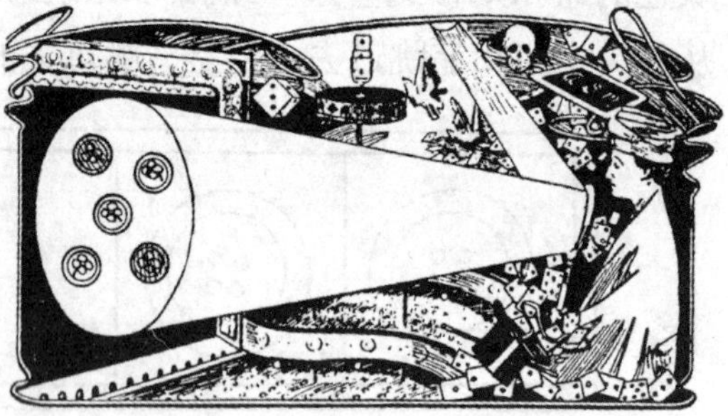

19. 绳梯【初级】

一艘豪华巨轮于上周驶入纽约港，它的船体需要修理。一个绳梯从甲板放下，一直到达水面。绳梯的各条横档之间相距 30 厘米。当海水落潮时，水面上的横梯一共有 50 条横档。纽约港的水位每小时会上升 15 厘米。那么，你能否计算出 6 个小时过后当海水处于高潮时水面上的横档的个数吗？

20. 胶合板（2）【初级】

杂务工人海勒姆·鲍尔皮尼刚刚参加完木匠学院的聚会回来，而在聚会上他新创作的胶合板思维游戏把每个人都给难住了。他向大家展示了一块由 5 个大小相同的正方形组成的木板。首先，你要沿直线在木板上切两下，将它分成 3 块；然后，把这几块儿木板拼在一起组成一个正方形。那么，海勒姆是怎么做到的呢？

21. 多米诺骨牌【初级】

当你下次坐下来玩多米诺游戏时，你就可以下一个不错的赌注。准备7个多米诺骨牌，然后把它们搭建成一个小塔（如图所示）。再拿一个骨牌放在塔的前面，你可以在塔不塌的情况下利用这个骨牌将A骨牌从塔上移开吗？除了用B骨牌之外，你不可以用其他东西接触塔。

22. 装饰物【初级】

圣诞老人为你准备了一个了不起的圣诞节思维游戏。他先把装饰物固定在一条3米长的绳子的一端，然后将另一端系在一束槲寄生树枝的上面。

“我会给你两份圣诞礼物，”他说，“如果你可以将绳子从中间剪断使装饰物不会摔落在地。记住：一旦你剪断绳子，你就不能触摸绳子或者装饰物。”

那么，读者朋友，你会怎么剪呢？

23. 三位数【初级】

虽然你不是魔术师但同样可以解决这个题，而你的朋友们会认为你是魔术师。告诉他们，你可以向他们展示一个快速计算的思维游戏。除去扑克牌中所有“有脸”的牌（J、Q和K），并再拿出另外10张牌，将剩下的扑克牌每3张为一组放在桌子上。然后，对你的观众说，每一组的3张牌可以组成一个三位数，并且它们都可以被11完全整除。你要以最快的速度将这些三位数排列出来。

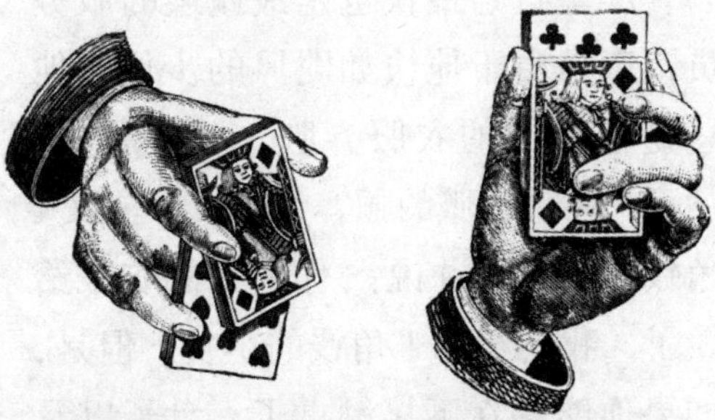

我们的例子是数字231，它正好是11的21倍。那么，这一壮举是如何完成的呢？

24. 印度方块【初级】

喜爱思维游戏的印度王子正在去往阿格拉的路上，那里将举行思维游戏大会。这头皇家大象身上的布印有一道题，而它就是由印度王子设计的。这个题需要你找出图画里大小正方形（最大的正方形边长为 8 厘米）的个数。在队伍出发前，你有 5 分钟的时间把这个问题解答出来。

25. 接触【初级】

当你尝试一下这个游戏时，也许你会认为只有求助某种魔术才能把它解决。这里放了 5 枚魔术师使用的硬币，我们要使它们彼此相接触。如果你手头没有这种硬币，你也可以使用 1 角硬币。我们这只爱为难人的小兔子认为解决这个题最多用 10 分钟。

26. 服务员【初级】

克拉姆兹 · 卡拉汉是巴伐利亚花园餐厅里行走最快也是最邋遢的服务员，正是由于他快如飓风的步伐，他总是把客人的衣服弄脏。恶有恶报，一天，一位愤慨的顾客只给了卡拉汉 1 角钱的小费，并说："你把我的衣服给毁了，我就给你 1 角钱的小费。但是，如果你能够在不接触桌子、盘子以及硬币的情况下把硬币拿开，我就赏你 25 元的小费。" 然而，克拉姆兹却没能解决。那么，你呢？

27.绳索【初级】

右图中的这位大师让大家完成他自己的“印度绳索戏法”。在他的平台上有一根普通的绳子，把这根绳子的两端分别放在两只手上，然后在绳子中间系一个结。但是，你在系结时不能使绳子的两端从手上松开。

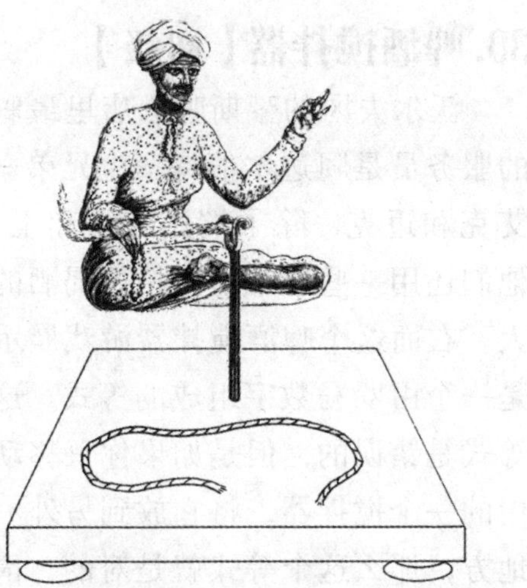

28.桥【初级】

如果下次你和朋友外出，这里有个好办法让你白吃一顿饭。在桌子上放两个玻璃杯，它们之间的距离不要太远，然后，将一块儿较硬的纸放在两个杯口上面。接着，你就说如果在纸的中间再放一个杯子，你可以使这张纸具有支撑第三个杯子的力量。这是个很好的难题，但是在你去餐厅吃饭之前要好好练习一下。

29.手【初级】

把一张扑克牌水平放在你的右手拇指上，然后，把一枚硬币（1元硬币或者5角硬币）放在牌上，使它们保持平衡。接下来的这个就很难了。请不要接触硬币把这张扑克牌拿走。如果你一次就可以完成，那么你将得到热烈的掌声。

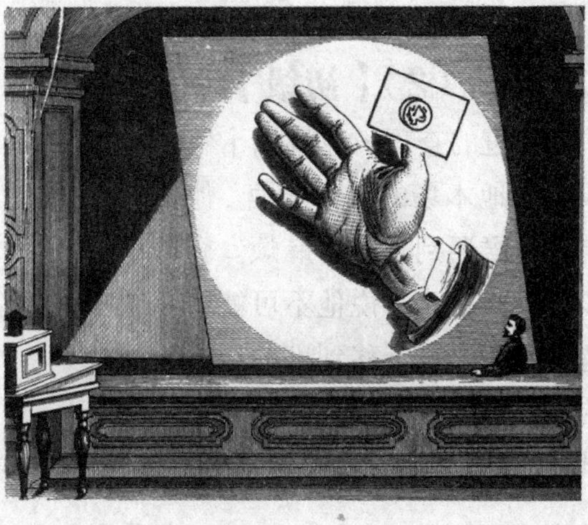

30. 啤酒搅拌器【初级】

沃尔夫冈的豪斯啤酒店里最聪明的服务员是阿达尔伯特孪生兄弟——艾克和迈克，除了端送啤酒和土豆，他们还用一些思维游戏招待喝酒的客人。右面这个啤酒搅拌器游戏展示的是一个由罗马数字组成的等式。这个等式是错误的，但是如果你只移动其中的一个搅拌器，将它放到另外一个地方，那么这个等式就是对的。请你试试，看能否成功过关。

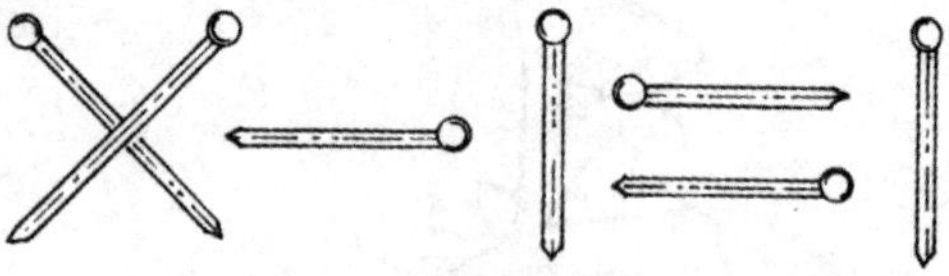

31. 狗窝【初级】

在左图中，我们的狗——杰姬在向她的朋友炫耀她的新家。我们用 10 根火柴杆把她家的轮廓拼了出来，她的朋友很喜欢她的新家，只是觉得它应该转 90 度，这样它就可以面对路这边了。那么，你能否将两根火柴移到别的位置使她的家面对路呢？

32. 钉子（2）【初级】

年迈的查理·克罗斯卡特·卡拉威是当地木场的地方长官，他早上刮脸的时候遇到了一个麻烦。仓库里男孩子跟他打赌，说他不可能将右图构造中的 4 根钉子移到别的地方使原来的 5 个正方形变成 6 个。那么，你来试试，看能否把答案想出来。

33. 硬币【初级】

按照图中的样子在桌上放12枚硬币，6枚硬币正面朝上、6枚硬币背面朝上。注意，在这4行硬币当中，每行都同时包括正面硬币和背面硬币。现在，请移动其中的一枚硬币使水平方向的4行硬币或者全部是正面或者全部是背面。

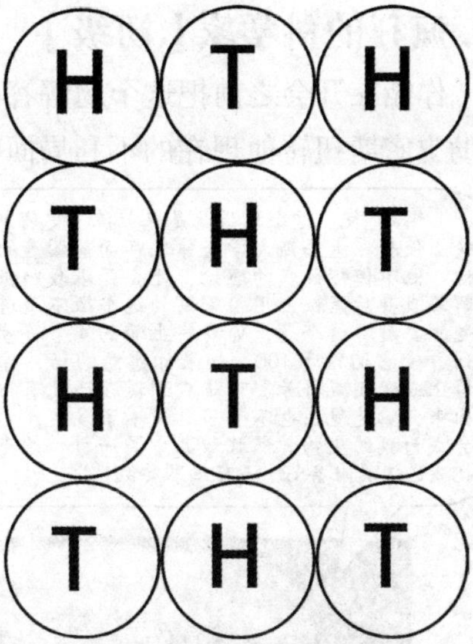

34. 农夫【初级】

地主默多克是附近很有声望的农场主，他极富绅士风度，同时，他也十分古怪。右图中的他正在研究平面图，他准备把他9头良种小母牛重新圈起来，他让手下的农夫必须用栅栏圈出4块儿地，每块儿地里要有奇数数量的母牛。那么，你知道农夫是如何解决这个问题的吗？

35. 布料【初级】

巴顿·伯尔特遇到了麻烦，这家商店的布料商跟他打赌，说他不可能把任意一块儿正方形布剪成几块儿然后再把它们拼成3个小正方形。布料商说巴顿只需要在布料上剪两下就可以完成。最后，把2块儿碎布沿着一个边缝合就可以形成其中的一个正方形。

那么，你能为巴顿想出办法吗？

36. 疯狂的科学家【初级】

你能在开会之前把这个题解答出来以帮助史密斯扭转他现在的不利局面吗?

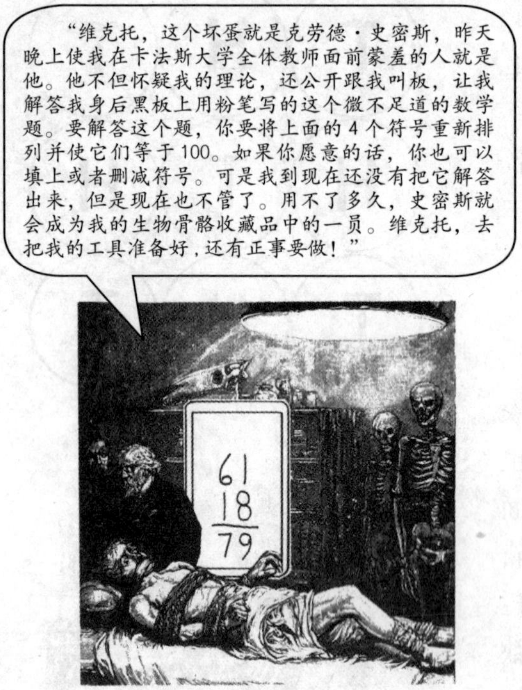

37. 银行业务【初级】

“恭喜你，斯本登勃洛先生。你已经通过申请获得贷款的所有资格。可是，我们还要最后检测你管理钱财的能力。国家银行的思维游戏第一人设计了下面的题。你必须将这6枚1角硬币放在格子里的点上，但是要保证水平方向、垂直方向或者对角线上的同一条直线上不能同时出现2枚硬币，你只有10分钟的时间解答这个题。”

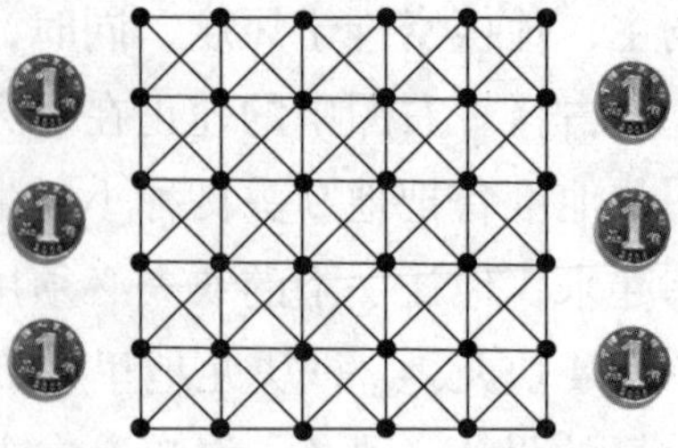

38. 拼图【初级】

下面3幅局部放大图分别来自原图的哪个部分？

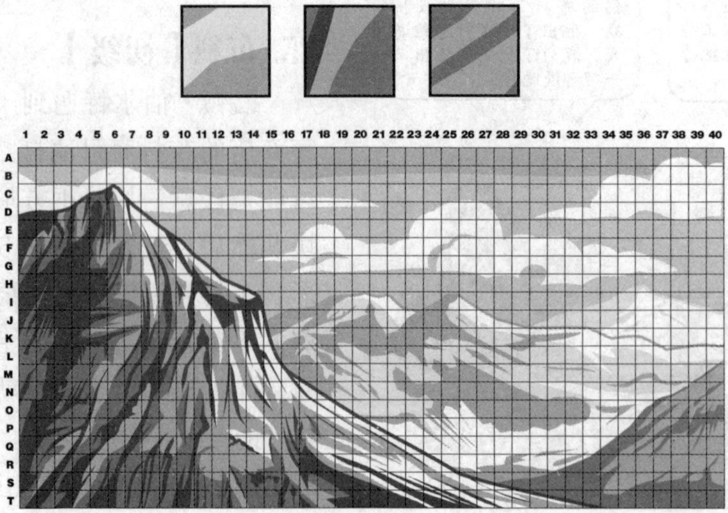

39. 地理名胜【初级】

这幅图中隐藏了一个非常著名的地理标志，你知道是什么吗？

40. 找不同【初级】

下面两幅图有 8 处不同，你能全部找出来吗？

41. 凸面镜【初级】

男孩看左边的凸面镜发现自己是上下颠倒的，然后将镜子翻转 90°，即右边的凸面镜。这时候男孩看到的自己是什么样子的呢？

42. 三维世界的剑【初级】

你怎样看才会觉得这幅图里的剑是三维的，且是垂直向外指出来的？

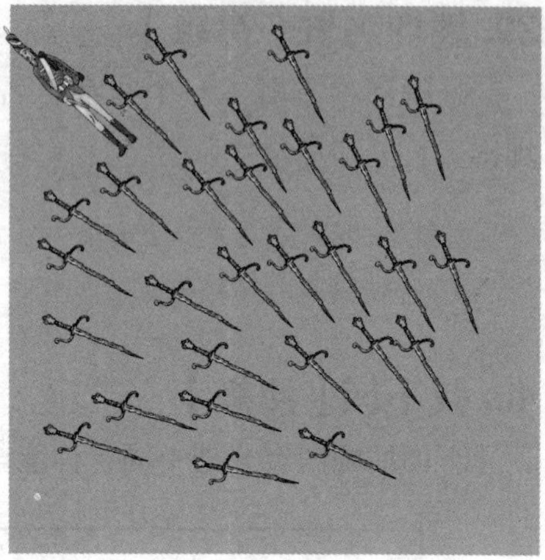

43. 瀑布【初级】

仔细观察图片，瀑布能如图那样流动吗？

44. 花瓶【初级】

图中的花瓶是不是悬浮在空中？

45. 底片【初级】

对比同一座冰山的两张图片，有一张是照片，另一张是它的底片。你知道哪个是照片哪个是底片吗？

46. 距离【初级】

两幢房子向远处延伸。线段 AB 与 CD 谁更长？

47. 几个人？【初级】

你能找到多少个人？

48. 最矮【初级】

这是1890年法国一则关于茶叶的广告。图中哪个人最矮？在测量之前，请大胆猜一猜。

49. 巧分农庄【中级】

阿凡提周游世界，有一天来到一个村庄。一个地主对他说："都说你很聪明，我有一块地，你能把它分成大小相等、形状相同的两份，我就把地送给你。"聪明的阿凡提不慌不忙，用木棍划了一道线，地主傻了眼，只好履行诺言。阿凡提把地分给了最穷的两户人家。你知道阿凡提是怎么分的吗？

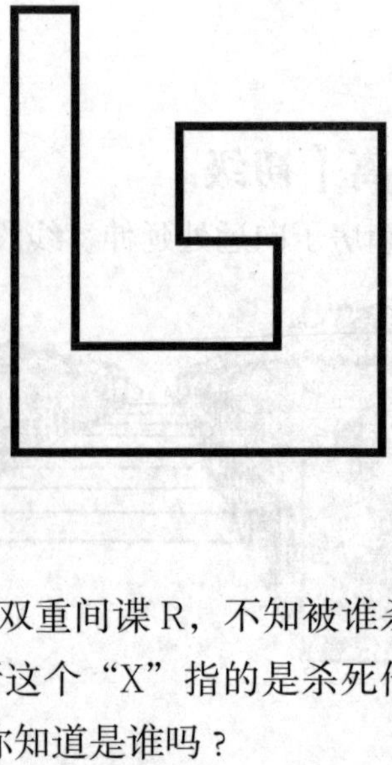

50. 间谍之死【中级】

一个为刺探情报而潜入国境的出身罗马的双重间谍R，不知被谁杀死了。他临死前，用身上的血写了一个"X"。据分析这个"X"指的是杀死他的人，而杀死他的人为图中所示3个间谍中的一个。你知道是谁吗？

51. 四减四的结果【中级】

在算术里，4–4=0，是唯一答案。而在生活中，四减四的结果，却可以不等于 0。例如，等于 12。当然，这种减法不是算术意义的减法，而是在生活中更广泛意义上的一种减。你能想出个中缘由吗？

52. 错觉【中级】

小景从自家的窗户缝里目击到邻居家发生的一起凶杀案。因为凶手通过窗户向外窥视了好几次，所以小景清楚地记住了他的长相。小景在向来调查的刑警描述时说凶手是一个细长脸的男人，而后去自首的罪犯却是圆脸，并非细长脸。难道小景看到的不是凶手吗？这里面有着什么样的玄机？

53. 6+5=9【中级】

如图所示，有 6 根火柴棍，请问，再加上 5 根，你能将它变成 9 吗？

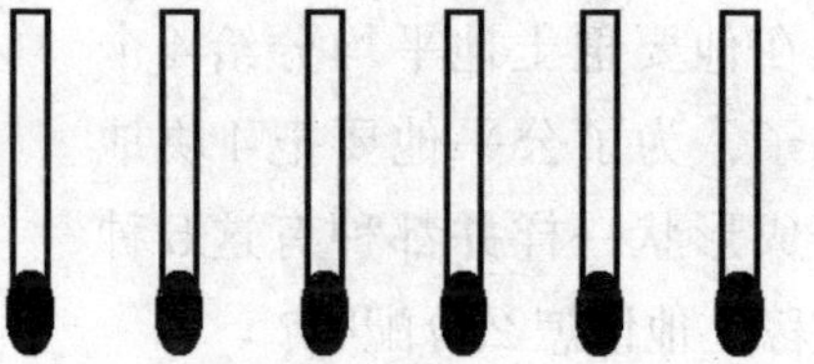

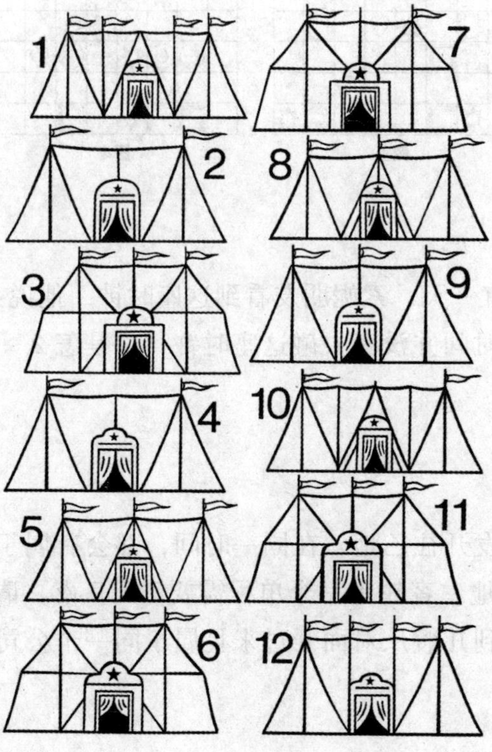

54. 12 顶帐篷【中级】

左面的 12 顶帐篷看上去各不相同，但是其中有 2 顶是相同的，是哪 2 顶呢？

55. 出征【中级】

据说，古希腊哲学家泰勒斯曾经做过吕底亚王克劳苏部下的一名士兵。一次，吕底亚王率部出征，来到一条河边。由于河水较深且湍急，又没有桥梁与渡船，吕底亚王无可奈何地望河兴叹。正当吕底亚王无奈之际，泰勒斯献了一条计策，使大部队在一无桥梁、二无渡船的情况下，顺利地渡过了河。泰勒斯献了一条什么计策？

56. 财主分田【中级】

从前有一位地主有4块土地，地上种有5种不同的庄稼，现在他要把土地平均分给4个儿子，为了公平他要把4块地分成形状一样并都种有这5种庄稼，他该怎么分配呢？

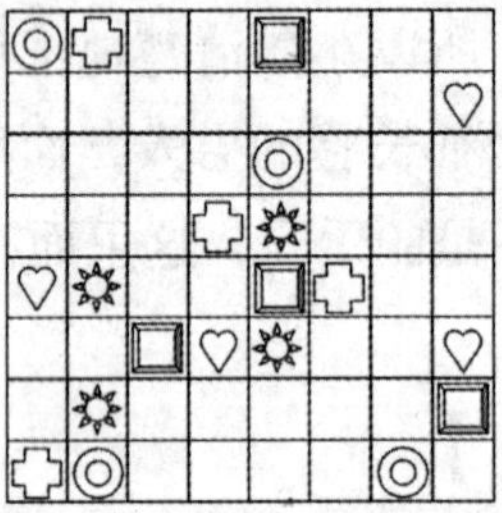

图1

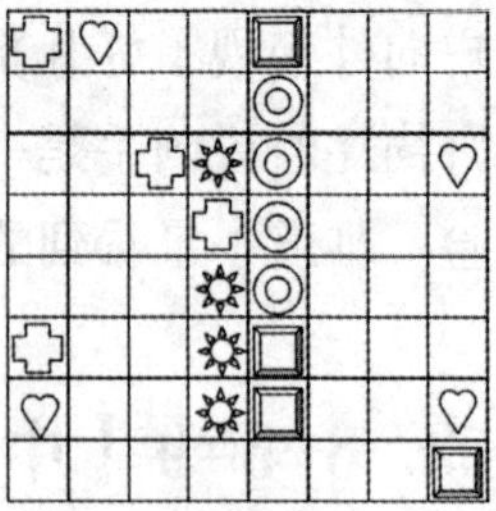

图2

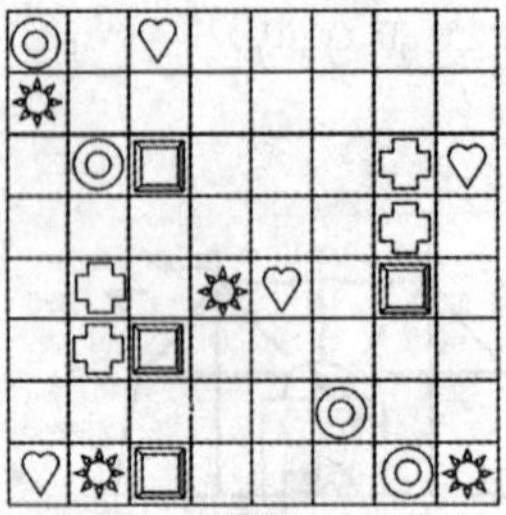

图3

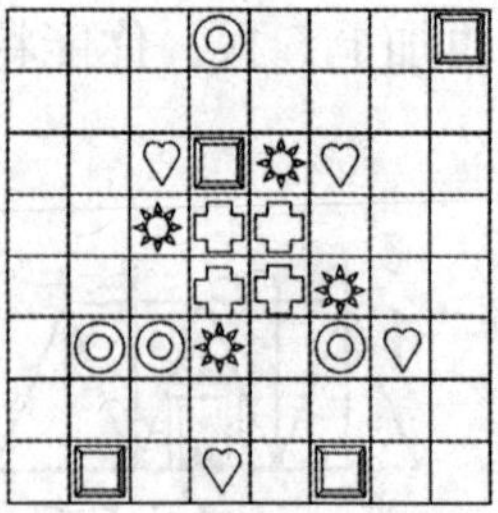

图4

57. 钟表不慢了【中级】

索妮家里的时钟一天慢一小时。有一天，索妮朋友看到这座时钟，他说：“从现在起不会再慢了。”索妮在这段时间并没有去碰这座时钟，这是怎么一回事？

58. 客轮【中级】

每天上午，有一艘客轮从甲地出发开往乙地，在同一时间，都会有属于同一个公司的一艘客轮从乙地开往甲地。客轮走一个单程需要7天7夜。请问：上午从甲地开出的客轮，将会遇到几艘从对面开过来且属于同一个公司的客轮？

59. 得分【中级】

一场精彩的篮球赛刚刚结束，球迷们便议论纷纷：(1) 选手们体力真棒，比赛中双方都没有换过人；(2) 双方技术都很高，得分最多的一个队员独得 30 分，有 3 名队员得分不满 20 分，并且他们所得的分数各不相同；(3) 客队的个人技术相当接近，得分最多的和最少的只差 3 分；(4) 全场比赛中只有 3 名队员得分相同，都是 22 分，而且他们不在一个队；(5) 主队的个人得分，正好是一组等差数列。请根据以上信息来推算这场球赛的具体结果。

60. 卖水【中级】

有一个用大皮囊装着 25 升水的水商，行经沙漠时，碰到一位要买 19 升水的客人和一个要买 12 升水的客人。商人的水不够卖给二人，只能卖给某一方，而且他希望在这酷热的沙漠中，尽快结束交易。假设水商从皮囊中倒出 1 升的水需要 10 秒，那么他会卖给哪位客人呢？

61. 实际损失【中级】

顾客拿了一张百元钞票到商店买了 25 元的商品，老板由于手头没有零钱，便拿这张百元钞票到朋友那里换了 100 元零钱，并找了顾客 75 元零钱。顾客拿着 25 元的商品和 75 元零钱走了。过了一会儿，朋友找到商店老板，说他刚才拿来换零钱的百元钞票是假钞。商店老板仔细一看，果然是假钞，只好又拿了一张真的百元钞票给朋友。你知道，在整个过程中，商店老板一共损失了多少财物吗？

注：商品以出售价格计算。

62. 电话【中级】

某天早晨，3 个女人都在同一时段打电话。从以下给出的线索中，你能说出打电话和接电话的人分别是谁吗？

1. 伯妮斯在她母亲接完电话之后打了一个电话。

2. 玛格丽特曾和艾莉森电话聊天。

3. 劳拉是接到电话的一方。

4. 女儿去接电话是在某人打电话给乔伊斯之后。

	伯妮斯	玛格丽特	波林	艾莉森	乔伊斯	劳拉	女儿	朋友	母亲
9:20									
9:22									
9:25									
女儿									
朋友									
母亲									
艾莉森									
乔伊斯									
劳拉									

63. 回到地球【中级】

“大不列颠”号航天飞机结束了它的火星之旅，要返回地球。飞机上一共有 5 个成员，其中包括 1 位飞行员和 4 位负责不同实验程序的科学家，他们已经在变速躺椅上做好了返回地球的准备。从以下所给的线索中，你能推断出在各个躺椅上成员的全名和他们的身份吗？

1. 克可机长的名字不是萨姆，坐的是 A 躺椅，他不和其中一位宇航员相邻，这位宇航员不是官员姜根。

2.E 躺椅上的宇航员是巴石，戴尔上校没占着躺椅 B。

3. 尼克 · 索乐是“大不列颠”号上年纪最大的成员。

4. 在躺椅 D 上的成员是一个研究火星引力实验的物理学家。

5. 多明克教授（船员中的两位女性之一）是一位化学家，但是从别人和她说话的方式你看不出来她是一位女性。

6. 多克是一位生物学家，但如果飞机上有需要时，她也是飞机上的医疗官，她不是机长克尼森，也不在 A 躺椅上。

名：巴石，多克，尼克，萨姆，姜根
姓：戴尔，多明克，克尼森，克可，索乐
身份：宇航员，生物学家，化学家，物理学家，飞行员

64. 填空（1）【中级】

要求每行每列上均有字母 A，B，C，D，E，同时，在粗线条构成的图形里，也要有字母 A，B，C，D，E。你能做到吗？

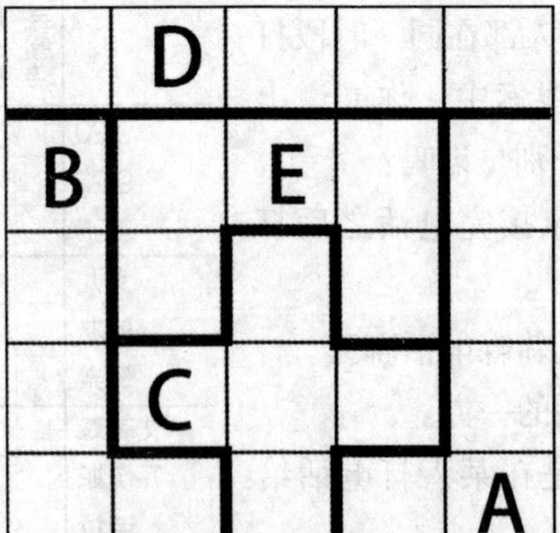

65. 路径逻辑（1）【中级】

运用你的逻辑推理能力，推导出符合以下条件的一条路径：从“开始”一直到“结束”，这条路径可以沿水平也可以沿垂直方向。各行各列起始处的数字代表这行或这列所必须经过的格子数（如图例）。

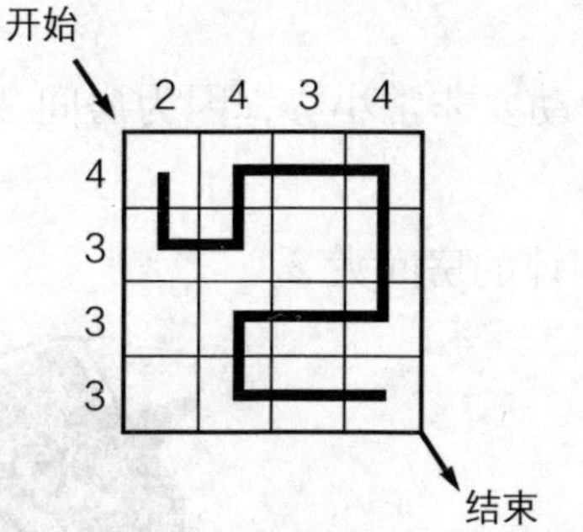

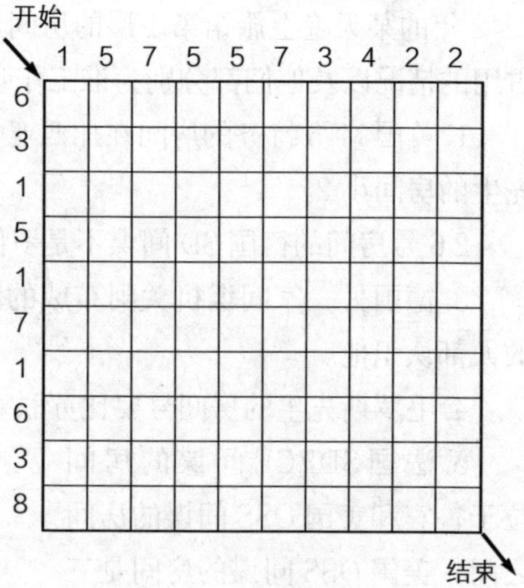

66. 排行榜【中级】

比较一下圣诞节时和赛季末足球联盟的排行榜，发现前 8 支球队还是原来的那 8 支，但其中只有一支球队的名次没变。从以下所给的线索中，你能填出圣诞节时和赛季末足球联盟前 8 位的排行榜吗？

1. 贝林福特队到赛季末下降了 2 个名次，而罗克韦尔·汤队则上升了 3 个名次。

2. 匹特威利队在圣诞节的时候是第 2 名，却以不尽如人意的第 7 名结束了本赛季。

3. 克林汉姆队在圣诞节的名次紧靠在格兰地威尔之前，但后来两队的名次均有所提升，而克林汉姆队提升的更大一些，加大了两队的差距。

4. 圣诞节时排第 5 名的那个队在最后的排行榜中不是第 4。

5. 米尔登队的球迷为他们队在本赛季获得第 3 名的好成绩而欢呼。这样在半赛季排名时，他们队的名次处在了罗克韦尔·汤队之前。

6. 内德流浪者队的名次下降了，而福来什运动队在后半赛季迎来了好运。

7. 圣诞节时第 1 名的球队在赛季末只得了第 5 名。

球队：贝林福特队，福来什运动队，格兰地威尔队，克林汉姆队，米尔登队，匹特威利队，罗克韦尔·汤队，内德流浪者队

67. 房间之谜【中级】

第二次世界大战期间，西班牙保持中立，马德里的一个旅馆经常有战争双方的间谍居住，而在那里，西班牙的一个便衣警官也会监视着他们。以下是1942年的某天晚上旅馆第1层的房间房客分布情况，你能说出各个房间被间谍占用的情况以及他们都分别为谁工作吗？

1. 英国M16特务的房间在加西亚先生的正对面，后者的房间号要比罗布斯先生的房间小2。

2.6号房间的德国SD间谍不是罗佩兹。

3. 德国另一家间谍机关阿布威的间谍行动要非常小心，因为房间2，3，6的人都认识他。

4. 毛罗斯先生的房间号要比苏联GRU间谍的房间大2。

5. 法国SDECE间谍的房间位于鲁宾和美国OSS间谍的房间之间，美国OSS间谍的房间是三者中房间号最大的。

姓名：戴兹，加西亚，罗佩兹，毛罗斯，罗布斯，鲁宾

间谍机构：阿布威，GRU，M16，OSS，SD，SDECE

68. 女运动员【中级】

5位年轻的运动员正在伦敦机场等出租车，她们都刚从国外回来。从所给的线索中，你能说出她们的姓名、分别从哪里回来以及都从事什么运动项目吗？

1. 从来没去过东京的凯特·肯德尔紧靠在滑冰者之后，并在刚从洛杉矶飞回来的女士之前。

2. 高尔夫球手紧跟在斯特拉·提兹之后。

3. 射手在图中3号位置，羽毛球手紧靠在刚从卡萨布兰卡回来的旅客之前。

4. 台球手在莫娜·洛甫特斯之前，中间隔了不止一个人，刚从东京飞回来的女士排在格丽尼斯·福特之后的某个位置。

5. 黛安娜·埃尔金不是队列中的第一位也不是最后一位。图中1号不是刚从罗马回来的，图中2号不是从东京回来的。

姓名：黛安娜·埃尔金，格丽尼斯·福特，凯特·肯德尔，莫娜·洛甫特斯，斯特拉·提兹
离开地：布里斯班，卡萨布兰卡，洛杉矶，罗马，东京
运动项目：射击，羽毛球，高尔夫，滑冰，台球

69. 巴士停靠站【中级】

巴士停靠站已经被图中所示的1～7号双层巴士停满了，其中1号靠近入口处。从所给的线索中，你能说出每个司机的名字和这些车子的车牌号码吗？

1. 324号巴士要比司机雷停靠的巴士远离入口2个位置，并且雷的牌号要比324号大。

2. 2号和7号位置的车牌号末位都是奇数，但是首位数字不同。

3. 特里的巴士的车牌号是361。

4. 图中3号位置的巴士不是戴夫驾驶的巴士，它的车牌号要比相邻的两辆巴士小。

5. 5号位置的巴士车牌号是340，车牌号为286的巴士没有停在图中6号位置。

6. 肯停靠的巴士刚好紧靠在车牌号为253的巴士左边。

7. 赖斯把双层巴士停在图中4号位置。

8. 埃迪把巴士停在罗宾的巴士左边某个位置，但不在它的旁边。

司机：戴夫，埃迪，肯，赖斯，雷，罗宾，特里
巴士车牌：253，279，286，324，340，361，397

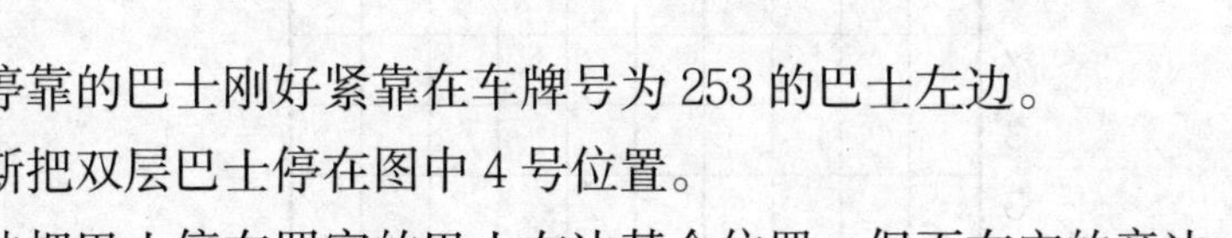

70. 填空（2）【中级】

要求每行每列上均有字母 A，B，C，D，E，并且每个字母最多出现一次。同时，要求在用粗线条隔开的图形里，也均有字母 A，B，C，D，E，同样，每个字母最多只能出现一次。你能做到吗？

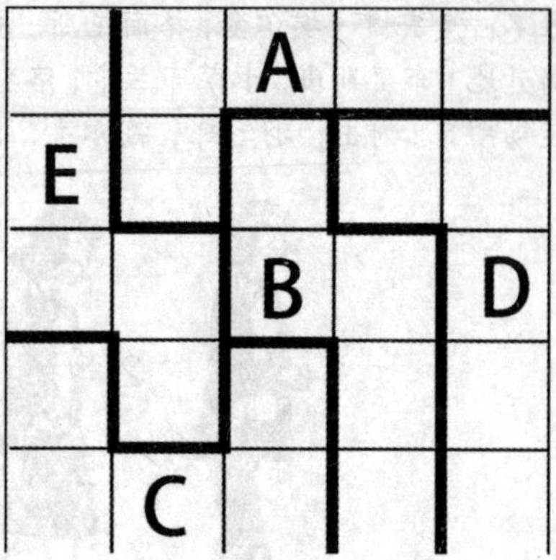

71. 路径逻辑（2）【中级】

运用你的逻辑推理能力，推导出符合以下条件的一条路径：从“开始”一直到“结束”，这条路径可以沿水平也可以沿垂直方向。各行各列起始处的数字代表这行或这列所必须经过的格子数（见图例）。

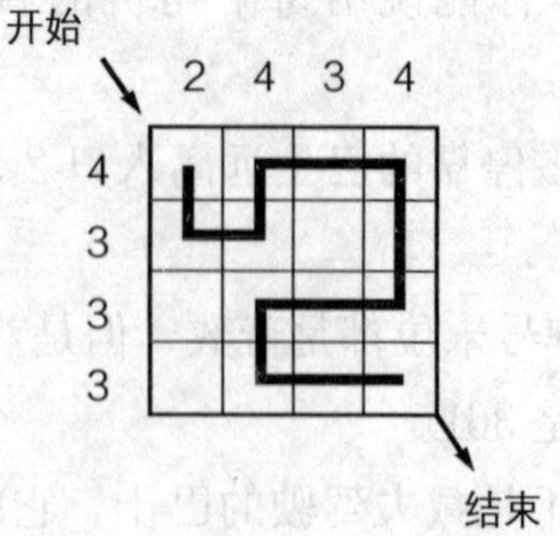

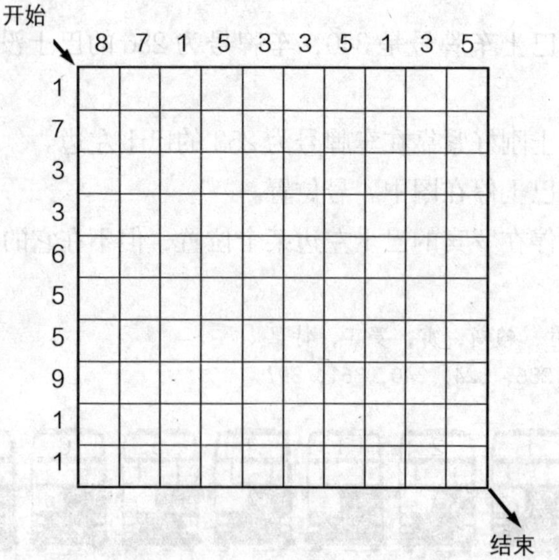

72. 说谎的女孩【中级】

图中描述的 4 个女孩恐怕都是彻头彻尾的撒谎者。你要牢牢记住，她们所说的每一句话都是不正确的。你能根据所提供的线索说出图中各位置上女孩的真实年龄以及她们所拥有的宠物吗？

1. 詹妮说："大家好，我今年 9 岁，我坐的是第 4 个位置。"

2. 杰茜说："大家好，我坐在我朋友的隔壁，我的朋友有一只猫。"

3. 杰迈玛说："大家好，我坐在朱莉娅边上，她的宠物是乌龟，而另一个养猫的朋友今年 9 岁了。"

4. 朱莉娅说："我的宠物是虎皮鹦鹉，今年 8 岁，坐在 2 号位置。"

5. 为了帮助你解题，我告诉你以下信息：位置 3 上的女孩今年 10 岁，杰茜的宠物是一条小狗，图中 4 号位置上的女孩的宠物是虎皮鹦鹉。

姓名：杰迈玛，詹妮，杰茜，朱莉娅
年龄：8，9，10，11
宠物：虎皮鹦鹉，猫，小狗，乌龟

姓名：________ ________ ________ ________
年龄：________ ________ ________ ________
宠物：________ ________ ________ ________

73. 邮票的面值【中级】

在弗来特里刚刚发行了一套新邮票，右面就是其中 4 种不同面值的邮票。根据给出的线索，你能找出每张邮票的设计方案（包括它们的面值、边框及面值数字的颜色）吗？

1. 每张邮票中的数字 5 都不是棕色的。

2. 画有大教堂的那张邮票面值中有个 0，它在有棕色边框邮票的右边。

3. 第四张邮票的面值中有个 1，而第三张邮票上画的不是海湾。

4. 面值为 15 分的邮票在蓝色邮票的正上方或正下方。

5. 画有山峰的不是第一张邮票，它仅比有红色边框的邮票面值大。

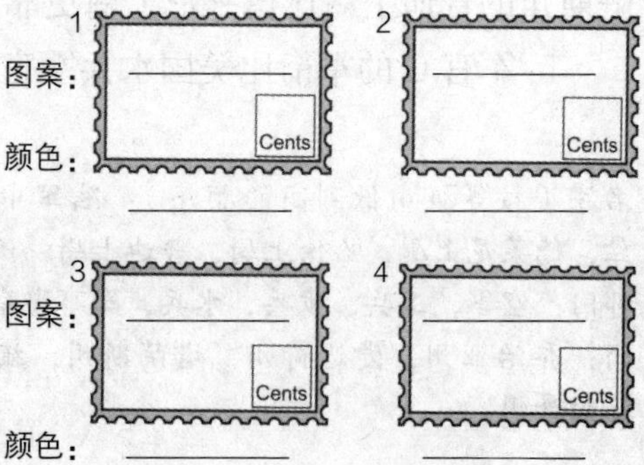

图案：大教堂，海湾，山峰，瀑布
面值：10 分，15 分，25 分，50 分
颜色：蓝色，棕色，绿色，红色

74. 与朋友相遇【中级】

汤米在路上先后遇到了4位朋友，他们每个人所吃的食物都不相同。因为那天天很冷，所以每个人穿的都是毛衣。根据下面的线索，你能按相遇的先后顺序说出每位朋友的名字、他们各自所穿毛衣的颜色以及他们正在吃什么食物吗？

1. 在汤米遇到穿蓝毛衣的凯文之前，他遇到了一位在吃棒棒糖的朋友。

2. 汤米遇到的第3位朋友穿着米色毛衣。

3. 在遇到穿绿毛衣的朋友之后，汤米遇到了正在吃香蕉的朋友，这个人不是西蒙。

4. 在遇到吃巧克力派的刘易丝之后，汤米碰到了穿红毛衣的小伙子，这个人不是丹尼。

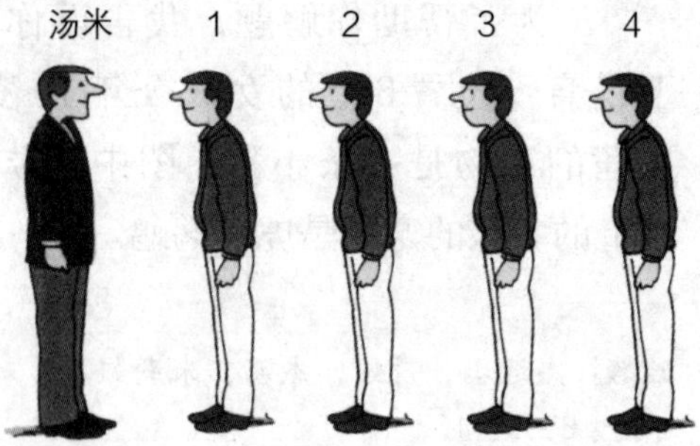

名字：丹尼，凯文，刘易丝，西蒙
毛衣：米色，蓝色，绿色，红色
快餐：苹果，香蕉，巧克力派，棒棒糖

75. 军官的来历【中级】

根据下面的信息，你能猜出每个军官的名字、所属部门以及他们分别来自美国的哪个州吗？

1. 美国水兵军官站在来自爱达荷州的军官的旁边，虽然不挨着陆军中尉阿尔迪丝，但也比离空军轰炸机的飞行员近。

2. 来自美国新墨西哥州的军事警察站在步兵的左边，普迪上尉的右边。

3. 沃德少校不是工兵军官，工兵军官站在来自缅因州的军官哈伦的右边，哈伦不是步兵或空军，而军事警察站在工兵军官和缅因州军官的左边某个位置。

4. 来自乔治亚州的德莱尼不是一名空军，他站在哈伦上尉的右边，来自堪萨斯州的普迪上尉比德莱尼上尉更靠左边。

5. 军官C的军衔比美国水兵军官的军衔高。

名字（按等级由低到高的顺序）：陆军中尉阿尔迪丝，德莱尼上尉，哈伦上尉，普迪上尉，沃德少校
部门：空军，工兵，步兵，水兵，军事警察
州：乔治亚州，爱达荷州，堪萨斯州，缅因州，新墨西哥州

76. 填空（3）【中级】

要求每行每列上均有字母 A，B，C，D，E，同时，在粗线条构成的图形里，也要有字母 A，B，C，D，E。你能做到吗？

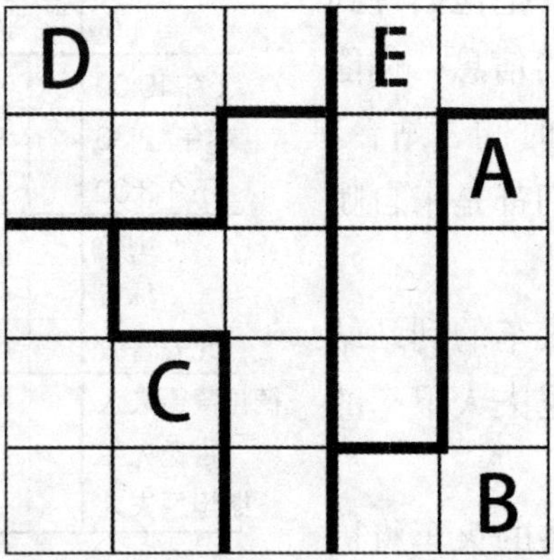

77. 站岗的士兵【中级】

下面的图片展示了几名士兵。根据下面的信息，你能分辨出 1 到 4 号的士兵分别来自哪里以及他们的参军时间吗？

1. 来自大不列颠的密尼布司比 4 号位置上的士兵晚一年参军。
2. 在城墙上 3 号位置的斯堪达隆思比来自伊伯利亚半岛的士兵早参军。
3. 来自高卢的士兵参军很久了，但这个人不是阿格里普斯。
4. 来自罗马的士兵紧挨最晚参军的士兵并在其右边，但比纳斯德卡思靠左。

士兵：密尼布司，纳斯德卡思，斯堪达隆思，阿格里普斯
省：大不列颠，高卢，伊伯利亚半岛，罗马
参军年数：9 年，10 年，11 年，12 年

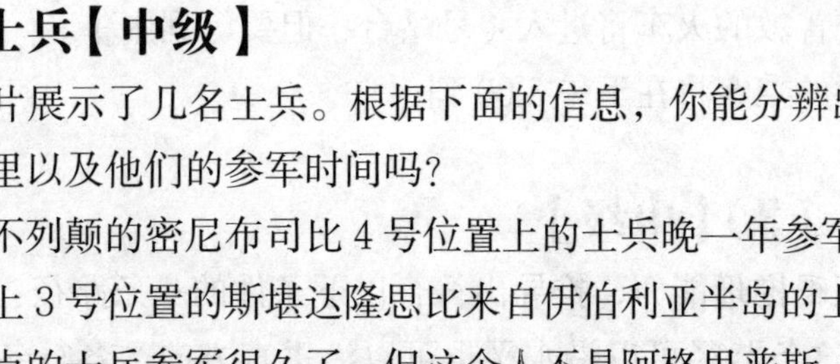

78. 在国王桥上接客人【中级】

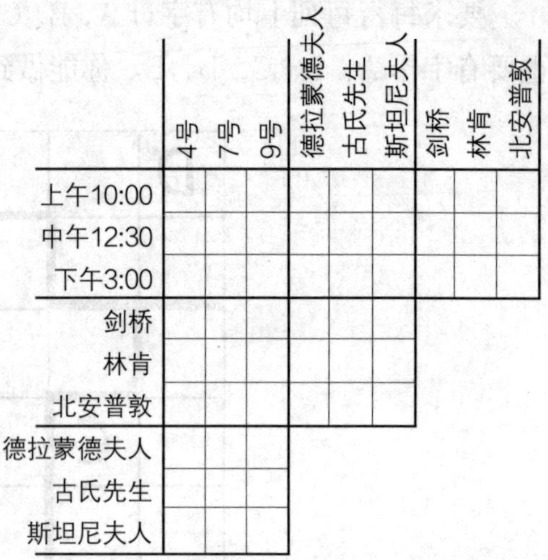

今天豪华轿车司机卡·艾弗将去伦敦的国王桥火车终点站3次，去接几个相当重要的乘客，并把他们带到卡莱尔旅馆。根据下面的信息，你能确定他每次去接客人的时间、站台、所接客人的名字以及他们都是来自哪里吗?

1. 林肯方向驶来的火车的到站站台号比艾弗要接的斯坦尼夫人下车的站台号大。

2. 德拉蒙德夫人所乘的火车将进入9号站台，艾弗上午10:00接站的站台号比下午3:00的小。

3. 来自北安普敦的火车将进入4号站台，但要等到中午。

4. 来自剑桥的乘客将在下午3:00到。

79. 路径逻辑（3）【中级】

运用你的逻辑推理能力，推导出符合以下条件的一条路径：从“开始”一直到“结束”，这条路径可以沿水平也可以沿垂直方向。各行各列起始处的数字代表这行或这列所必须经过的格子数（见图例）。

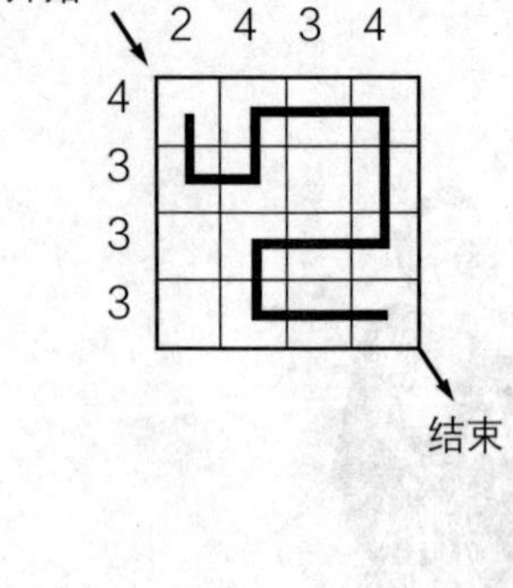

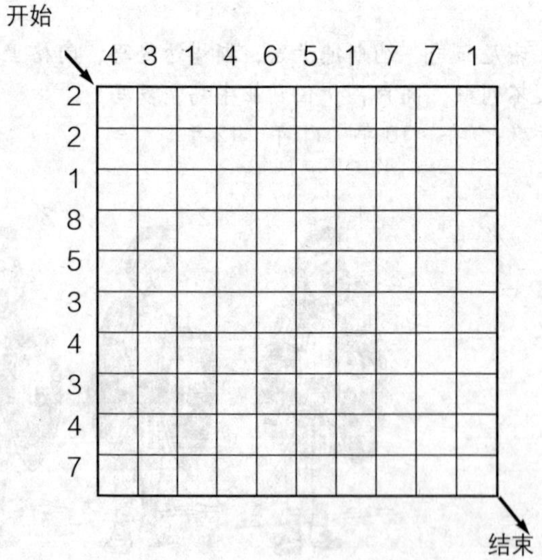

80. 下火车后【中级】

4 名妇女刚刚乘火车从北方到达国王十字站，她们将搭乘 4 辆出租车。根据下面的信息，你能认出 1 到 4 号出租车的司机和乘客的名字以及乘客上车时的站名吗？

1. 詹森所载的那名女乘客乘火车所走的路程比黛安娜长，黛安娜坐的是詹森后面的那辆出租车。

2. 诺埃尔所载的乘客不是在皮特博芮上车。

3. 来自格兰瑟姆的那名妇女坐上了 1 号出租车，开车的司机不是伯尼，伯尼车上的乘客叫帕查。

4. 索菲是在多恩卡斯特上车。

5. 克莱德是 4 号出租车的司机。

司机：伯尼，克莱德，詹森，诺埃尔
乘客：安妮特，黛安娜，帕查，索菲
站名（按距离顺序，由远至近）：约克角，多恩卡斯特，格兰瑟姆，皮特博芮

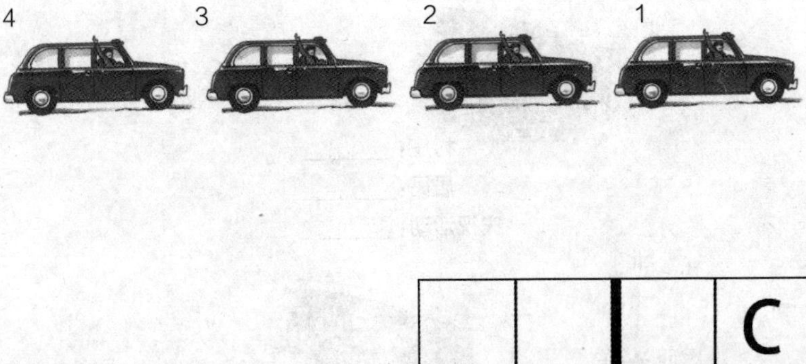

81. 填空（4）【中级】

要求每行每列上均有字母 A，B，C，D，E，同时，在粗线条构成的图形里，也要有字母 A，B，C，D，E。你能做到吗？

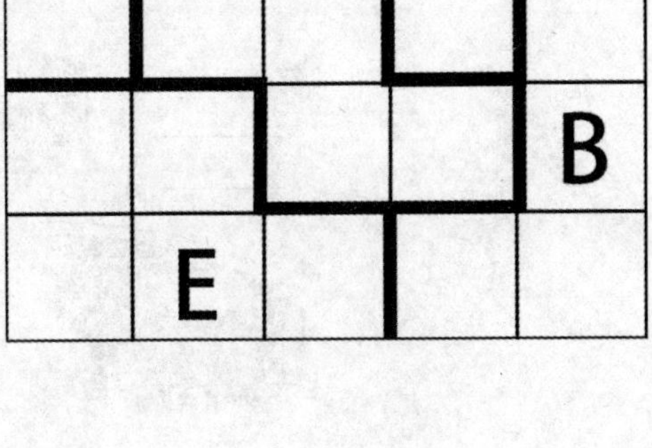

82. 欢度国庆【中级】

在国庆这一天，4个住在法国相邻村庄的居民选择了不同的庆祝方式。根据下面的信息，你能分别说出每个村庄的名字、该村的居民以及他们的庆祝方式吗？

1. 波科勒村举办了圣子埃特鲁米亚展览，该村与克里斯多佛的家乡相邻并在它的东面。

2. 第2个村庄是丝特·多米尼克村。

3. 丹尼斯住在第3个村庄，而村庄1不是以街道舞蹈为庆祝方式。

4. 住在墨维里村的安德烈不是那个花整晚的时间在电视前看庆祝活动的懒汉，这个懒汉也不是住在4号村庄。

5. 以烟花大会为庆祝方式的村庄比马丁的家乡更靠西面。

村庄：波科勒，格鲁丝莫，墨维里，丝特·多米尼克
居民：安德烈，克里斯多佛，丹尼斯，马丁
庆祝活动：街道舞蹈，烟花大会，圣子埃特鲁米亚展览，看电视

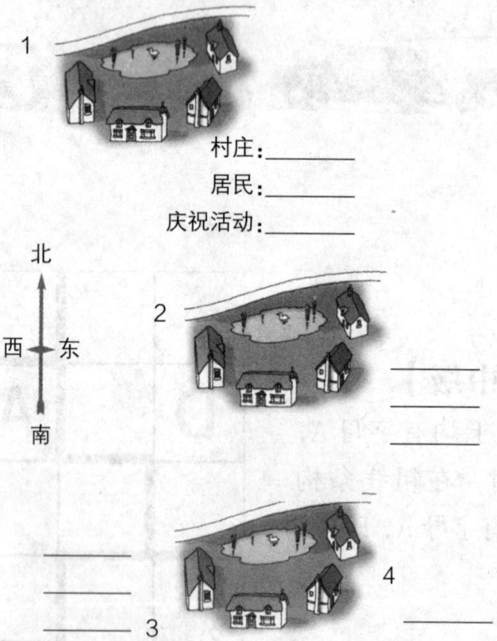

83. 刺绣展览【中级】

几位女性刺绣爱好者正在举行她们的作品展，下面 4 幅作品是其中的一部分。根据所给出的信息，你能说出每幅作品的具体信息（包括作品的主题以及作者的全名）吗？

1.《雪景》在凯维丝夫人作品的斜对面。

2. 伊冯为她的刺绣作品取名为《村舍花园》，而伊冯不姓福瑞木，福瑞木夫人的作品不在 2 号位置上。

3. 赫尔迈厄尼的作品比《河边》挂的高。

4. 萨利 · 斯瑞德的作品在《乡村客栈》斜对面，而后者的号码比 2 小。

5. 以斯帖作品的号码比尼得勒夫人的小。

主题:《河边》,《村舍花园》,《雪景》,《乡村客栈》

名：以斯帖，赫尔迈厄尼，萨利，伊冯

姓：凯维丝，福瑞木，尼得勒，斯瑞德

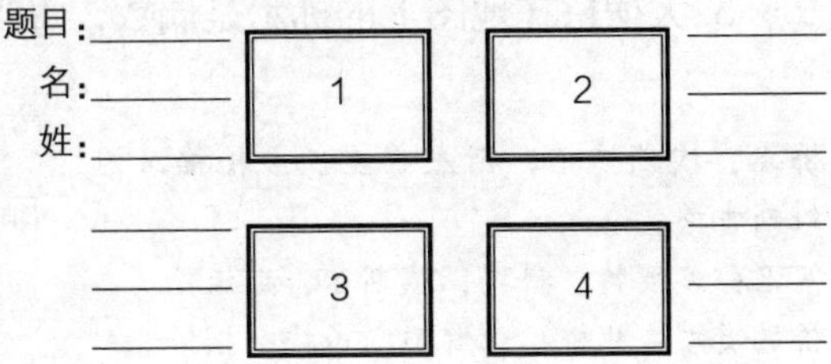

84. 电影制片厂【中级】

在好莱坞电影市场的鼎盛时期，会同时有 4 部电影在 4 个邻近的电影制片厂进行拍摄，这 4 个制片厂同属一家著名的电影公司。根据下面的信息，你能具体描述在每个制片厂拍摄的电影类型、导演以及美丽的女主角的名字吗？

1. 那部言情电影的制片厂位于由海伦 · 皮奇担任女主角的那部电影的制片厂的东面。

2. 枪战电影的制片厂位于导演沃尔多 · 特恩汉姆所在的制片厂的北面。

3. 西尔维亚 · 斯敦汉姆是导演卡尔 · 卡马拉所拍摄电影的主角。

4. 拉娜 · 范姆帕在一部警匪片里担任女主角，其制片厂在奥尔弗 · 楞次导演所在制片厂的斜对面。

5. C 制片厂拍摄的不是喜剧片。

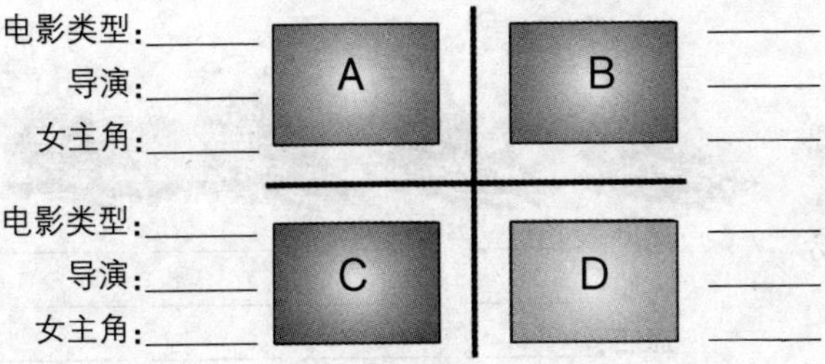

电影类型：喜剧，警匪，言情，枪战

导演：奥尔弗 · 楞次，鲍里斯 · 旭茨，卡尔 · 卡马拉，沃尔多 · 特恩汉姆

女主角：多拉 · 贝尔，海伦 · 皮奇，拉娜 · 范姆帕，西尔维亚 · 斯敦汉姆

85. 美好的火车旅行【中级】

在乘火车的旅行中，我从特洛斯坦特出发驶向哈格施姆，途中经过的 4 条河流各自有一座极富特色的桥。根据下面的线索，你能在地图上填出每座桥的名字、类型及其所跨河流的名字吗？

1. 我花费了 90 分钟跨过了托福汉姆桥，之后就来到了波罗特河上的吊桥。

2. 第二条河横穿斯杰普生德桥。

3. 横跨戴斯尔河的那座桥离哈格施姆的距离比大石拱桥离哈格施姆更近。

4. 我在到达科玛河前，穿过了悬臂式建筑维斯吉格桥（因为它建在维斯吉格）。

5. 大摆桥在地图上的标示是偶数，每当有船只经过时它可以从中间开启。

桥名：埃斯博格，斯杰普生德，托福汉姆，维斯吉格

河名：波罗特，科玛，戴斯尔，斯沃伦

桥的类型：拱桥，悬臂桥，吊桥，摆桥

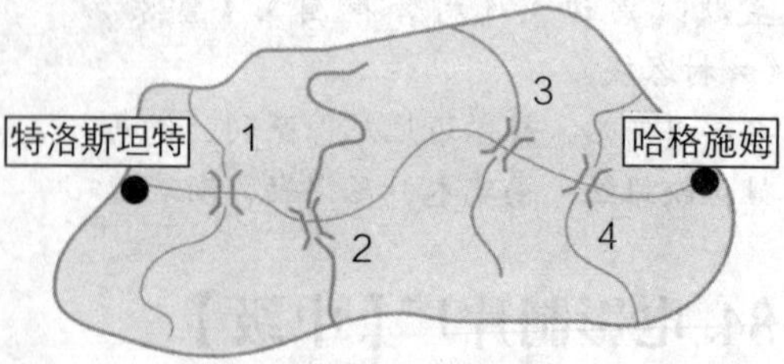

86. 沿下游方向【中级】

诺福克的洛特河是著名的波罗兹的一部分，4 个勇敢的海员家庭把他们的船停在了几家不同旅店的停泊处。根据下面的信息，你能填出图表中每个家庭的名字、所拥有的船只名，以及所停泊的旅店名吗？

1. 费希尔的船停泊在挪亚方舟处，斯恩费希的停泊处在挪亚方舟处的左边。

2. 帕切尔号停在狗和鸭码头。

3.C 位置上的旅店叫升起的太阳，停泊在那里的船不属于罗德尼家庭，也不是南尼斯号。

4. 在最右边的船属于凯斯一家。

家庭：德雷克，费希尔，凯斯，罗德尼

船名：罗特斯，南尼斯，帕切尔，斯恩费希

旅店：钓鱼者休息处，狗和鸭，挪亚方舟，升起的太阳

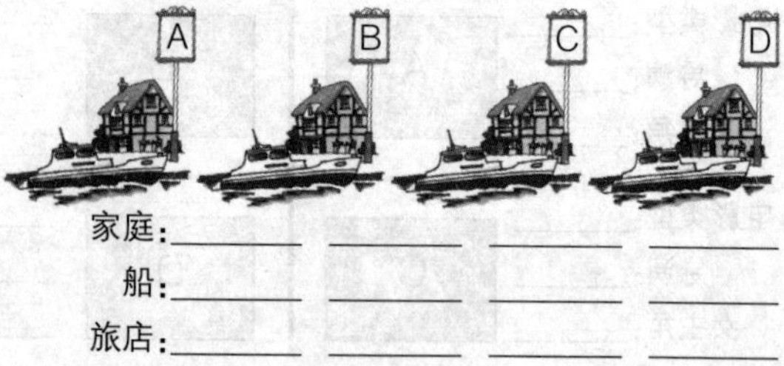

87.路径逻辑（4）【中级】

运用你的逻辑推理能力找出一条路径，使之符合以下条件：从“开始”到“结束”，可以水平也可以垂直方向。各行各列的起始处的数字代表这行或这列所必须经过的格子数。下面是一个简单的例子。

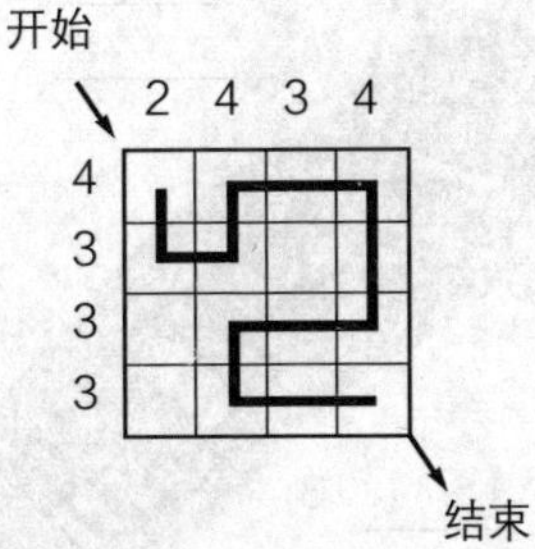

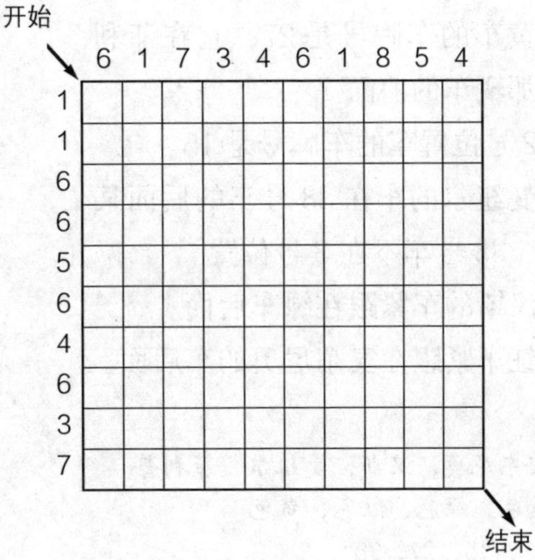

88.跨栏比赛【中级】

下图展示的是一次跨栏比赛中冲刺阶段的前4匹马。根据下面的信息，你能说出每匹马的名字，并具体描述每匹马的主人吗？

1.“跳羚”还没有到达栅栏。

2.安德鲁领先于赫多尔两个名次。

3.在图片中，迪克兰·吉姆帕稍稍领先于处于跨栏阶段的“杰克”。

4.海吉斯是那个正在跳栏的职业赛马师。

5.加百利所骑的“跳过黑暗”在当时的比赛中稍稍落后于沃特的马。

马：“小瀑布”，“杰克”，“跳过黑暗”，“跳羚”

（主人）名：安德鲁，迪克兰，加百利，吉斯杰姆

（主人）姓：海吉斯，赫多尔，吉姆帕，沃特

89. 穿过通道【高级】

在机动车道上的 4 辆汽车正要穿过通道。根据以下线索，你能说出 1 ~ 4 号每辆车的驾驶员姓名、车的颜色以及车牌号吗？

1. 黄车的车牌号是 27，它在菲利普所开那辆车的前面。

2. 2 号位置车的车牌号是 15。

3. 曼纽尔的车在 38 号车的后面某个位置，38 号车不在 3 号位置。

4. 汉斯的车紧跟在绿车后面。

5. 红车紧跟在安东尼奥的车后面。

司机：安东尼奥，汉斯，曼纽尔，菲利普
颜色：蓝色，绿色，红色，黄色
车牌号：9，15，27，38

90. 填空（5）【高级】

要求每行每列上均有字母 A，B，C，D，E，同时，在粗线条构成的图形里，也要有字母 A，B，C，D，E。你能做到吗？

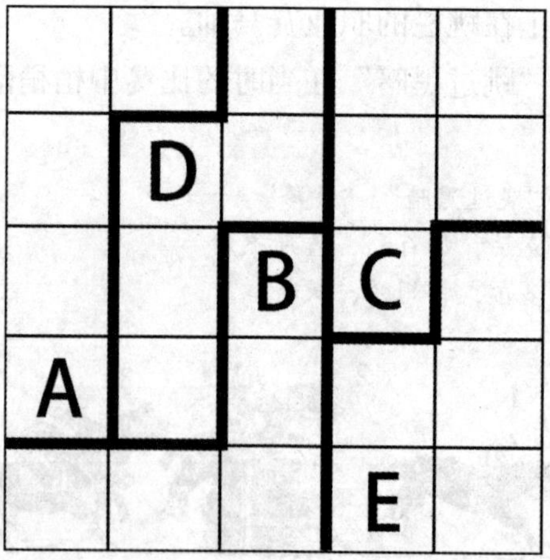

91. 叠纸牌【高级】

4个小朋友分别用不同颜色的纸牌成功地叠出了纸房子，但每个人叠的层数不同。从以下给出的线索中，你能叫出4个人的名字，并说出他们各自所用的纸牌背景颜色和分别叠了几层吗？

1. 使用绿色纸牌的夏洛特，坐在叠到5层的那个朋友对面。

2. 座位2的那个女孩用纸牌叠到4层高。

3. 安吉拉用的不是黑色的纸牌。

4. 在座位3用蓝色纸牌的女孩，她叠的房子没有用红色纸牌的女孩叠的高。

5. 罗斯是最成功的建筑师，在坍塌之前，她叠到第7层。她不是坐在座位4。

名字：安吉拉，夏洛特，罗斯，蒂娜
纸牌颜色：黑，蓝，绿，红
层数：4，5，6，7

92. 票【高级】

4个人正在售票亭前排队买票。从以下给出的线索中，你能叫出4个人的名字，并说出他们各自买的是哪个晚上的票、坐在剧院的哪个位置吗？

1. 要买星期六晚上包厢票的那个人排在珀西瓦尔后面。他看星期六晚上的演出来庆祝一个重要的周年纪念。

2. 马克斯紧排在买剧院花楼票的那个人前面，那张剧院花楼的票不是星期四演出的票。

3. 亨利排在队伍的第3个位子，在演出的上演日期上，他的票比正厅后排座位的票要早。

4. 威洛比买的是星期五晚上的票。

名字：亨利，马克斯，珀西瓦尔，威洛比
时间：星期三，星期四，星期五，星期六
位置：正厅后排座位，包厢，剧院花楼，正厅前排座位

93. 加薪要求【高级】

4个工会的代表正在开会协议向W & S公司提交一份增加工资要求的声明。从以下给出的线索中，你能推断出图中每个人的名字、所代表的工会，以及代表的成员人数吗？

1. 思德·塔克坐在C位置，他代表的成员人数不是4人。

2. 阿尔夫·巴特坐在来自ABM的那个代表的对面。ABM有6个成员在W & S公司。

3. 有7个成员的工会不是BBT。

4. 坐在D位置的人代表的是BBMU。

5.UMBM的雷·肖所代表的成员人数没有坐在B位置的人代表的多。

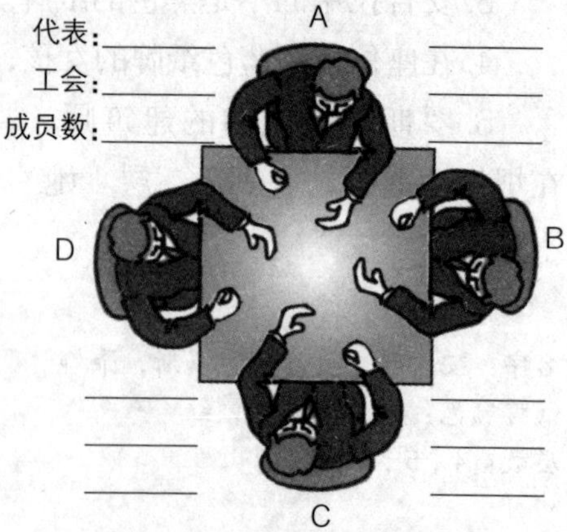

代表：阿尔夫·巴特，吉姆·诺克斯，雷·肖，思德·塔克

工会：ABM，BBT，BBMU，UMBM

成员数：3，4，6，7

94. 路径逻辑（5）【高级】

你能从正方形标有“开始”的一端找出一条途径到标有“结束”的另一端吗？要求途中只能横着走或竖着走（不能对角走）。每一行或列的开头标的数字提示你在那一行或列里必须经过的方格数。下面是一个简单的示范。

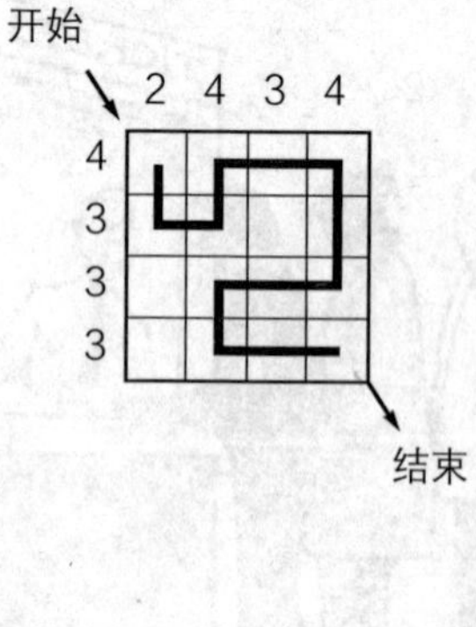

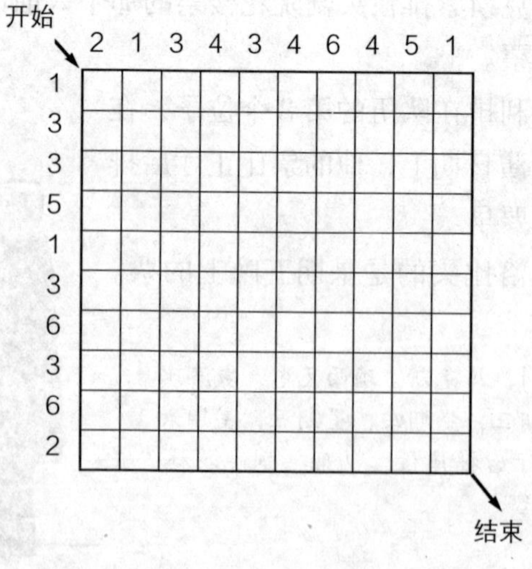

95.照片定输赢【高级】

最近一次在爱普斯高特的赛马比赛是根据照片上的差距定输赢的。从给的线索中，你能说出每匹马的排名、它们的骑师和骑师所穿衣服的颜色吗？

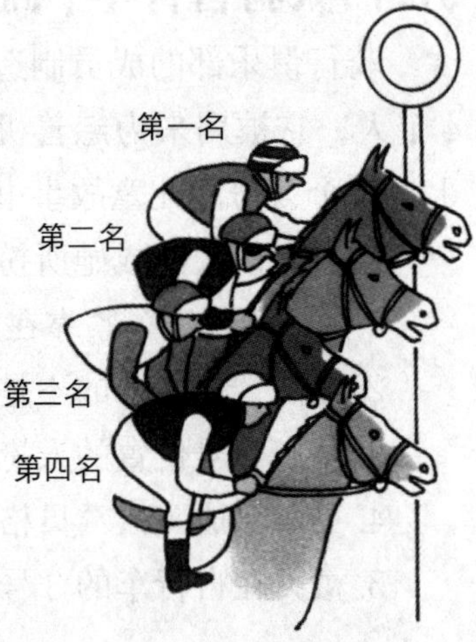

1.“矶鹬”马的后面紧跟着卢克·格兰费尔骑的马。卢克·格兰费尔穿着黑蓝两色的衣服。

2.“国王兰赛姆”的骑师是马文·盖尔，他穿的衣服不是粉色和白色。

3.科纳·欧博里恩的马比杰姬·摩兰恩的马的排名靠前。

4.穿红色和橘黄色衣服的骑师和他的马排第3名。

5.裁判研究了拍下的照片，最后由于微小的领先，判定是名叫“布鲁克林”的马赢得了此次比赛。

马：“蓝色闪电”，“布鲁克林”，“国王兰赛姆”，“矶鹬”
骑师：科纳·欧博里恩，杰姬·摩兰恩，卢克·格兰费尔，马文·盖尔
衣服颜色：黑色和蓝色，粉色和白色，红色和橘黄色，黄色和绿色

96.溜冰【高级】

4位年轻的女士来到一个公园的湖上溜冰。从以下给出的线索中，你能确定图中4位溜冰者的名字和她们围巾的颜色吗？

1.伯妮斯·海恩在戴黄色围巾的朋友的右边某处。

2.叫肖特的溜冰者戴着红色的围巾。

3.戴着绿色围巾的溜冰者在路易丝左边的某处。

4.1号溜冰者戴的是蓝色围巾。

5.杰姬不在2号位置，她也不姓劳恩。

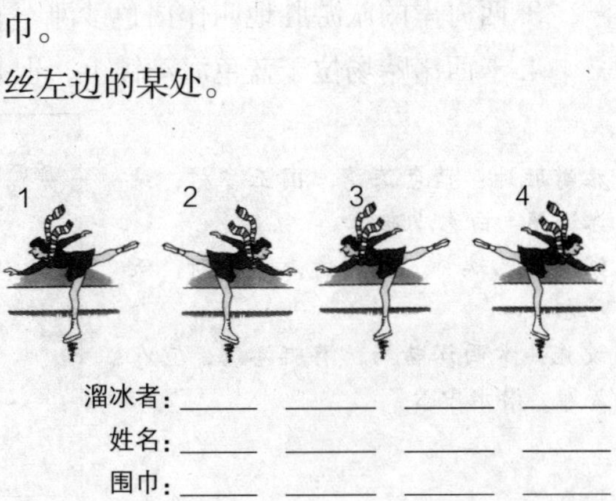

名：杰姬，夏洛特，伯妮斯，路易丝
姓：特利尔，劳恩，海恩，肖特
围巾：蓝色，绿色，红色，黄色

97. 四人骑自行车【高级】

骑行俱乐部的成员制造了一些特别的自行车，它的一辆车上可以骑不多于4个人，它被用来为慈善机构牟利。在某个展示场合，4个人骑在这种自行车上，每个人扮演儿童故事书中的一个角色。从以下给出的线索中，你能说出每个人的全名以及他或她所扮演的角色吗？

1. “托德先生”紧靠在詹妮后面。

2. 扮演“诺德”的不是斯普埃克斯，他在基思的前面某个位置。

3. 骑在2号位置的人扮演“迈德·海特”。

4. 贝尔穿成飞人“贝格尔斯”的样子。

5. 戴夫在自行车的3号位置。

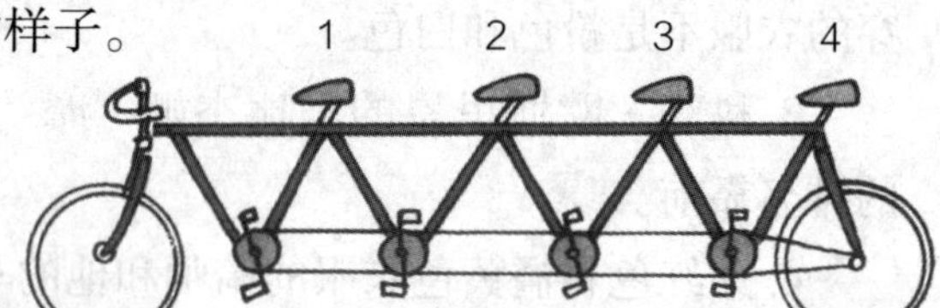

名：戴夫，詹妮，基思，莫尼卡
姓：贝尔，切诺，福克斯，斯普埃克斯
角色：“贝格尔斯”，“迈德·海特”，“托德先生”，“诺德”

98. 阳光中的海岛【高级】

这是一个小岛，它近来刚刚被开发成旅游中心，它由4个主要的市镇组成，分别坐落在沿海岸线编号为A，B，C，D的位置上。从所给的线索中，你能说出每一个市镇的名称、在那里旅游的是哪个家庭以及那里所提供的娱乐设施吗？

1. 罗德斯一家人住在国王乡村的一个旅馆中，而游艇港湾镇沿着海岸线顺时针方向的下一站就是国王乡村镇。

2. 莱斯特一家人住在东海岸的一个旅游胜地上，而巴瑞特一家人住在拥有宜人海滩的旅游胜地上。

3. 西海岸的旅游胜地叫作白色沙滩。

4. 卡西诺赌场位于蓝色海湾镇上，但是沃德尔一家人没有在这里旅游。

旅游胜地：蓝色海湾，国王乡村，纳尔逊镇，白色沙滩
家庭：巴瑞特，莱斯特，罗德斯，沃德尔
设施：卡西诺赌场，游艇港湾，宜人海滩，潜水中心

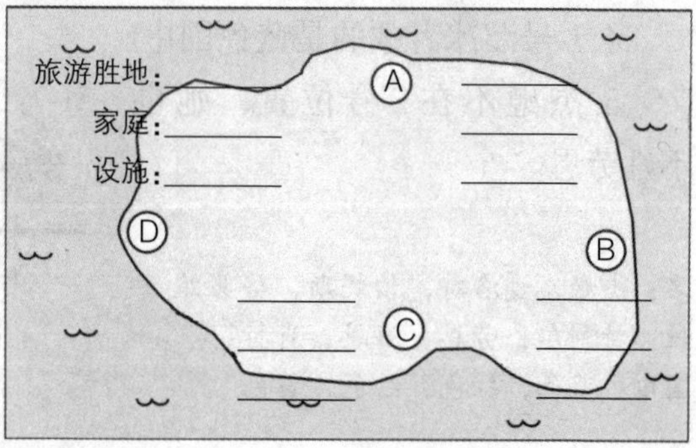

99. 服务窗口【高级】

下面的图向我们展示了一个繁忙的城市邮政局，分别有 4 位顾客在 4 个服务窗口前办理业务。从下述的线索中，你能说出今天在各个窗口上班的职员的名字、每个顾客的名字以及每位顾客办理的业务吗？

1. 艾莉斯正在提取她的养老金。

2. 某人正在办理公路收费执照，而亨利就站在此人左边第 2 个窗口处。亨利不在亚当的窗口前办理业务。

3. 路易斯在 3 号窗口处工作。

4.4 号窗口前的顾客不是玛格丽特，此处的顾客正在购买一本邮票集锦。

5. 某人正在寄一封挂号信，大卫就在此人的右边一个窗口工作。

职员：亚当，大卫，路易斯，迈根

顾客：艾莉斯，丹尼尔，亨利，玛格丽特

业务：邮票集锦，养老金，挂号信，公路收费执照

职员：______ ______ ______ ______

顾客：______ ______ ______ ______

业务：______ ______ ______ ______

100. 路径逻辑（6）【高级】

运用你的逻辑推理能力，推导出符合以下条件的一条路径：从“开始”一直到“结束”，这条路径可以沿水平也可以沿垂直方向。各行各列起始处的数字代表这行或这列所必须经过的格子数（见图例）。

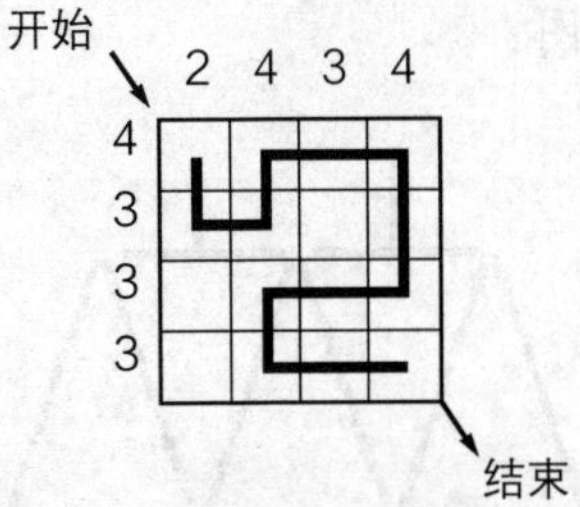

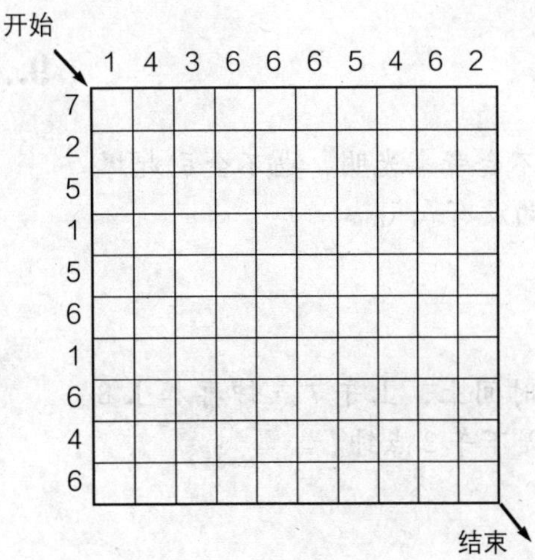

答 案

1...

一样大。

2...

从甲乙两方的对话看，乙方以反问句的形式，指出甲方在谈判中无中生有，故意指责乙方，以便在本次谈判中讨价还价。

3...

这位董事长是女的，她在地牢里生了一个男孩。

4...

其实根本不是什么法术。悟空在八戒的鞋底上画了一条线，八戒走了几天才能磨完。

5...

既不会带来光明，也不会引起爆炸。因为没有氧气。

6...

在时间上，上午7点钟再加上8个小时是下午3点钟。

7...

钢索的总重量虽然很大，但是整个重量是分布在全部长度上的。所以，可以把钢索放在地上，由货车拖着过桥，使分摊在桥上的重量不超过桥的载重量，便可以顺利通过大桥。等过了桥，再把钢索装到车上。

8...

如图中的2例都是正确答案。

SIX

英文的“6”

IX6

算式所得的“6”

9...

如图：

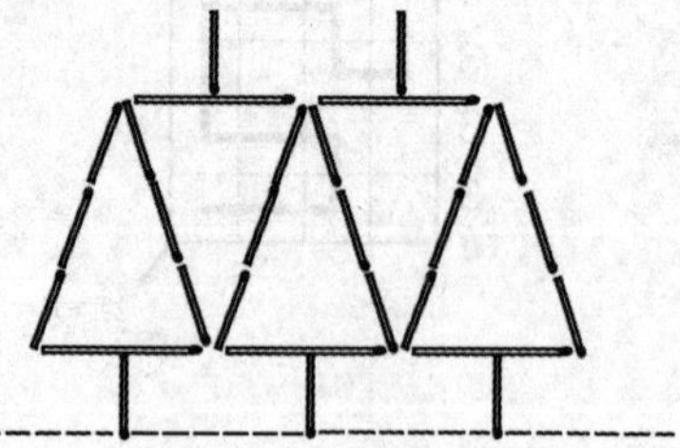

10...

你有没有上过当，以为某物的一半加$\frac{1}{2}$就不可能是一个整数？假如是这样的话，也许你会从掰开唱片的角度来考虑解决这个问题，那可就立即误入歧途了。本题窍门在于看出：数量为奇数的唱片，取其一半再加上半张唱片，一定是个整数。因为小熊在最后一次送礼后只剩下了一张唱片，所以在他把唱片送给小海之前，一定有3张唱片。3的一半为$1\frac{1}{2}$，而$1\frac{1}{2}+\frac{1}{2}=2$，所以小熊最后一次送礼是2张唱片，末了自己留有一张完整的唱片。现在倒过来往前算就很简单了，他原来一定有7张唱片，给了小吴4张。

11...

到达岛上要4分钟的话，来回就要花8分钟。先让5个人乘船上岛，因为必须有一个人要把船划回来，所以只有4个人到达岛上避难（花8分钟，4人获救）。然后，再载5个人到岛上，1个人再驾船回来（16分钟，8人获救），当船再载5个人离开后，就没有时间再回来接人了，当船到达岛上时，那艘船已经沉了。所以最多能有13人安全脱险。

12...

不少粗心的人做出的答案是6天。他们的思路是：青蛙每天白天向上爬6米，晚上向下滑3米，因此平均每天向上爬3米。井深18米，所以6天后青蛙爬出井口。他们忽略了关键的一点，即当最后一天青蛙爬出井口后就不再下滑了。因此，正确答案是青蛙只需5天爬出井口。前4天青蛙共向上爬了12米，第5天白天，青蛙正好爬完剩下的6米，爬出井口。

13...

已知4号士兵是所罗门·特普林（线索4），根据线索1，穿着灰色外衣的伊齐基尔·费希尔一定是2号或3号士兵，鼓手是1号或2号士兵。但1号是个步兵（线索3），因此鼓手是2号，伊齐基尔·费希尔是3号。现在我们已经知道一个士兵的兵种及另一个士兵的上衣颜色，可以推断出穿棕色上衣的配枪士兵（线索2）是4号士兵。然后，通过排除法，穿灰色制服的伊齐基尔·费希尔是个炮手，根据线索2，2号鼓手必定是末底改·诺森，剩下1号步兵是吉迪安·海力克，他的上衣不是蓝色的（线索5），那就是红色，而2号鼓手末底改·诺森的制服是蓝色的。

答案：

1号，吉迪安·海力克，步兵，红色。

2号，末底改·诺森，鼓手，蓝色。

3号，伊齐基尔·费希尔，炮手，灰色。

4号，所罗门·特普林，配枪士兵，棕色。

14...

泊尔去了法国（线索1），去澳大

利亚旅游的人摔断了一条腿（线索2），所以，摔断了锁骨的索尼亚（线索4）一定是在瑞士受伤的。综上所述，泊尔一定是摔断了她的手臂，去澳大利亚的是迪莉娅。斯塔布斯夫人既不叫索尼亚也不叫泊尔（线索3），所以她叫迪莉娅。索尼亚不是霍普夫人（线索4），所以她是费尔夫人，霍普夫人的名字是泊尔。

答案：

迪莉娅·斯塔布斯，澳大利亚，腿。

泊尔·霍普，法国，手臂。

索尼亚·费尔，瑞士，锁骨。

15...

以下是移动的步骤（W表示白色，G表示灰色；以纽扣所在的棋盘位置标识）：（1）W2移到3；（2）G4移到2；（3）G5移到4；（4）W3移到5；（5）W1移到3；（6）G2移到1；（7）G4移到2；（8）W3移到4。

16...

答案如下：

（1）3个面灰色的小立方体数：8个。

（2）2个面灰色的小立方体数：12个。

（3）1个面灰色的小立方体数：6个。

（4）无色的小立方体数：1个。

17...

尽管在解决这个难题时有人会采取将纸带猛拉出来的办法，但是，由于这个纸带太长，因而无法使用。必须先在距离硬币2厘米的地方把纸带从一边剪断或者撕掉才行。然后，抓住纸带的另一端，并且拉直使纸带与瓶子成90度。然后，伸出另一只手的食指，快速击打手与瓶子之间纸带的中间位置。这样，纸带就会快速从硬币下面脱出，同时由于速度很快，硬币会依靠惯性而不至于从瓶子的顶部掉落。

18...

两行筹码要相交在一个角。而那个角上的筹码上面又有另一个筹码，这样，一行有3个筹码，而另一行有4个筹码（如图所示）。

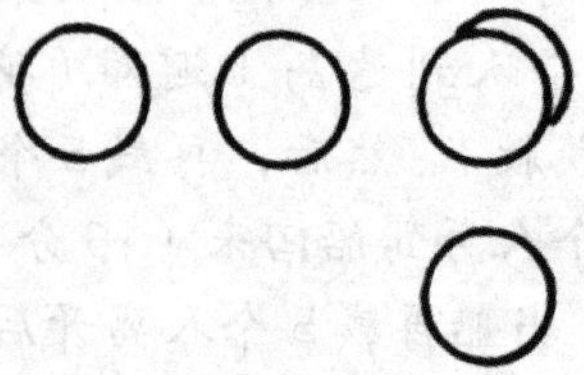

19...

因为船会随着潮水而上下浮动，所以潮水涨至最高点时水面上仍有50条横档。

20...

沿图1虚线切木板，然后按图2中的样子排列。

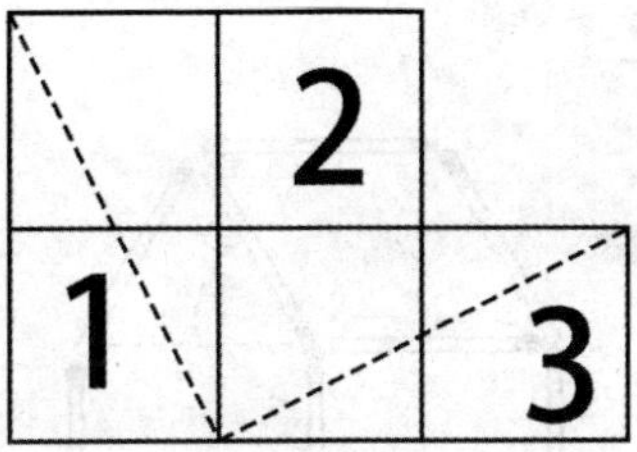

图1

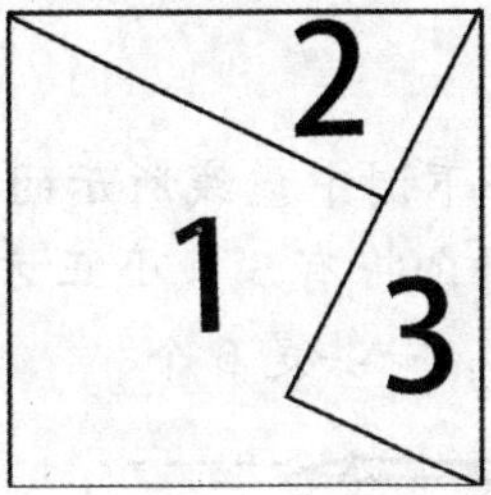

图2

21...

这个题的答案就是快速行动。移动B骨牌使其垂直竖立时正好可以碰到A骨牌的边。将你的食指穿过塔的拱门，然后放在B骨牌的底边并且按紧；之后，“弹起”并迅速击打A骨牌。这样，A骨牌便会从塔上分离，它上面的骨牌随即落在两边竖立的骨牌上，而塔安然无恙。

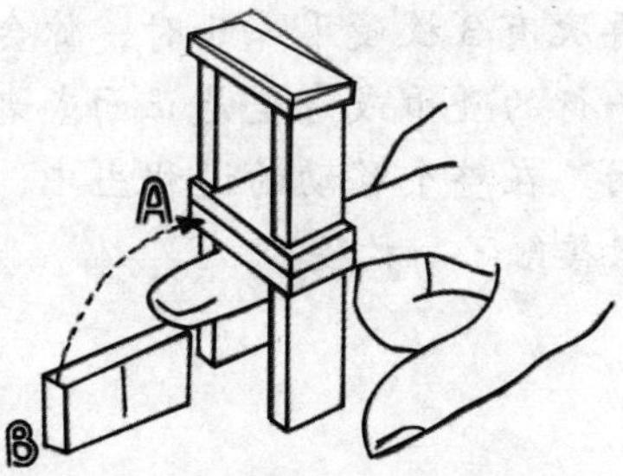

22...

在剪绳子之前，先在绳子中间打一个环儿并系牢，然后拿起剪刀将绳环儿剪断。绳子被剪为两段，而装饰物却安然无恙。

23...

你只需保证第一张牌和第三张牌的相加的和等于中间那张牌的数值。

24...

如果这个大图的边长为8厘米，那么各尺寸的正方形个数依次为：

8×8厘米 1个

6×6厘米 4个

4×4厘米 9个

2×2厘米 18个

1×1厘米 8个

总共40个正方形。

25...

首先使2枚硬币在桌上相接触。然后，再把2枚硬币放在它们上面，使4枚硬币相接触。最后，将第5枚硬币竖立放置（如图所示）。这样，所有5枚硬币都彼此接触。

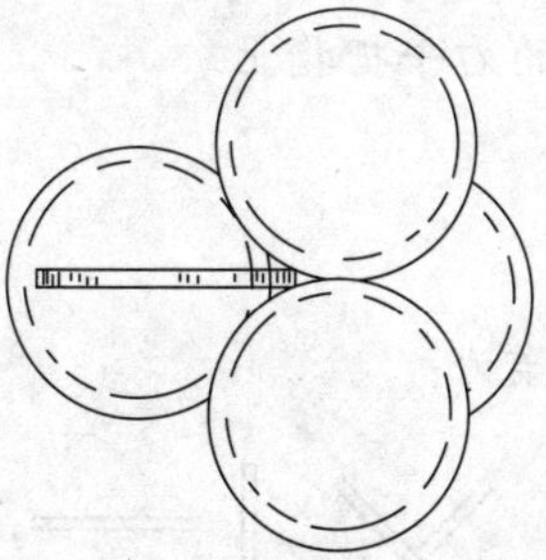

26...

将嘴靠近这枚硬币，然后吹。如果用力吹，就会把这枚硬币从盘子上吹下来。你所挑选的盘子的边缘坡度要小。

27…

答案的奥秘所在就是你要在拿绳子之前先将胳膊交叉。当你把绳子两端分别拿在手中时，再展开两个胳膊，这时，绳子中间就出现了结点。

28…

你所要做的就是按照下图所示的样子把纸打成褶，这样问题就解决了。

29…

任何一个不知情的人都会将扑克牌慢慢地抽出，这无疑会失败。正确的方法是用左手向扑克牌的一个角猛弹，如果运用得当的话，扑克牌将旋转着快速飞出去，而硬币仍会安然停留在你的右手拇指上。

30…

答案为：

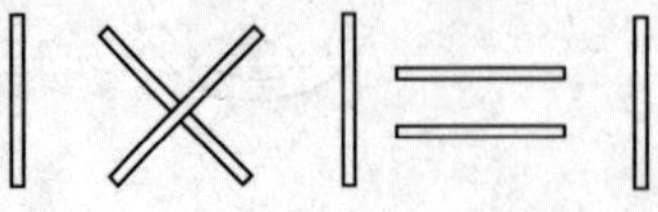

31…

图中虚线已经将所要移动的火柴说清楚了。

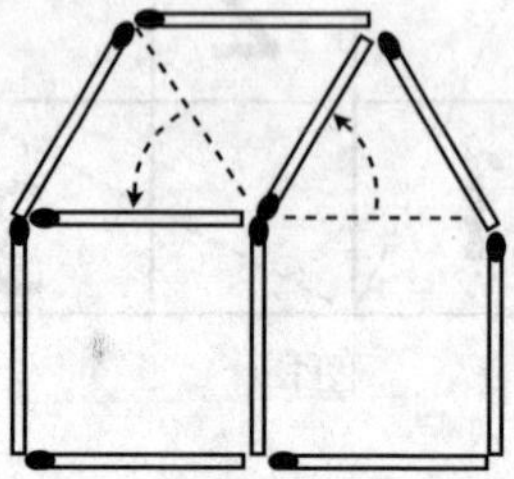

32…

如果将下图中虚线所示的钉子拿走的话，那么将有5个小正方形和1个大正方形，一共是6个。

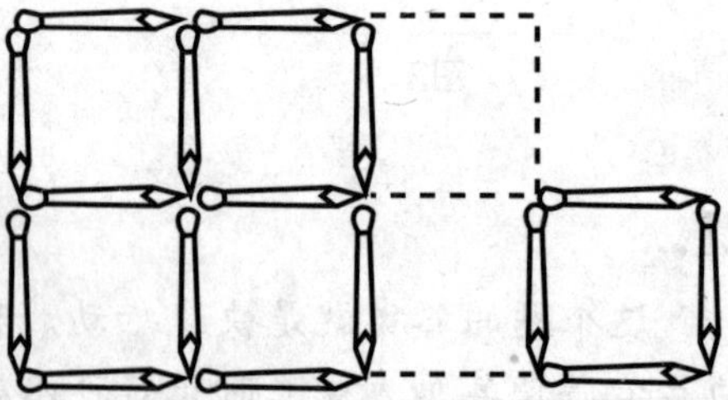

33…

将手指按在顶部中间那枚硬币上，然后向上滑动，再向左滑。接着，将硬币沿着左列硬币向下滑动。最后滑到底部中间硬币的下面。现在将中间那列硬币整体向上推，直到每行再次有3枚硬币。此时，你会发现每一行的硬币或者全是正面或者全是背面。在整个移动的过程当中，你的手只接触了一枚硬币。

34…

农夫先圈出3块儿地，并在每块儿地里圈3头小母牛；然后，他们再把这3块儿地圈起来，圈出第4块儿地。这样一来，每块儿地都有奇数数量的小母牛。

35...

答案就是沿直线 A—A，B—B 将布剪开。这两条横向和纵向的直线与正方形相交在四个边的$\frac{1}{3}$点处，将碎片儿 3 和 4 沿着它们的长边缝合便是第三个正方形。这个正方形与正方形 2 大小一样。

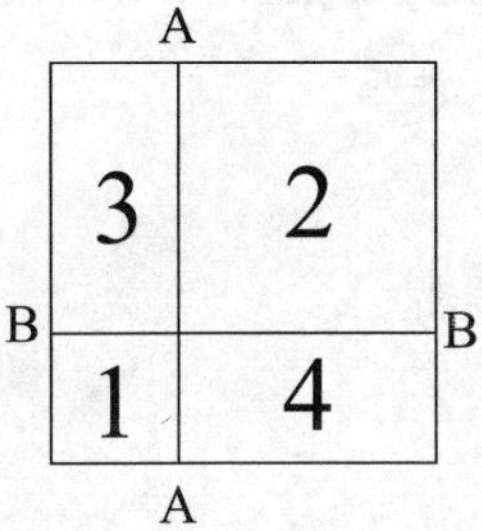

36...

如果想扭转对史密斯的不利局面，那么应该把那张硬纸板颠倒过来。这时，原来的数字表达式在重新排列之后就变成 81 加上 19，其结果就是 100。

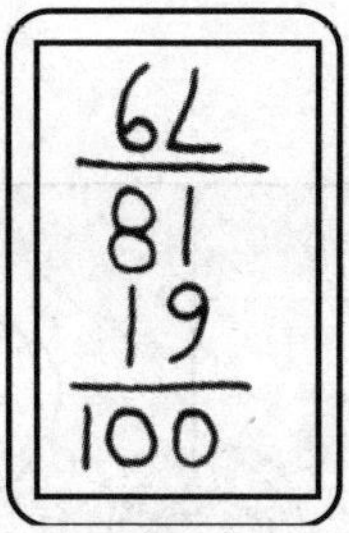

37...

这个题有很多种解法。下面的这个是斯本登勃洛先生提交的答案。

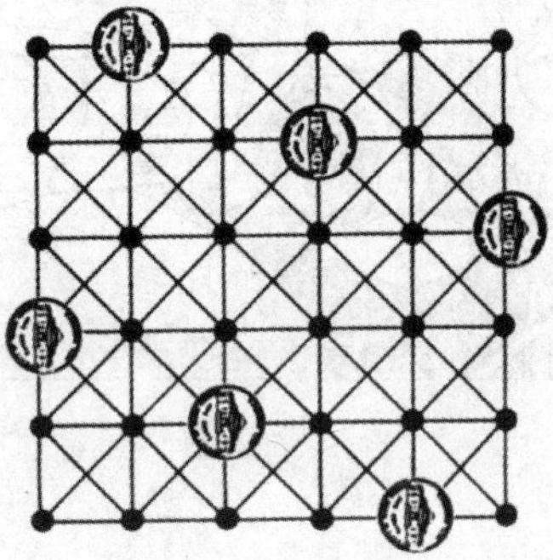

38...

K16，O5，Q36

39...

这幅图中隐藏的是印度的泰姬陵。

40...

41...

男孩看到的自己是右边凸起的。

42...

眼睛贴近纸面，从图右下方的一点往上看。

43...

不可能。图中水所经之处是一个平面。

44...

花瓶是放在地面上的。该图使用了特殊的灯光技巧使物体和影子分离，造成了花瓶悬浮的假相。

45...

许多人错误地认为覆盖着冰雪的图片（上图）是照片。事实上，这张是底片，下图才是照片。

46...

线段AB与CD一样长。

47...

图中有5个脑袋，但是可以数出10个完整的身体。

48...

一样高。

49...

如图：

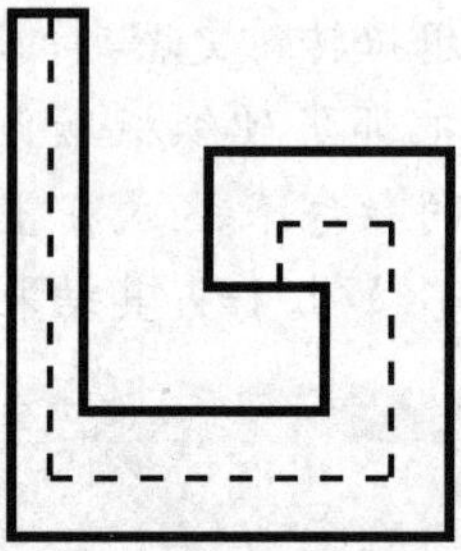

50...

双重间谍R出身罗马在题中被特别强调出来。一提到“出身罗马”，就要想到X不仅只是一个字母，而且又是一个罗马数字的10。那么R肯定是要写Ⅻ，但没写完就断了气。Ⅻ是12号，杀死R的人肯定是A间谍。

51...

吃粽子的时候，顺次在它的4个角上各咬一小口，每咬一口，在粽子上留下一个三角形截面，咬4口以后，留下4个三角形截面，粽子剩余部分，共有12个角。

52...

小景看到的人就是凶手。凶手是个圆脸的人。由于小景在窗户的细长的缝隙中看到他迅速地走来走去，这样看到的就是细长的脸而不是圆脸，这只是错觉。

53...

如图所示，由原来的6根火柴加上后来的5根共11根拼成了英文nine（9）。提到9，我们容易想到阿拉伯数字9或汉字九，英文虽然早已进入了我们的生活，但未能形成习惯性思维，容易被忽略。根据火柴棍的特点，nine的摆法仔细思考是可以想到的。

54...

5号和8号。

55...

如图所示，泰勒斯指挥部队在营寨后面挖了一条很深的弧形沟渠，使其两端与河水沟通。这样，湍急的河水分两股而流，原来河道的河水就变得浅而流缓，大部队足可以涉水过河了。

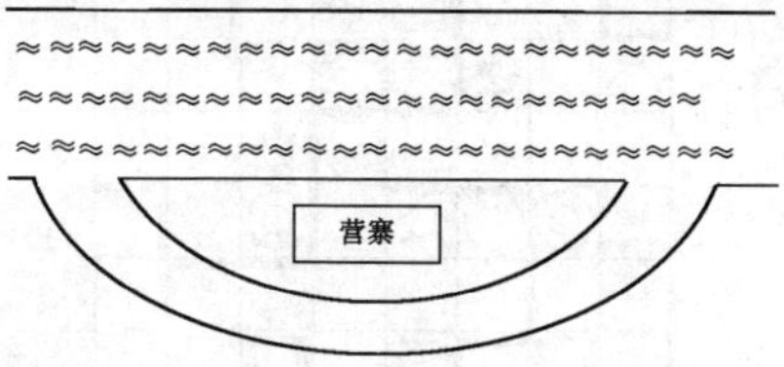

56...

如图：

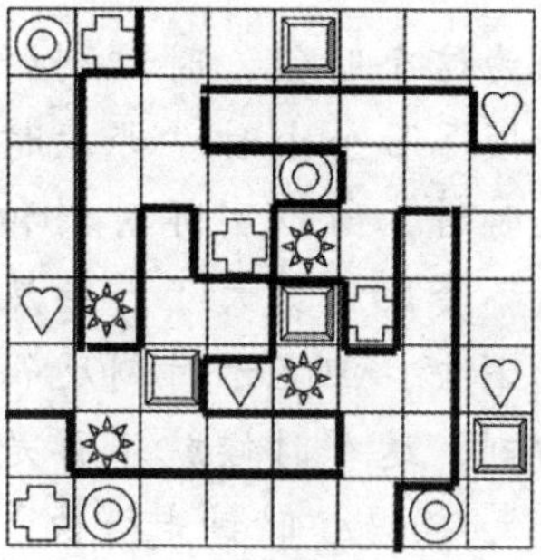

图1

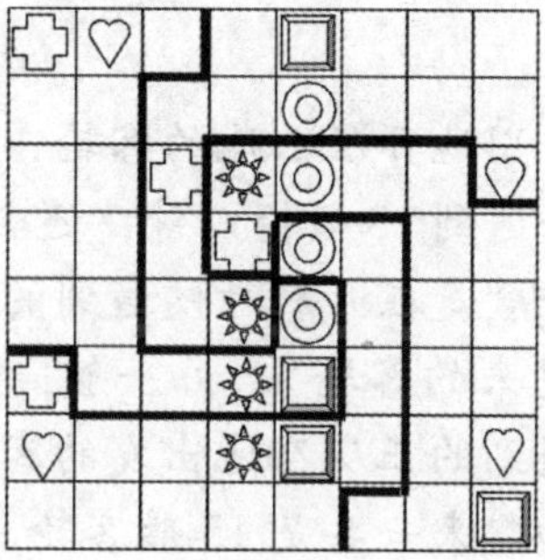

图2

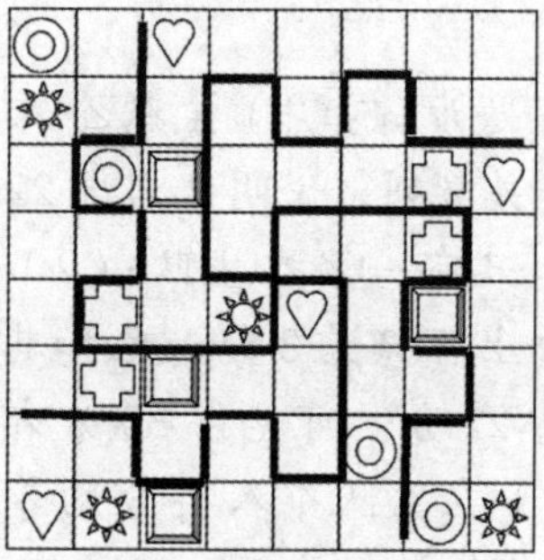

图3

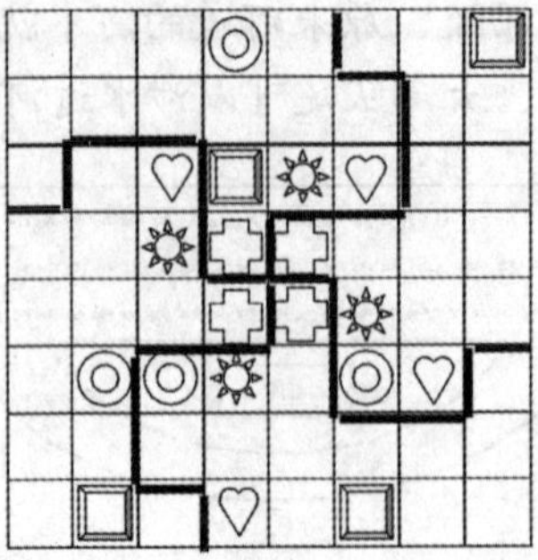

图4

57...

因为这个时候，时钟刚好比实际的时刻慢了6个小时。那座时钟是个传统式时钟，所以实际时刻和显示时刻的差不会比这更大了。虽然时钟会继续慢下去，但显示时刻反而更接近实际时刻，这个时候就不再是“时钟走得慢”，而是“时钟走得快”了。

58...

从甲地开往乙地的客轮，除了在海上会遇到13艘轮以外，还会遇到2艘：一艘是在开航时候遇到的（从乙地开过来的客轮），另一艘是到达乙地时遇到的正从乙地出发的客轮，所以，加起来一共是15艘客轮。

59...

解题步骤：(1）主队个人得分是一组等差数列，说明3名得22分的队员中，只有一名在主队；(2）客队个人得分上下只差3分，已知其中有两人各得22分，可见得30分者不在客队；(3）在主队个人得分的等差数列中，以30分为首项，22分只能是中项，由此可推知主队个人得分分别为30，26，22，18，14分；(4）客队个人得分除两名得22分外，少于20分者只能是19；(5）根据条件3和4，余下两名的得分数只能是21和20。综合上述可知比赛结果为：主队110分，客队104分，赢6分。

60...

倒给要买12升水的客人。乍看之下，可能会让人觉得只要由25升的皮囊中倒出6升水，再把剩下的卖给第一位客人即可。但是，皮囊装有25升水的事情，只有水商知道，客人并不晓得。任何事都可视为大前提。在交易方面，让客人了解就是大前提。这个问题或许会出现多种解答方法，但首先能满足大前提者，才是正确的解答。

61...

商店老板损失了100元。老板与朋友换钱时，用100元假币换了100元真币，此过程中，老板没有损失，而朋友亏损了100元。老板与持假钞者在交易时，100=75+ 25元的货物，其中100元为兑换后的真币，所以这个过程中老板没有损失。朋友发现兑换的为假币后找老板退回时，用自己手中的100元假币换回了100元真币，这个过程老板亏损了100元。所以，整个过程中，商店老板损失了100元。

62...

劳拉接到了朋友的电话（线索1，

2，3），所以女儿（不是乔伊斯）一定是艾莉森，是玛格丽特打电话给艾莉森的。通过排除法，乔伊斯肯定是其中一位女性的母亲，这位女性不可能是伯妮斯（线索1），得出乔伊斯肯定是波林的母亲，因此，伯妮斯是打电话给她的朋友劳拉的人。伯妮斯（线索1）和玛格丽特（线索2）都不是在9:20打的电话，因此，9:20时肯定是波林在打电话。而从线索1中知道，伯妮斯是在9:22打的电话，剩下只能是玛格丽特在9:25打电话。

答案：

9:20，波林打电话给母亲乔伊斯。

9:22，伯妮斯打电话给朋友劳拉。

9:25，玛格丽特打电话给女儿艾莉森。

63...

巴石在E躺椅上（线索2），尼克的姓是索乐（线索3）。克可在A躺椅上，他不是萨姆（线 索1），线索6告诉我们克可不是多克，那么，克可肯定就是姜根而不可能是宇航员（线索1）；躺椅D上的是物理学家（线索4），化学家姓多明克（线索5），生物学家的名字是多克（线索6），因此，姜根·克可肯定是飞行员。现在，我们知道了一些姓或名或职业的搭配关系，因此，多克是生物学家，但不是克尼森（线索6），则肯定是戴尔。我们知道她（是的，多克·戴尔是第2位女性，虽然没办法找出来）不在躺椅A，D，E上，线索2能排除躺椅B，因此她必定在躺椅C上。现在我们知道3个躺椅占有者的职业。线索1告诉我们，宇航员不在躺椅B上，那么，他只能是E上的巴石。通过排除法，躺椅B被多明克占了，她是化学家。另外，我们把姓和职业与名搭配，可以推得多明克只能是萨姆。通过排除法，尼克·索乐只能是躺椅D上的物理学家，而克尼森是E上的巴石。

答案：

躺椅A，姜根·克可，飞行员。

躺椅B，萨姆·多明克，化学家。

躺椅C，多克·戴尔，生物学家。

躺椅D，尼克·索乐，物理学家

躺椅E，巴石·克尼森，宇航员。

64...

E	D	C	A	B
B	A	E	D	C
D	B	A	C	E
A	C	B	E	D
C	E	D	B	A

65...

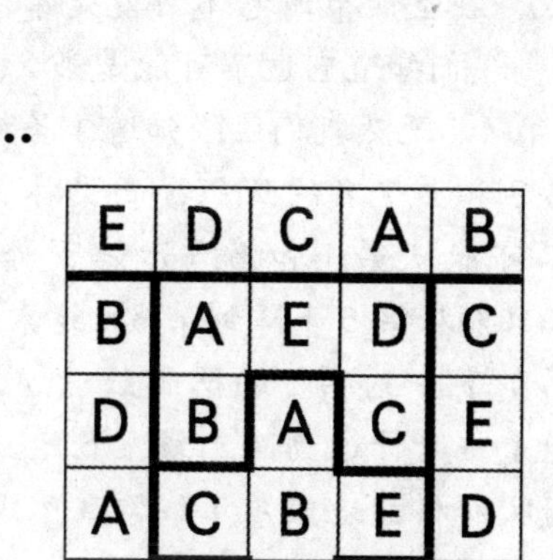

66...

保持相同排名的不是贝林福特队和罗克韦尔·汤队（线索1），从第2跌到第7的是匹特威利队（线索2），而保持相同排名的也不是克林汉姆队和格兰地威尔队（线索3），也非内德流浪者队和福来什运动队（线索6），因此通过排除法，只能是米尔登队，它最后取得了第3名（线索5），而在圣诞节时也是第3名。线索5告诉我们，中场时罗克韦尔·汤队是第4名，而最后取得了第1名（线索1）。贝林福特队到赛季末下降了2个名次（线索1），在圣诞节时它不可能是第7和第8，我们知道它也不可能是第2、第3和第4。既然我们已经知道了圣诞节时第3和第7名的队伍，而贝林福特队不可能从第1和第5开始下降的，那么只能从第6下降到第8（线索1）。从第1下降到第5的队（线索7）不可能是福来什运动队（线索6）、克林汉姆队和格兰地威尔（线索3），因为他们的名次都是上升的，那么，只可能是内德流浪者队。现在从线索3中已经可以知道，在圣诞节时，克林汉姆队是第7，格兰地威尔是第8。剩下当时福来什运动队是第5。福来什运动队最后不是第4（线索4），那么肯定是第2名。最后，从线索3中知道，克林汉姆队以第4结束，而格兰地威尔队以第6告终。

答案：

圣诞

1. 内德流浪者队
2. 匹特威利队
3. 米尔登队
4. 罗克韦尔·汤队
5. 福来什运动队
6. 贝林福特队
7. 克林汉姆队
8. 格兰地威尔队

赛季末

1. 罗克韦尔·汤队
2. 福来什运动队
3. 米尔登队
4. 克林汉姆队
5. 内德流浪者队
6. 格兰地威尔队
7. 匹特威利队
8. 贝林福特队

67...

SD间谍在6号房间（线索2），从线索5中知道，OSS间谍一定在5号房间，而SDECE间谍在3号房间，鲁宾在1号房间。2号房间的间谍不可能来自阿布威（线索3），也不来自M16，而间谍加西亚不在1号房间（线索1），那么他肯定是GRU的间谍。从线索4中知道，毛罗斯先生的房间是4号，罗布斯不可能在3号（线索1），也不可能在2号房间，因为加西亚不在4号房间，所以罗布斯也不可能在6号。罗布斯只能在5号房间，而加西亚在3号，M16的间谍则在4号房间（线索1）。6号房间的SD间谍不是罗布斯（线索2），则肯定是戴兹，剩下罗布斯一定是2号房间的GRU间谍，最后通过排除法，1号房间的鲁宾是阿布威的间谍。

答案：

1号房间，鲁宾，阿布威。

2号房间，罗佩兹，GRU。

3号房间，加西亚，SD-ECE。

4号房间，毛罗斯，M16。

5号房间，罗布斯，OSS。

6号房间，戴兹，SD。

68...

人物3的运动项目是射击（线索3），人物5的项目不是滑冰（线索1）、羽毛球（线索3）和台球（线索4），则一定是高尔夫，那么人物4就是斯特拉·提兹（线索2），她的项目不是滑冰（线索1）和台球（线索4），那么一定是羽毛球。人物5刚从卡萨布兰卡回来（线索3），人物1不是从罗马回来（线索5），也不是来自洛杉矶（线索1）和东京（线索4），那么一定从布里斯班来。人物2不是来自洛杉矶（线索1），也非东京（线索5），那么一定来自罗马。人物3和4来自洛杉矶或者东京。如果4来自洛杉矶，则从线索1中知道凯特·肯德尔就是人物3，来自东京。但线索1告诉我们，凯特·肯德尔不是来自东京，因此3一定来自洛杉矶，而4来自东京。因此凯特·肯德尔就是人物2。人物1的项目就是滑冰（线索1），人物5不是黛安娜·埃尔金（线索5），也不是格丽尼斯·福特（线索4），则一定是莫娜·洛甫特斯。黛安娜·埃尔金也不是人物1（线索5），那么她肯定是人物3，人物1就是格丽尼斯·福特。人物2凯特·肯德尔的项目是台球。

答案：

1号，格丽尼斯·福特，布里斯班，滑冰。

2号，凯特·肯德尔，罗马，台球。

3号，黛安娜·埃尔金，洛杉矶，射击。

4号，斯特拉·提兹，东京，羽毛球。

5号，莫娜·洛甫特斯，卡萨布兰卡，高尔夫。

69...

从线索1知道，雷停靠的巴士牌号要比324号大。7号的车牌不是324（线索2），雷停靠的也不是5号位置的车牌号为340的巴士（线索5）。特里的车号是361，那么雷的就是397，它不在6或者7号位置（线索1）。赖斯把车停靠在4号位置（线索7），5号的车牌是340，这就排除了雷的车是3号的可能性（线索1）。因3号车的车牌号要比邻近的车牌号都大（线索4），雷的车也不可能是2号（线索1），那么雷的车一定在1号位置。从线索1中知道，324一定在3号位置。从线索4中知道，2和4号位置的车牌都是2开头的。因此可以从线索2中知道，7号的车牌是361，是特里停靠的（线索3）。2号位置的车牌不是286（线索2），6号的也不是286（线索5），通过排除法，286一定是4号的车牌，是赖斯停靠的。线索6告诉我们车牌号为253的不在2号位置，那么它一定在6号。因此肯停靠的车在5号位置（线索6）。罗宾的车不在

2号或者3号（线索8），那么一定是6号。通过排除法，2号位置的车号一定是279。3号位置车的司机不是戴夫（线索4），则一定是埃迪，剩下戴夫是把车号为279的车停在2号位置的司机。

答案：

1号，雷，397。

2号，戴夫，279。

3号，埃迪，324。

4号，赖斯，286。

5号，肯，340。

6号，罗宾，253。

7号，特里，361。

70...

D	E	A	C	B
E	D	C	B	A
C	A	B	E	D
A	B	E	D	C
B	C	D	A	E

71...

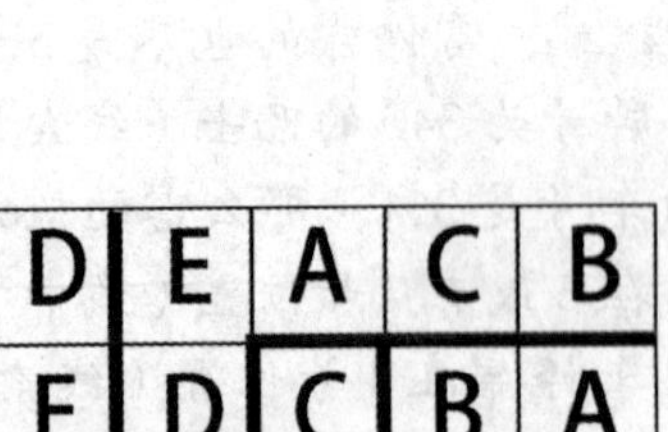

72...

杰茜的宠物是一条小狗（线索5）。朱莉娅的宠物不是虎皮鹦鹉（线索4），也不是乌龟（线索3），那么一定是只猫。因此她不是4号位置的女孩，后者的宠物是虎皮鹦鹉（线索5）。此事实也排除了杰茜是4号，线索1排除了詹妮，那么4号位置的一定是杰迈玛。通过排除法，乌龟是詹妮的宠物。因为杰迈玛在4号，那么朱莉娅不可能在3号（线索3），她也不可能在2号（线索4），所以她一定在1号位置。因朱莉娅的宠物是猫，那么杰茜不可能在2号（线索2）。因此她肯定在3号位置，2号则是詹妮。线索5告诉我们杰茜10岁，而朱莉娅不可能是8岁（线索4）和9岁（线索3），那么一定是11岁。詹妮不是9岁（线索1），那么一定是8岁，剩下杰迈玛今年9岁。

答案：

位置1，朱莉娅，11，猫。

位置2，詹妮，8，乌龟。

位置3，杰茜，10，小狗。

位置4，杰迈玛，9，虎皮鹦鹉。

73...

数字5都不是棕色的（线索1），那么棕色邮票的面值一定是10分，但不是第4张（线索2），因此在面值中有个1的第4张邮票（线索3）面值一定是15分。这样根据线索4，第二张邮票是蓝色的。由线索2告诉我们，描写大教堂的那张邮票的面值中有个0，但不是第四张而是第二张，从这个线索中，我们也可以知道第一张就是棕色的10分面值的邮票。根据同一个线索，第二张蓝色邮票的面值是50分。通过排除法，第三张邮票一定是25分面值的。山峰不是第一张10分邮票上的图案（线索5)，也不是25分面值邮票上的图案（线索5)，因为50分面值的邮票边框是蓝色的。而我们知道它也不是50分面值邮票上的图案，那只能是第四张15分邮票上的图案。这样根据线索5,25分邮票的边框是红色的，剩下15分邮票边框是绿色的。线索3告诉我们第三张邮票描写的不是海湾，那一定是瀑布，剩下海湾是第1张棕色的、10分面值的邮票上的图案。

答案：

第一张，海湾，10分，棕色。

第二张，大教堂，50分，蓝色。

第三张，瀑布，25分，红色。

第四张，山峰，15分，绿色。

74...

因为穿红毛衣的不是丹尼或吃巧克力派的刘易丝（线索4)，而凯文的毛衣是蓝色的（线索1)，所以穿红毛衣的一定是西蒙。碰到的第一位朋友穿的毛衣不是红色的（线索4)，也不是蓝色的（线索1)，而第三位穿着米色毛衣（线索2)，由此得出第一位一定穿着绿毛衣。这样根据线索3，第二位朋友在吃香蕉，而且我们知道他的毛衣不是米色或绿色的，他也不是穿红毛衣的西蒙（线索3)，那他一定是穿蓝毛衣的凯文。接着根据线索1，穿绿毛衣的第一位朋友在吃棒棒糖，排除了凯文、刘易丝和西蒙，那他只能是丹尼。通过排除法，西蒙在吃苹果，刘易丝是汤米碰到的第三位穿米色毛衣的朋友，最后碰到的是西蒙。

答案：

第一位，丹尼，绿色，棒棒糖。

第二位，凯文，蓝色，香蕉。

第三位，刘易丝，米色，巧克力派。

第四位，西蒙，红色，苹果。

75...

已知军官C不是陆军中尉阿尔迪丝或水兵（线索5)。根据线索1，如果水兵是A或B，陆军中尉阿尔迪丝就是D，空军军官是E；如果水兵是D或E，那么陆军中尉阿尔迪丝是B，空军军官是A，这样得出空军军官一定是A或E。而他的家乡不是爱达荷州（线索1)、新墨西哥州（线索2)或缅因州（线索3)，也不是乔治亚州（线索4)，那么一定是堪萨斯州。由此知道他不是军官E（线索4)，而是军官A。同时得出水兵是D或E，陆军中尉阿尔迪丝是B。水兵不是普迪上尉（线索2）或沃德少校（线索5)，因此他是德莱尼上尉或哈伦上尉，这样得出军官C一定是沃德少校（线索5)。因为陆军中尉阿尔迪丝就是军官B，所以他不是步兵（线索2）或工兵（线索3)，而是军事警察。军官C沃德少校不是工兵（线索3)，而是步兵，那么普迪上尉就是军官A，而来自美国新墨西哥州的是军官B，即陆军中尉阿尔迪丝（线索2）。军官E不是哈伦上尉（线索4），而是德莱尼上尉，通过排除法，哈伦上尉就是军官D，因此来自乔治亚州的是军官E（线索4）。因为步兵梅吉尔·沃德不是来自缅因州（线索3），由此得出缅因州是军官D的家乡。现在可以知道军官E是工兵（线索3）。最后通过排除法，水兵是军官D哈伦上尉，而梅吉尔·沃德来自爱达荷州。

答案：

军官A，普迪上尉，空军，堪萨斯州。

军官B，陆军中尉阿尔迪丝，军事警察，新墨西哥州。

军官C，沃德少校，步兵，爱达荷州。

军官D，哈伦上尉，水兵，缅因州。

军官E，德莱尼上尉，工兵，乔治亚州。

76...

D	B	A	E	C
C	E	B	D	A
E	A	C	B	D
B	C	D	A	E
A	D	E	C	B

77...

根据线索4，纳斯德卡思在城墙上的3或4号位置，但3号位置上的是斯堪达隆思（线索2），因此纳斯德卡思一定在4号位置上。由于已经参军12年的人不是来自大不列颠的密尼布司（线索1），也不是来自伊伯利亚半岛（线索2），而来自高卢的士兵已经参军10年（线索3），因此通过排除法得出他是罗马市民。因为他不在4号位置（线索4），线索1还说明来自大不列颠密尼布司的那个人的参军年数不是11年，而且我们知道也不是10年或12年，所以他是最晚参军的，已经参军9年。剩下来自伊伯利亚半岛的士兵的参军年数是11年，根据线索2知道，3号位置上的斯堪达隆思来自罗马，并且他已经参军12年。由线索4得到最晚参军的密尼布司在2号位置，因此1号位置上的就是阿格里普斯。线索3告诉我们他不是来自高卢，那么来自高卢的是纳斯德卡思，最后剩下阿格里普斯是来自伊伯利亚半岛的已经参军11年的士兵。

答案：

1号，阿格里普斯，伊伯利亚半岛，11年。

2号，密尼布司，大不列颠，9年。

3号，斯堪达隆思，罗马，12年。

4号，纳斯德卡思，高卢，10年。

78...

由于下午3:00接的乘客来自剑桥（线索4），并且上午10:00的乘客不是来自北安普敦（线索3），那么他来自林肯，而来自北安普敦的乘客于12:30在4号站台被接到。上午10:00要接的站台号比下午3:00要接的站台号小（线索2），由此可以知道10:00接的客人在7号站台，而下午3:00接的客人德拉蒙德夫人在9号站台（线索2）。来自林肯的乘客将进入7号站台，因此斯坦尼夫人会进入4号站台（线索1），排除法得出古氏先生到7号站台。最后通过排除法，古氏先生来自林肯，斯坦尼夫人来自北安普敦，而德拉蒙德夫人来自剑桥。

答案：

上午10:00，7号站台，古氏先生，林肯。

中午12:30，4号站台，斯坦尼夫人，北安普敦。

下午3:00，9号站台，德拉蒙德夫人，剑桥。

79...

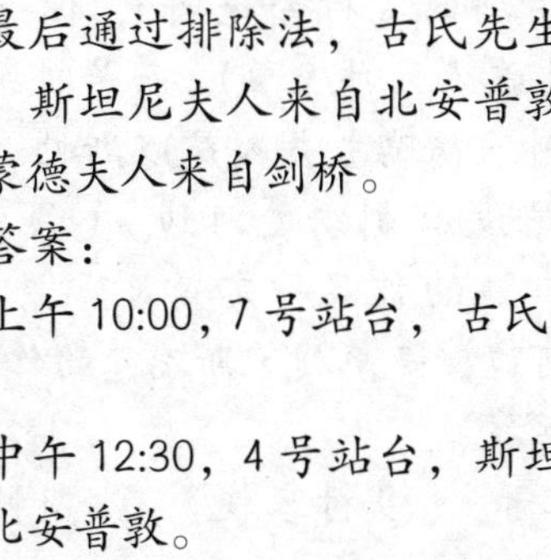

80...

已知索菲在多恩卡斯特上车（线索4）。根据线索1，黛安娜不是从约克角旅行回来，线索1和3又排除了她来自格兰瑟姆的可能，而且搭乘1号出租车的妇女来自格兰瑟姆，所以可以得出黛安娜在皮特博芮上火车。我们现在知道从格兰瑟姆来的乘客不是黛安娜或索菲，也不是伯尼的乘客帕查（线索3），因此她是安妮特。排除法得出帕查从约克角旅行回来。黛安娜的司机不是詹森（线索1），也不是诺埃尔（线索2），那么他就是克莱德，而她搭乘的是4号出租车（线索5）。然后根据线索1，詹森是3号出租车的司机，他的乘客不是伯尼的乘客帕查，而是索菲。最后通过排除法，我们知道安妮特的司机是诺埃尔，伯尼的车是2号车。

答案：

1号，诺埃尔，安妮特，格兰瑟姆。

2号，伯尼，帕查，约克角。

3号，詹森，索菲，多恩卡斯特。

4号，克莱德，黛安娜，皮特博芮。

81...

B	A	E	C	D
D	C	A	B	E
E	B	D	A	C
A	D	C	E	B
C	E	B	D	A

82...

第2个村庄是丝特·多米尼克村（线索2）。丹尼斯住在村庄3（线索

3），线索1说明波科勒村不是村庄1或村庄4，那么圣子埃特鲁米亚展览（线索1）一定在村庄3开展，丹尼斯观看了这场展览。线索1告诉我们克里斯多佛住在村庄2，安德烈住在墨维里（线索4），通过排除法，马丁所在的村庄是格鲁丝莫村，但它不是村庄1（线索5），而是村庄4，剩下村庄1是墨维里。住在那里的安德烈没有在街道上跳舞（线索3），也没有看电视（线索4），那他一定参加了烟花大会。由线索4得知马丁没有看电视，那她一定在街道上跳舞，剩下克里斯多佛呆在家里看电视。

答案：

村庄1，墨维里村，安德烈，烟花大会。

村庄2，丝特·多米尼克村，克里斯多佛，看电视。

村庄3，波科勒村，丹尼斯，圣子埃特鲁米亚展览。

村庄4，格鲁丝莫村，马丁，街道舞蹈。

83...

2号作品不可能是凯维丝夫人的（线索1），也不是福瑞木夫人的（线索2）。线索4告诉我们萨利·斯瑞德的作品在3或4号位置，这样通过排除法，2号作品是尼得勒夫人的。然后根据线索5，以斯帖刺绣了1号作品，但不是《雪景》（线索1）或《河边》（线索3），伊冯刺绣了《村舍花园》（线索2），可以得出以斯帖的作品是《乡村客栈》。接着根据线索4，萨利·斯瑞德制作了4号作品。根据线索3，赫尔迈厄尼就是刺绣2号作品的尼得勒夫人。排除法得出3号作品是伊冯的《村舍花园》，但她不是福瑞木夫人（线索2），而是凯维丝夫人，剩下福瑞木夫人是以斯帖。赫尔迈厄尼没有刺绣《河边》（线索3），因此，她的作品一定是《雪景》，剩下《河边》是萨利·斯瑞德的作品。

答案：

1号，《乡村客栈》，以斯帖·福瑞木。

2号，《雪景》，赫尔迈厄尼·尼得勒。

3号，《村舍花园》，伊冯·凯维丝。

4号，《河边》，萨利·斯瑞德。

84...

由于言情电影（线索1）、枪战电影（线索2）和喜剧片（线索5）都不在C制片厂上，因此通过排除法，拉娜·范姆帕担任女主角的警匪片（线索4）是在那里拍摄的。然后根据线索4，奥尔弗·楞次在B制片厂担任导演。我们知道他不是和拉娜·范姆帕一起工作，线索1也排除了海伦·皮奇在B制片厂工作的可能。西尔维亚·斯敦汉姆由卡尔·卡马拉导演（线索3），因此奥尔弗导演多拉·贝尔。海伦·皮奇不在D制片厂工作（线索1），而是在A制片厂，剩下卡尔和西尔维亚在D制片厂工作。线索1现在告诉我们，奥尔弗和多拉在拍言情电影，这样根据线索2，枪战电影一定在A制片厂拍摄，喜剧在D制片厂。线索2得出，沃尔多·特恩汉姆在C制片厂导演警匪片，鲍里斯·旭茨在A制片厂导演枪战电影，其中海伦·皮奇是女主角。

答案：

A制片厂，枪战，鲍里斯·旭茨，海伦·皮奇。

B制片厂，言情，奥尔弗·楞次，多拉·贝尔。

C制片厂，警匪，沃尔多·特恩汉姆，拉娜·范姆帕。

D制片厂，喜剧，卡尔·卡马拉，西尔维亚·斯敦汉姆。

85...

已知斯杰普生德桥是第2号桥（线索2）。4号桥不是托福汉姆桥（线索1）或悬臂建筑维斯吉格桥（线索4），那么一定是埃斯博格桥。第1条河不是被吊桥横跨的波罗特河（线索1），也不是戴斯尔河（线索3）或科玛河（线索4），因此一定是斯沃伦河。我们现在知道托福汉姆桥和维斯吉格桥是1号或3号桥，那么波罗特河（线索1）和科玛河（线索4）不可能是3号河，因此排除法得出第3条河是戴斯尔，而它上面的桥不是拱桥（线索3），也不是摆桥（线索5）或吊桥，而是悬臂桥维斯吉格。根据线索4，科玛河是被埃斯博格横跨的第4条河。通过排除法，第1条河斯沃伦河被托福汉姆横跨，线索1得出，在波罗特河上的吊桥就是2号桥斯杰普生德。根据线索1和5，1号桥托福汉姆是座拱桥，而4号桥埃斯博格在科玛河上，并且是座摆桥。

答案：

1号桥，托福汉姆桥，斯沃伦河，拱桥。

2号桥，斯杰普生德桥，波罗特河，吊桥。

3号桥，维斯吉格桥，戴斯尔河，悬臂桥。

4号桥，埃斯博格桥，科玛河，摆桥。

86...

由于C位置上的旅店名是升起的太阳（线索3），D位置上的船属于凯斯家庭（线索4），因此根据线索1，停泊在挪亚方舟处的费希尔家庭的船在B位置上，而斯恩费希船在A位置上。我们知道停在狗和鸭码头的帕切尔号（线索2）不在A、B或C位置上，所以它一定属于D位置上的凯斯家庭。现在通过排除法，A位置上的旅店是钓鱼者休息处。罗德尼家庭的船不是停靠在升起的太阳处（线索3），而是在A位置上的钓鱼者休息处，并且是斯恩费希号，剩下停在C位置上的升起的太阳处的船属于德雷克家庭，但不是南尼斯号（线索3），而是罗特斯号，费希尔家庭的船南尼斯停在B位置上的挪亚方舟处。

答案：

位置A，罗德尼，斯恩费希，钓

鱼者休息处。

位置B，费希尔，南尼斯，挪亚方舟。

位置C，德雷克，罗特斯，升起的太阳。

位置D，凯斯，帕切尔，狗和鸭客栈。

87...

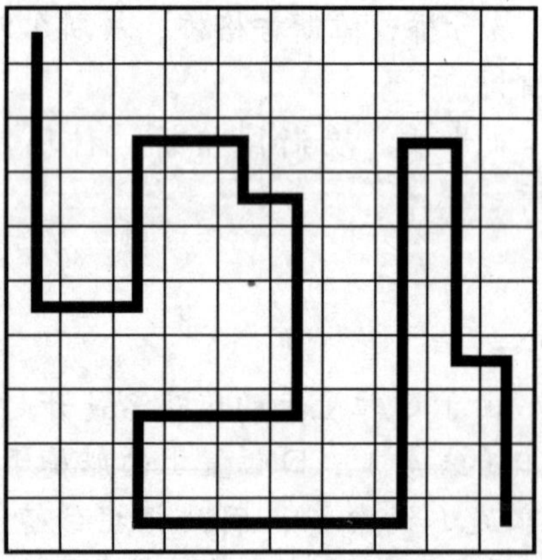

88...

海吉斯在2号位置（线索4）。由于4号马上的选手不是迪克兰（线索3）或沃特（线索5），因此他一定是赫多尔。这样根据线索2，安德鲁就是骑2号马的海吉斯。1号马不是“跳羚”（线索1），不是“杰克”（线索3），也不是被加百利骑着的“跳过黑暗”（线索5），因此一定是“小瀑布”。我们现在知道安德鲁的马不是“小瀑布”或“跳过黑暗”，也不是“跳羚”（线索1），那么就是“杰克”。现在线索3说明迪克兰·吉姆帕是骑1号马“小瀑布”的选手。通过排除法，沃特骑3号马。根据线索5，4号马是“跳过黑暗”，剩下沃特骑的是“跳羚”。现在已经知道赫多尔就叫加百利，而沃特是吉斯杰姆的姓。

答案：

1号，“小瀑布”，迪克兰·吉姆帕。

2号，“杰克”，安德鲁·海吉斯。

3号，“跳羚”，吉斯杰姆·沃特。

4号，“跳过黑暗”，加百利·赫多尔。

89...

由于最前面一辆车的司机不是菲利普（线索1）和曼纽尔（线索3），并且也不是汉斯（线索4），因此一定是安东尼奥。这样根据线索5，红车在2号位置上，那么它的数字是15（线索2）。第4个位置上的车不是车牌号为27的黄车（线索1），它的车牌号也不是38（线索3），排除法得出它的车牌号是9。我们知道它不是红色或黄色，也不是绿色（线索4），那只能是蓝色。剩下车牌号38的车是绿色的，但绿车不在3号位置（线索3），因此它是领先的安东尼奥的车，剩下3号车是带数字27的黄车。线索4现在告诉我们汉斯是2号红车的司机，线索1说明菲利普是4号蓝车的司机，剩下曼纽尔是3号黄车的司机。

答案：

1号位置，安东尼奥，绿色，38。

2号位置，汉斯，红色，15。

3号位置，曼纽尔，黄色，27。

4号位置，菲利普，蓝色，9。

90...

E	C	A	B	D
B	D	C	A	E
D	E	B	C	A
A	B	E	D	C
C	A	D	E	B

91...

罗斯的房子达到7层高（线索5），所以她不可能是叠出4层高房子的2号女孩（线索2）。线索4排除了她在3号位置用蓝色纸牌的可能，她也不是在4号位置（线索5），所以，罗斯坐在1号座位。我们已知夏洛特用的纸牌是绿色的（线索1），她不在位置1或3，因为2号女孩叠出4层楼，所以，夏洛特不可能是在4号位置（线索1），她是在位子2，造出了4层楼的房子。因此，由线索1得出，5层楼的房子是由4号女孩建造的。留下用蓝色纸牌造的6层房子在位置3。综上，根据线索4，罗斯用的是红色的纸牌，剩下由黑色纸牌构成的在位置4的5层房子，它不是由安吉拉建造的（线索3），而是蒂娜做的。安吉拉坐在3号位置，持蓝色纸牌。

答案：

座位1，罗斯，红色，7层楼。

座位2，夏洛特，绿色，4层楼。

座位3，安吉拉，蓝色，6层楼。

座位4，蒂娜，黑色，5层楼。

92...

亨利排在队伍的第3个位子（线索3），第4个位子排的不是珀西瓦尔（线索1），也不是马克斯（线索2），所以，一定是威洛比。威洛比买的是星期五晚上的票（线索4）。星期六晚上订在包厢座位的票不是珀西瓦尔的（线索1），也不是亨利的（线索3），排除法得知买票的是马克斯。所以，马克斯不可能是排在第1位的（线索1），而是排在第2位，第1位排的是珀西瓦尔。因此据线索2可得，第3位是亨利，买的是剧院花楼的票，但不是星期四的演出（线索2），是星期三的。剩下珀西瓦尔买的是星期四的票，并根据线索3得出，是在正厅后排的座位。所以，威洛比星期五晚上的票是正厅前排的座位。

答案：

位置1，珀西瓦尔，星期四，正厅后排座位。

位置2，马克斯，星期六，包厢。

位置3，亨利，星期三，剧院花楼。

位置4，威洛比，星期五，正厅前排座位。

93...

思德·塔克坐在C位置（线索1），BBMU的人坐在D位置（线索4），所以来自UMBM，不是坐在B位置的雷·肖（线索5），一定是在A位置。现在根据线索2，代表ABM

的6位成员的那个人不可能是坐在A或C位置，也排除了坐在D位置的可能，所以他是坐在B位置；同样根据线索2，阿尔夫·巴特一定是在D位置。综上，吉姆·诺克斯坐在B位置，思德·塔克代表BBT坐在C位置。所以BBT代表的不是7位成员（线索3），也不是4位成员（线索1），我们知道是吉姆·诺克斯代表有6位成员的ABM，所以BBT有3位成员。UMBM的雷·肖代表的人数比ABM的吉姆·诺克斯代表的少（线索5），所以UMBM一定有4位成员，而BBMU的阿尔夫·巴特代表的是7位成员。

答案：

位置A，雷·肖，UMBM，4。

位置B，吉姆·诺克斯，ABM，6。

位置C，思德·塔克，BBT，3。

位置D，阿尔夫·巴特，BBMU，7。

94...

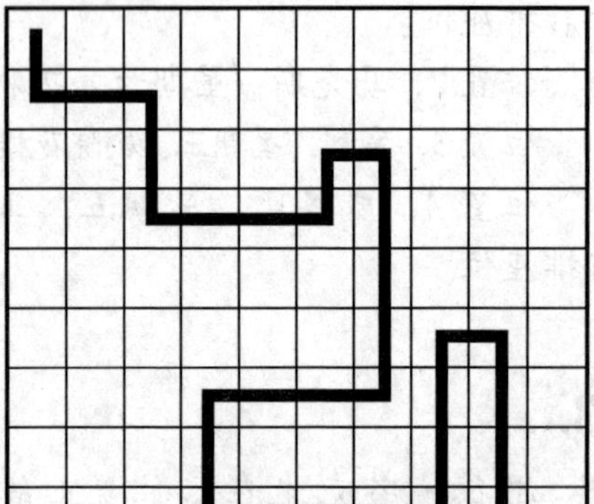

95...

“布鲁克林”是第一名（线索5），身穿红色和橘黄色衣服的骑师是第三名（线索4），由线索1排除了“矶鹞”得第二名和第四名的可能性，所以，它排在第三名。根据线索1得出，卢克·格兰费尔身着黑蓝两色，骑的是排在第四的马。已知“国王兰赛姆”是马文·盖尔骑的那匹马（线索2），排名不是一、三或四，所以是第二名；剩下卢克·格兰费尔骑的马叫“蓝色闪电”。马文穿的不是粉色和白色（线索2），所以应是黄色和绿色，而粉色和白色是穿在胜利的骑师身上。得胜的不是杰姬·摩兰恩（线索3），而是科纳·欧博里恩。杰姬·摩兰恩的马是排在第三名的“矶鹞”。

答案：

第一名，“布鲁克林”。科纳·欧博里恩，粉色和白色。

第二名，“国王兰赛姆”，马文·盖尔，黄色和绿色。

第三名，“矶鹞”，杰姬·摩兰恩，红色和橘黄色。

第四名，“蓝色闪电”，卢克·格兰费尔，黑色和蓝色。

96...

肖特带着红色的围巾（线索2），伯妮斯·海恩的围巾不是黄色的（线索1），她也不是围着蓝色围巾的1号位置的溜冰者（线索1和4），所以她的围巾是绿色的，已知她不在1号位置，因为1号位置的人带着蓝色围巾，线索1同时也排除了她在2号位置的可能性，从线索3中得出她不可能在4号位置，所以伯妮斯·海恩在

3号位置。因此从线索1得出，2号位置的溜冰者必定带着黄色围巾，而由线索3知道，路易丝一定是在4号位置，余下红色围巾由她带着，所以，她是肖特。杰姬不是2号溜冰者（线索2），她是1号溜冰者，2号是夏洛特。杰姬不姓劳恩（线索5），她姓利特尔，劳恩是夏洛特的姓。

答案：

位置1，杰姬·特利尔，蓝色。

位置2，夏洛特·劳恩，黄色。

位置3，伯妮斯·海恩，绿色。

位置4，路易丝·肖特，红色。

97...

戴夫在3号位置（线索5），詹妮不可能是在4号位置（线索1），又因为2号位置骑的人是“迈德·海特”（线索3），线索1排除了1号位置是詹妮的可能，所以，詹妮是在2号位置，扮成“迈德·海特”。根据线索1，在1号位置的戴夫扮演的是“托德先生”。现在，由线索2得出，诺德一定是在1号位置，剩下“贝格尔斯”，即贝尔（线索4）在4号位置。“诺德”不是基思扮演的（线索2），所以他一定是莫尼卡扮的，而基思姓贝尔，扮的是“贝格尔斯”。莫尼卡不姓斯普埃克斯（线索2），也不姓切诺（线索3），所以她姓福克斯。最后，根据线索3，切诺不是扮成“迈德·海特”的詹妮，所以他是戴夫。詹妮姓斯普埃克斯。

答案：

1号，莫尼卡·福克斯，“诺德”。

2号，詹妮·斯普埃克斯，“迈德·海特”。

3号，戴夫·切诺，“托德先生”。

4号，基思·贝尔，“贝格尔斯”。

98...

蓝色海湾镇拥有卡西诺赌场（线索4），巴瑞特一家人所住的小镇拥有宜人的海滩（线索2）。罗德斯一家人住在国王乡村中，但此处没有游艇港湾（线索1），所以它肯定是潜水中心。我们知道住在蓝色海湾镇上的家庭不是巴瑞特或者罗德斯一家，同时也不可能是沃德尔一家（线索4），所以它必定是莱斯特一家。因此，蓝色海湾镇位于B处（线索2），D处小镇叫作白色沙滩（线索3）。在游艇港湾镇顺时针方向的下一站就是国王乡村镇（线索1），所以国王乡村镇不可能是C处小镇，它必然是A处小镇，剩下C处是纳尔逊镇。游艇港湾必定在白色沙滩镇上（线索1），所以，用排除法可知，必定是沃德尔一家人住在白色沙滩镇上。那么巴瑞特一家人肯定在纳尔逊镇上，那里有宜人的海滩。

答案：

A镇，国王乡村，罗德斯，潜水中心。

B镇，蓝色海湾，莱斯特，卡西诺赌场。

C镇，纳尔逊镇，巴瑞特，宜人海滩。

D镇，白色沙滩，沃德尔，游艇港湾。

99...

因为4号窗口的顾客在购买一本邮票集锦（线索4），3号窗口的顾客在办理公路收费执照（线索2）。路易斯在3号窗口工作（线索3），那么亨利就在1号窗口。艾莉斯在2号窗口前提取养老金（线索1）。用排除法可知，亨利必定在寄挂号信。所以，大卫必然在2号窗口工作（线索5）。在亚当的窗口前办理业务的不是亨利（线索2），所以迈根必然在1号窗口处工作，亚当在4号窗口处工作。从亚当那里购买邮票的不是玛格丽特（线索4），他是丹尼尔，剩下在路易斯的窗口前办理公路收费执照的是玛格丽特。

答案：

1号窗口，迈根，亨利，挂号信。

2号窗口，大卫，艾莉斯，养老金。

3号窗口，路易斯，玛格丽特，公路收费执照。

4号窗口，亚当，丹尼尔，邮票集锦。

100...

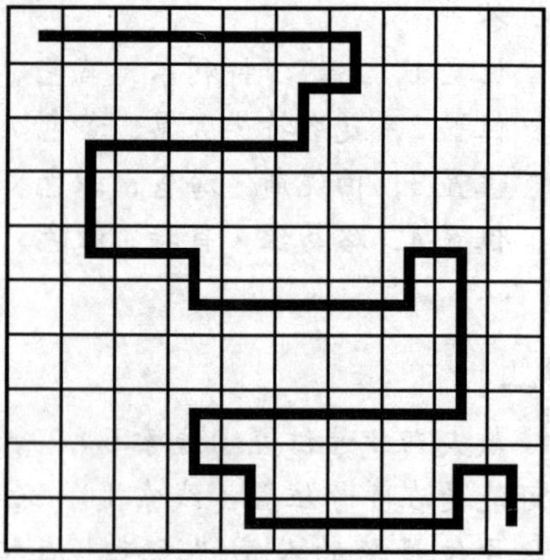

第9章

综合法

所谓综合法，就是综合各种方法去解决某些问题。事实上，许多问题都要运用几种不同的方法才能得以解决。例如，分析法是最常用的方法，几乎每个问题都会用到；递推法和倒推法也经常是相辅相成的，有时甚至同一题中两种方法要一起使用……所以，综合运用这些方法，才是解决逻辑问题的关键。

1. 瓶塞（1）【初级】

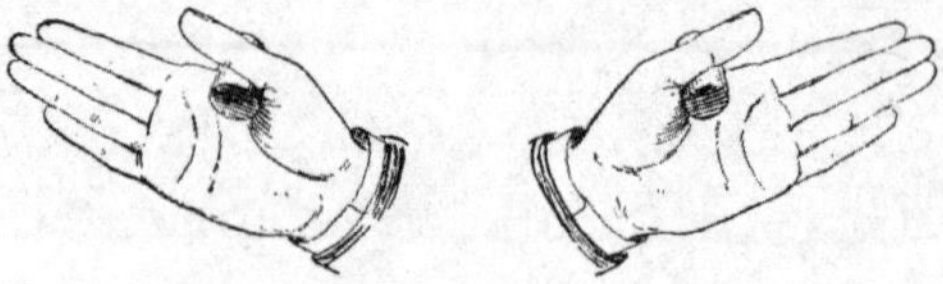

图1

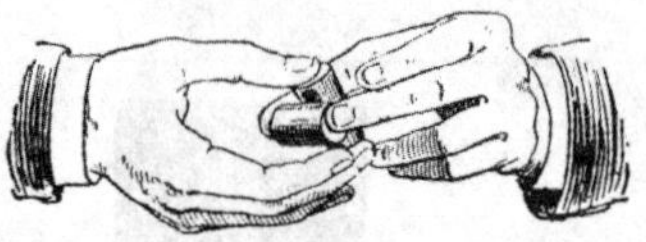

图2

这是一个很好的瓶塞思维游戏，你可以在你下次葡萄酒品尝会上拿它来考考你的客人。接下来，我要请19世纪最好的思维游戏出题者霍夫曼教授介绍这个题：

“准备2个葡萄酒瓶的瓶塞，然后按照图1的样子把它们夹在手上（即：每个瓶塞都横着放在拇指的分岔处）。现在，用右手的拇指和中指抓住左手上的瓶塞（两根手指抓住瓶塞的两端），与此同时，再用左手的拇指和中指抓住右手上的瓶塞，然后，把两个瓶塞分开。”

上面的操作听起来很简单，但是初学者在尝试的时候会出现图2的情况。而这正是这个题要避免的，必须将2个瓶塞自然地分开。

2. 惩罚【初级】

思罗克莫顿能写出这个数字吗？彭尼帕克先生给了他一个很难的题。他只能利用1，3，5，7，9这些数字来写成这个数字。很显然，诸如333、753或者717这些数字都不是偶数。那么，你能否帮助思罗克莫顿走出这个困境呢？

3. 瓶子（2）【初级】

弗朗昆教授的一个学生将一个装着写有下面语句的便条的瓶子交给了他。他向这个博学的人挑战要解读著名的航海船长在这个便条上所写的这首诗中包含了什么：

“我现在指挥着这艘巨轮，船上装载着从世界各地运来的珍贵货物，这些东西我从来没有卖过。风也助我一臂之力，不管是港口还是海港，我最大的愿望就是能在上面自由奔跑。”

那么，你知道这位诗人船长是谁吗？

4. 置换【初级】

罗索姆·乔治虽然努力解题但仍无法得到答案，我们来帮帮他吧。将 2 枚 1 分硬币放在 1 号和 2 号位置，然后把 2 枚 1 角硬币放在 8 号和 10 号位置。我们只能通过 18 步把这 4 枚硬币交换位置。在移动硬币时，要遵循下面的规则：你一次可以将一枚硬币移动到任意一条直线上的任何一个带数字的圆圈之内；相同的硬币不能在某条直线上移动 2 次；不允许 1 分硬币和 1 角硬币同时停止在同一条直线上。你有 15 分钟的时间来解答这个题。

5. 狂欢大转盘【初级】

狂欢小丑英勒斯说得很对。这个老板是个非常迷信的人，他总是把 1 到 11 这几个数字写在转盘上并使每条线上的 3 个数字相加后等于 18。那么，你能否把这些数字正确填写吗？

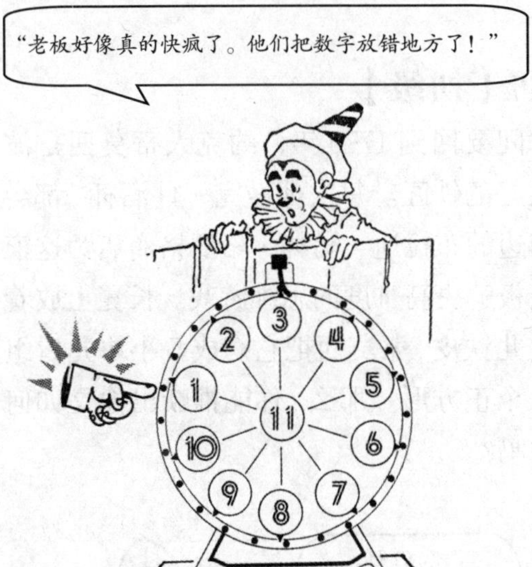

6. 蜂箱【初级】

右图中的蜜蜂正在设法将蜂箱中从 1 到 14 这几个数字重新排列。它们要使相邻的两个蜂房内的数字彼此不连续，同时，排列完之后，任意一个数字都不能与可以整除它的数字相邻（数字 1 排除在外）。

7. 牌点【初级】

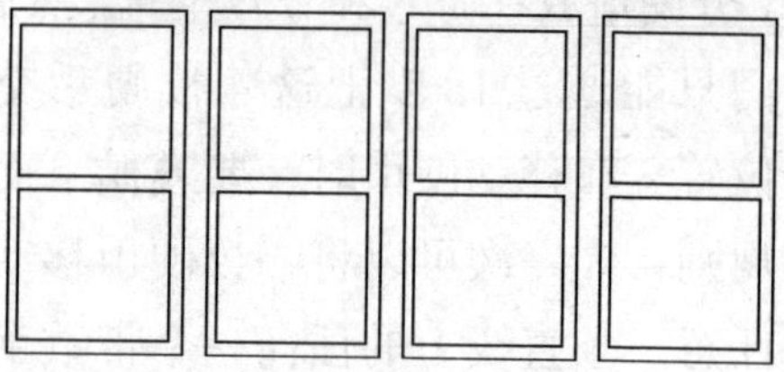

这是为数不多的多米诺骨牌思维游戏中的一个，而且你完全可以把它做出来。右图是 4 个空白的多米诺骨牌。你要做的就是按照下面的规则将 18 个点放在多米诺骨牌上：

4 个多米诺骨牌的上半部分点的总个数等于下半部分的个数。同时，第一个多米诺骨牌上的点数要等于最后一个牌的 2 倍。另外 2 个中的一个只有一个点，而另一个则有 2 个点（上下两部分各有一个）。有 3 个多米诺骨牌的上半部分的点数相同，有两个多米诺骨牌的下半部分的点数相同。

这听起来让人很迷惑，但是，我赌你用不了 15 分钟就可以解答这个题。

8. 铁匠【初级】

时间要回到 1776 年，约克人蒂莫西是波士顿最好的铁匠。每次他做完一件酒杯，都会去路南边的布拉迪 · 马林 · 格罗格商店为这家店的老板解决高难度的思维游戏。长凳上放着一大块儿铁皮，蒂莫西把它切成 5 小块儿后组成了一个正方形。那么，你能推断出他是如何做到的吗？

9. 热狗【初级】

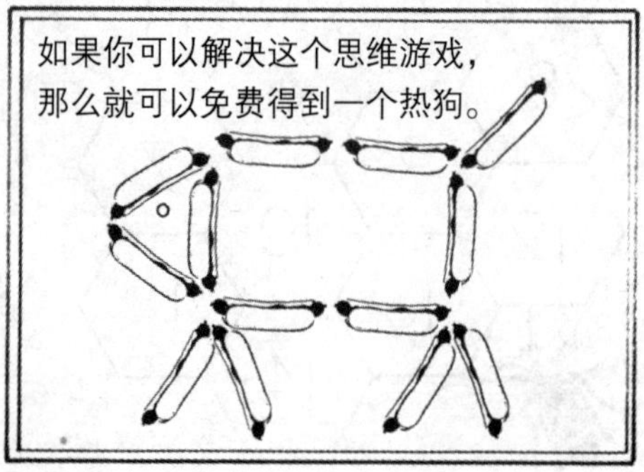

10. 玻璃杯【初级】

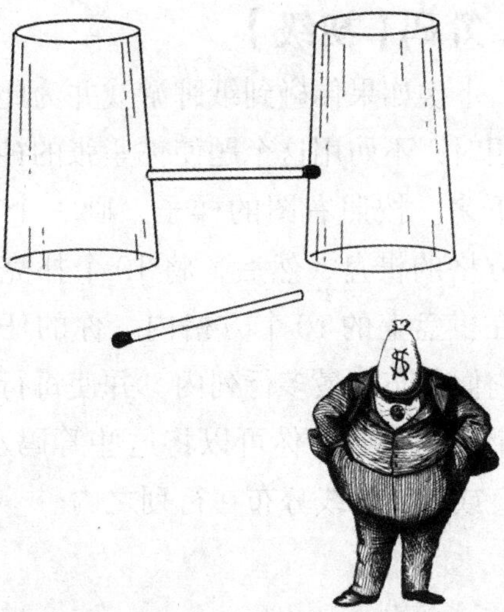

威灵顿·曼尼拜格斯是赌场中的名家，他身后就是一道“玻璃杯”难题。将一根火柴支撑在两个颠倒的玻璃杯的中间部位（如图所示）。现在，威灵顿打赌说他即使将其中的一个玻璃杯拿走也可以使那根火柴悬在空中。你只能拿桌子上的第二根火柴与那根火柴接触。那么，谁对他的这个赌感兴趣呢？

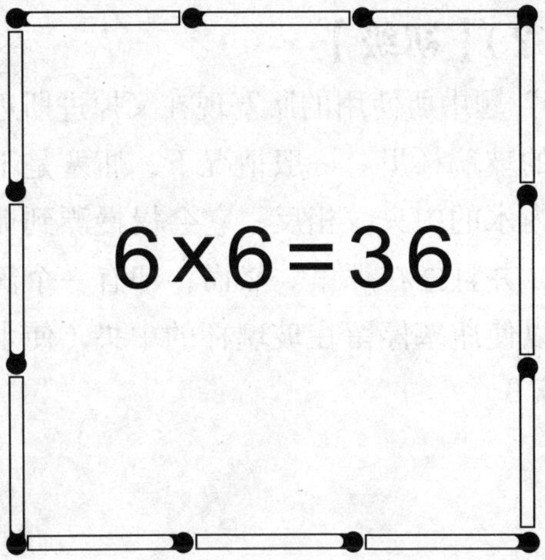

11. 火柴杆【初级】

左图是用 12 根火柴拼成的一个正方形。每根火柴都长 2 厘米，这样，这个正方形的面积为 6 乘以 6，即 36 平方厘米。现在，请你将这 12 根火柴重新排列，并使形成的新的图形的面积为 12 平方厘米。

12. 调换（1）【初级】

这纯粹是一个“换位置”的题。将 3 个白色的棋子分别放在 1、2、3 号位，3 个黑色棋子分别放在 10、11、12 号位。你只能通过 22 步将它们的位置互换。每个颜色的棋子轮流沿着直线从一个圆圈移动到另一个圆圈。任何一个棋子都不可以放在对方棋子下一步可以移动到的圆圈内；每一个棋子只能在它所在的圆圈内停留一次。

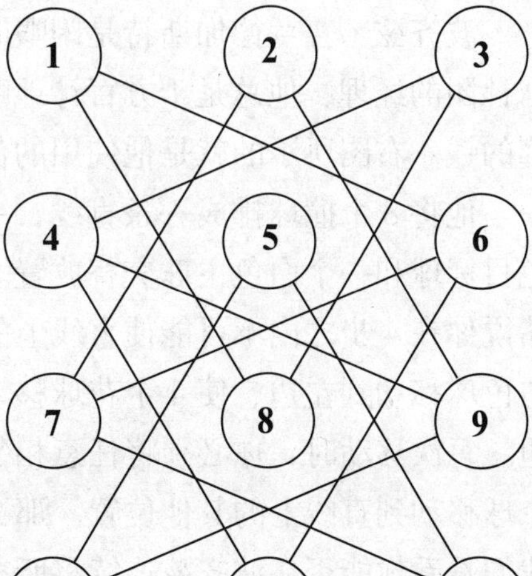

13. 筹码【初级】

下次如果你碰到纸牌游戏并为此提心吊胆时，不妨用这个题使你紧张的神经放松下来。按照右图的样子，画一个有 16 个方格的棋盘，然后，将 10 个扑克筹码放在棋盘上的 10 个方格内。你的任务是将它们分布在最多行列内，并使每行的筹码个数为偶数。你可以将这些筹码水平、垂直或者沿斜线分布在行列之内。

14. 瓶塞（2）【初级】

“玻璃杯”题中所使用的瓶塞现在又掉进斯迈德维奇女士的玻璃杯里。一般情况下，瓶塞是不会停留在杯内水的中央，相反，它会慢慢漂到玻璃杯的一侧，并且停在那里。然而，却有一个简单的方法可以使瓶塞停留在玻璃杯的中央（使水旋转不算答案）。

15. 撞球【初级】

波齐兹 · 普兰德加斯特是闲暇时刻台球社团的经理，他总是千方百计地赚取顾客的钱。右图所示的就是他使用的伎俩之一。他将 8 个撞球排成一条直线，一个彩色目标球和一个白色主球交替放置。他打赌说你在 4 步之内不可能使直线上的 4 个白色球移动到左边、使 4 个花球移动到右边。每次移动时，你必须将任意相邻的两个球移动到直线上的其他位置。那么，让我们看看你能否在波齐兹连续将所有的球都打入袋中之前把这个难题解答出来。

16. 标志牌【中级】

“波普，你说得不对！那个标志牌才是思维游戏呢！你的任务就是把它解答出来，即把标志牌上所有的相同字母用相同的数字来代替。如果正确完成的话，那么你会得出一个正确的数学表达式。你试试，看能不能在我们到达海滩之前把它解答出来！”

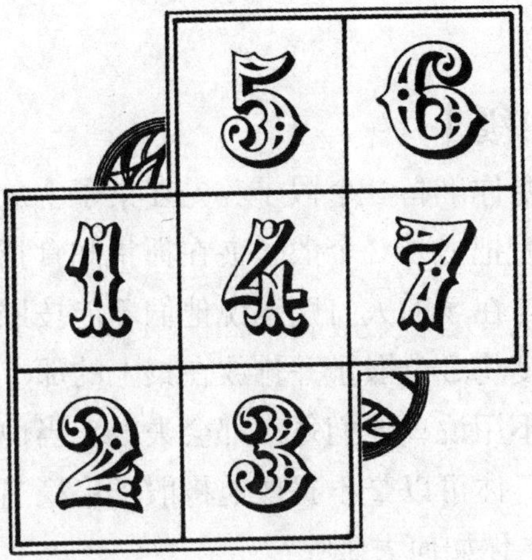

17. 调换（2）【中级】

在左图的棋盘上将3枚5角硬币放在1、2、3号方格内，然后将3枚1角硬币放在5、6、7号方格内，接着再将它们的位置互换。在这个过程中，你可以将硬币移动到与之相邻的空格内或将其从与之相邻的硬币上跳到后面的空格内，你可以沿水平或者垂直方向移动。请设法在15步之内将硬币相互交换位置。

18. 香水瓶【中级】

右图是一个塞有塞子的未装满的科隆香水瓶，你如何计算出瓶中液体所占瓶子的百分比（瓶塞所占空间面积不计）。你能使用的只有一把尺子，同时，你不能将瓶塞从瓶子上拿走。你有5分钟的时间计算出结果。

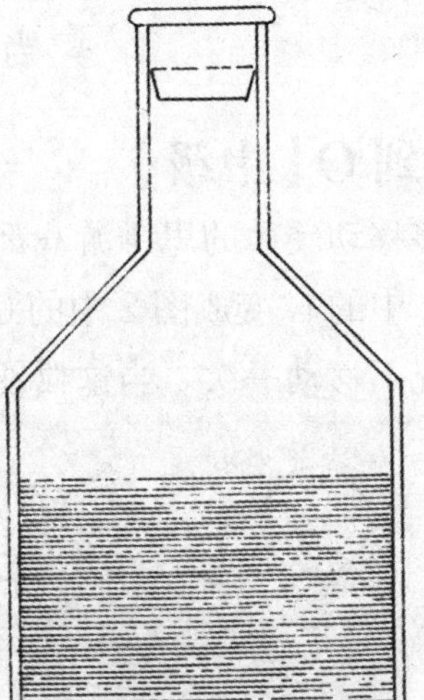

19. 可可豆盒【中级】

在这个甜味题当中，你遇到的是一个密封的贝克早餐可可豆盒，里面装满了可可豆。另外，还有一把15厘米长的尺子。那么，你能否在不打开盒子的情况下，测量盒子内部的尺寸并计算出盒子主要对角线的长度呢？

比如这条从底部右侧前角（B）到顶部左侧后角（A）的直线，盒子内有4条这样的直线。盒子侧面、底顶部以及底部的厚度可以忽略不计。通过数学计算你可以得出结果，但是有一个更为简单的方法，即只利用尺子直接测量，我们要找出这个方法。

我们已经将体积因素排除在外，因为它们并不是找出这个方法的关键所在。那么，你能否找到这个题的解答方法吗？

20. 骰子【中级】

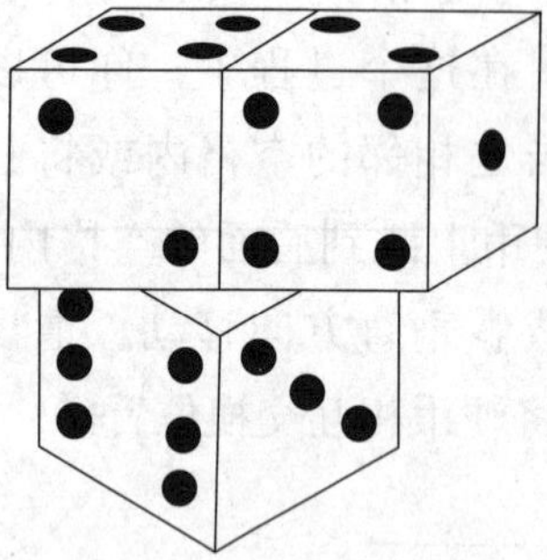

这个题需要你准备3个骰子。先在桌子上放一个骰子，然后把另外2个骰子夹在拇指和食指之间。接着，与在场的人打赌，说他们不能按照图中所示的角度将2个骰子并排放在桌上的那个骰子的顶部。不用说，他们每次都会失败。当他们最终认输时，你可以毫不犹豫地将骰子稳稳当当地放在上面。你如何去做呢？

21. H到O【中级】

许多移动硬币的思维游戏都可以使人愉快，而这就是其中之一。你要用5步将图1中的H变成图2中的O，每一步都要使一枚硬币在不打乱其他硬币位置的情况下移动一次。当这枚硬币移动到新位置后，它必须与另外2枚硬币相接触。

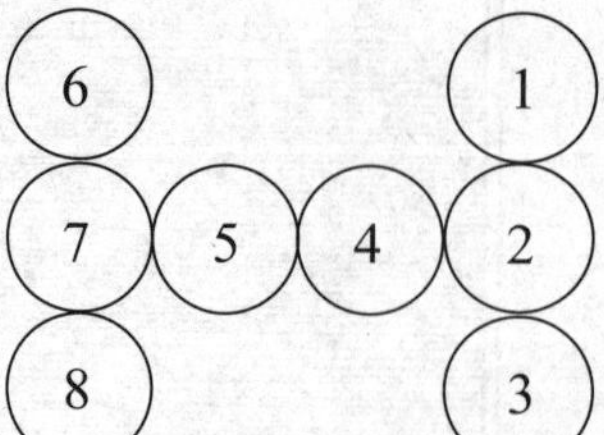

图1

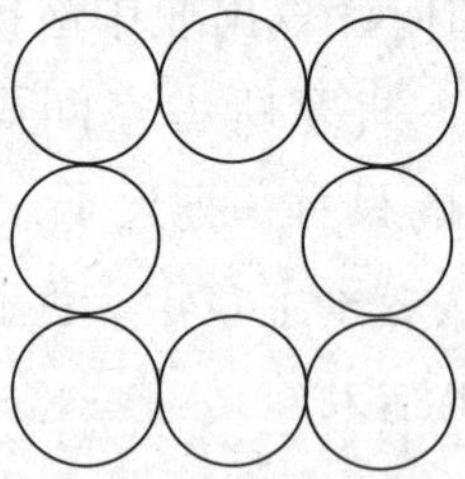

图2

22. 扑克牌点【中级】

这次，我们的英雄智穷力竭了，我们来帮帮他吧。题是这样说的：从一副牌中挑出 4 张 5，然后，把它们正面放在桌上，你如何使 20 个牌点只显示出 16 个。你有 10 分钟的时间来解答这个题。

23. 盐和胡椒粉【中级】

格温多林又一次看到她的老板在玩这个把戏。赫伯特很喜欢用这个游戏，它总是令朋友很吃惊。他先在桌子上放一些盐，然后在盐上撒一些胡椒粉。接着，他让客人把胡椒粉从盐里分离出去，但是不能接触盐或胡椒粉。尽管这个听起来好像是不可能的，但是聪明的赫伯特很快就把胡椒粉分离出来。你能发现其中的奥妙吗？

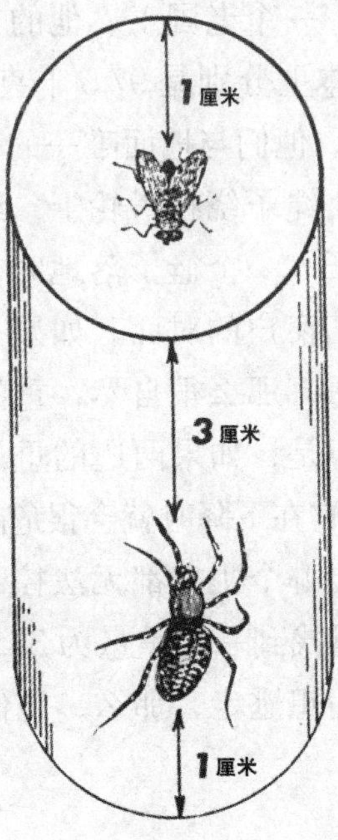

24. 蜘蛛【中级】

你不能被这个问题难倒。左图的玻璃圆柱体高 4 厘米、周长为 6 厘米。圆柱体外面有一只蜘蛛，距离圆柱底部 1 厘米；里面有一只苍蝇，距离圆柱顶部 1 厘米。蜘蛛看到苍蝇后，找出了到圆柱最近的路线，然后猛扑向苍蝇。那么，蜘蛛的行走路线是什么？同时，它走的路程有几厘米呢？

25. 大学男生【中级】

“请多寄些钱过来。”这个大学生已经把钱花完了，他在向家要，而他的请求只有当他的爸爸解读之后才能得到回复。信中的每一个字母代表一个数位上的数字——数字是从 0 到 9，其中的一些数字被重复使用。那么，这个大三学生想要多少钱呢？

26. 城堡【中级】

很多年以前，格力姆斯力城堡的高塔顶内关押着 3 个人：一个老国王、他的儿子以及女儿，他们的体重分别是 97.5 千克、52.5 千克以及 45 千克。他们与地面唯一的交流工具就是一根绳子，绳子绕在滑轮上，绳子两端各系着一个篮子。一个篮子落地时，另一个篮子刚好到他们窗户的对面。如果一个篮子比另一个篮子重，那么很自然，重的那个篮子就会下降；但是，如果两边的重量差超过 7.5 千克，那么它在下降时就会很危险，因为速度太快的话，哪个犯人都无法控制，他们只能在这个塔里找到一颗重量为 37.5 千克的炮弹。如果他们想逃走，那么，他们应该怎么做呢？

27. 滑行路线【中级】

1个男孩为了考验自己的滑冰技巧，滑完所有的白色方块共走了17条直线（有些方块重复，但最多只在某处方块上重复了4次），没有经过任何黑色方块。请你画出他的滑行路线，起点是黑点，终点在右下角。

28. 第一【中级】

我们战胜了无敌舰队，这是一场伟大的胜利，请大家原谅我的措辞，这场胜利使我们成为欧洲的老大，为了纪念它，我以我的名义创作了下面的这个题：找出由同一个数字组成的两个数，这两个数不论相加还是相乘，结果都相同。

29. 禁酒时期【中级】

在禁酒时期，斯威夫特·奥布莱恩是芝加哥北部最聪明的烈酒走私者。现在我们看到斯威夫特正把班尼最好的20箱烈酒送到他选出的4个客户那里。他是这样分配的：

汉拉迪的酒吧获得的酒比荷兰人的咖啡厅多2箱。

埃德娜的海德威酒吧比萨尔的酒吧少了6箱。

萨尔的酒吧比汉拉迪的酒吧多2箱。

荷兰人的咖啡厅比埃德娜的海德威酒吧多2箱。

那么，这几个酒吧各自获得几箱酒呢？

30. 打赌（2）【中级】

“这副扑克牌的确冷酷无情，而你也没有胜算，我想你此刻心情很不好。但是，这个赌你用不着去怀疑，就看你手头的钱能不能多起来！”

一个好的赌注很难找，但是如果对方从来没见过下面这个赌的话，那么它就是必打的赌。把一副扑克分成两堆，确保其中一堆扑克全是红色，另一堆扑克全是黑色。然后，把这两堆扑克放在一起，彻底进行洗牌，最后把整副扑克牌放好。接下来，你宣布说你将一次从顶部拿走2张牌，并打赌：如果这2张扑克牌的颜色相同，你要输2元；如果这2张扑克的颜色不一样，那么，你要赢1元。

如果打这个赌，那么，这副扑克在每次玩完之后你至少会赚多少钱呢?

31. 幻方【中级】

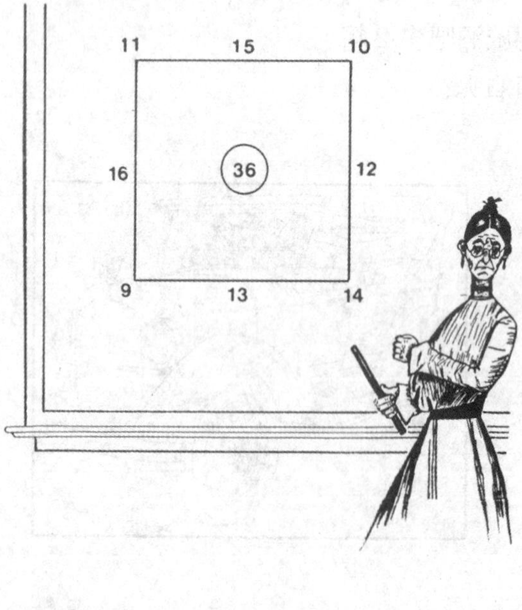

那位优秀的代课老师——普里西拉·孙珊女士今天给我们上数学课。大家注意听啊!

“你们的老师——特雷西先生告诉我你们需要在解答幻方上面多加练习。现在，我把9到16这几个数放在黑板上这个正方形的边的周围，同时，各边上的3个数字相加的结果都是36。你们的任务是将其中的8个数字重新排列，使各边上3个数字相加的结果都等于37。”

32. 书【中级】

第一个学者：“亨利·德朗普斯所著的《自然力奇术解密》的未删节版本上说如果你吸足气就完全可以把很重的物体吹倒（比如，他举了魔术师派尼蒂的例子：这位魔术师在一本字典的顶部放了一大本书，然后只用了几口气就把两本书都吹翻了）。”

第二个学者：“他肯定不只是用气吹的，也许他还用了托盘呢！”

那么，你能帮这两位学者找出这个秘密的奥妙所在吗？

33. 牙签【中级】

34. 装饰品【中级】

“罗莎琳德，那边塔顶上的奇怪装饰品究竟是从哪里弄来的呢？”

“怎么了，这个结构由 18 根棍子焊接而成，里面有 9 个三角形。有一个关于它的思维游戏，如果去掉其中的 3 根，那么可以剩下 7 个三角形。如果你能完成的话，我就让你在明天格斗的时候带着我的手帕。”

那么，你能不能帮这个年轻人完成呢？

35. 圣诞老人【中级】

这个很棒的思维游戏你可以等到下次圣诞派对时再使用。左图的正方形里有 2 个圣诞老人，把这个正方形打印 12 份，然后交给你的客人。告诉他们这个圣诞老人思维游戏要求把这个正方形切成 4 份，然后把它们重新拼成 2 个独立的正方形，而且每个正方形里各包括一个完整的圣诞老人。你能解决这个问题吗？

36. 圣诞节长袜【中级】

现在，大家可以发现我们今年为孩子们准备了两种尺寸的长袜。一种是“我很棒”，另一种是“我非常地棒”！ 哦，我的天哪！我注意到一个思维游戏。那只大的长袜里的玩具数和小的长袜里一样，都是由相同的数字组成的。同时，两个数的差是两个数相加的和的 1/11。

那么，每只长袜里各有多少个玩具呢？

37. 为难人的扑克牌【中级】

在“为难人的扑克牌”当中，玩家对对方解答扑克难题的能力下注。佐伊用从1到9这9张方块牌在桌上摆成了一个扑克三角形，她让萨比拉把这几张扑克牌重新排列，使组成三角形的三个边上的任意4张扑克相加的结果都等于23，三角形三个角上的每张扑克牌同时出现在两个边上。那么，你能解答这道题吗？

38. 海马【中级】

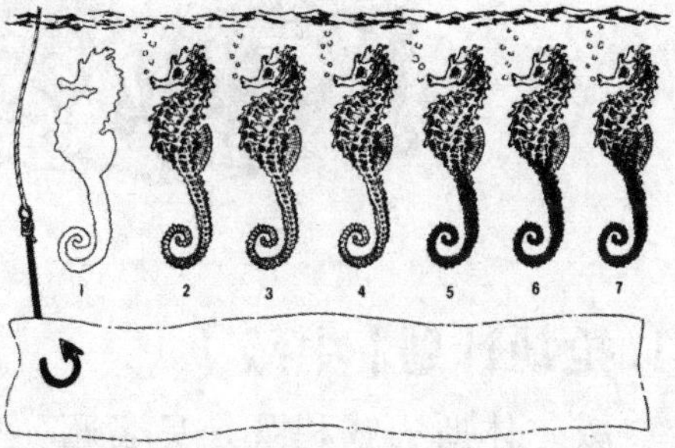

6只顽皮的海马排成队玩起一个小游戏。前面3只海马的尾巴是浅色的，而后面3只的尾巴则是深色的，它们要做的是用10步来互换位置。海马可以向前或者向后移动，它可以移到与之相邻的位置，只要那个位置是空的；它也可以从另外一只或者两只海马旁边经过，游到一个空位置上。当它们互换位置之后，原来前3个位置上应该是3只深色尾巴的海马，而后面3个位置上则应该是3只浅色尾巴的海马；同时，第7个位置应该是空的。

39. 手表（2）【中级】

这个小个子的老钟表匠过来考验你对准确性和规律的把握能力。他从自己的名贵手表当中拿出9块，他要求你做的是将这些手表排成10个组合，每个组合3块。你能在15分钟之内解决吗？

40.纽扣店【中级】

在世纪之交，没有哪个纽扣店能比巴顿的纽扣店好。下图是他们的快递货车，它正在运货的途中。尽管车已经过去了，很明显，货车一个侧面上的纽扣图形可以编成一个思维游戏。10个纽扣排成3行、每行有4个纽扣（其中，一行在水平方向、两行在垂直方向）。现在你要将2个纽扣移到新的位置使纽扣排成4行、每行有4个纽扣。看看你能不能在10分钟之内快速解答这个题。

41.抢劫计划【中级】

威尔休斯·威利既是臭名昭著的保险箱窃贼，也是最吝啬的骗子。为了省钱，他买了一叠打折建筑平面图，他不打算让人看出来他将抢劫商店的哪间房子。售货员告诉他整个建筑是个正方形，主室的门朝外，商店平面图被分成了6个正方形房间，4个小房间的门都通向主室，第5个小房间里有一个保险箱。另外，售货员还说他要完成平面图，所要做的就是在下图所示的平面图内的正方形上画4条直线。那么，直线应该怎么画呢？

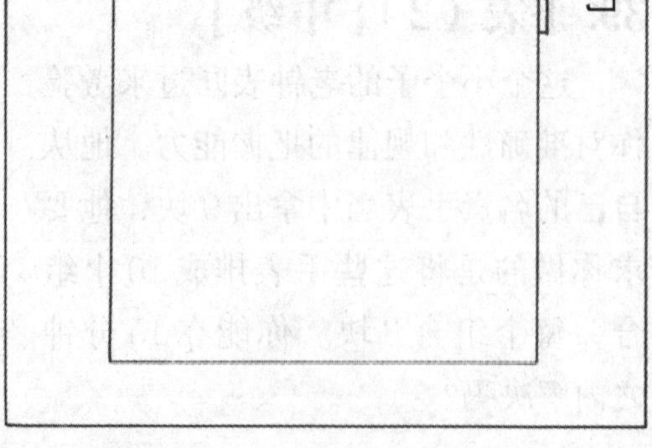

42. 跳跃（2）【中级】

看看你能不能跨过这个思维游戏并取得胜利。拿出一个小棋盘（如图所示），然后，在每一个标有数字的正方形内放一个棋子。现在的问题是：从9号正方形开始，将棋盘上其他棋子都拿走，只剩下一个；而剩下的那个棋子最后要回到从9号正方形最初跳到的地方。你可以沿任意方向（斜向、上下，或者对角线）将一个棋子从另一个棋子上跳过，所有被跳过的棋子就要从棋盘上拿走。但是，棋子在跳过去之后必须落在空的正方形内。你可以用一个棋子连续跳，连续跳跃被看做是一步。你能只用4步就把这个题解答出来吗？

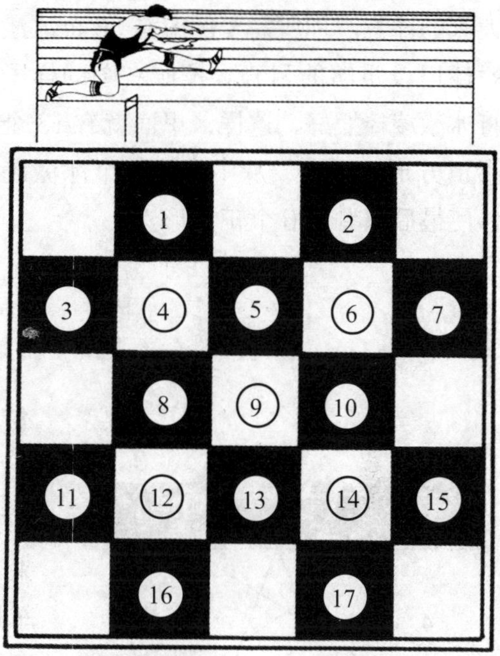

43. 合理安排【中级】

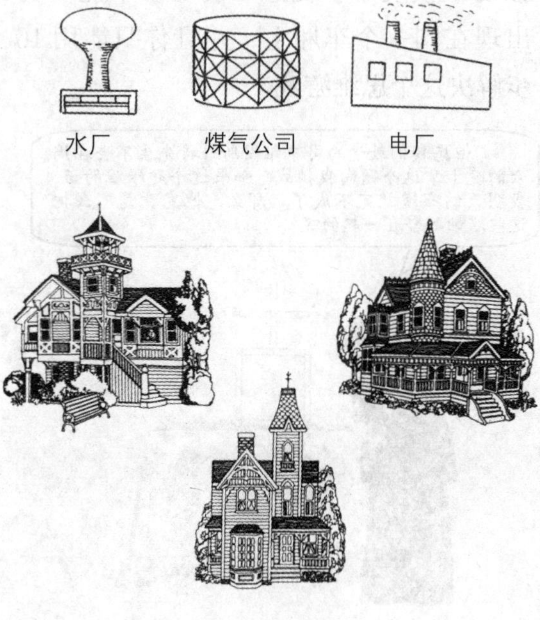

当施工人员将左图中的3座房子盖好之后，他们遇到了十分麻烦的建筑法规。现在要将水、煤气和地下电线通到每座房子，但是施工人员被告知任何一条线路都不能从其他线路的下面、中间以及上面穿过。其中一个施工人员想了一个星期才想出来不触犯法规可以把任务完成的办法。那么，他是如何摆脱城市建设中的困境的呢？

44. 冰激凌棒【中级】

这个思维游戏在几年前一定会吸引大家的注意。你所需要的就是36个冰激凌棒以及足够的耐心。按照右图的样子将冰激凌棒摆好，这样，里面就有13个小正方形。现在，从中拿走8个冰激凌棒使最后只剩下6个正方形。

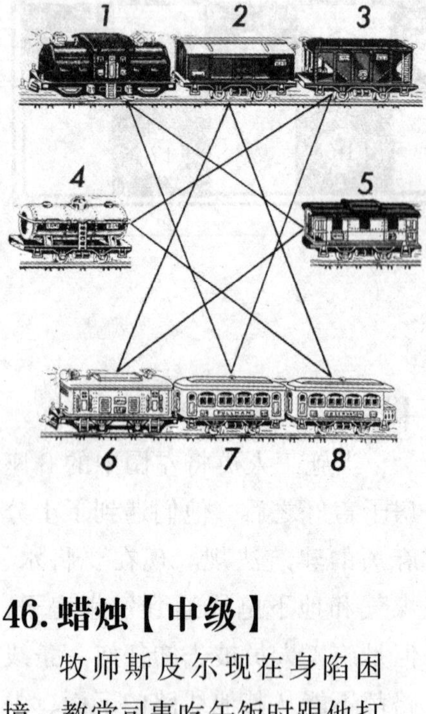

45. 玩具火车【中级】

图中有8个老式莱昂内尔玩具火车头和车厢，我们用6节铁轨将它们连接起来，这样就给大家献上一个有趣的转移车厢思维游戏。首先，在1号和3号车厢上各放1枚1角硬币。然后，在6号和8号车厢上各放1枚5角硬币。现在要使硬币交换位置，一次只能在铁轨上移动1枚硬币。任意2枚硬币不能同时出现在同一个车厢上，并且你只能用16步解决这个思维游戏。

46. 蜡烛【中级】

牧师斯皮尔现在身陷困境，教堂司事吃午饭时跟他打赌，如果将12根蜡烛摆成教堂和塔的样子的话，牧师就不能把其中的5根蜡烛换到其他位置，从而使它们变成3个大小相同的正方形。

47. 连线碑【中级】

读者朋友们，你们也可以尝试做一下这个测试，只要将字母a到g这7个字母来代替图中的符号就可以了。

48. 五角星【中级】

下图中的巫师来自另一个时代，他正准备解答那个著名的“黄金之城五角星”思维游戏。这个题要求将硬币放在任意一个标有数字的圆圈内然后将它沿着其中的一条线跳过下一个圆圈，最后放在接下来的一个空圆圈内，依此类推，直到从1号到9号圆圈内都放有硬币。

49. 商店【中级】

那是1902年的圣诞节，巴塞洛缪家的孩子们把家按照富兰克林杂货店的样子布置好了。既有做游戏用的钱，也有出售的商品，他们的头顶上还有送款机。内维尔负责找零钱，而巴斯卡姆在接待他的妹妹弗勒莱特。那个时候8元钱可以买很多东西。那么，你知道她在上面的交易中每种线轴各买了多少吗？

50. 钱【中级】

51. 手表（3）【中级】

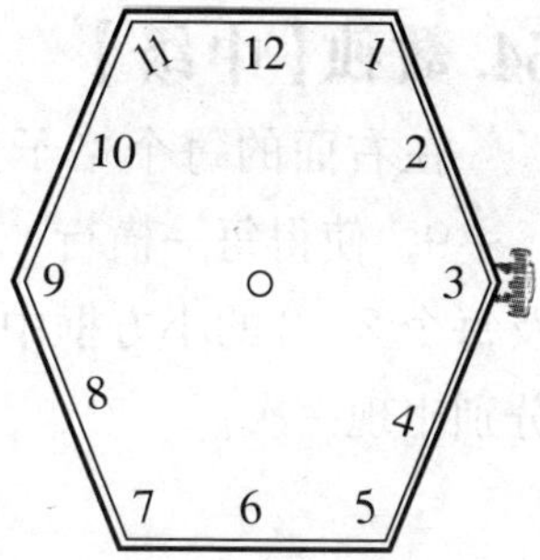

要解决这个令人难以置信的法拉比奥手表比赛，你要做的就是将六边形手表面上从 1 到 12 这几个数字重新排列，使每个边上的 3 个数字相加的结果等于 22。如果解答出来的人不止一个，那么法拉比奥兄弟将会宣布“结束营业大减价”。

52. 磨坊主【中级】

磨坊主蒂莫西念过一些书，他总是喜欢为难他的邻居。每到秋天，他都会在自己的磨坊出一个思维游戏并承诺给第一个回答出来的农夫免费磨 10 袋粮食。问题是：如何把 4 袋粮食放到别的位置使所有的粮食排成 5 行、每行各有 4 袋粮食。

53. 棋子（2）【中级】

读者朋友请你也要把时间限制在 5 分钟内，看看能不能把这道思维游戏答出来。

54. 数独【中级】

在右面的每个格子里填上数字1～9，使得每一横行、每一竖行以及每个3×3的小方框中这9个数字分别出现一次。

		6	9		7			
1			3	4				2
			8					
5								9
3		7		8				
4					6	2		
6	4	9					3	7
								8
						6		

55. 吸血鬼笔记【中级】

在《吸血鬼笔记》一书里讲述了5个非常凶残的吸血鬼，他们有特殊的偏好。根据下面的信息，请你写出这5个吸血鬼的姓名、头衔、所在的城市以及最喜欢的食物。

1. 统治苏恰瓦的吸血鬼最喜欢吃有钱人，但他不是叫乔治的公爵。

2. 图尔达的伯爵不是杰诺斯也不是弗拉德。最喜欢吃罪犯的吸血鬼不是兰克也不是米哈斯。

3. 扎勒乌的吸血鬼最喜欢吃外国人。

4. 阿尼纳的吸血鬼不是男爵。

5. 米哈斯是侯爵，他不喜欢吃有钱人。

6. 杰诺斯喜欢吃老人，他不是王子。

7. 有一个吸血鬼最喜欢喝女人的血。

8. 有一个吸血鬼在纳波卡。

	王子	侯爵	公爵	伯爵	男爵	扎勒乌	图尔达	纳波卡	阿尼纳	苏恰瓦	女人	有钱人	外国人	老人	罪犯
乔治															
兰克															
杰诺斯															
米哈斯															
弗拉德															
罪犯															
老人															
外国人															
有钱人															
女人															
苏恰瓦															
阿尼纳															
纳波卡															
图尔达															
扎勒乌															

56. 字母游戏【中级】

在右面的每个格子里填上字母S，P，A，R，K，L，I，N和G，使得每一横行、每一竖行以及每个3×3的小方框中这9个字母分别出现一次。

P		N		K				L
						N		
		A		I	P			
		L		G	R			N
K				L			G	
						R		
			P		S	I		A
A	K	R	G					S

57. 航空公司【中级】

5家航空公司的业务范围都是欧洲的大城市，但是不同的价格所包含的服务差距是很大的。根据下面的信息，你能否说出这些航空公司的名称和它们的总部、飞往的城市以及服务的主要问题？

1. Simplejet公司的总部在荷兰或葡萄牙，飞往法兰克福或巴黎。

2. Herta航空公司飞往巴塞罗那或布拉格。

3. 比利时航空公司要么就是食物很贵，要么就是不允许儿童乘坐。

4. 座位很狭窄的航空公司不是BabyAir就是EFD，不是葡萄牙的就是比利时的航空公司。

5. 总是晚点的航空公司不是飞往布拉格就是法兰克福。

6. 飞往伦敦的航空公司不是儿童不能乘坐，就是每两天才飞一次。

7. Connor航空公司飞往巴塞罗那或法兰克福，它的总部不是在葡萄牙就是在意大利，不是飞机晚点就是食物很贵。

8. EFD航空公司飞往伦敦或法兰克福，不是座位很狭窄就是飞机晚点。

9. 有一家航空公司的总部在丹麦。

	葡萄牙	意大利	荷兰	丹麦	比利时	布拉格	巴黎	伦敦	法兰克福	巴塞罗那	不允许儿童乘坐	飞机上食物太贵	每两天才飞行一次	飞机晚点	座位很狭窄
BabyAir															
Connor															
EFD															
Herta															
Simplejet															
座位很狭窄															
飞机晚点															
每两天才飞行一次															
飞机上食物很贵															
不允许儿童乘坐															
巴塞罗那															
法兰克福															
伦敦															
巴黎															
布拉格															

58. 减肥【中级】

5 个人因为不同的原因开始减肥。根据下面的信息，请你说出这 5 个人的名字、减肥所选择的运动、所选择的食疗方案以及减肥的原因？

1. 斯坦尼斯勒没有选择游泳。

2. 路德米拉选择了网球，但是并不是为了作报告，为了作报告减肥的那个人选择了低卡路里疗法。

3. 波瑞斯马上就要结婚了。

4. 选择了跑步的人也选择了低碳疗法，但她不是为了度假或者参加同学聚会。

5. 乐达卡没有选择游泳，她也不是为了作报告而减肥。

6. 选择骑自行车的人是听从了医生的建议开始减肥的，但是她没有选择低脂肪疗法。

7. 若斯蒂米尔选择了减食疗法，但不是为了度假。

8. 有人选择了低 GI 值疗法。

9. 有人选择了壁球。

	网球	游泳	壁球	跑步	骑自行车	减食疗法	低脂肪疗法	低碳疗法	低GI值疗法	低卡路里疗法	婚礼	同学聚会	作报告	度假	医生的建议
波瑞斯															
路德米拉															
乐达卡															
斯坦尼斯勒															
若斯蒂米尔															
医生的建议															
度假															
作报告															
同学聚会															
婚礼															
低卡路里疗法															
低GI值疗法															
低碳疗法															
低脂肪疗法															
减食疗法															

59. 生日礼物（2）【中级】

几个男人为他们的妻子买了生日礼物。根据下面的信息，请你说出这几个男人的名字、他们的妻子分别是谁、他送她的礼物是什么、他们结婚多久了。

1. 蒂瑞斯和贝格特比买项链的那个男人结婚要早。

2. 恩格瑞德将收到一枚戒指。

3. 买耳环的男人已经结婚 16 年了；这个人不是沃尔克。

4. 米切尔买的是摄像机。

	贝特	恩格瑞德	卡罗蒂	贝格特	安妮特	戒指	项链	内衣	耳环	摄像机	16年	14年	7年	5年	3年
蒂瑞斯															
库特															
米切尔															
罗兰德															
沃尔克															
3年															
5年															
7年															
14年															
16年															
摄像机															
耳环															
内衣															
项链															
戒指															

5. 罗兰德已经结婚 14 年了，但是他的妻子不是安妮特。

6. 卡罗蒂结婚 5 年了。

7. 贝特不会收到项链，也不会收到内衣，她的丈夫不是米切尔。

8. 其中有一对结婚 7 年了，有一对结婚 3 年了。

9. 有一个男人的名字叫库特。

60. 乘坐出租【中级】

5 个女人在某城市坐出租车。根据下面的信息，请你分别说出她们的名字、她们要去哪里、去干什么以及付了多少钱。

1. 泰娜比坐车去健身的女人付的车钱多。

2. 琳达和泰娜中有一个人去喝咖啡了，并且付的车钱比去见朋友的女人多 5 元。

3. 去中央公园的女人比去世纪中心车站的女人付的钱少，去车站的女人不是去购物的。

4. 要么是菲琳去苏豪公寓，泰娜去购物；要么是格斯去苏豪公寓，菲琳去购物。

5. 艾妮去了阳光屋，而且她比去喝咖啡的女人多付了 5 元的车钱。

6. 泰娜和琳达中有一个人去观光了，总共付了 45 元的车钱。

7. 有一个女人去自由岛了。

8. 这 5 个女人付的车钱分别是 30 元，35 元，40 元，45 元和 50 元。

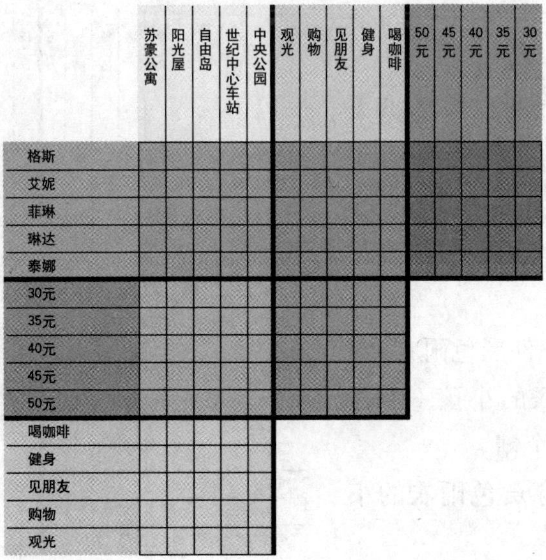

61. 度假（2）【中级】

5位女士去国外度假。根据所给的信息，请你说出她们的名字、她们去哪个国家、住在哪里以及去那里是因为那里的什么。

	泰国	毛里求斯	马来西亚	印度尼西亚	柬埔寨	别墅	度假村	旅馆	酒店	牧人小屋	寺庙	商店	游泳池	森林	沙滩
艾德瑞															
杰娜															
莫娜															
罗梅															
泰莎															
沙滩															
森林															
游泳池															
商店															
寺庙															
牧人小屋															
酒店															
旅馆															
度假村															
别墅															

1. 泰莎去毛里求斯或者印度尼西亚，为的是那里的商店或者沙滩。

2. 莫娜是为了当地的森林或者寺庙去度假的。

3. 在柬埔寨度假的女士住的既不是酒店也不是度假村。

4. 别墅是在印度尼西亚或柬埔寨，选择住别墅的不是艾德瑞就是罗梅。

5. 牧人小屋可能是在寺庙或者商店附近。

6. 要么就是酒店，要么就是旅馆有一个游泳池。

7. 杰娜要么去印度尼西亚，要么去泰国；她可能是为了那里的森林，也可能是去那里的商店购物；她可能待在牧人小屋或者度假村。

8. 罗梅可能住在牧人小屋或者别墅里，她去度假是为了那里的游泳池或者商店。

9. 有一位女士去了马来西亚。

62. 糖果店【中级】

一群小孩躲雨进了一家糖果店。根据所给的信息，你能否说出她们的名字、她们分别买了什么糖、买了几个以及她们穿着什么颜色的雨衣？

	太妃糖	奶糖	棒棒糖	甘草糖	巧克力	12	10	8	6	4	黄色	白色	紫色	蓝色	黑色
比亚妮															
古恩娜															
何瑞莎															
若哥娜															
沃里															
黑色															
蓝色															
紫色															
白色															
黄色															
4															
6															
8															
10															
12															

1. 沃里穿着一件黑色雨衣。

2. 穿蓝色雨衣的小孩（不是古恩娜）买了12个糖。

3. 何瑞莎比穿黄色雨衣的小孩多买两个糖。

4. 有一个小孩买了 6 个棒棒糖。

5. 买甘草糖的不是沃里，也不是穿黄色或者白色雨衣的小孩。

6. 穿紫色雨衣的小孩买的是巧克力。

7. 比亚妮买了 10 个糖，但不是太妃糖。

8. 有一个小孩买了 4 个糖，另一个买了 8 个。

9. 有一个小孩叫若哥娜。

63. 邻居【中级】

5 个邻居喜欢待在自己家的院子里。根据所给的信息，你能否说出他们的名字、他们家的门牌号、他们家的大门的颜色以及他们各自喜欢在院子里干什么？

1. 大卫家的门牌号比喜欢野餐的人大。

2. 绿色大门房子的门牌号比黄色大门房子的小，黄色大门房子的主人不喜欢打篮球。

3. 要么是沃尔特喜欢打篮球，约翰的房子大门是蓝色的；要么是大卫喜欢打篮球，沃尔特的房子大门是蓝色的。

4. 迈克的房子大门是红色的，他家的门牌号比喜欢看报纸的人（不是别克就是大卫）家的大。他家的门牌号也比喜欢洗车的人家的大。

5. 门牌号是 2305 的人喜欢晒太阳，这个人不是大卫就是别克。

6. 有一座房子的大门是白色的。

7. 所有的门牌号为 2302 到 2306。

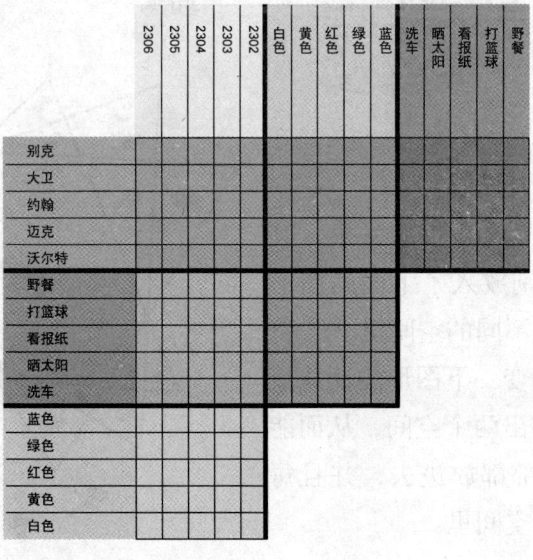

64. 失衡的天平【中级】

图1：天平是平衡的。天平左端是一个装满水的容器，而右端是一个重物。

图2：重物从天平的右端被移到左端，而且该重物完全浸入容器中的水里面。

很明显现在左端要比右端重。

请问：为了继续保持天平的平衡，现在天平的右端应该放上多重的物体？

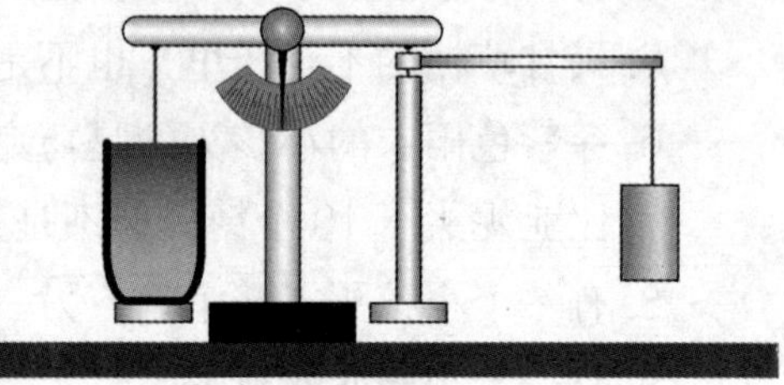
图1

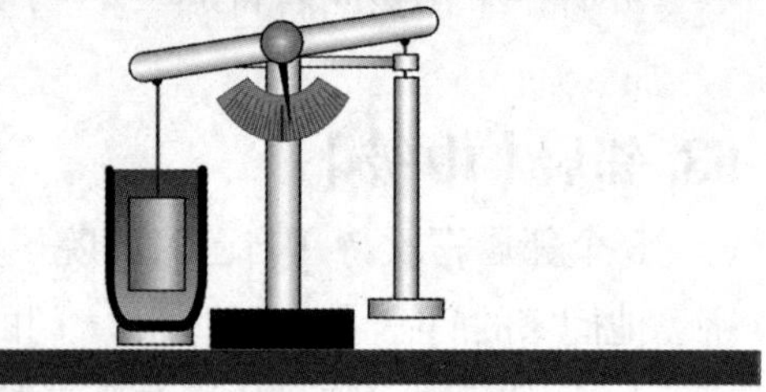
图2

65. 迷宫算式【中级】

从左上方的数字7出发，穿过迷宫并得出一个算式，使算式最后的得数仍然是7。不可以连续经过同一排的2个数字或运算符号，也不可以两次经过同一条路线。

66. 瓢虫分家【中级】

一共有19个不同大小的瓢虫，其中17个已经被分别放入了下面的图形中，每个瓢虫均在不同的空间里。

现在要求你改变一下图形的摆放方式，使整个图中多出两个空间，从而能够把19个瓢虫全部都放进去，并且每个瓢虫都在不同的空间里。

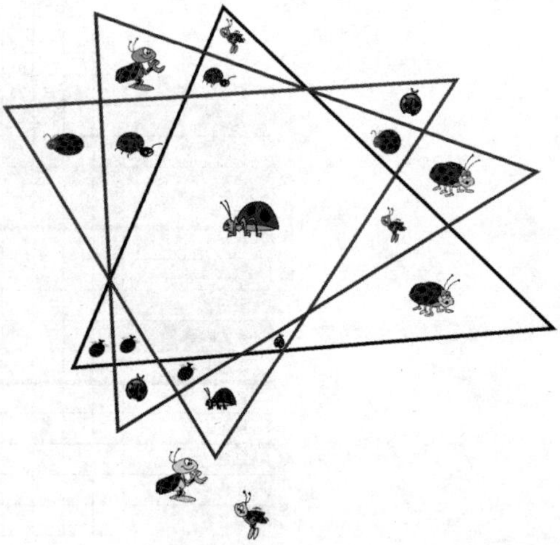

67. 戏剧表演【中级】

新镇总有精彩的业余戏剧表演。今年，“面团表演队”上演了《麦克白》。“业余戏剧队”没有表演《奥赛罗》，它的票价最低。《朱利叶斯·凯撒》是3月份上演的作品，虽然它是新镇上演的最好的戏剧，但是票价并不是最贵的。“真正的莎士比亚”公司的戏剧是在“面团表演队”的作品上演之后上演的。根据这些信息，你能否找出这些表演队伍分别上演了什么作品、票价以及作品上演的月份？

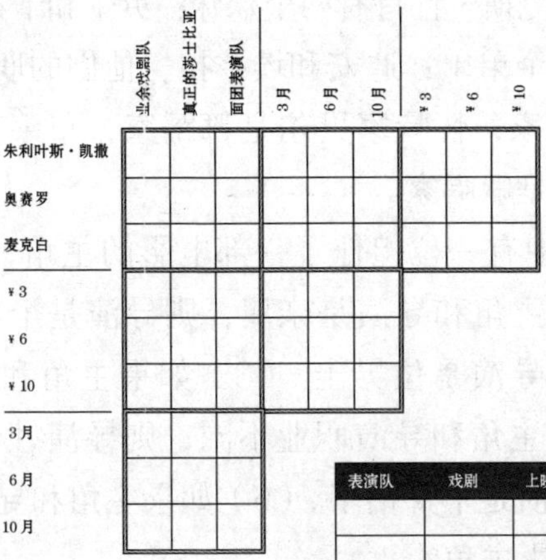

表演队	戏剧	上映时间	票价

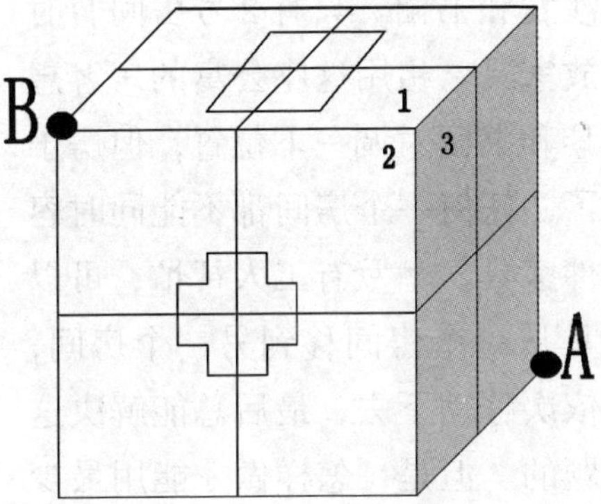

68. 蚂蚁回家【高级】

找4个立方体纸盒子堆成一个大立方体（如图所示）并标上相应的符号。

现在有一只蚂蚁在A处找到了食物，它要把食物搬回家(B)。因为食物比较重，小蚂蚁想找一条最近的路线，可是它冥思苦想怎么也想不出，你能帮助小蚂蚁找到这条路线吗？

69. 五碗巧搬【高级】

有5个碗，按次序叠好放在甲盘里，一次一只往丙盘搬（如图），大碗不能压小碗，试试应该怎样搬？

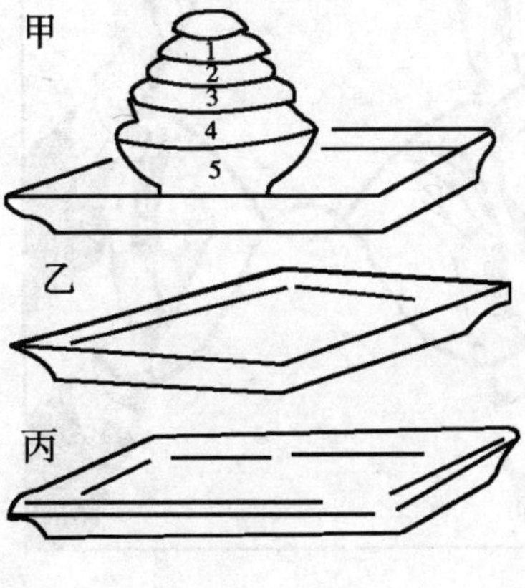

70. 猜猜主角【高级】

亚历克斯·怀特有两个妹妹：贝尔和卡斯；亚历克斯·怀特的女友费伊·布莱克有两个弟弟：迪安和埃兹拉。他们的职业分别是：亚历克斯是舞蹈家，迪安是舞蹈家，怀特家贝尔是舞蹈家，布莱克家埃兹拉是歌唱家，卡斯是歌唱家，费伊是歌唱家。

6人中有一位担任了一部电影的主角，其余5人中有一位是该片的导演。（1）如果主角和导演是亲属，则导演是个歌唱家。（2）如果主角和导演不是亲属，则导演是位男士。（3）如果主角和导演职业相同，则导演是位女士。（4）如果主角和导演职业不同，则导演姓怀特。（5）如果主角和导演性别相同，则导演是个舞蹈家。（6）如果主角和导演性别不同，则导演姓布莱克。谁担任了电影主角？

71. 聪明搬动【高级】

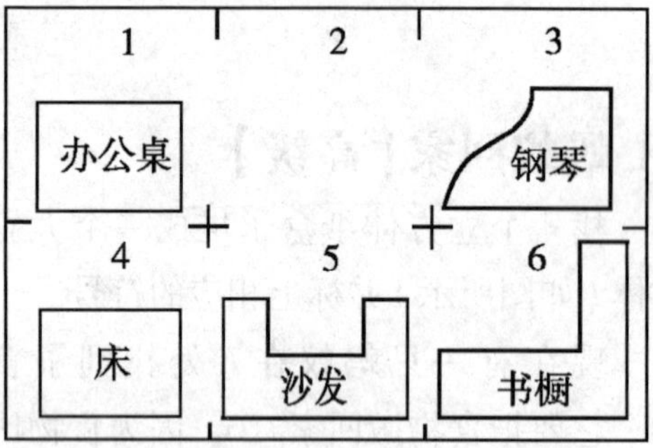

这是一座小型公寓的平面图，里面放着不少家具：办公室、钢琴、床、沙发和书橱。只有2号房间暂时没有放家具。租用这座公寓的房客想把钢琴和书橱对调一下位置，但房子太小了，任何一个房间都不能同时容纳两件家具。幸亏有工人帮忙，可以把家具从一个房间移到另一个房间，这样依次移动下去，最后总能解决这个难题的。但是，怎样做才能用最少的搬动次数来达到钢琴和书橱互相换位的目的呢？

72. 死里逃生【高级】

如左图，两个人质的手腕连在一起。他们剪不断绳子，也解不开绳结，但他们却逃了出来，他们是怎么办到的？

73. 蜂窝【高级】

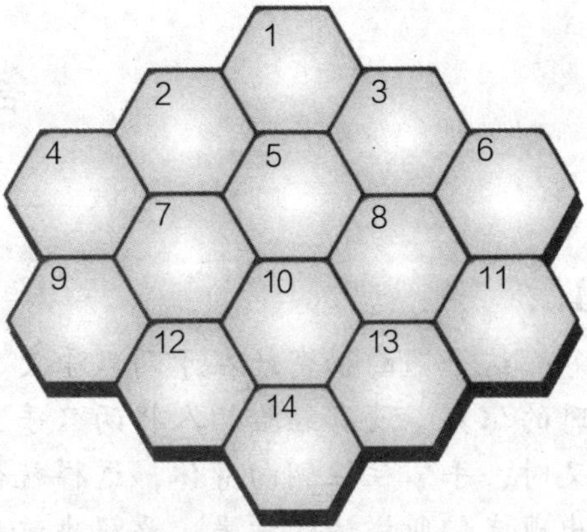

由 14 个小六边形组成了一个蜂窝状图形，每个小六边形都包含字母 A 到 N 中的一个，你能把各个字母按以下线索填进各个小六边形中吗?

1. 字母 A 在 F 的右下角，且紧挨着 F，并在 M 的左上方。

2. 六边形 1 中的字母是字母表中前 5 个之一。

3. 字母 H 在 D 的右上方，这两个字母的周围均不包含元音字母。

4. N 和 I 在垂直线上，N 在较高的位置。

5. 六边形 7 中的是字母 K。

6. 六边形 9 中的字母在字母表中的位置要比它上方六边形 4 中的字母前 2 位。

7. 六边形 14 中的字母是个元音字母，在字母表中，它紧排在六边形 5 的字母的前面。

8. G 和 L 相邻，L 更靠右边。

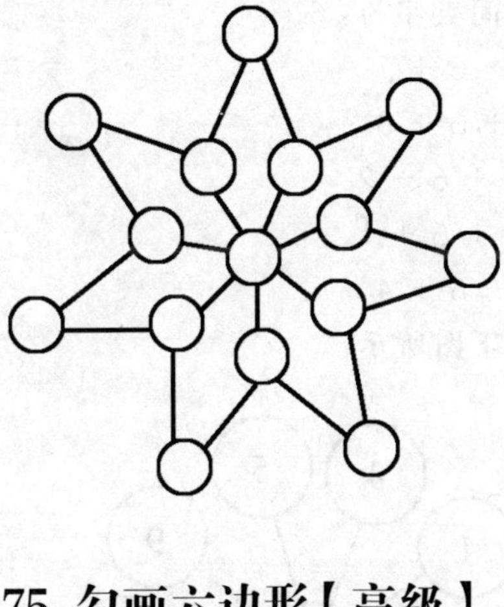

74. 七角星【高级】

如图的七角星中有 15 个小圆圈。请把 1 ~ 15 这 15 个数分别填入圆中，使每一个菱形的 4 个数的总和都为 30。快试一试吧!

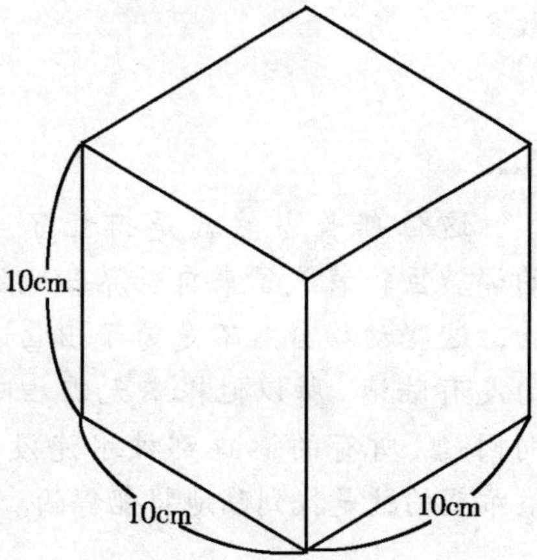

75. 勾画六边形【高级】

有一个边长 10 厘米的正立方体，在它的表面上画出一些切割线，沿切割线将正立方体分割成两半，切割面要求是正六边形，要怎么做? 注：可以使用直尺（刻度标准为 1 厘米）和铅笔。

答 案

1...

这个题的秘密就在于两只手交叉时的位置。没有经验的人将两只手交叉时，手掌往往朝向身体，这样就会出现我们所描述的结果。要解决这个难题，要把右手的手掌向内转并把左手的手掌向外转，然后再抓住瓶塞。这样，两只手不仅不会相互交叉在一起反而会轻而易举地分开。

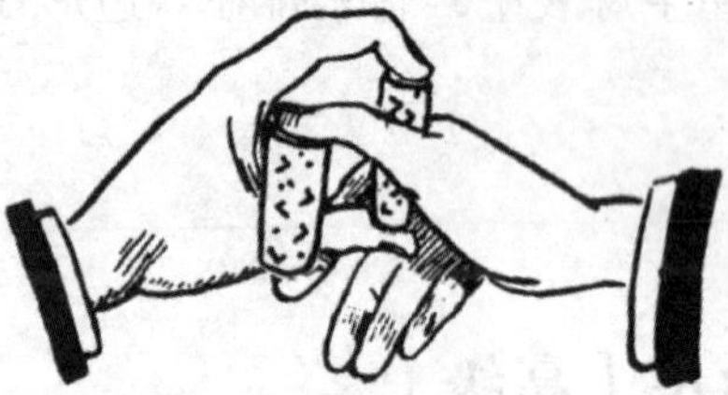

2...

这个问题的答案就是用分数来表示整数，比如$3\frac{3}{3}$，即等于偶数4。其他例子：$9\frac{9}{9}$，即偶数10；$7\frac{7}{7}$，即偶数8。

3...

这位船长当然就是挪亚了。他的那艘巨轮装载了来自世界各地的动物，这些动物自然不是为了出售。因为没有陆地，所以他根本无需担心风向问题，所有的港口都被水淹没，他最希望的就是找到陆地将船停泊。

4...

移动的步骤如下：从2号到3号、从8号到5号、从10号到7号、从3号到9号、从5号到2号、从7号到4号、从9号到6号、从4号到10号、从6号到8号、从1号到6号、从2号到4号、从6号到5号、从4号到3号、从10号到9号、从5号到7号、从3号到2号、从9号到1号、从7号到10号。

5...

中间数字为：6。

5 + 6 + 7

9 + 6 + 3

10 + 6 + 2

11 + 6 + 1

8 + 6 + 4

如下图所示：

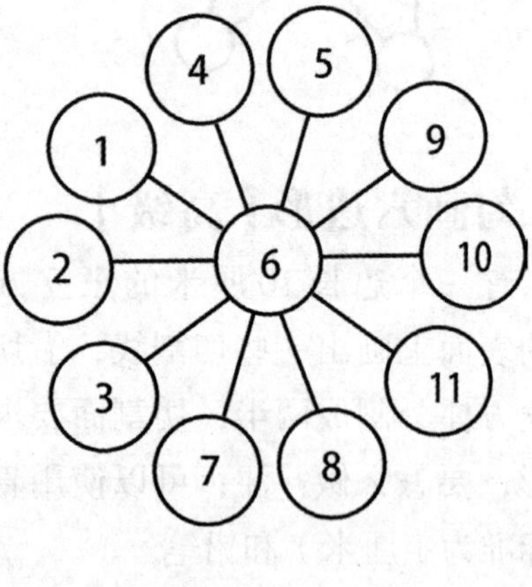

6...

这个题的解法有很多。下面是其中一个：

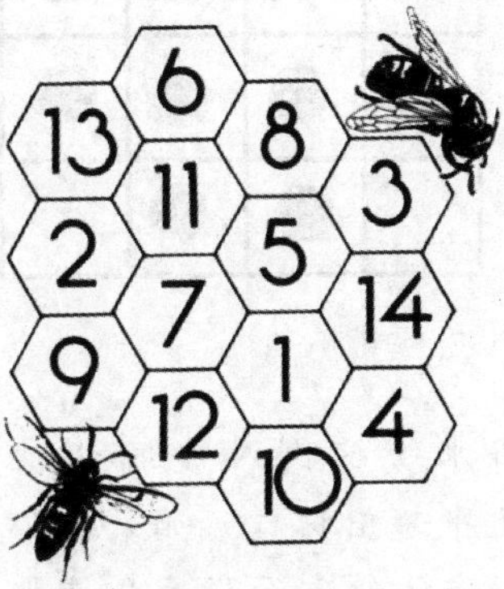

7...

第 1 个多米诺骨牌：上半部分有 6 个点；下半部分有 4 个点。

第 2 个多米诺骨牌：上半部分有 1 个点；下半部分有 1 个点。

第 3 个多米诺骨牌：上半部分有 1 个点。

第 4 个多米诺骨牌：上半部分有 1 个点；下半部分有 4 个点。

如图所示：

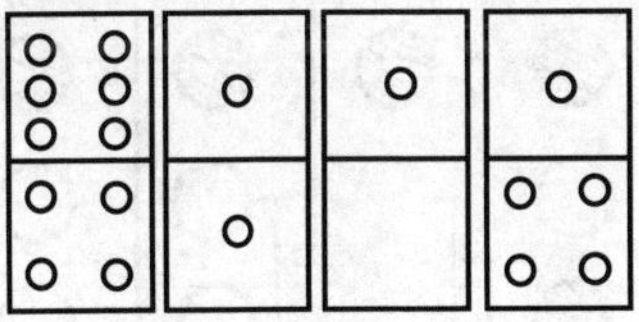

8...

答案如图所示：

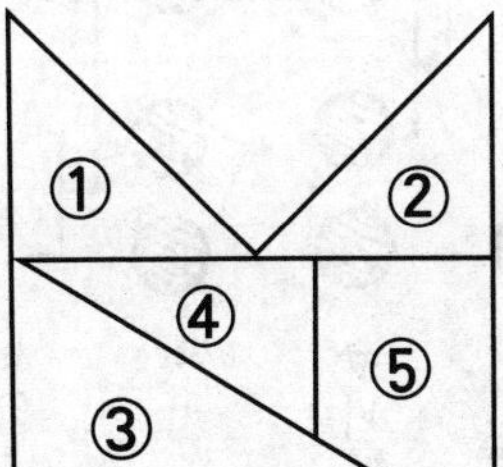

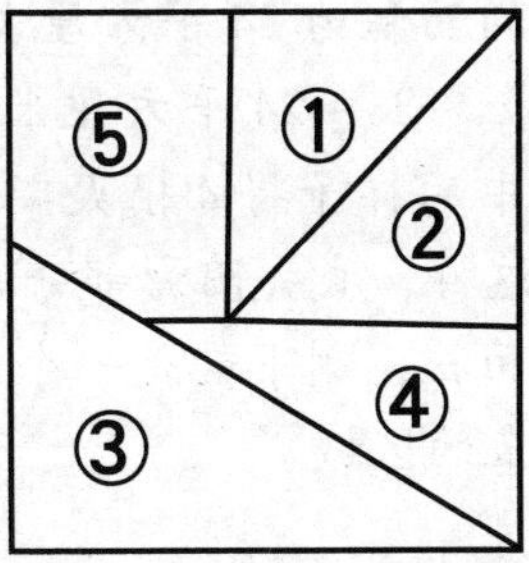

9...

答案如图所示：

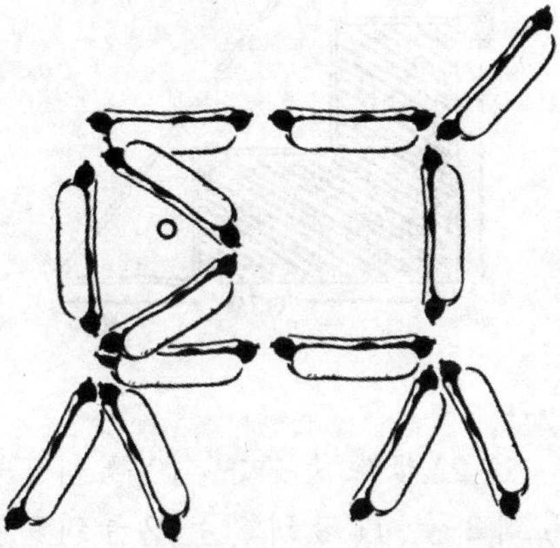

10...

在拿走玻璃杯之前，先把第二根火柴点着。然后，再用它点着支撑在两个玻璃杯之间的那根火柴；当这根也点着时，等一两秒钟，然后吹灭。稍等片刻，这根火柴就会熔贴在玻璃杯上。然后，你可以将另一侧的玻璃杯拿走，这时，这根火柴将会悬在空中。

11...

如果我们把这些火柴拼成一个直角三角形（如下图所示），那么这个三角形的面积为24平方厘米（8厘米×6厘米÷2=24平方厘米）。然后，按照图中的样子将4根火柴放进三角形内，这样，减去阴影部分的12平方厘米的面积，剩下就是一个面积为12平方厘米的区域。

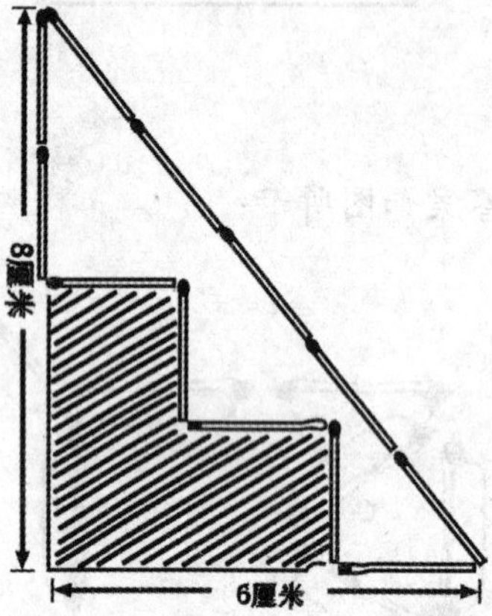

12...

这22步依次如下：10号到5号、1号到8号、11号到6号、2号到9号、12号到7号、3号到4号、5号到12号、8号到3号、6号到1号、9号到10号、7号到6号、4号到9号、12号到7号、3号到4号、1号到8号、10号到5号、6号到1号、9号到10号、7号到2号、4号到11号、8号到3号、5号到12号。

13...

我们知道，可以排列的最多的偶数行列数是16。下图就是所要画出的棋盘。你也可以把筹码放在与之不同的地方，但是结果要保持一致。

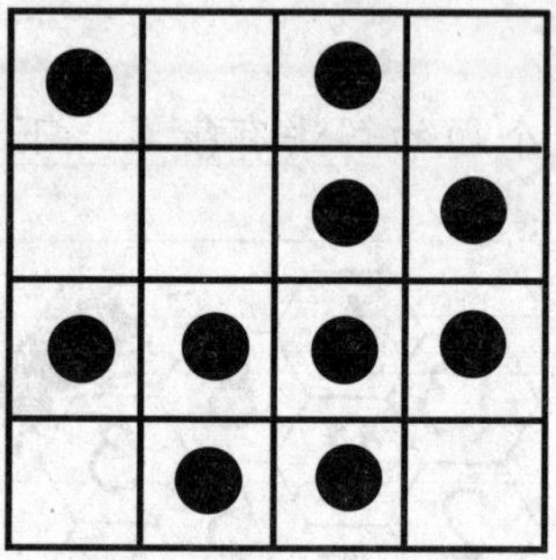

14...

将水缓缓倒入玻璃杯，直到水平面几乎超出杯口。如果你小心操作的话，液体的表面张力会使水稍稍凸起。这样，瓶塞便会向上“漂”直到杯子的中央并停留在那里。

15...

答案如下图所示：

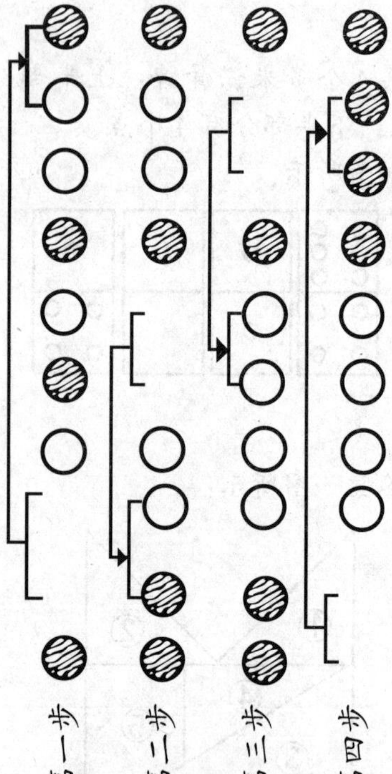

16...

$$
\begin{array}{r}
96233 \\
+\ 62513 \\
\hline
158746
\end{array}
$$

17...

答案为：从1号移到4号、从7号移到1号、从6号移到7号、从5号移到6号、从3号移到5号、从2号移到3号、从1号移到2号、从7号移到1号、从6移到7号、从5号移到6号、从3号移到5号、从2号移到3号、从1号移到2号、从7号移到1号、从4号移到7号。

18...

首先，测量瓶子内液体的高度。然后，将瓶子颠倒，并测量瓶子内空气柱的高度。将这两个高度相加，便得出一个虚构圆柱体的高度。现在，用液体的高度除以圆柱体的高度，这样便可以得出瓶内液体体积所占瓶子的百分比。如果虚构圆柱体的高度是5厘米，而液体高度是4厘米，那么，用4除以5，得出80%，即液体体积所占的百分比。

19...

将盒子的一边沿着桌边放置，并在桌子上留出与盒子一样宽的长度（即，a的长度与b的长度相等，如图所示）。现在，拿起尺子，并将它放在桌子角的末端，然后，测量桌角与盒子后面左侧顶角的长度。而这个长度与盒子主对角线的长度相等。

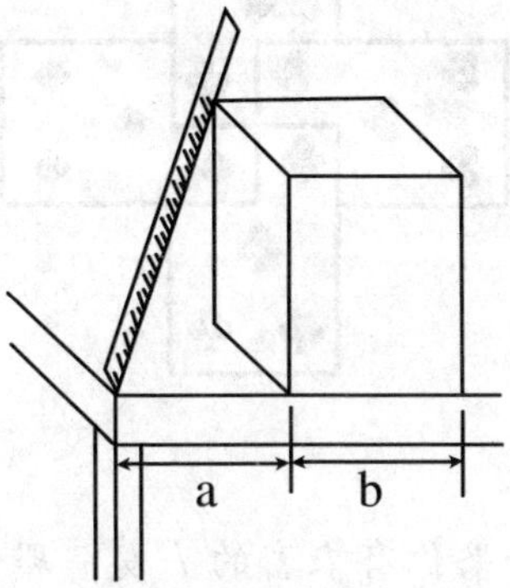

20...

当你拿起骰子之前，偷偷地把你的食指弄湿。接着，让这个手指将一个骰子的一个面沾湿。然后，把第二个骰子贴在那个骰子的沾湿面上，用拇指与食指将两个骰子夹住，这样持续夹住两个骰子，接着，把它们放在桌上那个骰子的上面，并把手指松开，两个骰子将粘在一起，并会稳稳地停在第下面的骰子之上。

21...

（a—bc）是指a硬币从位置a移到另一个地方，它在那里可以与另外两个硬币b和c相接触。本题移动的步骤为：（1—56）、（3—14）、（4—58）、（5—23）、（2—54）。

22...

按照如图所示的样子将4张扑克牌放在一起，每张扑克牌的右上角都彼此相互重叠，就能显出16个牌点了。

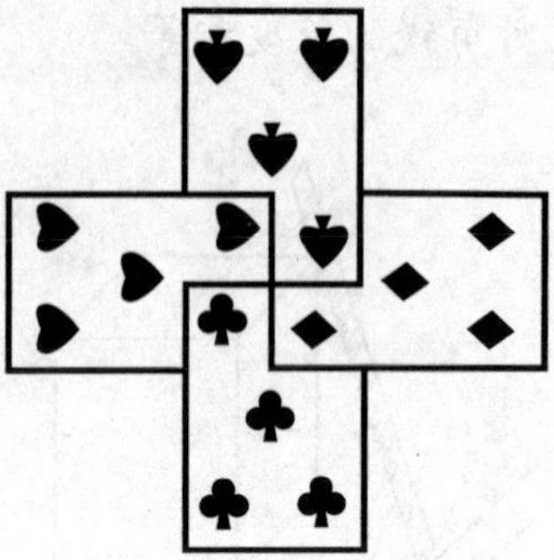

23...

如果你有浓密的头发，那么它会有助于你解决这个题。拿出你的梳子在头上梳几下，然后把梳子往下放，并使梳子齿放在胡椒粉的上方。这样，胡椒粉就会从盐里分离并吸附在带电的梳子上，原因在于你在梳头时将静电传在了梳子上。

24...

解决这个题之前，先把这个圆柱体想象成一个展开的平面（如下图所示）。苍蝇的位置在F点，蜘蛛的位置在S点。将左边的线段延长1厘米至B点，线段BS与图中顶端线段相交于A点，而这个点就是蜘蛛应该从圆柱体边上经过的地方。蜘蛛行走的路线就是一个直角三角形的斜边，这个三角形底边长4厘米、高3厘米。这样，斜边长为5厘米，这是蜘蛛所能走的最短路线。

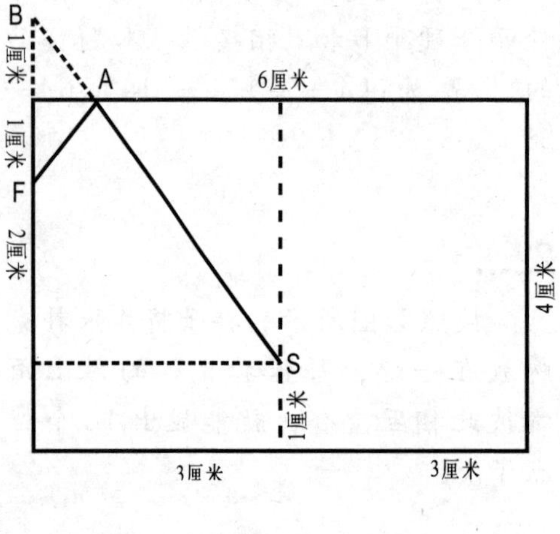

25...

这个大三学生需要10652元。

SEND	9567
+ MORE	+ 1085
MONEY	10652

26...

女儿将炮弹作为平衡物先下去，然后国王和儿子把上面篮子里的炮弹取出来，让儿子下去，这时让女儿作为平衡物。接着，让炮弹单独下去，当它落地时，让儿子和炮弹作为平衡物，他们的合力可以使国王下来。王子然后从篮子里出来，再让炮弹单独下去。接着，女儿下去，炮弹上来。儿子再把炮弹取出来，然后单独下来，他的妹妹上去。女儿接着把炮弹放在另一个篮子里，使自己降落到地面上。

27...

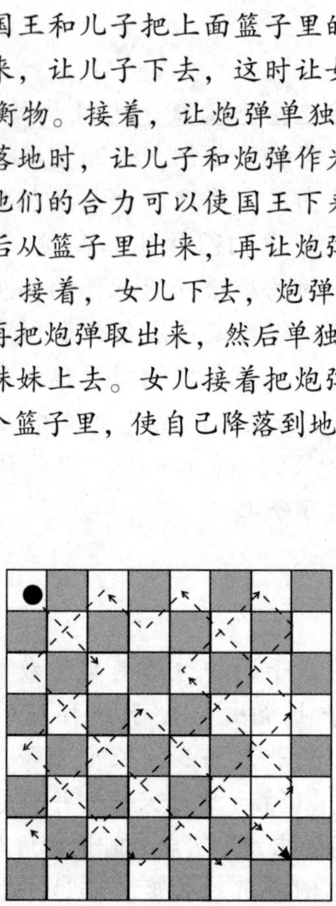

28...

这两个数分别是11和1.1。这两个不论相加还是相乘，结果都是12.1。

29...

斯威夫特是按如下方式分配酒的：

萨尔的酒吧获得8箱——比汉拉迪的酒吧多2箱。

汉拉迪的酒吧获得了6箱——比荷兰人的咖啡厅多2箱。

荷兰人的咖啡厅获得4箱——比埃德娜的海德威酒吧多2箱。

埃德娜的海德威酒吧获得2箱——比萨尔的酒吧少6箱。

30...

打这个赌，每副牌你都会赢26元。每对儿扑克的确是一张红、一张黑。因为每堆扑克底部的扑克牌颜色不同，所以当你洗牌时，扑克牌都是交互排列的。你自己不妨试试看。但是，你只能洗一次牌。

31...

下图所示答案是将数字放在正方形边周围的一种方法。

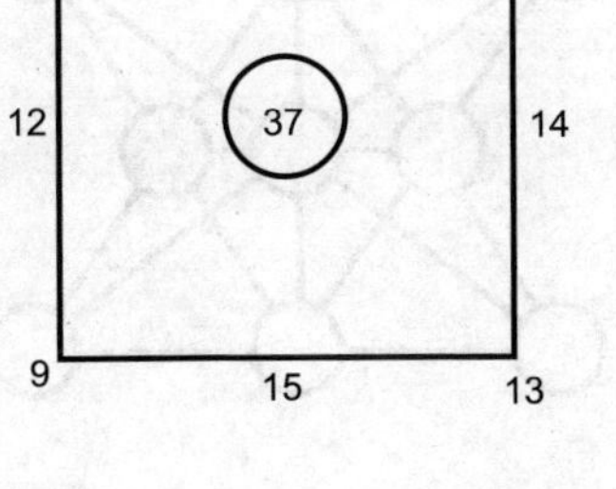

32...

拿一个结实的纸袋子放在桌子上，使开口的那边悬在桌边。接着，把这两本书放在袋子的另一边。现在，你要做的就只是往袋子口里吹气，但是袋子要贴紧嘴巴，保证不漏气。只要使劲吹两下，书肯定会倾斜并翻倒。

33...

将原图中最右边的3根牙签移到右页图中的新位置上，这样，图中就有9个小正方形、4个由4个小正方形组成的中等正方形以及1个由9个小正方形组成的大正方形，一共是14个正方形。

34...

图中虚线所示的3根棍子就是应从图形上拿走的棍子。这之后图形上就剩下3个小三角形、3个中型三角形以及1个包括所有三角形的大三角形。毕竟，这位女士并没有指明这7个三角形必须一样大。

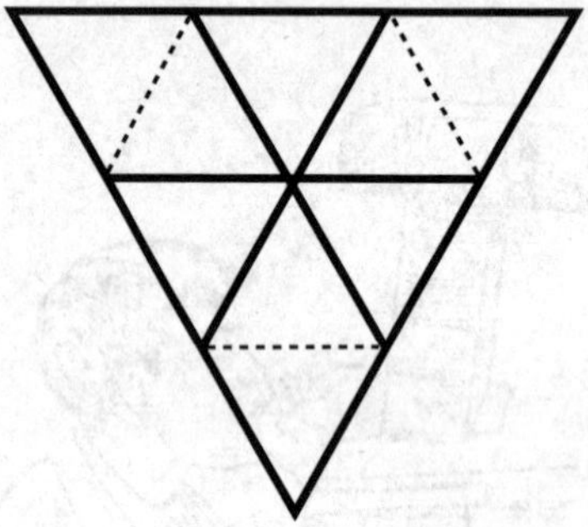

35...

拿起笔和尺子，将正方形画成25个小正方形（如图1所示）。再将正方形切成4块儿（沿着深色线切），把这4块儿标成1至4部分。如果你按照图2和图3将这4部分重新拼的话，那么，你会拼成2个正方形，而每个正方形都各有一个完整的圣诞老人。

36...

大的长袜里有54个玩具，小的长袜里则有45个玩具。54正好是45的翻版。2个袜子里的玩具总和为99，其$\frac{1}{11}$为9，即2个长袜里玩具个数的差。

37....

这个题有几种排列方式，下图中的答案是其中之一。

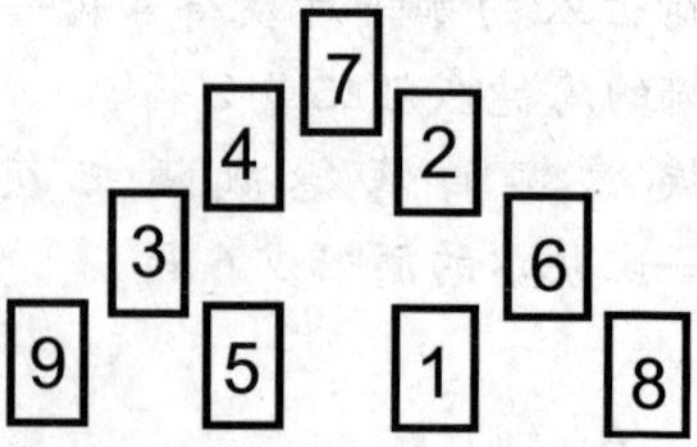

38...

正确的移动步骤如下：2号移到1号、5号移到2号、3号移到5号、6号移到3号、7号移到6号、4号移到7号、1号移到4号、3号移到1号、6号移到3号、7号移到6号。这样，6只海马互换了位置，最后7号位置是空的。

39...

答案如下图所示：

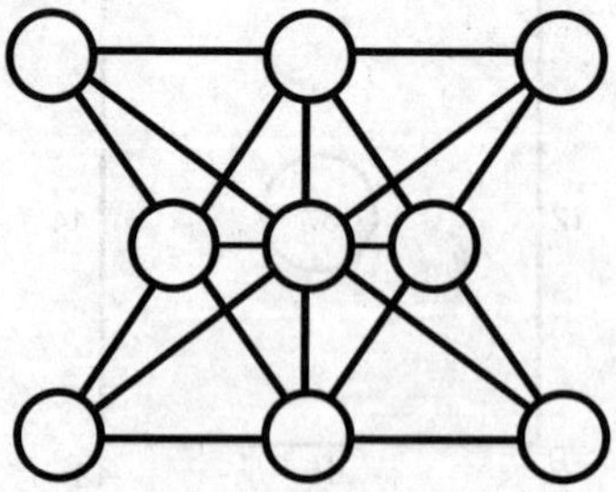

40...

答案如下图所示：

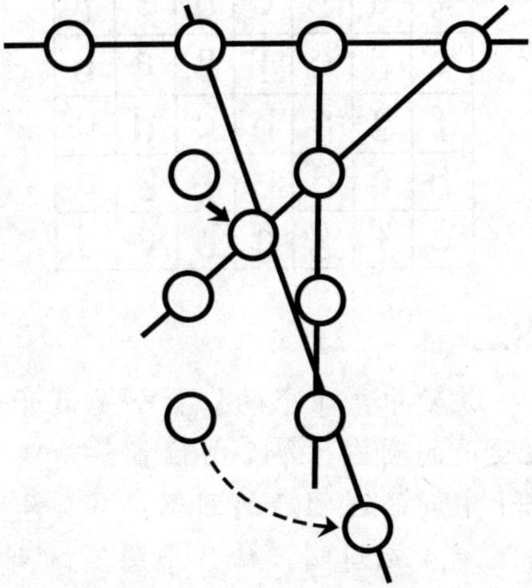

41...

答案如下图所示：

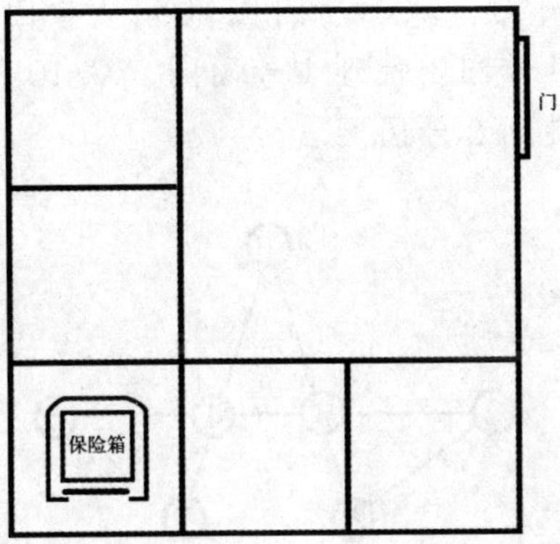

42...

第一步将9号正方形内的棋子依次从下面正方形跳过，13号、14号、6号、4号、3号、1号、2号、7号、15号、17号、16号和11号，然后将被跳过棋子全都拿走；第二步将12号正方形内的棋子从8号正方形跳过；第三步将10号正方形内的棋子从5号和12号正方形跳过；最后一步将原来9号正方形内的棋子从原来10号正方形内的棋子上跳过，这样，原来的9号棋子就回到了最初跳到的地方。

43...

要解决这个难题，施工人员必须先安装其中的一条水管道，该管道应该从水厂出来然后经过1号房子的下面到达3号房子。这条管道完成之后，其余的就容易解决了。

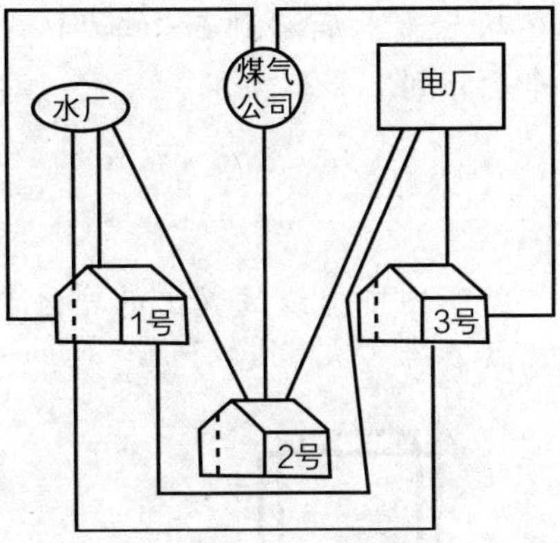

44...

下图可以说明一切。因为并没有限定这6个正方形必须大小相同。

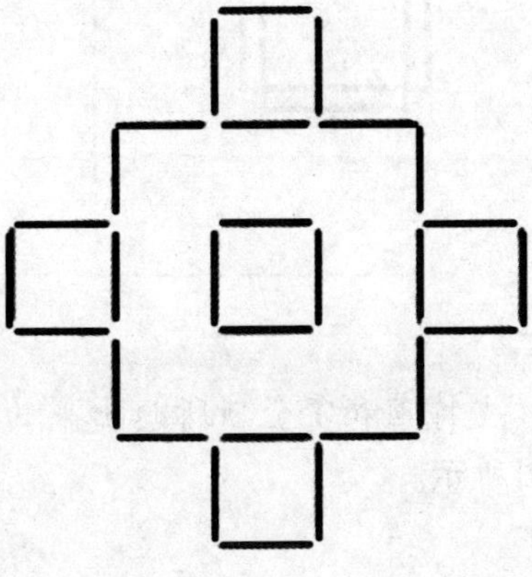

45…

16步依次如下：从1号车厢移到5号车厢、从3号车厢移到7号车厢、从7号车厢移到1号车厢、从8号车厢移到4号车厢、从4号车厢移到3号车厢、从3号车厢移到7号车厢、从6号车厢移到2号车厢、从2号车厢移到8号车厢、从8号车厢移到4号车厢、从4号车厢移到3号车厢、从5号车厢移到6号车厢、从6号车厢移到2号车厢、从2号车厢移到8号车厢、从1号车厢移到5号车厢、从5号车厢移到6号车厢、从7号车厢移到1号车厢。

46…

将下图中虚线位置上的蜡烛移动就可以了。

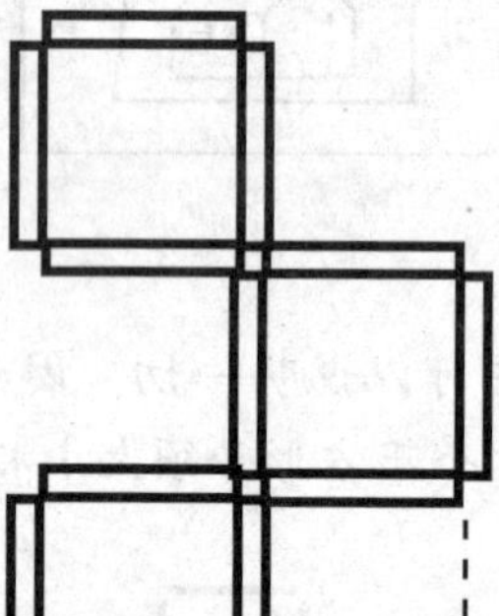

47…

皮特里和霍金斯所想出来的答案如图所示。

a	b	c	d	e	f	g
d	e	f	g	a	b	c
g	a	b	c	d	e	f
c	d	e	f	g	a	b
f	g	a	b	c	d	e
b	c	d	e	f	g	a
e	f	g	a	b	c	d

48…

放硬币第1个的位置就是最开始放硬币的圆圈。第2个位置就是跳过介于中间的圆圈后的圆圈：从2号圆圈跳到4号圆圈、从8号圆圈跳到2号圆圈、从5号圆圈跳到8号圆圈、从3号圆圈跳到5号圆圈、从9号圆圈跳到3号圆圈、从7号圆圈跳到9号圆圈、从1号圆圈跳到7号圆圈、从6号圆圈跳到1号圆圈、从10号圆圈跳到6号圆圈。

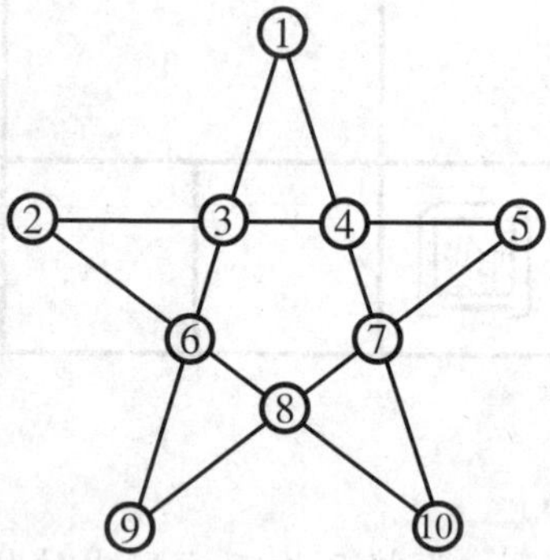

49…

巴斯卡姆按照下面的方式支配弗勒莱特手中的8元：5个价值2角的蓝色线轴、30个价值1角的红色线轴以及8个价值5角的绿色线轴。这样，一共是8元，而且出纳内维尔在做账时也容易多了。

50...

安德鲁叔叔是按照下页图的样子将钱放置在8个间隔里的。

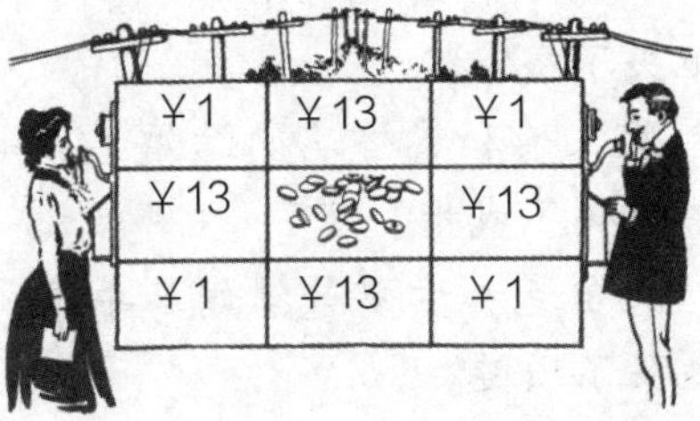

51...

答案如下图：

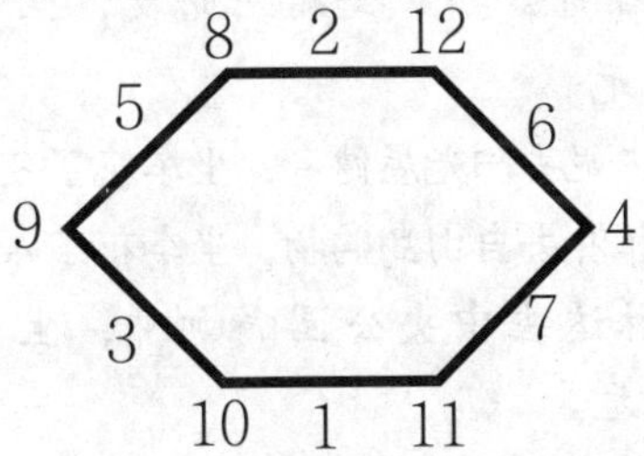

52...

下图是这个难以应付的题的一种解法。

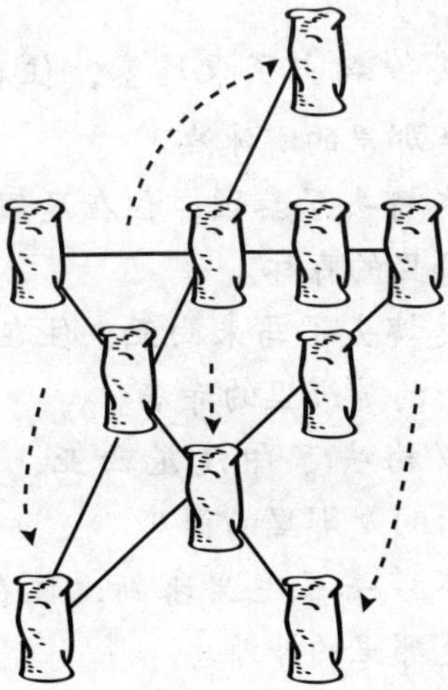

53...

图片展示了如何将12个棋子排成7行—水平方向3行、垂直方向3行和一条对角线（从右上角到左下角），每行各有4个棋子。

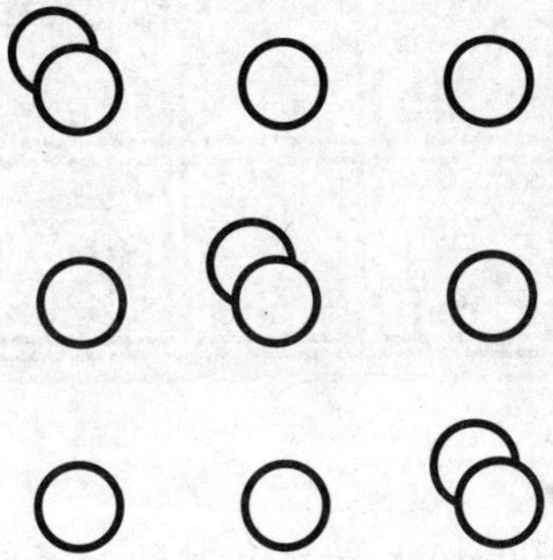

54...

2	5	6	9	1	7	3	8	4
1	7	8	3	4	5	9	6	2
9	3	4	8	6	2	7	1	5
5	6	2	7	3	1	8	4	9
3	9	7	2	8	4	1	5	6
4	8	1	5	9	6	2	7	3
6	4	9	1	2	8	5	3	7
7	1	3	6	5	9	4	2	8
8	2	5	4	7	3	6	9	1

55...

乔治，阿尼纳的公爵，爱吃罪犯。

兰克，图尔达的伯爵，爱吃女人。

杰诺斯，纳波卡的男爵，爱吃老人。

米哈斯，扎勒乌的侯爵，爱吃外国人。

弗拉德，苏恰瓦的王子，爱吃有钱人。

56...

P	I	N	R	K	G	S	A	L
R	G	K	A	S	L	N	I	P
L	S	A	N	I	P	K	R	G
I	A	L	K	G	R	P	S	N
K	R	P	S	L	N	A	G	I
G	N	S	I	P	A	R	L	K
N	L	G	P	R	S	I	K	A
S	P	I	L	A	K	G	N	R
A	K	R	G	N	I	L	P	S

57...

BabyAir 是比利时的一家航空公司，飞往伦敦，不允许儿童乘坐。

Connor 是意大利的一家航空公司，飞往巴塞罗那，飞机上的食物太贵。

EFD 是葡萄牙的一家航空公司，飞往法兰克福，座位太狭窄。

Herta 是丹麦的一家航空公司，飞往布拉格，是晚点。

Simplejet 是荷兰的一家航空公司，飞往巴黎，两天才飞一次。

58...

波瑞斯选择了跑步和低碳疗法，因为她马上要举行婚礼。

路德米拉选择了打网球和低脂肪疗法，因为她要去度假。

乐达卡选择了骑自行车和低 GI 值疗法，因为医生建议她减肥。

斯坦尼斯勒选择壁球和低卡路里疗法，因为她要作一个报告。

若斯蒂米尔选择了游泳和减食疗法，因为她要参加同学聚会。

59...

蒂瑞斯和贝格特结婚 7 年了，他给她买了内衣。

库特和贝特结婚 16 年了，他给她买了耳环。

米切尔和安妮特结婚 3 年了，他给她买了摄像机。

罗兰德和恩格瑞德结婚 14 年了，他给她买了戒指。

沃尔克和卡罗蒂结婚 5 年了，他给她买了项链。

60...

格斯去苏豪公寓见朋友，坐车花了 30 元。

艾妮去阳光屋健身，坐车花了 35 元。

菲琳去自由岛购物，坐车花了 40 元。

琳达去中央公园喝咖啡，坐车花了 45 元。

泰娜去世纪中心车站观光，坐车花了 50 元。

61...

艾德瑞去了柬埔寨，住在旅馆，为的是那里的游泳池。

杰娜去了泰国，住在度假村，为的是那里的森林。

莫娜去了马来西亚，住在牧人小屋，为的是那里的寺庙。

罗梅去了印度尼西亚，住在别墅，为的是那里的商店。

泰莎去了毛里求斯，住在酒店，为的是那里的沙滩。

62...

比亚妮买了10块巧克力，她穿着紫色的雨衣。

古恩娜买了6个棒棒糖，她穿着黄色的雨衣。

何瑞莎买了8块奶糖，她穿着白色的雨衣。

若哥娜买了12个甘草糖，她穿着蓝色的雨衣。

沃里买了4个太妃糖，她穿着黑色的雨衣。

63...

别克住在2303，他家的大门是绿色的，他喜欢在院子里看报纸。

大卫住在2305，他家的大门是黄色的，他喜欢在院子里晒太阳。

约翰住在2302，他家的大门是蓝色的，他喜欢在院子里洗车。

迈克住在2304，他家的大门是红色的，他喜欢在院子里野餐。

沃尔特住在2306，他家的大门是白色的，他喜欢在院子里打篮球。

64...

浸在水里的物体的浮力等于它所排出的水的重量。

你可能想说结果应该是在天平右端原来的重物基础上再加上与左端容器里重物承受的浮力相等的重量，然而真的是这么简单吗？

根据牛顿定律，作用力与反作用力相等。那么容器里的水对重物的浮力就等于重物对水的反作用力。

因此，天平右端的重量减少时，天平左端的重量相应增加。

所以要达到平衡，天平右端需要加上2W的重量，W等于重物在左端容器里排出的水的重量。

65...

66...

如图，19个瓢虫分别在不同的空间内。

一般情况下，3个三角形相交，最多只能形成19个独立的空间。

这一点很容易证明。2个三角形相交，最多能够形成7个独立的空间，而第3个三角形的每一条边最多能够与4条直线相交，因此它能够与前2个三角形再形成12个新的空间，所以加起来就是19个空间。

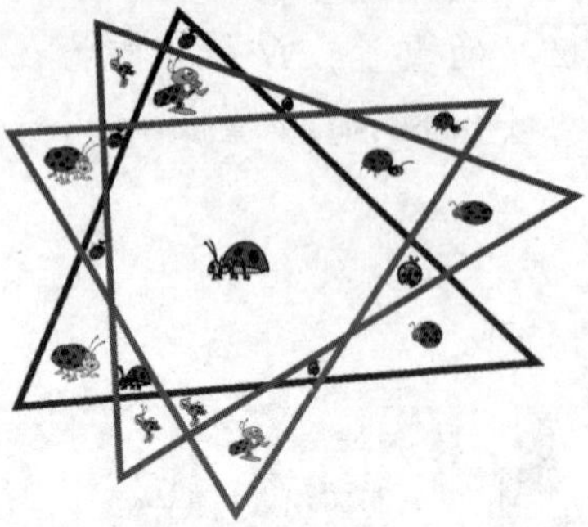

67...

表演队	戏剧	月份	票价
面团表演队	麦克白	6月	¥10
真正的莎士比亚	奥赛罗	10月	¥3
业余戏剧队	朱利叶斯·凯撒	3月	¥6

68...

将立方体展开（如下图所示），A和B的连线就是最短的路线。

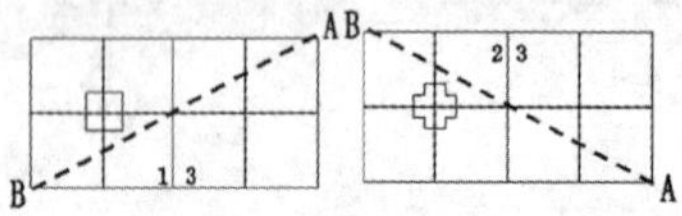

69...

1入丙；2入乙；1入乙；3入丙；1入甲；2入丙；1入丙；4入乙；1入乙；2入甲；1入甲；3入乙；1入丙；2入乙；1入乙；5入丙；1入甲；2入丙；1入丙；3入甲；1入乙；2入甲；1入甲；4入丙；1入丙；2入乙；1入乙；3入丙；1入甲；2入丙；1入丙。

70...

根据陈述中的假设，（1）和（2）中只有一个能适用于实际情况。同样，（3）和（4）（5）和（6）也是两个陈述中只有一个能适用于实际情况。根据陈述中的结论，（1）和（5）不可能都适用于实际情况。同样，（2）和（3）（4）和（6），也是两个陈述不可能都适用于实际情况。因此，要么（1）、（3）和（6）组合在一起适用于实际情况；要么（2）（4）和（5）组合在一起适用于实际情况。如果（1）（3）和（6）适用于实际情况，则根据这些陈述的结论，导演是费伊，一位布莱克家的女歌唱家。于是，根据陈述中的假设，担任电影主角的是埃兹拉，一位布莱克家的男歌唱家。如果（2）（4）和（5）适用于实际情况，则根据陈述中的结论，导演是亚历克斯，一位怀特家的男舞蹈家。于是，根据陈述中的假设，担任电影主角的是埃兹拉，一位布莱克家的男歌唱家。因此，无论是哪一种情况，担任电影主角的都是埃兹拉。

71...

两件家具互换位置，至少要把家具搬动17次。搬动的顺序是：1. 钢琴；2. 书橱；3. 沙发；4. 钢琴；5. 办公桌；6. 床；7. 钢琴；8. 沙发；9. 书橱；10. 办公桌；11. 沙发；12. 钢琴；13. 床；14. 沙发；15. 办公桌；16. 书橱；17. 钢琴。

72...

很容易就能使他们分开。一个人质用双手抓住他的绳子，使他的绳子在他同伴的另一侧形成一个松弛的绳圈。然后他把绳圈塞进同伴手腕上的套索中，并将绳圈绕过同伴的手指。当他把绳圈绕过同伴的手并从套索中拉出后，他们就自由了。

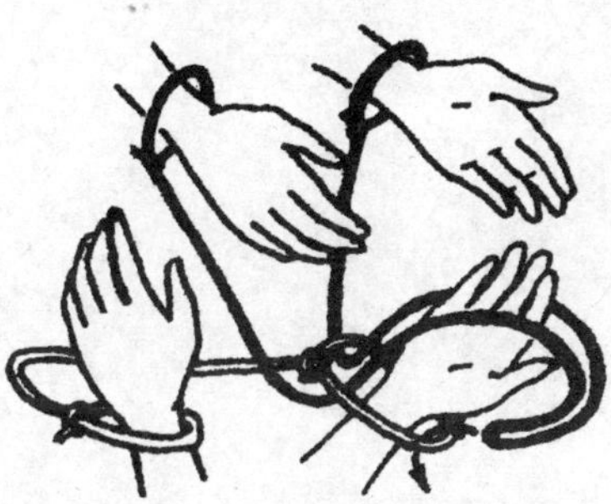

73...

74...

如图：

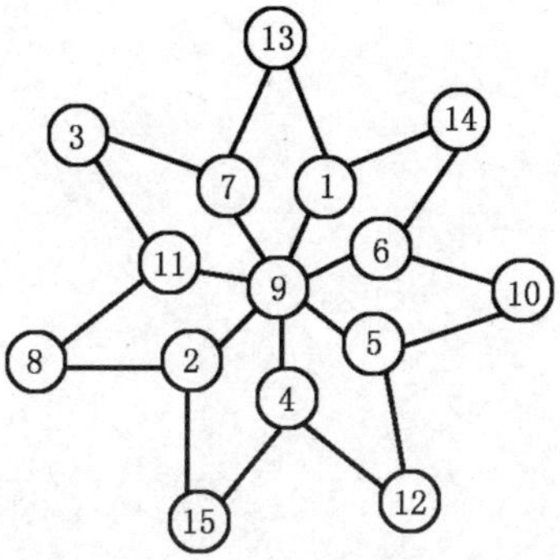

75...

像图所画的那样，把正立方体各边的中点（6个）连接起来即可。

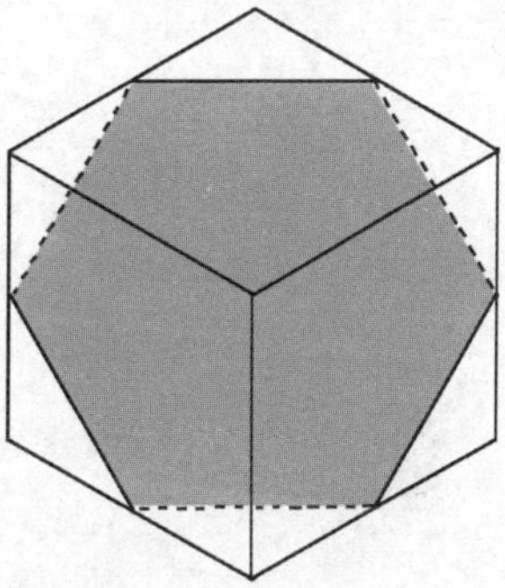